GONGLU GAOJIA QIAOLIANG YU CHANGSUIDAO SHIGONG JI YANJIU

公路高架桥梁与长隧道施工及研究

杨　斌　马跃明　汪　逵　主编

文化发展出版社
Cultural Development Press

图书在版编目（CIP）数据

公路高架桥梁与长隧道施工及研究 / 杨斌，马跃明，汪逵主编 . —北京：文化发展出版社有限公司，2019. 6

ISBN 978-7-5142-2593-8

Ⅰ. ①公… Ⅱ. ①杨… ②马… ③汪… Ⅲ. ①高架桥－桥梁施工②公路隧道－隧道施工 Ⅳ. ① U448. 285. 1 ② U459. 2

中国版本图书馆 CIP 数据核字（2019）第 053241 号

公路高架桥梁与长隧道施工及研究

主　　编：杨　斌　马跃明　汪　逵

责任编辑：李　毅　　　　　　　　责任校对：岳智勇
责任印制：邓辉明　　　　　　　　责任设计：侯　铮
出版发行：文化发展出版社有限公司（北京市翠微路 2 号 邮编：100036）
网　　址：www. wenhuafazhan. com　www. printhome. com　www. keyin. cn
经　　销：各地新华书店
印　　刷：阳谷毕升印务有限公司

开　　本：787mm×1092mm　1/16
字　　数：353 千字
印　　张：19.375
印　　次：2019 年 9 月第 1 版　2021 年 2 月第 2 次印刷
定　　价：48. 00 元
I S B N：978-7-5142-2593-8

◆ 如发现任何质量问题请与我社发行部联系。发行部电话：010-88275710

编 委 会

作者	署名位置	工作单位
杨　斌	第一主编	云南省建设投资控股集团有限公司路桥总承包部
马跃明	第二主编	云南建投第四建设有限公司
汪　逵	第三主编	云南建投第四建设有限公司
李征文	副主编	云南省铁路总公司
李德杰	副主编	云南建投第四建设有限公司
郭　猛	副主编	中国路桥工程有限责任公司
关　宇	编委	中国电建市政建设集团有限公司
崔彩虹	编委	山西路桥集团长临高速公路有限公司
王振华	编委	绵阳交发恒通建设工程有限责任公司

前言

随着城市的快速发展，楼房密集、交通拥堵等现象越来越受到人们的关注。对此，国内很多城市都建设了高架桥梁道路。高架桥的建立，一方面，有效地缓解了城市交通拥堵的现象；另一方面，由于高架桥不与其他公路、铁路发生平面交叉，有利于提高城市交通效率，减少了城市道路的占地面积。因此，在城市化水平不断进步的21世纪，合理应用并改善城市高架桥梁道路施工技术是十分迫切和必要的。高架桥的应用，推动了城市的发展节奏，改善了城市的交通状况，在整个城市发展中占据着重要地位。一般来讲，在整个高架桥的施工设计中，需要设计人员结合实际的地理环境，设计出与之相符的高架桥，在能够投入使用的同时，还要确保其今后的安全性能。

台阶法和双侧壁导坑法是最常用的公路隧道交通施工的方法。对于公路建设者来说，隧道工程的施工过程中往往存在很多这样或者那样的问题，这些问题都有自己的特性，同时在长时间的隧道交通建设过程中又带有一定的共性，所以一般来说会采用两种方法相结合的办法进行施工建设。这样更有利于隧道交通的施工建设质量和安全，对于建设者来说也最为有利。前期的工作完成之后需要使用无轨运输设施进行山碴的外运，整个外运工作可以依靠机械设备完成，在进行导坑挖掘时需要进行人工挖掘，人工挖掘的速度比较慢，但是工作也会更加细致，石碴的运输可以通过小拖拉机，在进行人工挖掘时尤其要注意及时进行加固工作，这是保证施工能够安全进行的最重要工作之一。公路的隧道施工工作是我国公路建设的重要方面，对于公路建设具有重要的意义，在隧道施工过程中一定要不断地提升施工技术以保证施工的质量和安全。

本书在编写过程中参考了大量的国内外专家和学者的专著、报刊文献、网络资料，以及公路高架桥梁与长隧道施工的有关内容，借鉴了部分国内外专家、学者的研究成果，在此对相关专家、学者表示衷心的感谢。

虽然本书编写时作者们通力合作，但因编写时间和理论水平有限，书中难免有不足之处，我们诚挚地希望读者给予批评指正。

《公路高架桥梁与长隧道施工及研究》编委会

目　录

第一章　高架桥基础工程施工

第一节　沉入桩与钻孔灌注桩

一、沉入桩

1. 适用范围与主要特点

（1）适用范围

沉入桩，是指桩沉入地层时造成地层土体位移的桩，如锤击沉桩、振动沉桩、静力压桩、振动或锤击配合射水沉桩、沉管灌注桩等。该施工方法主要适用于黄土、黏性土、砂土、碎石土、软土等。

（2）主要特点

1）沉入桩桩身在沉入前可以进行检验，能保证桩的质量。

2）混凝土桩身的质量好，适用于有侵蚀性的土层和松软的淤泥土层。

3）在松软或淤泥质黏土层不会产生像钻孔灌注桩一样由于黏土挤压而可能导致的未凝固混凝土变形等难以处理的危险。

4）沉管灌注桩内的配筋，不受桩的操作和施工等应力控制，钢管可以收回重复使用，大大节约了钢材用量，并且其桩长容易调节，以适合承载地层的标高。

5）在地层变化复杂地区，沉入桩在施工时容易控制每桩的轴向力，以减少墩台的不均匀沉降。

6）沉桩时会引起桩邻近土体的隆起或下沉或者侧向移动，可能会影响邻近建筑物的安全，需要采取预防的措施。施工时锤击或者振动沉桩噪声大，影响附近环境，因此在大中城市的市区施工时，禁止采用锤击沉桩施工；另外，桩长受运输和桩架高度影响，经常要接桩，增加施工麻烦；同时，沉桩的设备笨重，运输、拆卸等增加了施工工作量，如若施工中遇到较大的漂石时，使施工较为困难。

2. 沉入桩的类型

锤击法：锤击沉桩法主要适用于松散、中密砂土、黏性土。桩锤有坠锤、单动汽锤、双动汽锤、柴油机锤、液压锤等，可根据土质情况及《成孔工艺选择参考表》《锤重选择表》选取。

振动法：振动沉桩法主要适用于砂土、硬塑及软塑的黏性土、中密的碎石土、较松的碎石土。具体施工时，可参见《成孔工艺选择参考表》。

射水法：射水沉桩法适用于在密实砂土、碎石土的土层中，用锤击法或振动法沉桩有困难时，可用射水法配合进行施工。

静力法：静力压桩法适用于在标准贯入度$N<20$的软黏性土中，可用特制液压或机力千斤顶或卷扬机设备等沉入各种类型桩。

3. 沉桩方法的选择与资料

（1）沉桩方法的选择

沉桩方法的选择主要有：

必须依据桩重、桩型、设计荷重、地质情况、设备条件以及对附近建筑物产生的影响等系列因故而定；如若附近有重要建筑物，如铁路干线、高层建筑、堤防工程等，不宜用射水沉桩或振动沉桩；在城市附近用锤击或振动沉桩方法时，应采取减小噪声和振动影响的措施。

（2）沉桩前应具备的资料

桩基处的地区水文、地质钻探资料及有关判断沉桩可能性的分析资料（包括邻近地区已有的沉桩资料），在地质复杂的地区，每一墩台均应有钻孔资料；桩基的设计资料和桩基础的资料；使用沉桩设备的技术资料；试桩的所有资料（除一般的中、小桥沉桩工程，有可靠的依据和实践的经验可进行试桩工程，在施工前应先沉试桩，以确定沉桩工艺和检验桩的承载力）；有条件进行静力触探资料；有利于沉桩工作进行的其他资料。

4. 沉桩的一般要求

（1）打桩顺序

1）沉桩前，应在每根桩的一侧用油漆画上长度标记，以便沉桩时显示桩的入土深度。

2）沉桩顺序，一般由一端向另一端连续进行，当桩基平面尺寸较大或较小时，宜由中间向两端或四周进行，如桩埋置有深浅，宜先沉深，后沉浅。

3）在斜坡地带，应先沉坡顶的，后沉坡脚的。沉斜桩时，其沉桩顺序还应考虑避免桩头相互干扰。

（2）检查桩位偏差

在沉桩开始时，应严格控制桩位及竖桩的竖直度或斜桩的倾斜度，在沉桩过程中不得采用顶、拉桩头或桩身的方法来纠偏，以防桩身开裂并增加桩身附加矩；用锤击法、振动法或压入法下沉空心桩时，若桩下端有射水孔时应予堵塞，以防水和泥沙进入桩心；桩沉入前，桩锤压住桩顶后，必须检查锤的中心线与桩的中心线是否一致，桩位、桩帽有无移动，桩的垂直度或倾斜度是否符合规定，桩架及其桩垫是否符合要求；在桩的沉入过程中，应始终注意桩锤、桩帽和桩身是否保持在同一轴线上。

（3）沉桩的注意事项

1）在软塑黏性土地区沉入群桩时，必须在每一基桩下沉完毕后，测量其桩顶标高，待全部基桩均下沉完毕后，再测量各桩的标高，以检查桩顶是否有隆起现象。

2）在松散的砂土地区沉入群桩时，如在相当于桩长距离的范围内有建筑物，应注意防止其因地面下沉而损坏。此时宜采取振动不大的沉桩方法。

3）设计桩尖标高处为硬塑黏性土、碎石土、中密以上的砂土或风化岩等土层时，根据贯入度变化并对照地质资料，确认桩尖已沉入该土层，贯入度达到控制设计标准高时，即可停锤。

4）当已达到控制贯入度，而桩尖标高未到设计标高时，应继续锤入100mm左右，无异常变化时可停锤。

二、钻孔灌注桩

钻孔灌注桩施工应根据土质、桩径大小、入土深度和机具设备等条件选用适当的钻具和钻孔方法，以保证顺利达到预计孔深；然后清孔，吊放钢筋笼架，灌注水下混凝土。

目前我国常使用的钻具有旋（回）转钻、冲击钻和冲抓钻三种类型。为稳固孔壁，采用孔口埋设护筒和在孔内灌入黏土泥浆，并使孔内液面高出孔外水位，以在孔内形成向外的静压力而起到护壁、固壁作用。现按施工顺序介绍其主要工序如下：

1. 准备工作

（1）准备场地

施工前应将场地平整好，以便安装钻架进行钻孔。当墩台位于无水岸滩时，钻架位置处应整平夯实，清除杂物，挖换软土；场地有浅水时，宜采用土或草袋围堰筑岛；当场地为深水或陡坡时，可用木桩或钢筋混凝土桩搭设支架，安装施工平台支承钻机（架）；深水中在水流较平稳时，也可将施工平台架设在浮船上，就位锚固稳定后在水上钻孔。水中支架的结构强度、刚度和船只的浮力、稳定都应事前进行验算。

（2）桩位放样

根据设计图纸（桩位平面布置图）定出施工桩位基准轴线，会同总包监理组织验收，并做好基准点的保护措施，直至竣工验收。做好高程水准点、坐标基准点的引测和复核，并做好固定记号。根据桩位控制轴线，做好桩位的放样和复核工作。测量所用仪器设备必须定期检测。

（3）埋置护筒

护筒的作用是：固定钻孔位置；开始钻孔时对钻头起导向作用；保护孔口，防止孔口土层坍塌；隔离孔内孔外表层水，并保持钻孔内水位高出施工水位以产生足够的静水压力稳固孔壁。因此埋置护筒要求稳固、准确。

护筒制作要求坚固、耐用、不易变形、不漏水、装卸方便、能重复使用。一般用薄钢板或钢筋混凝土制成，护筒内径一般比钻头直径大0.2 ~ 0.4m。

护筒埋设可采用下埋式、上埋式和下沉埋设。埋置护筒时特别应注意以下内容：

护筒平面位置应埋设正确，偏差不宜大于50mm；护筒顶标高应高出地下水位和施工最高水位1.5 ~ 2m。无水地层钻孔因护壁顶部设有溢浆口，筒顶也应高出地面不少于0.3m；护筒底应低于施工最低水位（一般低0.1 ~ 0.3m即可）。深水下沉埋设的护筒应沿导向架借自重、射水、振动或锤击等方法将护筒下沉至稳定深度，入土深度黏性土应达到0.5 ~ 1m，砂性土则为3 ~ 4m。下埋式及上埋式护筒挖坑不宜太大（一般比护筒直径大0.1 ~ 0.6m），护筒四周夯填密实的黏土，护筒应埋设在稳固的黏土层中，否则应换填黏土并密实，其厚度一般为0.5m。

（4）制备泥浆

泥浆在钻孔中的作用是：在孔内产生较大的静水压力，可防止坍孔；泥浆向孔外土层渗漏，在钻进过程中，由于钻头的活动，孔壁表面形成一层泥胶，具有护壁作用；同时将孔内外水流切断，能稳定孔内水位；泥浆比重大，具有挟带钻渣作用，利于钻渣的排出。因此在钻孔过程中，孔内应保持一定稠度的泥浆，比重一般以1.1 ~ 1.3为宜，在冲击钻进大卵石层时可用1.4以上，黏度为20s，含砂率小于3%。在较好的黏性土层中钻孔，也可灌入清水，使钻孔时孔内自造泥浆，达到固壁效果。调制泥浆的黏土塑性指数不宜小于15，粒径大于0.1mm的砂粒不宜超过6%。

（5）安装钻机或钻架

钻架是钻孔、吊放钢筋笼、灌注混凝土的支架。我国生产的定型旋转钻机和冲击钻机都附有定型钻架，其他还有木制的和钢制的四脚架、三脚架或人字扒杆。

在钻孔过程中，成孔中心必须对准桩位中心，钻机（架）必须保持平稳，不发生位移、倾斜和沉陷。钻机（架）安装就位时，应详细测量，底座应用枕木垫实塞紧，顶端应用缆风绳固定平稳，并在钻进过程中经常检查。

2. 钻孔

（1）钻孔方法

1）回旋钻进成孔

利用钻具的旋转切削体钻进，并在钻进的同时采用循环泥浆的方法护壁排渣、继续钻进成孔。我国现用旋转钻机按泥浆循环的程序不同分为正循环与反循环两种。所谓正循环，是在钻进的同时，泥浆泵将泥浆压进泥浆笼头，通过钻杆中心从钻头喷入钻孔内，泥浆挟带钻渣沿钻孔上升，从护筒顶部排浆孔排出于沉淀地，钻渣在此沉淀而泥浆仍进入泥浆池循环使用。

反循环与正循环程序相反，将泥浆用泥浆泵送于钻孔内。然后从钻头的钻杆下口吸进，通过钻杆中心排出至沉淀地，泥浆沉淀后再循环使用。反循环钻机的钻进及排渣效率较高，但在接长钻杆时装卸较麻烦，如钻渣粒径超过钻杆内径（一般为120mm）易堵塞管路，则不宜采用。我国定型生产的旋转钻机在转盘、钻架、动力设备等方面均配套定型，钻头的构造根据土质采用各种形式。由于回旋钻成孔的施工方法受到机具和动力的限制，适用于较细、较软的土层，如各种塑性状态的黏性土、砂土、夹少量粒径小于100 ~ 200mm的砂卵石土层，在软岩中也可使用。这种钻孔方法的深度可达100m以上。

2）冲击钻进成孔

利用钻锥（重为10 ~ 35kN）不断地提锥、落锥反复冲击孔底土层，把土层中泥砂、石块挤向四壁或打成碎渣，钻渣悬浮于泥浆中，利用掏渣筒取出，重复上述过程即为冲击钻进成孔。冲击成孔采用的主要机具有定型的冲击式钻机（包括钻架、动力、起重装置等）、冲击钻头、转向装置和掏渣筒等，也可用30 ~ 35kN带离合器的卷扬机配合钢、木钻架及动力组成简易冲击钻。冲击钻的钻头一般是整体铸钢做成的实体钻锥，钻刃为“十”字形，采用高强度耐磨钢材做成，底刃最好不完全平直以加大单位长度上的压重。冲击时钻头应有足够的重量、适当的冲程和冲击频率，以使它有足够的能量将岩块打碎。冲锥每冲击一次旋转一个角度，才能得到圆形的钻孔，因此在钻头和提升钢丝绳连接处应有转向装置，常用的有合金套或转向环，以保证冲锥的转动，也避免了钢丝绳打结扭断。冲击钻孔适用于含有漂卵石、大块石的土层及岩层，也能用于其他土层。成孔深度一般不宜大于50m。

3）冲抓钻进成孔

用兼有冲击和抓土作用的抓土瓣，通过钻架，由带离合器的卷扬机操纵，靠冲锥自重（重为10 ~ 20kN）冲下使抓土瓣锥尖张开插入土层，然后由卷扬机提升锥头收拢抓土瓣将土抓出，弃土后继续冲抓钻进成孔。冲锥常采用四瓣或六瓣冲抓锥，当收紧外套钢丝绳、松内套钢丝绳时，内套在自重作用下相对外套下坠，便使锥瓣张开插入土中。冲抓成孔适用于较松或紧密黏性土、砂性土及夹有碎卵石的沙砾土层，成孔深度一般小于30m。

（2）钻孔注意事项

在钻孔过程中应防止坍孔、孔形扭歪或孔斜、钻孔漏水、钻杆折断，甚至把钻头埋住或掉进孔内等事故，因此钻孔时应注意下列事项：

1）在钻孔过程中，始终要保持孔内外既定的水位差和泥浆浓度，以起到护壁固壁作用，防止坍孔。若发现有漏水（漏浆）现象，应找原因及时处理。如为护筒本身漏水或因护筒埋置太浅而发生漏水，应堵塞漏洞或用黏土在护壁周围夯实加固，或重埋护筒；若因孔壁土质松散，泥浆加固孔壁作用较差，应在孔内重新回填黏土，待沉淀后再钻进，以加强泥浆护壁。

2）在钻孔过程中，应根据土质等情况控制钻进速度、调整泥浆稠度，以防止坍孔及钻进偏斜、卡钻和旋转钻机负荷超载等情况发生。

3）钻孔宜一气呵成，不宜中途停钻，以避免坍孔，若坍孔严重，应回填重钻；钻孔过程中应加强对桩位、成孔情况的检查工作。终孔时应对桩位、孔径、形状、深度、倾斜度及孔底土质等情况进行检验，合格后立即清孔、吊放钢筋笼，灌注混凝土。

（3）清孔及吊装钢筋笼骨架

1）清孔

清孔的目的是除去孔底沉淀的钻渣和泥浆，以保证灌注的钢筋混凝土质量，保证桩的承载力，清孔的方法有以下几种（见表1–1）。

2）钢筋笼吊放

钻孔桩的钢筋应按设计要求预先焊成钢筋骨架，整体或分段就位，吊入钻孔。钢筋骨架吊放前应检查孔底深度是否符合设计要求以及孔壁有无妨碍骨架吊放和正确就位的情况。钢筋骨架吊装可利用钻架或另立扒杆进行。吊放时应避免骨架碰撞孔壁，并保证骨架外混凝土保护层厚度，应随时校正骨架位置。钢筋骨架达到设计

表1–1　清孔的方法

方法	内容
抽浆清孔	用空气吸泥机吸出含钻渣的泥浆而达到清孔。由风管将压缩空气输进排泥管，使泥浆形成密度较小的泥浆空气混合物，在水柱压力下沿排泥管向外排出泥浆和孔底沉渣，同时用水泵向孔内注水，保持水位不变甚至喷出清水或沉渣厚度达到设计要求为止，适用于孔壁不易坍塌的各种钻孔方法的柱桩和摩擦桩
掏渣清孔	用掏渣筒掏清孔内粗粒钻渣，适用于冲抓、冲击成孔的摩擦柱
换浆清孔	正、反循环旋转钻机可在钻孔完成后不停钻、不进尺，继续循环换浆清渣，直至达到清理泥浆的要求，适用于各类土层的摩擦桩

标高后，即将骨架牢固定位于孔口，立即灌注混凝土。

（4）灌注水下混凝土

1）导管

导管是灌注水下混凝土的重要工具，一般选用刚性导管。刚性导管用钢管制成，内径一般为25 ~ 35cm，每节长4 ~ 5m，用端头法兰盘螺栓连接，接头间夹有橡胶垫防止漏水。导管上口一般设置储料槽和漏斗，在灌注末期，当钻孔桩桩顶低于井孔中水面时，漏斗底口高出水面不宜小于4 ~ 6m；当桩顶高于井孔中水面时，漏斗底口高出桩顶不宜小于4 ~ 6m。

导管使用前应进行必要的水密、承压和接头抗拉等试验。吊装前应进行试拼，接口连接应严密、牢固。吊装时，导管应位于井孔中央；并在混凝土灌注前进行升降试验。

2）水下混凝土的灌注

灌注混凝土之前，应先探测孔底泥浆沉淀厚度。如果大于规定，要再次清孔，但应注意孔壁的稳定，防止坍孔。运至桩位的混凝土应检查其均匀性和坍落度，如不符合要求，应进行第二次拌和。二次拌和仍达不到要求时不能使用。还要注意：

导管下口至孔底的距离一般为25 ~ 40cm。导管埋入混凝土中的深度以不小于1m为宜。首批灌注混凝土的数量应能满足导管初次埋置深度（≥1m）和填充导管底部间隙的需要，如图1–1所示，所需混凝土数量可按下式进行计算：

$$V \geqslant \pi d^2 h_1/4 + \pi D^2 H_c/4$$

式中：V——首批混凝土所需数量（m^3）；

h_1——井孔内混凝土高度达到H_c时，导管内混凝土柱需要的高度（m），$h_1 \geqslant \gamma_w H_w/\gamma_c$；

H_c——灌注首批混凝土所需井孔内混凝土面至孔底的高度（m），$H_c=h_2+h_3$；

H_w——井孔内混凝土面以上水或泥浆深度；

D——井孔直径（m）；

d——导管内径（m）；

γ_w——井孔内水或泥浆的密度（kN/m^3）；

γ_c——混凝土拌和物的密度（kN/m^3）；

h_2——导管初次埋置深度，$h_2\geqslant 1.0m$；

h_3——导管底端至钻孔底间隙，约为0.4m。

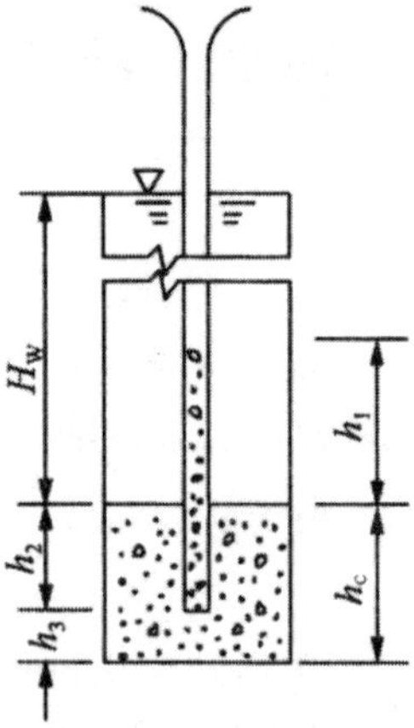

图1–1　首批混凝土计算

当钢筋笼就位，导管下至设计深度，首批混凝土已拌和完毕运送至桩位处时，即可开始灌注混凝土（俗称“灌桩”）。首批灌注时应在导管漏斗底口处设置可靠的防水设施（一般放置一个直径与管内孔完全吻合的木球）。混凝土倒入漏斗，压住木球向下运动，导管中水从管底压出，从井口逐渐排向井外，混凝土靠自重和向下冲力压至孔底。随着混凝土不断灌入，孔内混凝土面逐渐升高，井内积水不断上升，直至混凝土灌满全孔，水全部被排出。注意首批灌注的混凝土的初凝时间不得早于灌注桩全部混凝土灌注完成时间，必要时要加入缓凝剂。每灌一段时间，就要及时抽拔导管，导管埋入混凝土中的深度不能大于6m，但也不能小于2m，要根据混凝土的灌入量计算灌注高度，从而确定提升导管时间。若导管提升太快，超过已灌混凝土表面，就会形成断桩；若抽拔不及时，埋入过深，则有可能因为混凝土初凝，使导管不能拔除，造成工程事故。因此必须严格控制导管提升时间。

混凝土灌注开始后，无论昼夜，在任何气候条件下都必须连续作业。提升拆除导管的时间要尽可能缩短。在灌注过程中，应将井孔内溢出的泥浆引流至适当位置，防止污染环境及河流。灌注的桩顶标高应比设计标高高出0.5 ~ 1m，待开挖基坑浇承台时凿除（俗称“破桩头”），目的是将孔内泥浆全部排除，保证桩体成桩质量。

混凝土灌完后要拔除护筒。处于地面及桩顶以下的井口整体式刚性护筒，应在灌注完混凝土后立即拔除；处于地面以上，能拆卸的护筒，须待混凝土抗压强度达到5MPa后才能拆除。

（5）质量检验与质量标准

钻孔在终孔和清孔后，应使用仪器对成孔的孔位、孔深、孔形、孔径、竖直度（倾斜度）、泥浆相对密度、孔底沉淀厚度等进行检验；挖孔桩可采用直观检验丈量法，检查项目及要求见表1–2。

表1–2　检查项目

序号	检测项目	允许偏差	检测方法及仪器
1	孔深	不小于设计	测绳
2	孔径	不小于设计	探孔器
3	倾斜度	1%桩长	探孔器或钻杆垂线法
4	沉淀厚度	不大于300mm	测锤
5	孔位中心	50mm	全站仪

钻孔桩水下混凝土的质量应符合下列要求：

1）强度应不低于设计强度。除检查灌注过程中预留试块的抗压强度外，还应凿平桩头，凿取桩头混凝土试块做抗压强度试验，一般可按基桩总数的5% ~ 10%抽查。大桥的钻孔桩应以地质钻机钻取桩身混凝土芯样做抗压试验，同时检查桩尖沉淀土实际厚度和桩底土层情况，钻取的芯样直径应不小于50mm。

2）桩身混凝土无断层或夹层，钻孔桩桩底不高于设计标高，桩底沉淀厚度不大于设计规定。应仔细检查分析所有各桩径的混凝土灌注记录，并用无破损方法检验桩身，认为其中某些桩的质量可疑，则应以地质钻机钻通全桩取芯样，检查该桩有无夹泥、断桩、混凝土质量松软并做芯样的抗压强度试验；桩头凿除预留部分无残余松散层和薄弱混凝土层，需嵌入承台内的桩头及锚固钢筋长度符合规范要求。

在质量检查中，如发现断桩或其他重大质量事故，应会同有关部门共同研究提出处理方案。在处理过程中，应作详细记录。

（6）施工中易出现的问题及预防和处理方法

1）钢筋笼上浮

钢筋笼上浮，指的是灌注桩在浇筑混凝土时钢筋笼上浮的现象。

原因分析：混凝土在进入钢筋笼底部时浇筑速度太快；钢筋笼未采取固定措施。

防治措施：当混凝土上升到接近钢筋笼下端时，应放慢浇筑速度，减小混凝土面上升的动能作用，以免钢筋笼被顶托而上浮。当钢筋笼被埋入混凝土中有一定深度时，再提升导管，减少导管埋入深度，使导管下端高出钢筋笼下端有相当距离时再按正常速度浇筑，在通常情况下，可防止钢筋笼上浮。此外，浇筑混凝土前，应将钢筋笼固定在孔位护筒上，也可防止上浮。

2）断桩

断桩是成桩后经探测，桩身局部没有混凝土，存在泥夹层，或截面断裂的现象，是最严重的一种成桩缺陷，直接影响结构基础的承载力。

原因分析：混凝土坍落度太小，骨料太大，运输距离过长，混凝土和易性差，致使导管堵塞，疏通堵管再浇筑混凝土时，中间就会形成夹泥层；计算导管埋管深度时出错，或盲目提升导管，使导管脱离混凝土面，再浇筑混凝土时，中间就会形成夹泥层；钢筋笼将导管卡住，强力拔管时，使泥浆混入混凝土中；导管接头处渗漏，泥浆进入管内，混入混凝土中；混凝土供应中断，不能连续浇筑，中断时间过长，造成堵管事故。

预防措施：混凝土配合比应严格按照有关水下混凝土的规范配制，并经常测试坍落度，防止导管堵塞；严禁不经测算盲目提拔导管，防止导管脱离混凝土面；钢筋笼主筋接头要焊平，以免提升导管时，法兰挂住钢筋笼；浇筑混凝土应使用经过检漏和耐压试验的导管；浇筑混凝土前应保证混凝土搅拌机能正常运转，必要时应有一台备用搅拌机作应急之用。

治理方法：当导管堵塞而混凝土尚未初凝时，可吊起导管，再吊起一节钢轨或其他重物在导管内冲击，把堵管的混凝土冲散或迅速提出导管，用高压水冲掉堵管混凝土后，重新放入导管浇筑混凝土；当断桩位置在地下水位以上时，如果桩的直径较大（一般在1m以上），可抽掉桩孔内泥浆，在钢筋笼的保护下，人下到桩孔中，对先前浇筑的混凝土面进行凿毛处理并清洗钢筋，然后继续浇筑混凝土；当断桩位置在地下水位以下时，可用直径较原桩直径稍小的钻头，在原桩位处钻孔，钻至断桩部位以下适当深度时，重新清孔，并在断桩部位增设一节钢筋笼，笼的下半截埋入新钻的孔中，然后继续浇筑混凝土；当导管被钢筋笼挂住时，如果钢筋笼埋入混凝土中不深，可提起钢筋笼，转动导管，使导管脱离。如果钢筋笼埋入混凝土中很深，只好放弃导管；灌注桩因严重塌方而断桩或导管拔出后重新放入导管时均形成断桩，是否需要在原桩外侧补桩，需经检测后与有关单位商定。

3）桩身混凝土质量差

桩身混凝土质量差，是指桩身出现蜂窝、空洞、夹泥层或级配不均的现象。

原因分析：浇灌混凝土时未边灌边振捣，使桩身混凝土不密实；浇灌混凝土时或上部放钢筋笼时，孔壁土坍落在混凝土中，造成桩身夹泥；混凝土配合比坍落度掌握不严，下料高度过大，混凝土产生离析，造成桩身级配和强度不均匀。

防治措施：浇灌混凝土时应边灌边振捣；浇灌混凝土时或上部放钢筋笼时，注意不要碰撞土壁，造成土体坍落；认真控制混凝土的配合比和坍落度，浇灌混凝土时设置串筒下料，防止混凝土产生离析现象，使混凝土强度均匀。

第二节　大直径桩基础

一、施工准备

①搭设施工便道、工作平台及水中栈桥；②水中围堰工程或筑岛；③铺设各种施工管线；④埋设护筒、钻机就位；⑤制备泥浆。

二、钻孔施工平台搭设

钻孔桩施工平台的平面尺寸根据承台的尺寸和施工机械设备的布置确定，设计荷载根据钻孔钻机重量、平台自重以及施工过程中的活荷载确定，水上施工平台采用浮吊振动锤插打 Φ0.8 m 钢管入河床作为平台支墩，并利用万能杆件拼装施工平台，再利用施工平台进行精确施工放样。

三、钻进施工方法

KPG-3000A钻机为大型钻孔设备，由于钻头带振动和多齿轮功能，较传统钻机有较大区别，特别是在钻进坚硬岩层地质时其钻进速度是传统冲击钻的5 ~ 8倍，在钻进时采用旋转护壁，较传统冲击钻护壁效果更好。

（1）开钻时以低档慢速正循环钻进，以泥浆护壁为主，钻进5 m后改为反循环钻进。

（2）钻孔时减压钻进，钻压不得超过钻具重力之和（扣除浮力）的80%，并保持重锤导向作用，保证成孔的垂直度和孔型。

（3）钻机在各地层中的钻进参数：对于淤泥质地层，采用中速、优质泥浆、大泵量钻进的方法钻进；对于粉质黏土层采用中等钻速、大泵量、稀泥浆钻进；对于砂层，采用轻压、低档慢速、大泵量、稠泥浆钻进，以免孔壁不稳定，发生局部扩孔或局部坍孔，并充分浮渣、排渣，防止埋钻现象；对于卵石层，采用低档慢速、优质浓泥浆钻进，确保护壁厚度，并在钻进中充分浮渣、排渣，对于花岗斑岩层采用低挡慢速大压力钻进。总之，钻进中应根据地质条件选择不同的钻压和钻进速度。

（4）当钻进至接近钢护筒底口位置1 ~ 2m时，须采用低钻压、低钻数钻进，并控制进尺，确保护筒底口部位地层的稳定。当钻头出护筒底口2 ~ 3m后，再恢复正常钻进状态。

四、清孔

清孔时利用钻机本身的反循环系统，采用抽浆法清孔。清孔过程中应特别注意孔内水头高度，以防坍孔。清孔后泥浆的各项指标、混凝土灌注前沉淀厚度均应满足施工规范要求。大直径钻孔桩应尽量减小灌孔泥浆的密度，清孔后的泥浆相对密度一般在1.04t/m^{3}以下。

五、终孔检验

终孔后用卷扬机滑轮系统起吊孔规入孔，并徐徐下降至孔底，用来检验孔深、孔径以及成孔倾斜度（孔规为长度10m，直径为2m的钢筋笼，钢筋笼纵向每隔2m焊接十字支撑筋以增加孔规的刚度）。孔规顺利到达孔底，孔深（测绳长加孔规长）合格，倾斜度（孔规吊点的铅垂线与孔规在孔内任意位置的吊绳偏移）合格，说明成孔合格，钢筋骨架能顺利入孔。

第三节　沉井基础与管柱基础

一、沉井基础

1. 沉井的基本概念

沉井是井筒状的结构物，它是以井内挖土，依靠自身重力克服井壁摩阻力后下沉到设计标高，然后经过混凝土封底并填塞井孔，使其成为桥梁墩台或其他结构物的基础。

（1）沉井的优点

沉井占地面积小，不需要板桩围护，与大开挖相比较，挖土量少，对邻近建筑物的影响比较小，操作简便，不需特殊的专业设备。近年来，沉井的施工技术和施工机械都有很大改进。

（2）适用条件

上部荷载较大，而表层地基土的容许承载力不足，扩大基础开挖工作量大，以及支撑困难，但在一定深度下有好的持力层，采用沉井基础与其他深基础相比较，经济上较为合理时；在山区河流中，虽然土质较好，但冲刷大或河中有较大卵石不便桩基础施工时；岩层表面较平坦且覆盖层薄，但河水较深时；采用扩大基础施工围堰有困难时。

2. 沉井的类型

（1）按平面形状分

圆形、方形、矩形、椭圆形、圆端形、多边形及多孔井字形等。

（2）按立面形状分

1）柱形沉井：下沉过程不易倾斜，井壁接长简单，模板反复利用。

2）阶梯形沉井：下沉阻力小，刃脚处的台阶高度一般为1 ~ 2m，阶梯宽度为10 ~ 20cm。

3）锥形沉井：带斜坡，坡比一般为1/20 ~ 1/50，下沉阻力小，下沉不稳，制作较困难。

（3）按建筑材料分

混凝土、钢筋混凝土、钢、砖、石、木等。

3. 沉井的构造

沉井由井壁（侧壁）、刃脚、内隔墙、井孔、射水管、封底和顶盖板等组成（见表1–3）。

表1–3　沉井的组成

项目	内容
井壁	井壁是沉井的主要部分，应有足够的厚度与强度，以承受在下沉过程中各种最不利荷载组合（水土压力）所产生的内力，同时要有足够的重量，使沉井能在自重作用下顺利下沉到设计标高。设计时通常先假定井壁厚度，再进行强度验算。井壁厚度一般为0.4 ~ 1.2m。对于薄壁沉井，应采用触变泥浆润滑套、壁外喷射高压空气等措施，以降低沉井下沉时的摩阻力，达到减薄井壁厚度的目的。但对于这种薄壁沉井的抗浮问题，应谨慎核算，并采取适当、有效的措施
刃脚	井壁最下端一般都做成刀刃状的“刃脚”。其主要功用是减少下沉阻力。刃脚还应具有一定的强度，以免在下沉过程中损坏。刃脚底的水平面称为“踏面”。刃脚的式样应根据沉井下沉时所穿越土层的软硬程度和刃脚单位长度上的反力大小决定。沉井重、土质软时，踏面要宽些；相反，沉井轻，又要穿过硬土层时，踏面要窄些，有时甚至要用角钢加固的钢刃脚

续表

项目	内容
内隔墙	根据使用和结构上的需要，在沉井井筒内设置内隔墙。内隔墙的主要作用是增加沉井在下沉过程中的刚度，减小井壁受力计算跨度。同时，又把整个沉井分隔成多个施工井孔（取土井），使挖土和下沉可以较均衡地进行，也便于沉井偏斜时的纠偏。内隔墙因不承受水土压力，所以，其厚度较沉井外壁要薄一些
井孔	沉井内设置的内隔墙或纵横隔墙或纵横框架形成的格子称作“井孔”，井孔尺寸应满足工艺要求
射水管	当沉井下沉深度大，穿过的土质又较好，估计下沉会产生困难时，可在井壁中预埋射水管组。射水管应均匀布置，以利于控制水压和水量来调整下沉方向。一般不小于600kPa。如使用触变泥浆润滑套施工方法时，应有预埋的压射泥浆管路
封底及顶盖板	当沉井下沉到设计标高，经过技术检验并对井底清理整平后，即可封底，以防止地下水渗入井内。为使封底混凝土和底板与井壁间有更好的联结，以传递基底反力，使沉井成为空间结构受力体系，常于刃脚上方井壁内侧预留凹槽，以便在该处浇筑钢筋混凝土底板和楼板及井内结构。凹槽的高度应根据底板厚度决定，主要为传递底板反力而采取的构造措施。凹槽底面一般距刃脚踏面2.5m左右。槽高约1m，接近于封底混凝土的厚度，以保证封底工作顺利进行。凹入深度为150 ~ 250mm

二、管柱基础

管柱按材料可分为钢筋混凝土管柱、预应力钢筋混凝土管柱和钢管柱三种。钢筋混凝土管柱适用于入土深度不大于25m的管柱基础，常用直径有1.55m、3m、3.6m、5.8m。预应力钢筋混凝土管柱可用于下沉深度大于25m的管柱基础，常用直径有3m、3.6m。钢管柱的直径有1.4m、1.6m、1.8m、3.0m、3.2m。

管柱可根据其类型、施工条件分节预制。分节长度视运输设备、起重能力及构件情况而定。管柱节间的连接一般采用法兰盘连接。管柱最底一节下口设有刃脚，以便管柱下沉时能穿越覆盖层或切入基底风化岩中，故要求刃脚具有足够的强度和刚度。

（1）检查成孔质量合格后应尽快灌注桩。在灌注桩前，应进行清孔工作，要求孔壁、孔底必须清理干净，孔底无浮渣，孔壁无松动。孔底沉渣厚度应符合端承桩50mm、摩擦端承桩和端承摩擦桩100mm、摩擦桩300mm。

（2）当有地下水而渗水量不大时，则应抽除孔内积水后，用串筒法灌注桩，串筒末端离孔底高度不宜大于2m，桩宜采用插入式振捣器振实。如果渗水量过大，积水过多不便排干，则应用导管法水下灌注桩。

（3）桩的粗骨料可选用碎石或卵石，其最大粒径不宜大于50mm，并不应大于主筋净距的1/3。

（4）坚持按配合比投料，桩坍落度不宜过大，以5～8cm为宜，每50cm为一层，及时振捣，桩灌注要保持连续。坍落度损失大于5cm/h时，要调整配比。

（5）桩拌合料质量控制，每盘桩的拌和时间不得少于90s，开始搅拌时必须做一次坍落度检测，调整好流动性，且具有较好的粘聚性，灌注时作坍落度损失的观察，以指导桩配合比的调整，拌好的桩应立即使用，有离析现象严禁灌入桩孔。

（6）注意桩头桩的标高，应适当超出设计标高，以保证在凿除浮浆层后，桩头进入承台内50～100mm。

（7）桩身桩必须留有试件，对直径大于1m的桩，每根桩应有1组试块，且每100m^{3}桩及每个灌注台班不得少于1组，每组3件，试件的制作必须客观真实，严禁“开小灶”；气温高于30℃时注意缓凝，气温低于0℃时注意抗冻。

第二章　桥梁下部结构

第一节　混凝土与混凝土墩、台施工

一、高架桥墩、台施工常用模板的种类

1. 固定式模板

高架桥墩、台施工常用固定式模板，一般用木材或竹材制作，又称组合式模板。其各部件均在现场加工制作和安装。主要由立柱、肋木、壳板、撑木、拉杆（或钢杆）、枕梁与铁件等组成。根据墩、台外形的不同，模板可由竖直平面、斜平面、圆柱面和圆锥面等组成。立柱、肋木、拉杆和钢箍形成骨架。骨架的立柱安放在基础枕梁上，肋木固定在立柱上，木模壳板竖直布置在肋木上，立柱两端用钢拉杆连接，使模板具有足够的刚度。

木模半圆形端头采用圆弧形肋板分段对接，双层交错叠合，形成紧密的半圆，两端与水平肋木用螺栓连接，肋木之间设置拉杆。若桥墩较高时，要加设斜撑或横撑式抗风拉索。

木壳板厚30 ~ 50mm，宽150 ~ 200mm。肋木一般用方木制作，间距由板厚及混凝土侧压力决定。立柱用圆木制作，两立柱间距为0.7 ~ 1.2m。拉杆是ϕ12 ~ ϕ20mm。拱肋木与水平、竖直肋木之间也可用铁钉和螺栓连接。桥台的模板比桥墩复杂，多了背墙、耳墙等部位，但模板的基本构造仍如上述。只是更应注意肋木与立柱的连接，所有拉杆螺栓均应穿到立柱。

固定式模板的主要优点是：整体性好，模板接缝少，适用性强，能根据高架桥墩、台形状进行制作和组装，不需要起重设备，运输安装方便。其缺点是重复使用率较低，材料消耗量大，装拆、清理费时费工，很不经济，一般只用于中小规模的个别墩、台。

2. 拼装式模板

拼装式模板是由各种尺寸的标准模板利用销钉连接并与拉杆、加劲构件等组成墩、台所需形状的模板。因为模板是在工厂加工制造而成，所以具有尺寸准确、体积小、质量轻、拆装容易、运输方便等特点。它广泛用于高大桥墩或在同类墩、台较多时，待混凝土达到拆模强度后，就可以整块拆下，直接或略加修整就可以周转使用。拼装模板可用钢材或木材加工制作。钢模板可用2.5 ~ 4mm厚的薄钢板并以型钢为骨架，具有重复使用、拆装方便、节约材料、成本较低的特点。

（1）标准模板

标准模板宜用各种形式的专用销钉，如销扣与销钉、套环与销钉、回形销等连接。

（2）异形模板

对高架桥墩、台圆弧或拐角处，可按需要制作一定数量的异形模板，如角模或梯形模板。

角模：主要应用于高架桥墩、台的拐角处，可分为内角模和外角模两种；

梯形模板：与标准模板配合使用，组成墩、台弧形模板，并能满足桥墩收坡要求。

（3）拉杆

拉杆的作用是使内外模板保持较精确的间距，并承受混凝土的侧压力，从而保证墩、台结构尺寸达到施工规范要求的精度。拉杆宜用圆钢制作，可用混凝土块作撑垫，再将螺母拧紧。亦可用锥形螺母与拉杆连接，支模时，拉杆与立柱或横肋用螺栓连接。拆模时，用特制的扳手将锤形螺母与拉杆分离。

（4）加劲构件

为增加模板的强度、刚度和稳定性，一般在模板的外侧安装立柱和横肋，其数量由计算确定：

立柱：装配式模板常用立柱为单柱或桁架两种。单立柱宜用较大的型钢，如工字钢、槽钢或较大的木材制作。

横肋：横肋宜采用型钢来制作，如常采用角钢、槽钢或木枋制作而成；对于立柱、横肋的接长可采用连接板或短肋木，它与模板的连接宜采用各种形式的夹具、卡箍等。

（5）拼装式模板的组装

模板用销钉连接，立柱采用夹具连接在模板上（立柱为工字形钢），通过横肋（槽钢）和立柱加设拉杆。施工脚手架用螺栓连接在立柱上，立柱下部加设可调斜撑，以保证模板支立后准确地固定在支模位置上。

大块板扇应用吊车装拆，板扇的接长和加高可在横肋和立柱的接头处用接头板固定，在模板的接头处采用销钉锁紧。大块板扇用木板钉在肋木上制成，弧形板扇则用弧形肋木交错垒接钉合。板扇接长和加高用短肋木连接。一节墩、台身的模板采用板扇连接好后，在肋木外侧加立柱，通过立柱加设拉杆。圆端形高架桥墩还应在立柱外围加设钢筋箍，钢筋箍应具有可以收紧的花篮螺栓接头。

3. 整体吊装模板

（1）整体吊装模板的主要特点

安装时间较短，施工进度快，有利于提高施工质量；将拼装模板的高空作业改为平地操作，施工安全可靠；模板刚度大，可少设拉筋，节约钢材，并可利用模板外框架作简易脚手架；整体吊装模板的结构简单，拆装方便，并可以进行重复使用；但是在施工时需要一套吊装设备。

（2）整体吊装模板是将高架桥墩、台模板组成一个整体，在地面拼装后吊装就位。组装的方法：根据墩、台高度分层支模和浇筑混凝土，每层的高度应根据墩、台的尺寸和模板数量以及灌筑混凝土的能力而定，一般为3 ~ 5m。用起重机吊起大块板扇，按分层高度安装好第一层模板，其组装方法与低墩、台组装模板的方法相同。模板安装完后在浇筑第一层混凝土时，应在墩、台身内预埋支承螺栓，以支承第二层模板和安装脚手架。

（3）对于圆形、方形柱式墩，可根据施工现场的吊装能力，分节组装成整体模板，以加快施工进度，减轻劳动强度和保证施工安全。整体模板的高度应视吊装能力并结合分段高度而定，一般为2 ~ 4m。为确保整体模板具有足够的刚度和强度，吊装前应进行强度验算和加固，以防在吊装时变形。

4. 组合式定型钢模板

采用组合式定型钢模板可以节约大量的木材，组装拆卸非常方便，并且通用性好，可多次周转使用，具有较好的经济效益，是高架桥施工中最常用的模板。

（1）组合式定型钢模板的构造

组合式定型钢模板主要由钢模板（平面模板、转角模板、倒棱模板、加腋模板、柔性模板、可调模板、嵌补模板等）、连接件（U形卡、L形插销、钩头螺栓、扣件、模板拉杆等）、支承件（钢楞又称连杆与龙骨、柱箍梁托架、钢管架、四管支柱、钢管脚手支架、平面可调钢桁架、曲面可变钢桁架）等组成。

（2）组合式定型钢模板的拼配原则

尽量使用规格最大的模板，可使模板块数少，拼接少，节省连接和支承配件，减少装拆工作量，增强模板整体刚度；对于构造上无特殊要求的转角，可使用连接角模代替阳角模板。阴角模板宜用于长度较大的转角处；配板时应将钢模板的长度沿着墙、柱、墩、台的高度方向和梁的长度方向排列，以利于用长度规格较大的钢模板和增大钢模板的支承跨度；钢模板的制作偏差和拼接安装误差，一般板长4m以内可不考虑，超过4m，则每4.5m留3 ~ 5mm的富余，一般可在安装端头时统一处理；选择连接点和支撑点位置时，应尽量利用材料和地形，以便于安装操作。

（3）组合式定型钢模板的拼装与拆卸

组合式定型钢模板的拼装与拆卸的主要内容，见表2–1。

表2–1 组合式定型钢模板的拼装与拆卸

步骤	主要内容
准备工作	先绘模板组装图，并对不足模数的空缺部位和非直角转角处用木模补配，编制钢模配件表；拟定需用机具及劳动力计算；对立模现场进行清理和测量，在底板上画出模板位置
现场直接组装	对于尺寸较大的构件，可直接将单块模板组装成结构物所需的模板，不用吊装机械，拆装方便。但模板整体性差，刚度小，适宜预制构件的模板拼装
预拼装后现场组合	先预拼成大块模板，然后用吊机吊至结构物位置组拼，用回形卡钩头穿入相邻两模板边肋的卡孔中，按下回形卡弧形部分，使其夹住模板拼接处两边肋。两模端部卡孔则用L形插头插入连接，然后装上纵、横向钢楞和碟形扣件或弓形扣件，用钩头螺栓从两钢楞中间穿入，钩头穿挂入肋边卡孔中，并用螺帽旋紧。钢楞装好后，拧紧模板拉杆螺栓，并设立支撑，使模板保持整体稳定。非直角转角处、钢模板拼缺处用木模镶补。木模板应按钢模边肋上的卡孔眼位钻孔，用紧固螺栓将木模与钢模连接
拆除时间与顺序	按《公路桥涵施工技术规范》（JTJ041—2000）规定的时间进行拆除。其拆除顺序是：一般先拆除侧面模板，后拆底模板；先拆非承重部位，后拆承重部位。单块模板拆除可利用模板肋条上的拼装孔，用工具拉下。整体模板拆除应先拉好吊索，然后拆除斜撑和连接两块拼装模板的附加钢楞、U形卡及L形插销。拆除时，要用锤敲击板体，使之与混凝土脱离，再吊运至指定位置堆放；拆除模板后，应及时从混凝土中取出对拉螺栓，并用砂浆将孔塞平

（4）模板制作技术要求

模板应具有必须的强度、刚度和稳定性，并能可靠地承受施工过程中可能产生的各种荷载，保证结构物各部形状、尺寸准确；模板板面平整，接缝紧密不漏浆；拆装容易，施工操作方便，确保安全生产；模板设计应包括如下内容：绘制模板总装图、细部构造图；在计算荷载作用下按受力程序分别验算其强度、刚度和稳定性；制定模板的安装、使用、拆卸及保养有关技术安全措施和注意事项；编制模板材料数量表及编制模板设计说明书；验算模板刚度时，其变形值不得超过国家有关模板、拱架及支架安装时允许偏差的规定。

二、混凝土的运送与钢筋混凝土墩、台施工要点

1. 混凝土的运送

（1）对混凝土运输的要求：高架墩、台施工时，其混凝土从搅拌处至浇筑地点的运输过程中，应采取措施使混凝土保持均匀性和规定的坍落度，不出现漏浆、失水、离析等现象，否则须在浇筑前进行二次搅拌。当混凝土拌合物运距较近时，可采用无搅拌器的运输工具运输；当运距较远时，宜用搅拌运输车运输。

（2）水平运输与垂直运输：

①无搅拌器的设备运输：如若混凝土数量大，灌筑振捣速度快时，可采用混凝土泵和皮带运输机。皮带运输机的运输带转动速度应不大于1.2m/s。其最大倾斜角：当混凝土坍落度小于4cm时，向上传送为18°，向下传送为12°；当坍落度为4 ~ 8cm时，则分别为15°和10°。

②混凝土输送车：在高架桥墩、台的施工过程中，一般需要能在运输途中进行搅拌的运输车，常在混凝土泵车的配合下进行浇筑，多用于运距较远或工点分散且混凝土数量较大的工程，可防止运输时间较长情况下混凝土粘结和离析。

2. 混凝土及钢筋混凝土墩、台施工要点

（1）高架桥墩、台施工前应在基础顶面放出墩、台中线和墩、台内、外轮廓线的准确位置。

（2）现浇混凝土墩、台钢筋的绑扎应和混凝土的浇筑配合进行。在配置垂直方向的钢筋时应有不同的长度，以便同一断面上的钢筋接头能符合《公路桥涵施工技术规范》（JTJ041—2000）的有关规定。水平钢筋的接头也应内外、上下互相错开。钢筋保护层的净厚度，应符合设计规范要求。

（3）浇筑混凝土的质量应从准备工作、拌合材料、操作技术和灌后养护这四方面加以控制。滑模浇筑应选用低流动度的或半干硬性的混凝土拌合料，分层分段对称浇筑，并应同时浇完一层。各段的浇筑应到距模板上缘10 ~ 15cm处为止。采用插入式振捣器时，应插入下层混凝土5 ~ 10cm。要防止千斤顶和油管在混凝土和钢筋上漏油。浇筑混凝土要连续操作，如因故中途停止，应按施工缝处理。脱模后若表面不平整或有其他缺陷要予以修补。在明挖基础上浇筑墩、台第一层混凝土时，要防止水分被基础吸收或基顶水分渗入混凝土而降低强度。

（4）施工中应注意掌握混凝土的浇筑速度。混凝土的配制、输送及浇筑速度应符合：

$$V \geqslant Ah/t$$

式中：V——混凝土配制、输送及浇筑的容许最小速度，m^3/h；

A——浇筑的面积，m^2；

h——浇筑层的厚度，m；

t——所用水泥的初凝时间，h。

混凝土浇筑层的厚度h，应根据使用的振捣方法而定，若墩、台截面积不大时，混凝土应连续一次浇筑完成，以保证其整体性。如高架桥墩、台截面积过大时，应分段分块浇筑。

（5）对于大体积混凝土应参照下述方法控制混凝土水化热温度

采用改善骨料级配、降低水灰比、掺入混合料、掺入外加剂、掺入片石等方法减少水泥的使用量；采用水化热低的大坝水泥、矿渣水泥、粉煤灰水泥或低强度水泥；尽可能地减小浇筑层的厚度，达到加快混凝土散热速度的目的；所采用的混凝土用料应尽量避免日光暴晒，以降低用料的初始温度。

（6）在混凝土浇筑施工过程中，应随时观察所设置的预埋螺栓、预留孔、预埋支座的位置是否移动，若发现移动时必须及时校正。浇筑过程中还应注意模板、支架的情况，如有变形或沉陷时应立即校对，并进行及时的加固。

（7）对于高大的桥台，若台身后仰，本身自重力偏心较大，为平衡台身偏心，施工时应随同填筑台身四周路堤土方，同步砌筑或浇筑台身，防止桥台后倾或向前滑移。在未经填土的台身施工高度一般不宜超过4m，以免偏心引起基底不均匀地沉陷。

（8）对于“V”形、“Y”形和“X”形桥墩的施工方法与桥梁的结构体系有密切关系。通常对这类高架桥可分为“V”形墩结构、锚跨结构和挂孔部分三个施工阶段。其中“V”形墩是高架桥的施工重点，它由两个斜腿和其顶部主梁组成倒三角形结构。

（9）斜腿内采用劲性骨架和斜腿顶部采用临时预应力拉杆的作用

吊挂斜腿模板及其他施工荷载；在结构中替代部分主筋及箍筋；可减少施工时的斜腿截面内力。

为保证施工中结构自身的稳定性和刚度，将两侧劲性骨架用刚拉杆连接在平衡架上。两斜腿间主梁的施工，是在膺架上分三段浇筑，其大部分重力由膺架承受并传至基础上，只有在“V”形墩顶主梁合龙时，合龙段有1/3重力由斜腿承受。

3. 片石混凝土砌体墩、台的施工要点

当采用片石混凝土浇筑高架桥的墩、台时，混凝土中允许填充粒径大于150mm的石块，并且应遵守下列规定：

所填充石块的数量不宜超过桥墩混凝土结构体的25%；应选用无裂纹、无夹层和未煅烧过的并具有抗冻性的石块；石块的抗压强度应符合《公路桥涵施工技术规范》（JTJ041）的有关规定，与对碎石、卵石的要求相同；石块在使用前必须仔细进行清扫，并用水冲洗干净；所有的石块应埋入新浇筑并捣实的混凝土中一半以上。对受拉区混凝土不宜埋放石块，当气温低于0℃时，应停止埋石块；石块在混凝土中应分布均匀，两石块间的净距不应小于100mm，以便捣实其间的混凝土。石块距表面（包括侧面与顶面）的距离不得小于150mm，具有抗冻要求的表面不得小于300mm，并不得与钢筋接触和碰撞预埋件；当采用片石混凝土砌体时，石块含量可增加到砌体体积的50% ~ 60%，石块净距可减为40 ~ 60mm，其他要求与片石混凝土相同。

4. 装配式高架桥墩的施工

（1）砌块式墩台施工：砌块式墩台的施工大体上与石砌墩台相同，只是预制砌块的形式因墩台形状不同而有很多变化。例如，1975年建成的竺溪大桥，主桥墩身系采用预制的素混凝土壳块分层砌筑而成。壳块按平面形状分为Π型和工型两大类，再按其砌筑位置和具体尺寸又分为5种型号，每种块件等高，均为35mm，块件单元自重为900 ~ 1200N，每砌三层为一段落。该桥采用预制砌块建造桥墩，不仅节约混凝土质量约26%，节省木材50m^{3}和大量铁件，而且砌缝整齐，外貌美观，更主要的是加快了施工速度。

（2）柱式墩施工：装配式柱式墩的施工工序为预制构件、安装连接与混凝土填缝养护等。其中拼装接头是关键工序，既要牢固、安全，又要结构简单，便于施工。常用的拼装接头方法见表2–2。

表2–2　常用的拼装接头方法

方法	内容
钢筋锚固接头	构件上预留钢筋或型钢，插入另一构件的预留槽内，或将钢筋相互焊接，再灌筑半干硬性混凝土，多用于立柱与钉帽处的连接
承插式接头	将预制构件插入相应的预留孔内，插入长度一般为1.2 ~ 1.5倍的构件宽度，底部铺设厚度为20mm的砂浆，四周以半干硬性混凝土填充，此法常用于立柱与基础的接头连接

续表

方法	内容
扣环式接头	相互连接的构件按预定位置预埋环式钢筋，安装时柱脚先坐落在承台的柱芯上，上下环式钢筋相互错接，扣环间插入U形短钢筋焊牢，四周再绑扎钢筋一圈，立模浇筑外围接头混凝土。要求上下扣环预埋位置正确，施工较为复杂
法兰盘接头	在相连接构件两端安装法兰盘，连接时用法兰盘连接，要求法兰盘预埋位置必须与构件垂直。接头处可不用混凝土封闭
焊接接头	将预埋在构件中的铁件与另一构件的预埋铁件用电焊连接，外部再用混凝土封闭。这种接头易于调整误差，多用于水平连接杆与主柱的连接

5. *后张法预应力混凝土装配墩施工*

（1）装配式预应力钢筋混凝土墩分为基础、实体墩身和装配墩身三大部分。装配墩身由基本构件、隔板、顶板及钉帽四种不同形状的构件组成，用高强钢丝穿入预留的上下贯通的孔道内，张拉锚固而成。实体墩身是装配墩身与基础的连接段，其作用是锚固预应力钢筋，调节装配墩身高度及抵御洪水时漂流物的冲击等。

（2）装配式预应力高架桥施工工艺流程主要分成施工准备、构件预制及墩身装配三方面。全过程贯穿着质量检查工作：

实体墩身灌注时要按装配构件孔道的相对位置，预留张拉孔道及工作孔；构件装配的水平拼装缝采用M35水泥砂浆，砂浆厚度为15mm，便于调整构件水平标高，不使误差累积。

安装构件的操作要领是：平、稳、准、实、通五大关键，即起吊要平；构件顶面要平、内外壁砂浆接缝要抹平；起吊、降落、松钩要稳；构件尺寸要准；孔道位置要准；中线准及预埋配件位置准；接缝砂浆要密实；构件孔道要畅通。

张拉预应力的钢丝束分两种，一种是直径为5mm的高强度钢丝，用18ϕ5锥形锚；另一种用7ϕ4mm钢绞线，用JM12–6型锚具，采用一次张拉工艺。

采用纯水泥浆，为减少水泥浆的收缩及泌水性能，可掺入水泥重量（0.8 ~ 1）/10000的矿粉。压浆最好由下而上压注，压浆分初压与复压，初压后，约停1h，待砂浆初凝即进行复压，复压压力可取为0.8 ~ 1MPa，初压压力可小一点。压浆时，构件上的砂浆接缝全部湿润，说明接缝砂浆空隙中压入了水泥浆，起到了密实接缝的作用。实体墩身的封锚采用与墩身同强度的混凝土，同时要采用防水措施。钉帽上的封锚采用钢筋网罩焊在垫板上，单个或多个连在一起，然后甩混凝土封锚。

第二节　高桥墩的施工方法和工艺技术

一、滑动模板构造

滑动模板是将模板悬挂在工作平台的围圈上，沿着所施工的混凝土结构截面的周界组拼装配，并随着混凝土的灌筑，由千斤顶带动向上滑升。滑动模板的构造，由于桥墩类型、提升工具的类型不同，模板构造也稍有差异，但其主要部件与功能则大致相同，一般主要由工作平台、内外模板、混凝土平台、工作吊篮和提升设备等组成，如图2–1所示。

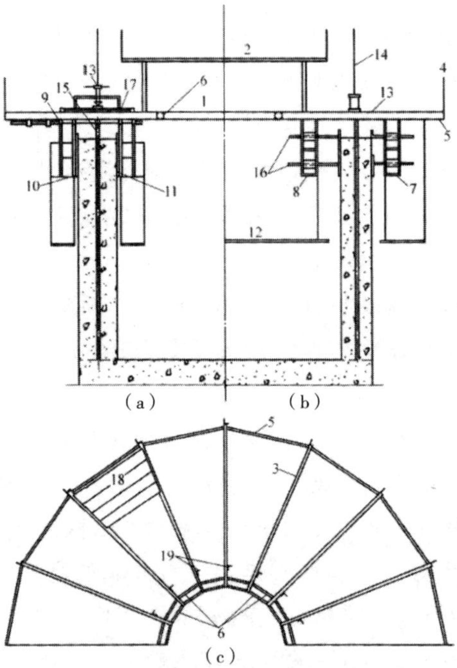

图2–1　滑动模板构造

（a）等壁厚收坡滑模半剖面（螺杆千斤顶）；

（b）不等壁厚收坡滑模半剖面（液压千斤顶）；

（c）工作平台半平面

1—工作平台；2—混凝土平台；3—辐射梁；4—栏杆；5—外钢环；6—内钢环；7—外立柱；8—内立柱；9—滚轴；10—外模板；11—内模板；12—吊篮；13—千斤顶；14—顶杆；15—导管；16—收坡丝杆；17—顶架横梁；18—步板；19—混凝土平台立柱

（1）工作平台1由外钢环5、辐射梁3、内钢环6、栏杆4、步板18组成，除提供施工操作场地外，还用它把滑模的其他部分与顶杆14相互连接起来，使整个滑模结构支承在顶杆上。可以说，工作平台是整个滑模结构的骨架，所以，应具有足够的强度和刚度。

（2）内外模板11、10采用薄钢板制作，用于上下壁厚相同的直坡空心桥墩的滑模。内外模板均通过立柱7、8固定在工作平台的辐射梁上。用于上下壁厚相同的斜坡空心墩的收坡滑模，内外模板仍固定在立柱上，但立柱架（或顶梁17）不是固定在辐射梁上，而是通过滚轴9悬挂在辐射梁上，并可利用收坡丝杆16沿辐射方向移动立柱架及内外模板位置。用于斜坡式不等壁厚空心墩的收坡滑模，则内外立柱固定的辐射梁上，而在模板与立柱间安装收坡丝杆，以便分别移动内外模板的位置。

（3）混凝土平台2由辐射梁、步板、栏杆等组成，利用立柱19支承在工作平台的辐射梁上，供堆放及灌注混凝土的施工操作之用。

（4）工作吊篮是悬挂在工作平台的辐射梁和内外模板的立柱上，它随着滑模的提升而向上移动，供施工人员对刚脱模的混凝土进行表面修饰和养生等施工使用。

（5）提升设备由千斤顶13、顶杆14、顶杆导管15等组成，通过顶升工作平台的辐射梁使整个滑模提升。

二、滑动模板的提升工艺

1. 螺旋千斤顶

滑动模板提升设备主要由提升千斤顶、支承顶杆及液扭控制装置等几部分组成。螺旋千斤顶提升的主要步骤（如图2-2所示）：

（1）转动手轮2使螺杆3旋转，使千斤顶顶座4及顶架上横梁5带动整个滑模徐徐上升。此时，上卡头6、卡瓦7、卡板8卡住顶杆，而下卡头9、卡瓦7、卡板8则沿顶杆向上滑行，当滑至与上下卡瓦接触或螺杆不能再旋转时，既完成一个行程的提升。

（2）向相反方向转动手轮，此时，下卡头、卡瓦、卡板卡住顶杆1，整个滑模处于静止状态，仅上卡头、卡瓦、卡板连同螺杆、手轮沿顶杆向上滑行，至上卡头与顶架上横梁接触或螺杆不能再旋转时为止，既完成整个一个循环。

2. 液压千斤顶

采用液压千斤顶的主要提升步骤（如图2-3所示）：

（1）进油提升：利用液压泵将油压入缸盖3与活塞5之间，在液压作用时，上卡头6立即卡紧顶杆1，使活塞固定于杆顶上（图2-3a）。随着缸盖活塞间进油量的增

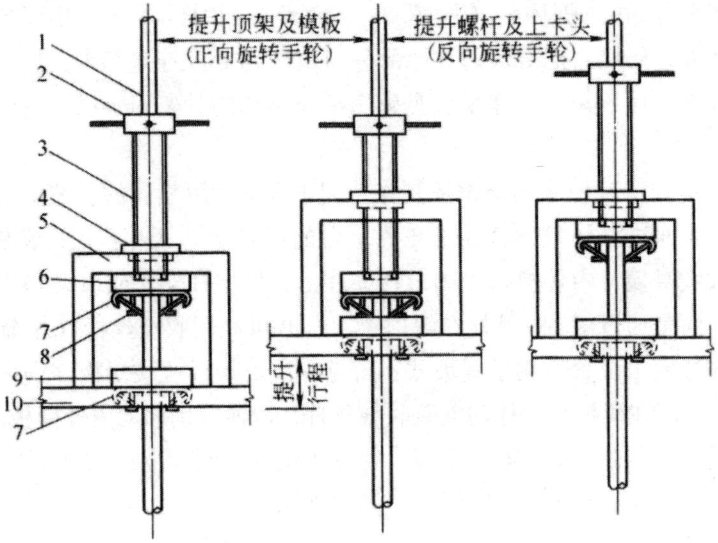

图2-2　螺旋千斤顶提升

1—顶杆；2—手轮；3—螺杆；4—顶座；5—顶架上横梁；6—上卡头；7—卡瓦；8—卡板；9—下卡头；10—顶架下横梁

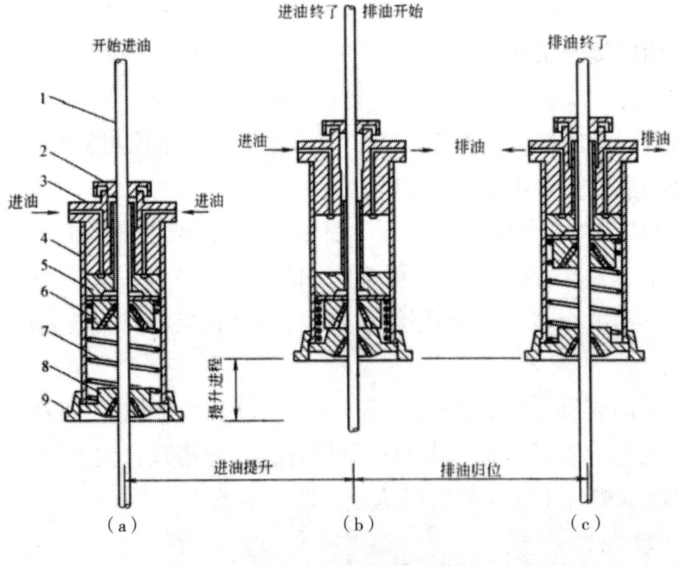

图2-3　液压千斤顶提升

1—顶杆；2—行程调整帽；3—缸盖；4—缸筒；5—活塞；6—上卡头；7—排油弹簧；8—下卡头；9—底座

加，使缸盖连同缸筒4、底座9及整个滑模结构一起上升，直至上、下卡头6、8顶紧时（图2–3b），提升暂停。此时，缸筒内排油弹簧完全处于压缩状态。

（2）排油归位：开通回油管路，解除液压，利用排油弹簧7推动下卡头使其与顶杆卡紧，同时推动上卡头将油排出缸筒，在千斤顶及整个滑模位置不变的情况下，使活塞回到进油前的位置。至此，完成一个提升循环（图2–3c）。为使各液压千斤顶能协同一致地工作，应将液压泵与各千斤顶用高压油管连通，由操纵台统一集中控制。

提升时，滑模与平台上临时荷载全由支承杆承受。顶杆一般采用Q235与Q275圆钢制作，直径25mm，Q275圆钢的承载能力约为12.5kN（Q235则为10kN）。顶杆一端埋置于墩、台结构的混凝土中，一端穿过千斤顶芯孔，每节长2 ~ 4m，用工具式或焊接连接。为节省钢材，使支承顶杆能重复使用，可在顶杆外安上套管，套管随同滑模整个结构一起上升，待施工完毕后，可拔出支承顶杆。

三、滑动模板浇筑混凝土施工要点

1. 滑模组装要点

在高桥墩位上就地进行组装时，其主要的安装步骤为：

（1）在基础顶面搭枕木垛，定出桥墩的中心线。

（2）在枕木垛上先安装内钢环，并准确进行定位，再依次安装辐射梁、外钢环、立柱、顶杆、千斤顶、模板等。

（3）提升整个装置，拆去枕木垛，再将模板落下就位，随后安装余下的设施。

（4）内外吊架待模板滑升至一定高度后，要及时进行安装。

（5）模板在安装前，表面需涂润滑剂，以减少滑升时的摩阻力；组装完毕后，必须按设计要求及组装质量标准进行全面检查，并及时纠正偏差。

2. 灌筑混凝土要点

（1）滑模施工最适宜灌筑低流动度或半干硬性的混凝土，灌筑时应分层、分段对称地进行施工，分层的厚度以200 ~ 300mm为宜，灌筑后混凝土表面距模板上缘宜有不小于100 ~ 150mm的距离。

（2）混凝土入模时，要均匀分布，应采用插入式振动器进行捣固，振捣时应避免触及钢筋及模板，振动器插入下一层混凝土的深度不得超过50mm。

（3）脱模时混凝土强度应为0.2 ~ 0.5MPa，以防在其自重压力下坍塌变形。

（4）其时，可根据其气候的温度、水泥的强度，经试验后掺入一定量的早强剂，以加速提升。

（5）脱模后8h左右开始养生，用吊在下吊架上的环绕墩身的带小孔的水管来进行。养生的水管一般设在距模板下缘1.8 ~ 2m处效果理想。

3. 提升与收坡施工要点

（1）整个桥墩灌筑过程可分为初次滑升、正常滑升和最后滑升3个阶段。从开始灌筑混凝土到模板首次试升为初次滑升阶段。

（2）初灌混凝土的高度一般为600 ~ 700mm，分三次灌筑，在底层混凝土强度达到0.2 ~ 0.4MPa时就可以进行试升作业。

（3）将所有千斤顶同时缓慢起升50mm，以观察底层混凝土的凝固情况。

（4）现场鉴定可用手指按刚脱模的混凝土表面，基本按不动，但留有指痕，砂浆不沾手，用指甲划过有痕，滑升时能耳闻“沙沙”的摩擦声，这些表明混凝土已具有0.2 ~ 0.4MPa的脱模强度，可以开始缓和提升200mm左右。

（5）初升后，经全面地进行检查设备，就可以进入正常的滑升阶段，即每灌筑一层混凝土，滑模提升一次，但每次灌筑的厚度与每次提升的高度基本一致。在正常的气温条件下，提升的时间不得超过1h。

（6）最后滑升阶段是混凝土已经灌筑到所需要的高度，不再继续灌筑，但模板尚需继续滑升的阶段。灌完最后一层混凝土后，每隔1 ~ 2h将模板提升50 ~ 100mm，滑动2 ~ 3次后就可以避免混凝土与模板胶合。

（7）滑模提升时应做到垂直、均匀一致，顶架间高差不得大于20mm，顶架横梁水平高差不得大于5mm。并要求2班连续作业，不得随意停工；随着模板的提升，应转动收坡丝杆，调整墩壁曲面的半径，使之符合设计要求的收坡坡度。

第三节　高架桥墩、台帽施工

一、放样

要求：高架桥的墩、台混凝土灌筑至或者砌至离墩、台帽下缘大约300 ~ 500mm高度时，即测量出墩、台纵横中心轴线，并开始竖立墩、帽模板，安装锚栓孔或安装预埋支座垫板、钢筋等。桥台台帽放样时应注意不要以基础中心线作为台帽背墙线。当基模板立好后，在灌筑混凝土前应再次复核，使墩、台帽中心、支座垫石等位置、方向和高程不出差错，确保桥墩的施工质量。

二、高架桥墩、台帽模板

1. 石砌墩台模板

在墩、台帽高程以下250 ~ 300mm处，停止填腹石的砌筑，开始安装墩、台帽模板。先用两根大约150mm×150mm的方木，采用长螺栓拉夹于墩帽下，如图2–4所示。然后再在方木上安装墩帽模板。台帽模板亦可用木料支承在锥体上。

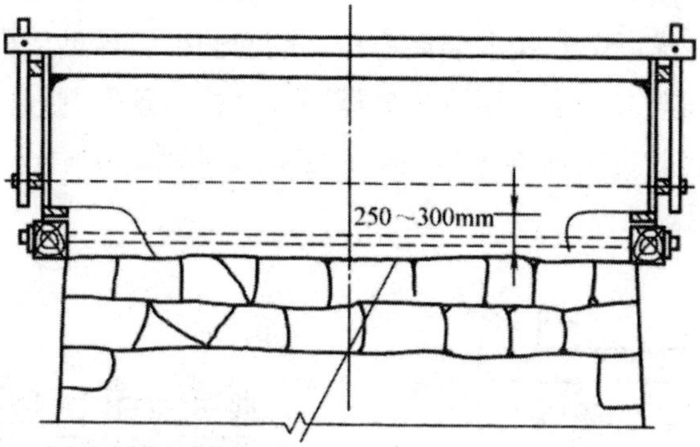

图2–4　石砌桥墩墩帽模板

2. 悬臂墩帽

（1）若高架桥桥墩不高时，可利用桥墩基础襟边竖支架，在悬出的支架上立模，如图2–5（a）所示。如桥墩较高时，可预先在墩身上部预埋螺栓2 ~ 3排，以锚定牛腿支架、承托模板，如图2–5（b）所示。模板的安装程序为：在支架上先安装好底模板；墩上绑扎或整体吊放墩帽钢筋；竖立侧面模板；装横挡螺栓、横向支撑、拉杆和斜撑。

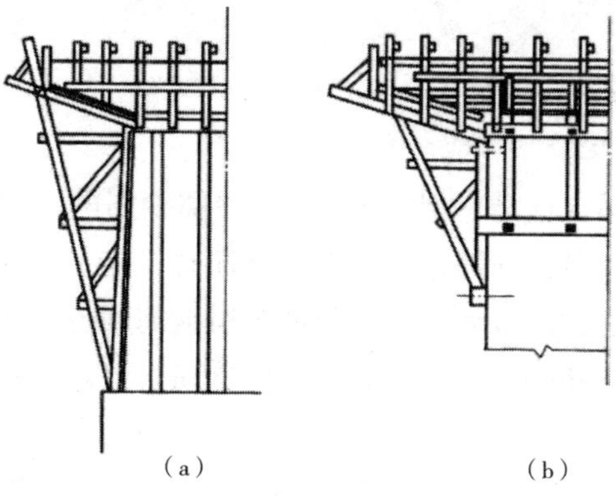

图2–5　悬臂墩帽模板

（2）悬臂墩帽混凝土应由墩中部向悬臂顺序浇筑。帽高在50cm以上时，应分层浇筑，使模板受力较均匀，并便于混凝土振捣密实。

3. 桩柱墩墩帽

桩柱墩墩帽又称为盖梁，除装配式以外，需要现场立模浇筑。盖梁圬工体积小，有条件利用钢筋混凝土桩柱本身作模板支承。其主要方法是采用两根木梁将整排桩柱用螺栓相对夹紧，然后在其上铺横梁，横梁间衬以方木，调节间距，也可用螺栓隔桩柱成对夹紧，在横梁上直接安装底模板。而两侧模板借助于横梁、上拉杆和一对角撑所组成的方框架来固定。所有框架榫眼及角撑均预先制好，安装时只用木楔尖顶紧框架四周，就能迅速而准确地使模板定位，如图2–6所示。这种模板装拆方便，有利于重复使用。

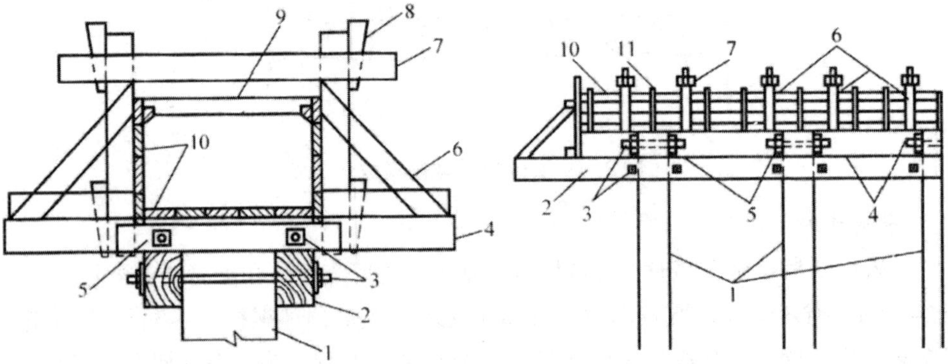

图2–6　桩柱墩墩帽整体式模板

1—钢筋混凝土桩柱；2木梁；3—螺栓；4—横梁；5—衬木；6—角撑；7—拉杆；8—木楔；9—内撑；10—模板；11—肋木

三、高架桥墩、台帽的安装施工

1. 钢筋网预埋件的内容

（1）高架桥墩、台帽支座处一般均布设1 ~ 3层钢筋网。当墩、台帽为素混凝土或虽为配筋混凝土，但对钢筋网未设置架立钢筋时，施工中应根据各层钢筋网的高程安排墩、台帽混凝土的浇筑程序。为保证各层钢筋网位置正确，必须在两侧模板上画线，并加设固定钢筋网的架立钢筋和定位钢筋，以避免振捣混凝土时钢筋网发生其位移。

（2）高架桥墩、台的预埋件一般有以下几种内容：

①支座预埋件：主要包括钢板支座的下锚栓及下垫板、切线式支座的下锚栓及

下座板、摆柱式支座的锚栓及势板、盆式橡胶支座的固定锚栓等；

②防振锚栓；装配式墩、台帽的吊环；

③供运营阶段使用的扶手、检查平台和护栏等；供观测用的标尺、防振挡块的预埋钢筋等。

2. 板式橡胶支座的安装

（1）安装前应将墩、台支座支垫处和梁底面清理干净，去除油污，用水灰比不大于0.5的1∶3水泥砂浆抹平，使其顶面标高符合设计的要求。

（2）支座安装，应尽可能在接近年平均气温的季节里进行，主要是减少由于温差变化过大而引起的剪切变形。

（3）梁、板安装施工时，必须细致稳妥、使其梁、板就位准确且与支座紧密地粘贴在一起，勿使支座产生剪切变形；就位不准时，必须吊起重放，不得使用撬杠来移动梁、板。

（4）当墩、台的两端标高不同时，应顺桥向或横桥向有坡度时，支座安装必须严格按照设计规定的有关技术要求执行；支座周围应设排水坡，防止积水，并注意及时清除支座附近的尘土、油脂与污垢等。

3. 盆式橡胶支座的安装

（1）安装前应将支座的各相对滑移面和其他部分用丙酮或酒精擦拭干净。

（2）支座的顶板和底板可用焊接或锚固螺栓栓接在梁体底面和墩、台顶面的预埋钢板上，焊接时，应防止烧坏混凝土而采用必要的有效措施。

（3）安装锚固螺栓时，其外露螺杆的高度不得大于螺母的厚度；上下支座安装顺序，宜先将上座板固定在梁上，再根据其位置确定底盆在墩、台的位置，最后固定。

（4）安装支座的标高符合设计要求，平面纵横两个方向应水平，支座承压小于5000kN时，其四角高差不得大于1mm；支座承压大于5000kN时，不得大于2mm。

（5）安装固定支座时，其上下各个部件纵轴线必须对正；安装纵向活动支座时，上下各部件纵轴线必须对正，横轴线应根据安装时的温度与年平均的最高、最低温差，由计算确定其错位的距离；支座上下导向挡块必须平行，最大偏差的交叉不得大于5′；高架桥整个施工期间，混凝土将由于预应力和温差引起弹性压缩、徐变和伸缩而产生位移量。因此，要在安装活动支座时，上下板要预留偏移量，使桥梁建成后的支座位置能符合设计要求。

4. 球式钢支座的特点与安装

（1）主要特点

球式钢支座受力可靠，转动灵活，它与盆式橡胶支座相比，具有如下特点：

球形支座通过球面传力，不出现力的缩颈现象，作用在混凝土上的反力比较均匀；球形支座通过球面聚四氟乙烯板的滑动来实现支座的转动过程，其转动力矩小，而且力矩只与支座球面半径及聚四氟乙烯板的摩擦系数有关，与支座转角大小无关；支座各转向性能一致，适应于宽的高架桥、曲线桥；支座不用橡胶承压，不存在橡胶老化对支座转动性能的影响，特别适应于低温地区。

（2）安装要求

①采用球形支座时，高架桥梁梁体及桥墩、台支承部位混凝土强度不得低于32.5MPa；

②支座与梁体及墩、台采用预埋螺栓连接，必要时也可采用预埋钢板焊接连接，但将支座与梁体及墩、台预埋钢板焊接时，要防止支座钢体过热，以避免烧坏硅脂及聚四氟乙烯板；

③支座安装标高应符合设计要求，要保证支座支承平面的水平及平整，支座支承面四角高差不得大于3mm。

④支座进场后，应检查装箱清单，包括配件清单、支座产品合格证、支座安装养护细则等；

⑤支座安装时应注意以下事项：支座中心线应与主梁中心线平行；活动支座上、下支座板顺桥方向的中心线应重合，其交角不得大于5′；支座安装时不得松动上、下支座连接板，以防止支座发生过大转角而倾覆，该连接在梁体安装完成后应予拆除，以防约束梁体的正常转动；拆除上、下支座连接板后，应及时安装DX及ZX活动支座的橡胶防尘罩；现浇混凝土梁在梁体注成整体后，在施工梁体预应力前拆除连接板；支座在安装围板前，应用棉丝将不锈钢滑动表面仔细擦净，以防止灰尘侵入聚四氟乙烯板表面；

⑥支座应每年定期进行一次检查及养护工作，其主要内容包括：检查支座锚栓有无剪断，支座橡胶密封圈有无龟裂、老化；检查支座相对位移值是否均匀；清除支座附近的杂物及灰尘，松动锚栓螺母一次，清洗上油，以避免螺母锈死，然后紧固；校核并定点检查支座高度变化，以便校核支座内四氟乙烯板的的磨耗情况，超过3mm时，应拆换橡胶密封圈。

5. 预留锚栓孔的安装

（1）高架桥墩、台帽的预留锚栓孔必须在安装墩、台帽模板时，安装好锚栓预留锚栓孔模板，在绑扎钢筋时注意将预留孔位置留出。

（2）一般来说，预留锚栓孔应该是下大上小，其模板可采用拼装式的，图2–7所示为锚栓孔模板的示意图。

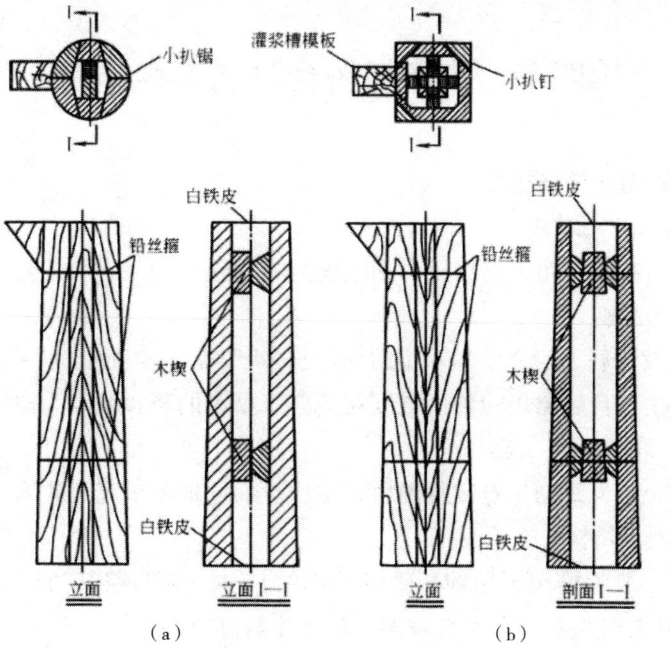

图2-7　锚栓孔模板

（a）圆形模板；（b）方形模板

（3）模板安装施工中，其顶面可比支座垫石顶面设计标高约低5mm，以便于石顶面的抹平。带弯钩的锚栓安装时应考虑其弯钩的方向。

（4）为便于安装锚栓后灌实锚栓孔，可在每一锚栓孔模板的外侧上部用三角木块预留进浆槽。

（5）锚栓孔模板可在支座垫石模板上放线定位。支座垫石混凝土强度达2.5MPa时即可拆除锚栓孔模板。

（6）当上部梁板为现浇整体结构时，墩、台帽上的预留锚栓可直接浇筑在墩、台帽中，并按设计尺寸留出外露部分。

（7）有的钢支座，如切线支座（又称弧形支座）的下摆不用垫板焊接，而采用在墩、台内埋螺栓的方式；为确保螺栓位置与支座的孔眼准确密合，浇筑墩、台帽混凝土时，预留出100 ~ 200mm的锚栓孔，待支座及锚栓安装就位后，再灌浆锚栓孔封固。

第四节　高架桥桥台附属工程施工

一、桥台翼墙与锥坡施工

1. 翼墙与锥坡的作用

（1）冀墙、锥坡是用来连接桥台和路堤的防护建筑物，它的主要作用是稳固路堤，防止水流的冲刷。

（2）冀墙设于桥台两侧，在平面上形成“八”字，立面上为一变高度的直线墙，其坡度变化与台后路堤边坡的坡度相适应。冀墙的竖直截面为梯形，冀墙顶设帽石。

（3）冀墙一般为浆砌片石或浆砌块石结构。根据地基情况，冀墙基础采用浆砌片石或片石混凝土结构。

（4）锥坡一般为椭圆形曲线，锥体坡面沿长轴方向与路基边坡相同，一般为1∶1.5，沿短轴方向为1∶1，锥体坡顶与路基外侧边沿同高。

（5）当台后填土高度大于6m，路堤边坡采用变坡时，锥坡也应作相应变坡处理，以相配合，见图2–8所示。

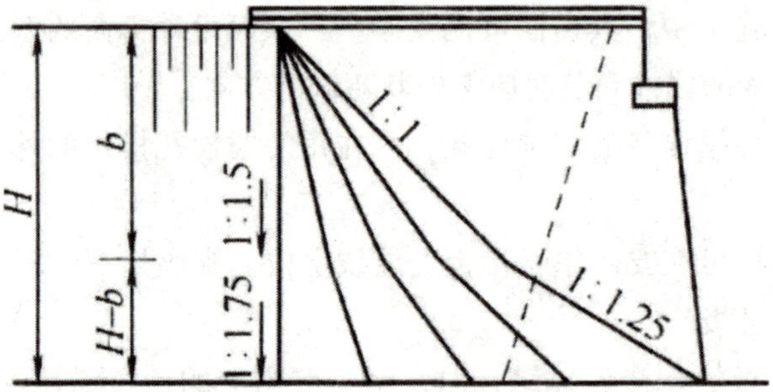

图2–8　$H \geqslant 6$m 锥体护坡的变坡处理

（6）锥坡内部用砂土或卵砾石填筑夯实，表面用片石干砌或浆砌，一般砌筑厚度为200 ~ 350mm。坡脚以下根据地基情况及流速大小设置基础，或将坡脚伸入地面以下一段，并适当加厚趾部，如图2–9所示。

（7）在不受水流冲刷影响的地方，锥坡可以考虑采用铺盖草皮或干砌片石网格代替满铺的片石铺砌，也可以将锥坡的下段用片石满铺，但上段铺草皮，以节约圬工数量。

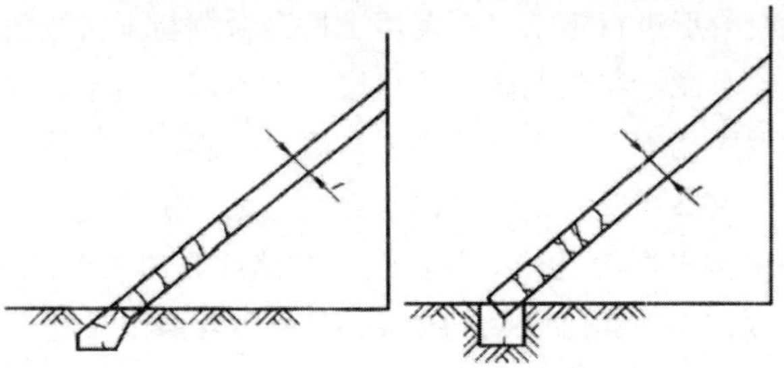

图2-9　片石护坡及基础处理

2. 锥坡施工要点

（1）锥体填土应按设计高程及坡度填足，砌筑片石厚度不够时再将土挖去，不允许填土不足，临时边砌石边补填土。锥坡拉线放样时，坡顶应预先放高约20 ~ 40mm，使锥坡随同锥体填土沉降后，坡度仍符合设计规定。

（2）砌石时放样拉线要张紧，表面要平顺，锥坡片石背后应按规定做碎石倒滤层，防止锥体土方被水浸蚀变形。

（3）锥坡与路肩或地面的连接必须平顺，以利排水，避免砌体背后冲刷或渗透坍塌。

（4）在大孔土地区，应检查锥坡基底及其附近有无陷穴，并彻底进行处理，保证锥坡稳定；干砌片石锥坡，用小石子砂浆勾缝时，应尽可能在片石护坡砌筑完成后间隔一段时间，待锥体基础稳定后再进行勾缝，以减少灰缝开裂；锥体填土应分层夯实，填料一般以黏土为宜。锥坡填土应与背填土同时进行，并应按其设计宽度填足。

二、台后填土与搭板的施工

1. 台后填筑土的要求

（1）城市高架桥桥台后填土应与桥台砌筑协调进行，填土应尽量选用渗水土，如黏土中含有较少量的砂质土。

（2）土的含水量，在北方冰冻地区要防止冰胀。如遇软土地基时，为增大土抗力，在台后适当长度内的填土可采用石灰土进行施工，但最后的表面均采用水泥混凝土。

（3）填土应分层夯实，每层松土厚200 ~ 300mm，一般应夯2 ~ 3遍，夯实后的厚度为150 ~ 200mm，使密实度达到90% ~ 98%，并做密实度测定。

（4）在靠近台背处的填土打夯较为困难时，可采用木棍、拍板打紧捣实，与路堤的搭接处宜挖成台阶形进行施工；石砌圬工桥台台背与土接触面应涂抹两道热沥青或用石灰三合土，水泥砂浆胶泥做不透水层，作为后台防水处理；拱桥台后填土必须与拱圈施工的程序相配合，使拱的推力与后台土侧压力保持一定平衡。一般要求拱桥台背填土可在主拱圈安装或砌筑以前完成。梁式桥的轻型桥台台后填土，应在桥面完成后，在两侧平衡地进行；台背填土顺路线方向长度，一般应自台身起，底面不小于桥台高度加2m，顶面不小于2m；拱桥台背填土长度一般不应小于台高的3 ~ 4倍。

2. 台后搭板施工要点

（1）在高架桥起始或终止的台后设置搭板是解决台后错台跳车的重要施工措施，它的主要效果与搭板之下的路堤压缩程度和搭板长度有密切关系。

（2）桥头搭板应设置一个较大的纵坡，则搭板纵坡基本符合10% ~ 15%，以保证在台后长度方向上的沉降分布均匀，并逐渐减小。

（3）搭板的末端顶面应与路基顶面平齐，其搭板前端顶面应留有路面面层的厚度。

（4）对台后填土应有严格的压实要求，首先清理基坑，使其尺寸符合要求。

（5）在对基底进行压实中，一般采用小型手推式振动打夯机压实，并用环刀法测定压实度；基底之上填筑并压实岩渣，其最大粒径不得大于120mm，含泥量也不得大于8%。压实后的干密度不得低于$2t/m^3$。

（6）对上述填筑台后路堤材料有困难时，至少应选用透水性良好的砂性土，或掺用40% ~ 70%的砂石料。分层厚度200 ~ 300mm，压实度不得小于95%。靠近后墙部位可用小型打夯机施工，也可填筑块片石及级配砂砾石，用振动器振实。用透水性材料填筑时，应以干容重控制施工质量，其表面采用水泥混凝土。

（7）在台背填筑施工前，应在土基上或某一合适高度上设置泄水管或盲沟，并注意将泄水管及盲沟引出路基之外；钢筋混凝土箱形通道的搭板可水平设置，但其上应留出路面面层的厚度。路堤填筑的施工要求与台后搭板相同。

三、泄水盲沟与导流建筑物的施工

1. 后台泄水盲沟施工

（1）地下水较小时，泄水盲沟以片石、碎石或卵石等透水材料砌筑，并按坡度设置。沟底用黏土夯实，盲沟应建在下游方向，出口处应高出一般水位20mm。平时无水的干河沟应高出地面3mm。

（2）如若桥台在挖方内，横向无法排水时，泄水盲沟在平面上可在下游方向的锥体填土内折向台前端排水，在平面上将形成“L”形。

（3）地下水较大时，一般采用盲沟施工，盲沟施工时应注意下列事项：

盲沟所用各类填料应洁净、无杂质，含泥量应小于2%；各层的填料要求层次分明，填筑密实压紧；盲沟应分段分层施工，当日下管填料要一次完成；盲沟滤管一般采用无砂混凝土管或有孔混凝土管，也可用短节混凝土管代替，但应在接头处留10 ~ 20mm的间隙，供地下水渗入；盲沟滤管基底应用混凝土浇注，并与滤管密贴，纵坡应均匀，无反向坡；管节应逐节检查，不合格者不得使用；管道安装完毕后，应将管内砂浆残渣、杂物清除干净，防止阻塞。

2. 导流建筑物的施工

（1）在城市高架桥的施工过程中，导流建筑物应和路基、桥涵工程综合考虑施工，避免在导流建筑物范围内取土、弃土而破坏排水系统。

（2）砌筑采用石料的抗压强度不得低于20MPa，砌筑采用的砂浆必须符合要求。

（3）导流建筑物的填土应达到最佳密度的90%以上，坡面砌石按照锥体护坡要求办理。如若采用漂石时，应采用栽砌法铺砌；如若采用混凝土板护面，板间砌缝为10 ~ 20mm，并用沥青麻筋填塞；抛石防护宜在枯水季节施工，其石块按不同规格掺杂抛投，但是，其底部及迎水面采用较大的石块。

第三章　高架桥上部结构的现场浇筑

第一节　模板构造基本规格

一、高架桥常用模板规格

高架桥常用模板规格的主要内容，见表3–1和表3–2。

表3–1　平面模板的规格

宽度（mm）	代号	规格尺寸（mm）	每块质量（kg）
300	P3015	300 × 1500 × 55	14.90
	P3012	300 × 1200 × 55	12.06
	P3019	300 × 900 × 55	9.21
	P3017	300 × 750 × 55	7.93
	P3016	300 × 600 × 55	6.36
	P3014	300 × 450 × 55	5.08
250	P2515	250 × 1500 × 55	13.19
	P2512	250 × 1200 × 55	10.66
	P2509	250 × 900 × 55	8.13
	P2507	250 × 750 × 55	6.98
	P2506	250 × 600 × 55	5.60
	P2504	250 × 450 × 55	4.45
200	P2015	200 × 1500 × 55	9.76
	P2012	200 × 1200 × 55	7.91
	P2009	200 × 900 × 55	6.03
	P2007	200 × 750 × 55	5.25
	P2006	200 × 600 × 55	4.17
	P2004	200 × 450 × 55	3.34

续表

宽度（mm）	代号	规格尺寸（mm）	每块质量（kg）
150	P1515	150 × 1500 × 55	8.01
	P1512	150 × 1200 × 55	6.47
	P1509	150 × 900 × 55	4.93
	P1507	150 × 750 × 55	4.23
	P1506	150 × 600 × 55	3.40
	P1504	150 × 450 × 55	2.69
100	P1015	100 × 1500 × 55	6.35
	P1012	100 × 1200 × 55	5.13
	P1009	100 × 900 × 55	3.90
	P1007	100 × 750 × 55	3.33
	P1006	100 × 600 × 55	2.67
	P1004	100 × 450	2.11

表3-2　定型钢模板规格尺寸

宽 × 长 × 厚（mm）	质量（kg/块）
300 × 1500 × 55	14.90
300 × 900 × 55	9.21
300 × 600 × 55	6.36
200 × 1500 × 55	9.76
200 × 900 × 55	6.03
200 × 600 × 55	4.17
150 × 1500 × 55	8.01
150 × 900 × 55	4.93
150 × 600 × 55	3.40
100 × 1500 × 55	6.36
100 × 900 × 55	3.90
100 × 600 × 55	2.67

二、高架桥墩、台模板的构造

1. 空心板梁内模

简要说明：

（1）该方法多采用充气胶囊作为空心板梁的内模。

（2）其胶囊可以单独使用，也可以与外套胶囊组合使用。

（3）使用时必须充气成型，所需要的气压是根据混凝土侧压力与胶囊内径的大小而定。

2. T形梁模板

简要说明：

（1）为更加便于安装，可将梁模制成两侧拼板与底板三部分。

（2）面板用50mm厚的木板，为便于脱模，其表面加钉镀锌薄钢板。

（3）面板直接装钉在用槽钢与角钢制成的框架上；两侧拼板上、下采用拉杆连接。

3. 方柱间隔浇筑法模板

简要说明：

（1）在浇筑混凝土时，每隔一桩空开一桩浇筑第一批桩。

（2）等到混凝土的强度已达到设计强度的30%后，方可拆除模板。

（3）第二批桩则是利用已浇筑的桩作侧模，再浇筑混凝土。

4. 桥台模板

简要说明：

（1）当在现场进行就地浇筑混凝土桥台时，必须按其设计要求进行。

（2）首先是放样定位，并以此轴线为准，清理基坑，进行基坑的浇筑工作。

（3）然后在基础上支设模板；支设模板可以为整体式的，也可以随浇筑混凝土高度分段进行接高，便于施工。

三、模板安装施工要点

1. 木模的制造

（1）高架桥上施工所使用的木模板可在工厂或施工现场制作，木模与混凝土的表面要求平整、光滑，多次使用的木模板应在内侧，加钉薄钢板，以利于重复使用。

（2）木模的接缝可为平缝、搭接缝或企口缝。当采用平缝时，应注意防止漏浆，常在接缝处加钉绒布或薄钢板嵌条；木模的转角处，为便于拼装可做成斜角。

2. 钢模的选用

（1）高架桥上所用的钢模板宜采用标准化、系列化和通用化的组合模板。

（2）所有组合钢模板的设计和施工应符合国家标准《组合钢模板技术规范》（GBJ214—89）的有关规定；经加工制成的钢模板及其配件必须在检验合格后才能在施工中使用。

3. 脱模剂的使用

为防止混凝土浇筑、保养及拆模后，其表面粘着无数的混凝土颗粒，所有模板在浇筑混凝土之前，必须在模板内侧涂刷脱模剂，外露面混凝土模板的脱模剂与非外露面应采用同一品种，不得使用易粘在混凝土上或使混凝土变色的涂料。

4. 侧模板的安装要求

侧模板的安装，应考虑防止模板的移位和突出。基础模板可在模板外侧设置支撑固定，墩、台、梁的侧模可设拉杆固定。浇筑在混凝土中的拉杆，应按要求采取相应的措施（如需拔出时，可在混凝土浇筑后不久转动拉杆或在拉杆外加设套管，待拆模时抽出拉杆等）。对小型结构物，可使用金属线代替拉杆（不予抽出）。

5. 充气胶囊式内模要求

（1）胶囊在使用前应经检查，不得漏气；使用中有专人检查钢丝头，钢丝头应弯向内侧；每次使用后，应将其表面的水泥浆清洗干净，妥善保存，防止日晒，并不得接触油、酸、碱等有害物质。

（2）从开始浇筑混凝土到胶囊放气时止，其充气压力应保持稳定。

（3）浇筑混凝土时，为防止胶囊上浮或偏位，应用定位箍筋与外模联系加以固定，并保持对称平衡地浇筑；胶囊的放气时间应经试验确定，以混凝土强度达到能保持构件不变形为宜。

6. 滑升模板的要求

滑升模板适用于较高的墩台和吊桥、斜拉桥的索塔施工。采用滑升模板时，应注意下列各点：

（1）滑动模板要有足够的强度、刚度和稳定性，每段模板高度一般为1 ~ 1.2m，滑升模板的支承杆及提升设备，应能保证模板竖直均衡上升。为此，宜采用液压千斤顶同步提升，其提升速度以10 ~ 30cm/h为宜。如用其他提升设备，须采取相应措施，以防发生模板倾斜或扭转。

（2）滑升模板组装时，应使各部尺寸的精度符合设计要求，组装完毕后需经全面检查试验合格，方能进行浇筑；滑升模板施工应连续进行，如因故中断，在中断前应将混凝土浇筑平。中断期间模板每隔适当时间应略提升一次，直至混凝土不与模板粘住为止。

第二节　模板、拱架及支架制作与安装的允许偏差

模板、拱架及支架制作与安装的允许偏差的主要内容，见表3-3 ~表3-6。

表3-3　钢框胶合板模板制作允许偏差

基本内容		允许偏差（mm）
外形尺寸（mm）	长度	-1.0
	宽度	-1.0
	厚（高）度	±0.5
	对角线	1.5
连接孔眼	沿板长度的孔中心距	±0.6
	沿板宽度的孔中心距	±0.5
	孔中心与板面的间距	±0.3
	累计	±1.0
	孔眼直径	±0.3
板面平整度		1/1000
边板平直度		1/1000
板面与边框成直角		-0.3
板面与边框局部间歇		1.0
边框高于板面		0 ~ 0.5
埋头螺栓与板面距		±0.30

表3-4　液压滑动模板构件制作的允许偏差

基本内容			允许偏差（mm）
钢模板	表面平直度		1
	长度		2
	宽度		2
	侧面平直度		2
	连接孔位置		0.5
围圈	长度		5
	弯曲	≤3m	2
	长度	≥3m	4
提升架	连接孔位置		0.5
	高度		3
	宽度		3

续表

基本内容		允许偏差（mm）
提升架	围圈支托位置	3
	连接孔位置	0.5
支承杆	弯曲	≤2L/1000
	直接	0.5
	丝扣接头	0.25

表3–5　模板、拱架及支架制作允许偏差

基本内容			允许偏差（mm）
木模版制作要求	模板的长度		±5
	不刨光模板相邻两板表面高低差		3
	刨光模板相邻两板表面高低差		1
	平板模板表面最大的局部不平（用2m直尺检测）	刨光模板	3
		不刨光模板	5
	拼合板中木板间的缝隙宽度		2
	拱架、支架尺寸		±5
	榫槽嵌接紧密度		2
钢模板制作要求	外形尺寸	长和宽	0.1
		肋	5
	面板端偏斜		0.5
	连接配件（螺栓、卡子等的孔眼位置）	孔中心与板面的间距	±0.3
		板端孔中心与板端的间距	0，–0.5
		沿板长、宽方向的孔	±0.6
	板面局部不平（采用300mm长平尺检测）		1.0
	板面和板侧挠度		±1.0

表3–6　模板、拱架及支架安装允许偏差

基本内容		允许偏差（mm）
模板标高	基础	±15
	柱、墙和梁	±10
	墩台	±10

续表

基本内容		允许偏差（mm）
模板内部尺寸	上部构件的所以构件	+5，0
	基础	±30
	墩台	±20
轴线偏差	基础	±15
	柱和梁	±8
	梁	±10
	墩台	±10
装配式构件支撑面的标高		+2，-5
模板相邻两板表面高低差		2
模板表面平整（采用2m直尺检测）		5
预埋中心位置		3
预留孔洞中心线位置		10
预留孔洞截面内部尺寸		+10，0
拱架与支架	纵轴的平面位置	跨度的1/1000或30
	曲线形拱架的标高（包括建筑拱度在内）	+20，-10

第三节　拱架、支架制作安装要点

一、确定预留拱度时应考虑如下因素

（1）在施工过程中，拱架和支架所要承受的各种载荷而引起的弹性变形。

（2）超静定结构由于混凝土的收缩、徐变及温度变化而引起的挠度。

（3）承受推力的墩台，因为墩台的水平位移所引起的拱圈挠度。

（4）由于结构重力所引起梁或搭圈的弹性挠度，以及1/2的汽车荷载（未计算冲击力）引起梁或拱圈的弹性挠度。

（5）受载后因为杆件接头的挤压和卸落设备压缩而产生的非弹性变形；拱架和支架基础在受载后的非弹性沉陷。

二、木拱架与木支架的制作

（1）首先应尽可能减少长杆件接头，两相邻立柱的连接接头必须设在不同的水平面上。

（2）对于主要压力杆的纵向连接，应使用对接法，并采用木夹板或铁夹板夹紧。

（3）对于次要构件的连接，可以采用搭接法连接；对于木架和木支架的连接，力求简单扼要，但要安全可靠。

三、安装前，必须进行如下内容的检查工作

（1）对拱架、支架安装前，必须认真地对拱的立柱和拱架的支承面进行详细检查，准确调整拱架支承面和顶部标高，并进行复测跨度，确认无误后才可以进行安装施工。

（2）安装时，要注意各片拱架在同一节点处的标高一致，以便拼装平联杆件。在风力较大的地区，应注意设置风缆绳。

四、拱架与支架的稳定、坚固要求与防护措施

（1）施工安装时，支架立柱必须安装在有足够承载能力的地基上，立柱底端应设置垫木，主要是用来分布和传送压力，并保证浇筑混凝土后不发生超容许的沉降量。

（2）对于构造物的模板，其支架不应与施工用的脚手架和便桥相连接，以免施工振动时影响浇筑混凝土的质量；船只或汽车通行孔的两边支架应加设护桩，夜间应用灯光标明行驶方向，施工中易受漂流物冲撞的河中支架应设坚固设备。

在安装拱架时，首先应考虑到拱架和支架的便于拆卸，因此，应根据结构形式、承受的荷载大小及需要的卸落量，在拱架和支架适当部位设置相应的木楔、木马、砂筒或千斤顶等落模设备。拱架和支架安装完毕后，应对其平面位置、顶部标高、节点联系及纵、横向稳定性进行全面检查，符合要求后，方可进行下一工序。

第四节　模板、拱架及支架的拆卸与模板隔离剂

一、模板、拱架及支架的拆卸注意事项

1. 承重模板与支架的拆卸

（1）钢筋混凝土结构的承重模板、拱架和支架，应在混凝土强度能承受其自重力及其他可能的叠加荷载时，方可拆除。

（2）一般跨径等于及小于3m的板和拱达到设计强度的50%，跨径大于3m的板、

梁、拱达到设计强度的70%时，方可拆除。如设计上对拆除承重模板、拱架、支架另有规定，应按照设计规定执行。

（3）混凝土达到50%、70%、100%设计强度所需时间可参考《拆除承重模板的估计期限》表中的数值；但对重要构件，其强度必须通过试验确定。

2. 非承重侧模板拆除

（1）在混凝土强度能保证其表面及棱角不因拆除模板而受损坏时方可拆除。

（2）一般当混凝土抗压强度达到2.5MPa时可拆除侧模板，混凝土强度达到2.5MPa所需时间参见《拆除非承重模板的估计期限》表中的有关数据。

3. 拆卸程序

（1）在卸落前应在卸架设备上画好每次卸落量的标记。

（2）满布式拱架卸落时，可从拱顶向拱角依次循环卸落；拱式拱架可在两支座处同时卸落。

（3）简支梁、连续梁宜从跨中向两支座依次循环卸落；悬臂梁应先卸挂梁及悬臂的支架，再卸无铰跨内的支架。

（4）多孔拱桥卸架时，若桥墩容许承受单孔施工荷载，可单孔卸落，否则应多孔同时卸落，或连续孔分阶段卸落；卸落拱架时，应设专人用仪器观测拱圈挠度和墩台变化情况，并做好详细记录。

4. 模板拆卸

桥墩、台模板宜在其上部结构施工前拆除。拆除模板、卸落拱架和支架时，不允许用猛力敲打和强扭等粗暴的方法进行。

二、拆除模板估计期限与模板隔离剂

模板常用隔离剂的配制，见表3–7。

表3–7 模板常用隔离剂的配制

<table>
<tr><th>材料的配合比</th><th>配制方法</th><th>适用范围</th><th>主要特点</th></tr>
<tr><td rowspan="2">肥皂液</td><td>将肥皂切成小片，然后泡水，涂刷于模板表面1 ~ 2遍</td><td>主要适用于木模、混凝土模、砖胎模、土模等</td><td rowspan="2">使用方便，便于涂刷，易脱模，但冬季和雨季不能使用</td></tr>
<tr><td>肥皂加水1 ~ 2倍进行煮沸，待溶化后冷却使用，涂刷2 ~ 3遍</td><td>主要适用于木模、混凝土模、土模、及台模等</td></tr>
</table>

续表

材料的配合比	配制方法	适用范围	主要特点
皂脚：水：滑石粉=1：1.5：适中	将皂脚加水进行煮沸溶化，拌至糊状，使用时加入滑石粉	主要适用于升板模板及各种模板与胎模	使用方便，便于涂刷，易脱模，但冬季和雨季不能使用
废旧机油	如若是较稀的废机油则刷两遍，而较稠的废机油只要刷一遍就行了	采用这种方法能适用于各种模板和固定的胎模	这种方法的主要优点是隔离较稳定，可用废料；但是钢筋和构件表面容易粘油
废机油：滑石粉：汽油：水=1：1.3：0.15：0.4	首先将废机油与汽油、滑石粉拌和，然后加水拌合至均匀乳状为止，再刷1～2遍	这种方法主要适用于各种固定的胎模	它的主要优点是容易脱模，便于涂刷，其表面较光滑
废机油：柴油=1：（1～4）	将较稠的废机油掺柴油或者煤油稀释均匀搅动后，涂刷1～2遍	采用这种方法可适用于大模板、钢模，以及各种胎模	主要优点是隔离较稳定，可利用废料，但钢筋和构件表面容易粘油
石蜡：柴油：滑石粉=1：3：4	首先将1份石蜡与2份柴油混合用水加热后加入粉料拌匀，涂刷1～2遍	这种方法主要适用于各种混凝土台座、钢模、木模	它的主要优点是容易脱模，板面光滑；但成本高，蒸汽养护不能使用
石蜡：煤油=1：（2～2.5）	将石蜡与煤油溶化涂于模板面，熬化温度在70℃左右	采用这种方法适用于混凝土台座，钢模板	主要优点是容易脱模，板面光滑，成本较高
石蜡	将石蜡均匀涂于模板面，用喷灯溶化，采用干布均匀涂擦，再均匀喷烤至渗入木质内	这种方法主要适用于木定型模板	它的优点是容易脱模，板面较光滑，但成本比较高
石灰水	首先将石灰膏加水拌成稀糊状，然后涂刷1～2遍于模板面上	这种方法使用于土模、混凝土模、砖模、水泥面台座	主要优点是取材容易，成本低，涂刷方便；但较易脱落
石灰膏：黄泥=1：1	先将石灰膏与黄泥加适量水拌和至糊状，均匀地涂刷1～2遍	这种方法使用于水泥面台座，混凝土土模、土模	它的主要优点是取材容易，成本低，涂刷方便，但较易脱落
107号建筑水胶：滑石粉：水=1：1：1	将水胶与水调均匀，再与滑石粉调匀，涂刷1～2遍	采用这种方法一般使用于钢模板	主要优点是操作方便，容易脱模，材料源广泛
海藻酸钠：滑石粉：洗衣粉：水=1：1：53.3	首先先将固体海藻酸钠用水浸泡2～3d后，再与其他材料混合调匀用	这种方法主要适用于钢模、大模板	它的主要优点是喷刷简单，易干，容易脱模，但必须每用一次就要喷刷一次

续表

材料的配合比	配制方法	适用范围	主要特点
有机硅共水解物：汽油=1：10	将有机硅共水解物加汽油混合调匀使用	适用于钢模和大模板	主要优点是为长效脱模剂，可使用多次

第五节　施工预拱度的设置

一、确定预拱度时所考虑的要素

支架在受载后将产生弹性变形与非弹性变形，高架桥上部结构在自重作用下会产生一定的挠度，为确保高架桥竣工后尺寸的准确，在施工时，支架必须设置一定数量的预拱度。在确定预拱度时应考虑以下因素：

（1）拆卸支架后高架桥上部构造本身及荷载一半所产生的竖向挠度 δ_1。

（2）当支架在荷载作用下所产生的弹性变形 δ_2。

（3）支架在荷载作用下所产生的非弹性变形 δ_3。

（4）支架基础在荷载作用下所产生的非弹性沉陷 δ_4。

（5）混凝土的收缩和温度的突然变化而引起的挠度 δ_5。

二、预拱度的计算方法

上部构造和支架的各项变形值之和，即为应设置之预拱度，各项变形值可按下列方法计算和确定：

（1）桥跨结构应设置预拱度，其值等于恒载和半个静荷载所产生的竖向挠度，当恒载和静载产生的挠度不超过跨径的1/1600时，可不设预拱度。

（2）满布式支架，当其杆件长度为L，弹性模量为E，压应力为 σ 时，其弹性变形为：

$$\delta_2=\sigma L/E$$

（3）支架在每一个接缝处的非弹性变形，在一般情况下，横纹木料为3mm；顺纹木料为2mm；木料与金属或木料与木料的接缝为1 ~ 2mm；顺纹与横纹木料接缝为2.5mm。

卸落设备砂筒内砂料压缩和金属筒变形的非弹性压缩量，根据压力的大小、砂子细度模量及筒径、筒高确定。一般200kN压力砂筒为4mm；400kN压力砂筒为6mm；砂未预先压紧者为10mm。

三、预拱度的设置

根据梁的挠度和支架的变形所计算出来的预拱度之和，为预拱度的最高值，应设置在梁的跨径中点。其他各点的预拱度，应以中间点为最高值，以梁的两端为零，按直线或二次抛物线进行分配。

第六节　就地浇筑钢筋混凝土的施工工艺

一、施工准备与钢筋骨架的安装施工

1. 准备工作

现场浇筑高架桥，首先要进行周密的准备工作和严格的检查。因为就地浇筑施工是一次性浇筑混凝土，其工作量很大，且需要连续作业，所以准备工作相当重要，不可疏忽大意：

（1）支架与模板的检查：在浇筑混凝土前应对支架和模板进行全面、严格的检查，核对设计图纸要求的尺寸、位置；检查支架的接头位置是否准确、可靠，卸落设备是否符合要求；检查模板尺寸及制作是否密贴，螺栓、拉杆、撑木是否牢固，是否涂抹模板油及其他脱模剂等。

（2）钢筋和钢索位置的检查：检查钢筋与套管是否准确地按设计图纸规定的位置布设，钢筋骨架绑扎是否牢固；套管端部、连接部分与锚具处应特别注意防止漏浆；检查锚具位置、压浆管和排气孔是否可靠。

（3）浇筑混凝土前的准备工作：应检查混凝土供料、拌制、运输系统是否符合规定要求，在正式浇筑前对浇筑的各种机具设备进行试运转，以防在使用中发生故障。要依照浇筑顺序布置好振捣设备，检查螺帽紧固的可靠程度。对大型就地浇筑的施工结构，必须配备备用的机械和动力。

（4）在浇筑混凝土前，应会同监理部门对支架、模板、钢筋、预留管道和预埋件进行检查，合格后方可进行混凝土烧筑工作。

2. 钢筋及钢筋骨架的安装施工要点

（1）骨架制作

在支架上浇筑钢筋混凝土梁时，为减少在支架上的钢筋安装工作，梁内的钢筋宜预先在工厂或桥梁工地制成平面或立体骨架；当梁的跨径较大时，可预先分段制成骨架；当不能预先制成骨架时，则钢筋的接长应尽可能预先进行。制作钢筋骨架时，必须焊扎坚固，以防在运输和吊装过程中变形；多层钢筋焊接时，可采用侧面

焊缝，形成平面骨架，焊接缝设在弯起钢筋的弯起点处。如斜筋弯起点之间的距离较大，在中间部分适当增加短段焊缝，以便有效地固定各层主钢筋。

（2）钢筋接头

对于钢筋接头应该设置在内力较小处，并错开布置。绑扎搭接的接头数量，在同一截面内，对受拉钢筋不宜超过受力钢筋的1/4；对受压钢筋不宜超过受力钢筋的1/2；接头相互间的距离，如不超过钢筋直径的30倍时，均视为在同一截面内；采用搭叠式电弧焊接时，钢筋端部应预先折向一侧，使两接合钢筋在搭接范围内轴线一致，以减少偏心。搭接时双面焊缝的长度不小于5d单面焊缝的长度不小于10d。采用夹焊式焊接时，夹杆总面积不小于被焊钢筋的面积。夹杆长度，如用双面焊缝，应不小于5d如用单面焊缝，应不小于10d。

（3）钢筋骨架的拼装

用焊接的方法拼接骨架时，应用样板严格控制骨架位置；骨架的施焊顺序，宜由骨架的中间到两边，对称地向两端进行，并应先焊下部后焊上部，每条焊缝应一次成活，相邻的焊缝应分区对称地跳焊，不可顺方向连续施焊；为保证混凝土保护层的厚度，应在钢筋骨架与模板之间错开放置适当数量的水泥砂浆垫块、混凝土垫块或钢筋头垫块，骨架侧面的垫块应绑扎牢固。

（4）钢筋骨架的运输和吊装

运输预制钢筋骨架时，骨架可放在平车上或在骨架下面垫以滚轴，用绞车拖拉。运输道路可根据现场条件，或设在高架桥上或设在高架桥侧面，以设在桥侧面为宜；由高架桥侧面运进和吊装时，侧面模板应在骨架入模后再安装。用起重机吊装骨架时，为防骨架弯曲变形，宜加设扁担梁；对于箱形梁钢筋的安装和预应力筋的配置，应与混凝土的浇筑程序和模板的安装顺序配合进行。

（5）钢筋及钢筋骨架质量要求

高架桥上所使用的钢筋应有出厂质量保证书或试验报告单，并做好机模性能试验；钢筋必须按不同钢种、等级、牌号、规格及生产厂家分批验收、分别堆放，不得混杂，且应立标牌说明。钢筋运输、存放，应避免锈蚀、污染，露天堆放时，应垫高并加遮盖；钢筋外表面有严重锈蚀、麻坑、裂纹夹砂和夹层等缺陷时，不得使用；钢筋的类别和直径应按设计规定采用。如若采用另外一种强度牌号或直径的钢筋代替设计中所规定的钢筋时，应了解其工程设计意图和代用材料性能，并必须符合设计规范。对重要结构中的主钢筋，在代用前，必须征得有关方面的同意；预制构件的吊环钢筋，应采用未经冷拉的Ⅰ级热轧钢筋制作；要加强对进口钢筋的管理，做到账物相符，并按国别、级别、规格、原捆分批堆放，不得混淆，存放期间应避免锈蚀和污染；使用进口钢筋时，应严格遵守“先试验，后使用”的原则，严禁盲目使用。

二、钢筋加工时的施工要点

1. 调直与除锈

（1）钢筋的表面应洁净，使用前应将表面油、漆皮、鳞锈等清除干净。

（2）钢筋应平直，无局部弯折，成盘的钢筋和弯曲的钢筋均应调直。

（3）采用冷拉方法调直钢筋时，Ⅰ级钢筋的冷拉率不宜大于2%；HRB335、HRB400牌号钢筋的冷拉率不宜大于1%。

2. 钢筋配料要求

（1）钢筋加工配料时，要准确计算钢筋长度，如有弯钩或弯起钢筋，应加其长度，并扣除钢筋弯曲成型的延伸长度，拼配钢筋实际需要长度。

（2）同直径同钢号不同长度的各种钢筋编号（设计编号）应先按顺序填写配料表，再根据调直后的钢筋长度，统一配料，以便减少钢筋的断头废料和焊接量。

三、钢筋加工机械的操作要点

1. 钢筋调直切断机

（1）作业前先用手搬动飞轮，检查传动结构和工作装置，调整间隙，固紧螺丝，确认无误后启动空运转，检查轴承应无异响、齿轮啮合是否良好，待运转正常后才可正式作业。

（2）在调直块未固定、防护罩未盖好前不得穿入钢筋，以防机器开动后调直块甩出伤人。

（3）喂料前应将不直的料头切去，在导向筒前部应安装一根1m左右的钢管，钢筋必须先穿过钢管再穿入导向筒和调直筒，以防每盘钢筋接近调直完毕时甩出伤人。

（4）在钢筋上盘、穿丝和引头切断时应停机进行。当钢筋穿入后，手与曳引辊必须保持一定的距离，不得接近，以防手指卷入。

（5）机械运转中严禁打开各部的防护罩及调整间隙，如发现有异常情况，应立即停机检查，不得勉强使用或带病作业。

（6）停机后应松开调直筒的调直块回到原来位置，同时预压弹簧也必须回位；作业后应将已调直切断的钢筋按规格、根数分成小捆堆放整齐，同时清理现场，切断电源，锁好开关箱。

2. 钢筋切断机

（1）安装钢筋切断机应选择较坚实的地面，机身铁轮应采用三角木塞好，接送料工作台面应和刀刃保持水平，工作台的长度可根据加工材料长度决定，四周应有足够搬运钢筋的场地。

（2）使用前必须清除刀口处的铁诱及杂物，刀片应无裂纹，刀架螺栓应紧固，防护罩应完好，接地要牢固。然后采用手扳动铁轮，检查齿轮啮合间隙，调整好刀刃间隙，固定刀片与冲切片的水平间隙0.5 ~ 1mm为宜。

（3）按规定向润滑点及齿轮面加注或涂抹润滑油。如需要更换液压油时，应将原液压油全部放完，并将油箱清洗干净，然后注入滤过的新油。液压油应按规定选用，在 -5 ~ 45℃时采用10号机械油，在 -35 ~ 45℃时采用合成锭子油。

（4）启动后先空车进行试运转，整机运行应无卡滞和异常响声，如若是液压传动，还应首先排除缸内空气，待确认各部正常后才可作业。

（5）新投入使用的切断机，应先切直径较细的钢筋，以利与设备磨合。

（6）切料时必须使用刀刃的中下部位，并在活动刀片向后退时，掌握钢筋对准刀口，迅速送入，以防钢筋末端摆动或蹦出伤人。严禁在活动刀片已开始向前推进时向刀口送料，否则易发机械和人身事故。

（7）严禁切断机所切断截面超出规定范围的钢筋，一次切断多根钢筋时，总截面应在规定范围以内。禁止切断中碳钢钢筋和烧红的钢筋，切断低合金钢等特种钢筋时，应更换相应的高硬度刀片。

（8）切断短料时，靠近刀片的手和刀片之间的距离应保持在150mm以上。如手握一端的长度小于400mm时，应用套管或夹具将钢筋短头压住或夹牢，以防弹出伤人。

（9）在机械运转时严禁用手去摸刀片或用手直接去清理刀片上的铁屑，也忌用嘴吹扫铁屑灰尘。钢筋摆周围和刀片附近，非操作人员不得停留。切断长料时，也要注意钢筋摆动方向，防止钢筋摆动过程中伤人。

（10）运转中如发现机械不正常或有异响，以及出现刀片歪料、间隙不合等现象时，应立即停车检修或调整；工作中操作者不得擅自离开岗位，取放钢筋时，既要注意自己，又要关心别人。已切断的钢筋要堆放整齐，防止个别切口突出，误踢割伤。作业后用钢刷清除刀口处的杂物，并进行整机擦拭保养。

3. 钢筋弯曲机

（1）钢筋弯曲机要安装在坚实的地面上，放置时要平稳可靠，铁轮的前后要采用三角形楔块对称楔紧，钢筋弯曲机周围要有足够的场地。非操作者不要进入工作区域，以免扳动钢筋时被碰伤等。

（2）使用前面要加足润滑油，并检查传动部件、工作部件以及电机接地情况，再经试运转，确认正常后方可开始工作。

（3）在弯曲钢筋时，如若需更换心轴、成型轴、挡铁轴时，必须切断电源，当机器停止转动后才能更换。

（4）严禁弯曲超过设备所规定直径的钢筋。如果弯曲未经冷拉或带有锈皮的钢筋，必须戴好防护眼镜。

（5）在运转中如发现卡盘颤动，电动机温升超过规定值，均应立即切断电源，停机进行检修。

（6）弯曲较长的钢筋时，要有专人扶持钢筋。扶持人员应按操作人员的指挥进行工作，不能任意推拉；工作完毕，先将开关拨到“停”位，切断电源，整理机具，将弯曲好的半成品堆放整齐，弯钩不要朝上，然后清扫铁锈和污物。

四、钢筋连接的施工要点

1.钢筋的焊接与绑扎要求

（1）如若是轴心受拉和小偏心受拉杆件中的钢筋接头，不宜采用绑接的方法。普通混凝土中直径大于25mm的钢筋，适宜采用焊接的方法；

（2）如若是钢筋的纵向焊接，应采用闪光的对焊。当缺乏闪光对焊条件时，可采用电弧焊、电渣压力焊、气压焊等。钢筋的交叉连接，无电阻点焊机时，可采用手工电弧焊；

（3）各种预埋件T形接头钢筋与钢板的焊接，也可采用预埋件钢筋埋弧压力焊。电渣压力焊只适用于竖向钢筋的连接，不能用作水平钢筋和斜筋的连接；

（4）钢筋焊接的接头形式、焊接方法、适用范围都必须符合现行《钢筋焊接及验收规程》中的各种规定；

（5）钢筋焊接前，必须根据施工条件进行试焊，合格后才可以正式进行施焊。施焊焊工必须持考试合格证上岗；

（6）当钢筋接头采用搭接或帮条电弧焊时，适宜采用双面焊缝，如若双面焊缝有困难时，也可采用单面焊缝；

（7）如若钢筋接头采用搭接电弧焊时，两钢筋搭接端部应预先折向一侧，使两接合钢筋轴线一致。接头双面焊缝的长度不应小于单面焊缝的长度不应小于为钢筋直径）；

（8）凡施焊的各种钢筋、钢板均应有材质证明书或试验报告单。焊条焊剂应有合格证，各种焊接材料的性能应符合现行《钢筋焊接及验收规程》的规定。各种焊接材料应分类存放和妥善管理，并应采取防止腐蚀、受潮变质的措施；

（9）电渣压力焊、气压焊、预埋件钢筋埋弧压力焊的技术规定及电弧焊中的坡口焊、窄间隙焊、熔槽帮条焊和钢筋与钢板焊接的技术规定可按《钢筋焊接及验收规程》的有关规定执行；

（10）对于受力钢筋焊接或绑扎接头，一般设置在内力较小之处，并必须错开布置，对于绑扎接头，两接头间距离不小于1.3倍搭接长度。对于焊接接头，在接头长度区段内，同一根钢筋不得有两个接头，配置在接头长度区段内的受力钢筋，其接头的截面面积占总截面面积的百分率应符合有关规定。对于绑扎接头，其接头的截面面积占总截面面积的百分比，亦应符合有关规定；

（11）对于电弧焊接和绑扎接头与钢筋弯曲处的距离不应小于10倍钢筋直径，也不宜位于构件的最大弯距处；

（12）焊接时，对施焊场地应有适当的防风、防雨、防雪、防严寒的各种设施。冬期施焊时应按有关冬期施工的要求进行，低于–20℃时，不得施焊；

（13）受拉区内I级钢筋绑扎接头的末端应做弯钩，HRB335、HRB400牌号钢筋的绑扎接头末端可不做弯钩；

2. 直径等于和小于12mm的受压I级钢筋的末端，可不做弯钩，但搭接长度不应小于钢筋直径的30倍。钢筋搭接处，应在中心和两端用钢丝扎牢。

（1）对于钢筋的机械连接，其接头性能指标应符合(JTJ041—2000)的有关规定；

（2）钢筋连接件处的混凝土保护层宜满足设计要求，且不得小于15mm，连接件之间的横向净距不得小于25mm;

（3）对于受力钢筋机械连接接头的位置要求，可依照焊接接头要求办理；

（4）带肋钢筋套筒挤压接头适用直径为16~40mm的HRB335、HRB400牌号带肋钢筋的径向挤压连接。

五、混凝土的搅拌设备

1. 混凝土搅拌站的使用要点

（1）混凝土搅拌站、楼的操作人员必须熟悉设备的性能与特点，并认真执行操作规程和保养规程。

（2）新设备使用前必须经过专业人员认真安装与调试、在技术性能各项指标全部符合规定并验收合格，方可正式投产使用。如若经过拆卸运输后重新组装的搅拌站，也应调试合格后方可使用。

（3）电源电压、频率、程序必须与搅拌设备的电器相符。电气系统的保险丝必须按照电流大小规定使用，不得任意加大或采用其他非熔丝代替。

（4）操作盘上的主令开关、旋钮、指示灯等应经常检查其准确性、可靠性。操作人员必须熟悉操作程序。

（5）机械启动后应先观察各部运转情况，并检查水、砂、石准备情况。

（6）骨料规格应与搅拌机的性能相符，粒径超出许可范围的不得使用。

（7）机械正常运转过程中，不得随意进行润滑和调整工作。操作者必需严禁将手伸入料斗、拌筒中去探摸进料情况。

（8）若搅拌机不具备满载启动的性能，搅拌中不得停机。如发生故障或停电时，应立即切断电源，将搅拌筒内的混凝土清除干净，然后进行检修或等待电源恢复。

（9）混凝土搅拌站的控制室室温应经常保持在25℃以下，以免各种电子元件因温度而影响灵敏度和精确度。

（10）切勿使机械超载工作，并应经常检查电动机的温升。如发现运转声音异常、转速达不到规定时，应立即停止运行，并检查其原因。如因电压过低，不得强制运行。

2. 搅拌站配套设备的选择

（1）砂、石料供应设备的选择：常用的砂、石料供应设备是皮带输送机以及料斗和称量装置，可根据搅拌站的地形和布置的方式不同，合理地选用10m、15m或20m的移动式皮带输送机；也可采用铲斗装载机、铲斗或抓斗挖掘机，以及电子计量装置等。可根据现有设备和施工条件而选择合适的种类。

（2）水泥供应设备的选择：水泥是粉末状的水硬性胶结材料，故运输过程中必须保证密封和防水。目前，使用最广的水泥供应设备有螺旋输送机、回转给料机、斗式提升机或压气输送设备，其中以压气输送设备为最佳，但所消耗的功率较大。

（3）材料配量设备的选择：水泥混凝土采用的材料应根据工程项目结构所要求的强度来决定，再由实验计算确定配合比。为保证达到国家规定的技术要求，各种材料必须采用称量设备来配量。材料配量设备主要由给料机和称量器等组成，给料机主要起到均匀送给的作用，从而能保证称量的精确度。

①砂、石、水泥给料都可以采用电磁振动给料机；如果没有此设备，砂、石给料可以采用短行胶带输送机，水泥给料可用螺旋式给料机或回转式给料机；

②秤量方法有体积法和重量法两种。重量法秤量精度高，可采用普通台秤、杠杆式配料秤或电子秤等仪器，并采用自动控制，即准确又迅速。

（4）混凝土运输设备的选择：混凝土运输设备必须根据高架桥的施工地点的地形和施工设备等情况来决定，按照搅拌站的布置方式进行合理选择。通常运输方式分为水平运输和垂直运输两种，水平运输主要有轨道式斗车运输、混凝土运输车运输、自卸汽车运输、架空索道及人力手推车运输等；垂直运输设备主要有吊车（桶）运输、提升机运输、皮带输送机运输、混凝土输送泵及泵车运输。

各种运输设备的混凝土容器应与搅拌机出料容量相配合。如出料容量不足一车，可备储料车，储料斗容量不应小于搅拌机2次出料量，也不小于运输工具的容量。

六、混凝土的拌制

1. 配料允许偏差

对于高架桥上所使用的混凝土要求较高，因此拌制混凝土配料时，各类衡器必须保持准确无误。对于骨架的含水率应经常进行检测，雨天施工应增加测定次数，主要用来调整骨料和水的用量。

2. 称量正确

在放入混凝土搅拌机构内的第一盘混凝土材料应含有适量的水泥、砂和水，用于覆盖搅拌筒的内壁而不降低混凝土所需的含浆量。每一工作班正式称量前，应对其计量设备进行重点校核。所有计量器具都要定期检查，如若经过大修、中修或者迁移至新的地点后，也要进行一次认真的检测，确定无误后，才能使用。

3. 混凝土均匀性检查

（1）混凝土拌合物应搅拌均匀，颜色必须一致，不得有离析和泌水的现象。

（2）当检查混凝土拌和物的均匀性时，应在搅拌机的卸料过程中，从卸料槽的1/4 ~ 3/4部位，采取试样，并进行试验，其检测结果应符合如下规定：

混凝土中砂浆密度两次测值的相对误差不应大于1.8%；单位体积混凝土中粗骨料含量两次测值的相对误差不应大于5%。

4. 混凝土性能检测

（1）混凝土拌合物的坍落度，应在搅拌地点和浇筑地点分别取样检测，每一工作班或每一单元结构物不应少于两次。

（2）评定时应以浇筑地点的测值为准。如混凝土拌合物从搅拌机出料起至浇筑入模的时间不超过15min时，其坍落度可仅在搅拌地点取样检测。

（3）在检测坍落度时，还应观察混凝土拌合物的黏聚性和保水性；根据需要还应检测混凝土拌合物的其他质量指标并应符合现行国家规定。

5. 混凝土强度要求

（1）在进行混凝土的强度评定和试配时，混凝土的抗压强度应以边长为150mm的立方块标准试件来测定。

（2）试件以同龄期者三块为一组，并以同等条件制作和养护，每组试件的抗压强度应以三个试件所测得算术值为测定值，如若有一个测值与中间值的差值超过中间值的15%时，则取中间值为测定值；如有两个测值与中间值的差值均超过15%时，则该组试件无效。

6. 混凝土强度

根据《公路桥涵施工技术规范》（JTJ041—2000）的有关规定：混凝土抗压强度应该是标准尺寸试件在温度为（20±3）℃及相对湿度不低于90%的环境中养护28d做抗压试验时所测得的抗压强度值（单位为MPa），在进行混凝土强度试配和质量评定时，取其保证率为95%。

七、混凝土运送基本要求与提升方法

1. 运送混凝土基本要求

（1）高架上的混凝土拌合料的运输，应尽可能地使运距短、转载少，以便缩短运输时间，满足浇筑速度要求，并使混凝土保持应有的塑性。每盘混凝土由开始搅拌至浇筑完毕的时间，一般情况下，在干燥暖和天气时不宜超过1h，低温潮湿天气也不宜超过2h，如若有特殊情况者可以例外。

（2）在运输过程中，不得使混凝土发生离析现象。运输后，从运输机具所装混凝土料高度的1/4处和3/4处取料样试验时，其坍落度与设计坍落度之差不宜超过3cm。

（3）混凝土运到浇筑地点后，一般应直接放到浇筑部位，不再移动。倒料的高度应不超过1.5m，超过1.5m时，应通过串筒浇筑或分层立模浇筑或在模板侧面开窗口浇筑。

2. 运输及提升方法

（1）在高架桥的桥面上运输：跨径不大的桥梁，可在上部构造模板上运送。运送的方法可采用手推车、小型机动斗车或轻轨斗车。用手推车或小型机动斗车运送时，模板上需要铺跳板，并注意减少施工中的振动，随着浇筑工作的推进而逐一拆除。用轻轨斗车运送时，模板上面需放置混凝土短柱或铁支架，上搁纵梁、横木、面板，再铺铁轨。混凝土短柱和铁支架可留在混凝土体内。在整个施工中必须随时观察所有模板的支撑柱，严防支撑柱受施工振动的影响而倒塌或压弯变形。

（2）索道吊机运输：在跨河流的高架桥浇筑混凝土时，采用索道吊机施工，一般以顺桥方向跨越全部桥跨设置，可设一条或两条索道，在桥的横向可用牵引的方法或搭设平台分送混凝土。索道吊机适用于河谷较深或水流湍急的桥梁。

（3）在河滩上或软基础上运输：当桥下为平坦的河滩或软基础时，可用汽车或轻轨斗车进行水平运输，用吊机进行垂直和横向运输。进行水平运输和垂直运输时，宜用同一活底吊斗装载混凝土及将混凝土送入模板，避免倒料。不得已需要先将料放在平台上然后进行分送时，应经过重新拌和后再分送、浇筑。

（4）水上运输：城市中若有较大的、可通航的河流上修筑高架桥时，可在浮船上设置水上混凝土工厂和吊机，以便向高架桥上供应混凝土和将混凝土运送至浇筑部位。需另由小船运送时，应尽可能使用同一装载的工具。

（5）输送泵运输：混凝土数量较大的大型桥梁，宜在岸或船上设置混凝土拌合厂，采用混凝土输送泵运输。

八、混凝土运送与浇筑设备

1. 混凝土输送泵车及其技术性能

混凝土输送泵车是在拖式混凝土输送泵基础上发展起来的一种专用机械设备。它将混凝土的输送和浇筑工序合二为一，节约了劳动时间，同时完成水平和垂直运输，省去了起重设备。混凝土泵车的布料装置类似一台全液压式的动臂挖掘机。在其臂架上安装着混凝土输送管道。因此，混凝土输送管可随臂架折叠、变幅和回转，在一定范围内变换浇筑位置；小范围的混凝土摊铺，可直接由人工摆动出口处的橡胶管来完成。

2. 混凝土泵送设备的使用要点

混凝土泵送设备的使用要点如下：

（1）接好电源，检查电动机的转向是否正确，并检查液压油箱和搅拌减速器的油量是否够用，行程阀的油杯是否装满液压油、空气压缩机是否能正常工作等。

（2）使手动换向阀保持在中间位置，将水箱注满清水。检查空气压缩机的离合器是否有效，并予以彻底分离，检查料斗有无杂物，检查联络设备是否完备等。

（3）泵机必须放置在坚固平整的地面上，如必须在倾斜地面停放时，可用轮胎制动器卡住车轮，倾斜度不得超过3°。

（4）若气温较低，泵的空运转时间应长些，要求液压油的温度升至15℃以上时，才能投料泵送。

（5）泵送前应向料斗加入10L清水和0.3m³的水泥砂浆，如果管长超过100m，应随布管延伸适当增加水和砂浆。

（6）水泥砂浆注入料斗后，应使搅拌轴反转几周，让料斗内壁得到润滑，然后再正转，使砂浆经料斗喉部喂入分配阀箱体内。开泵时，不要把料斗内的砂浆全部泵出，应保留在料斗搅拌轴的轴线以上，待混凝土加入料斗后再一起泵送。

（7）泵送作业中，料斗中的混凝土平面应保持在搅拌轴轴线以上，供料跟不上时，要停止运送。

（8）料斗网格上不得堆满混凝土，要控制供料的流量，及时清除超粒径的骨料及各种异物。

（9）当搅拌轴被卡住不能运转时，要暂停泵送，及时排除故障。

（10）发现进入料斗的混凝土有分离现象时，要暂停泵送，待搅拌均匀后再泵送。若骨料分离严重，料斗内灰浆明显不足时，应剔除部分骨料，另加砂浆重新搅拌。必要时，可打开分配阀阀窗，把料斗及分配阀内的混凝土全部清除。

3. 混凝土浇筑的一般要求

（1）浇筑混凝土前的检查：在浇筑混凝土前，应认真对所有模板、支架及预埋件进行一次全面的检查，并做好记录，当符合设计要求后才能进行混凝土的浇筑。模板内的所有杂物、积水和钢筋上的污垢必须清理干净。如模板上有缝隙时，应填塞严密，所有模板内面应涂刷隔离剂，同时还要进行混凝土的均匀与坍落度的检查工作，确保混凝土浇筑质量。

（2）当从高处向模板内倾卸混凝土时，为防止混凝土离析，应符合以下要求：

从高处向模板内倾卸混凝土时，其自由倾落高度不得超过2m；如若倾落高度已超过2m时，则必须通过串筒、溜管或振动溜管等设施下落；如若倾落的高度超过10m时，应设置减速装置来完成卸料工作。

（3）浇筑混凝土时必须按一定的厚度、方向、顺序分层进行，并应在下层混凝土初凝或者能够重塑前浇筑完成上层混凝土。如若上下层同时浇筑，上层与下层前后浇筑距离应保持在1.5m以上。如若在倾斜面上浇筑混凝土时，应从最低处开始逐层扩展升高，保持水平分层。

4. 施工缝的处理

（1）首先应凿除处理层混凝土表面的水泥砂浆和松弱层，但在凿除过程中，处理层的混凝土须达到下列强度：

用水冲洗凿毛时，须达到0.5MPa；用人工凿除时，须达到2.5MPa；用风动机凿毛时，须达10MPa。

（2）经凿毛处理的混凝土面，应用水冲洗干净，在浇筑次层混凝土前，对垂直施工缝宜刷一层水泥净浆，对水平缝宜铺一层厚为10 ~ 20mm的1：2的水泥砂浆。

（3）重要部位及有防振要求的混凝土结构或钢筋稀疏的钢筋混凝土结构，应在施工缝处补插锚固钢筋或石榫；有抗渗要求的施工缝宜做成凹形、凸形或设置水带。

（4）施工缝为斜面时应浇筑成或凿成台阶状。

（5）施工缝处理后，须待处理层混凝土达到一定强度后才能继续浇筑混凝土。需要达到的强度，一般最低为1.2MPa，当结构物为钢筋混凝土时，不得低于2.5MPa。混凝土达到上述抗压强度的时间宜通过试验确定。

5. 装配式高架桥构件混凝土的浇筑

（1）在振捣条件允许时，宜尽量采用低流动性或干硬性混凝土，以便节约水泥，提高混凝土的早期强度。

（2）浇筑前应综合检查模板制作的质量、钢筋制作、除锈质量以及预埋件的数量和位置。在浇筑过程中应随时注意模板和钢筋是否有变形。必要时应进行加固和调整。

（3）为保证T形梁混凝土的整体密实度，可根据具体情况在T形梁各部采用不同的配合比、不同的坍落度和不同规格骨料的混凝土浇筑：梁底钢筋稠密处，可用坍落度为30 ~ 50mm或50 ~ 70mm的混凝土，石子直径采用5 ~ 15mm；梁腹板及面板可用坍落度10 ~ 30mm的混凝土，石子直径用5 ~ 32mm。但各种混凝土的配合比均应事先设计，不得临时随便加水，以保证混凝土强度。

（4）在浇筑各种构件的混凝土时必须一次完成，中途不得间断。在浇筑大型构件时，应有专人指挥。浇筑T形梁时，应从梁的一端开始浇筑底部混凝土，混凝土应直接灌入模内，不得存放在面板上。底部混凝土浇筑完毕后，再分层（每层厚度150 ~ 200mm）从一端开始浇筑梁腹板混凝土，最后浇筑面板混凝土。

6. 高架桥基础与墩、台混凝土浇筑

（1）浇筑第一层基础混凝土前，地基表面为非黏性土或干土时，应预先洒水润湿，如为过湿的土壤，应在上面加铺厚度为100mm以上的石料垫层，并夯实紧密。如为岩石层，除用水润湿外，需要加铺厚度为20 ~ 30mm以上的水泥砂浆，然后在水泥砂浆凝结前浇筑第一层混凝土。

（2）较大体积的混凝土墩、台与基础，在混凝土中埋放石块时应符合要求：例如，埋放厚度不小于150mm的石块，埋放石块的数量不得超过混凝土结构的25%；应选择无裂缝、无夹层并未被烧过的具有抗冻性能的石块；石块的抗压强度不得低于30MPa及混凝土的强度，并应符合如下要求：

石块应用较坚硬的岩石，其强度不得低于40MPa，并不得低于混凝土中对砾石或碎石的强度要求。石料不应有裂缝及软弱夹层；石块最大尺寸，不得超过使用石块结构最小断面尺寸的1/4。石块一般采用150 ~ 300mm。石块使用前应仔细清刷，并用水冲洗干净；石块应分层埋放，均匀分布，不得随意抛掷。每层石料的尺寸应大致相同，大面朝下坐稳，底面尽量埋入混凝土中，两石块间的净距和上下分层净距，均不得小于200mm；混凝土分层厚度应比石料高出100mm以上，应用功率较大的插入式与平板式振动器振捣。特别是石块之间的混凝土应仔细捣实；分块浇筑混凝土或者浇筑施工中断时，为加强各块间的很好连接，在水平缝面上埋入的石块，应露出混凝土外1/2左右。

（3）对于大型墩、台和基础的混凝土，一般应在整个截面范围进行浇筑；只有在结构截面较大（大于100m^2），不能在前层混凝土开始初凝前将新层混凝土灌毕捣实时，才能将墩、台截面分块浇筑（分成几块分别进行浇筑）。

7. 装配式构件的预制

城市高架桥的建设中，需要大量的装配式预制梁及其他预制配件，对这些预制件在制作中需要注意以下几点：

（1）预制场地要求：浇筑高架桥的预制构件场地，必须平整、坚实，避免低洼、积水，同时考虑构件场内、外运输（包括水、陆路）装卸方便等因素。并根据地基及气候的条件，采取必要的排水措施，排除雨期积水，防止场地松软而下沉。

（2）统筹兼顾，妥善安排好场地：根据预制构件类别、数量及其使用先后作出场地平面布置，并考虑预制构件浇筑时立模、浇筑、养护、脱模等所必要的间距，留出通道和为起吊构件起重机械设备所必需的工作面与应有的空间。

（3）浇筑前及浇筑过程的检查：对浇筑预制构件的模板尺寸、垫块、钢筋位置和预埋件的固定，均经认真检查符合设计、施工要求后，方可进行浇筑，并应在浇筑施工过程中随时复查，防止走动。

（4）采用平卧重叠法支立模板：在采用平卧重叠支立模板、浇筑混凝土预制时，应在下层构件顶面设置临时隔离层；上层构件必须待下层构件混凝土强度达到设计强度的30%以上后，才可进行浇筑施工。

8. 高强度混凝土施工技术的基本要求

（1）高强度混凝土施工技术一般要求

本施工技术适用于按常规工艺生产的C50 ~ C80级高强度混凝土的施工；高强度混凝土抗压强度的试件按JTJ041—2000规定应用边长为150mm的标准尺寸立方体，其他测定、检验与一般混凝土相同。

（2）高强度混凝土施工要求

配制高强度混凝土必须准确控制用水量，砂石中的含水量应仔细测定后从用水量中扣除。除事先规定的部分用水可留在现场补加外，严禁在材料出机后再加水；高效减水剂宜采用后掺法，例如制成溶液加入，应在用水量中扣除这部分溶液用水。加入减水剂后，混凝土拌合料在搅拌机中继续搅拌的时间为：当采用粉剂时不得少于60s，当采用溶液时不得少于30s；当拌制高强度混凝土时，不得采用自落式搅拌机拌制，必须使用强制式搅拌机，宜采用二次投料法搅拌；混凝土的浇筑应连续进行，如因故必须间断时，其间断时间应不小于前层混凝土的初凝时间或能重塑时间。允许的间断时间应经试验来确定。若超过允许间断时间，必须采取保证质量的措施来弥补或按工作缝处理。

九、混凝土的养护

1. 覆盖洒水

（1）施工现场集中养护的混凝土，应根据所施工的对象、环境、水泥品种、外加剂以及对混凝土性能的要求，提出具体的养护方案，并严格执行规定的养护制度。

（2）一般情况下，高架桥的混凝土浇筑完成后，必须在收浆后尽快覆盖稻草或麻袋之物，并及时洒水养护。对于硬性混凝土、炎热天气浇筑的混凝土以及桥面等大面积的混凝土，如若有条件的话，可在浇筑完成后立即架设棚罩，待收浆后再覆盖与洒水养护。

（3）覆盖时不得损伤或污染混凝土的表面，如若混凝土表面采用模板覆盖时，应在养护期间经常使模板保持湿润。

2. 养护工作主要要求

（1）当气温低于5℃时，应覆盖保温，不得向混凝土表面上洒水养护。

（2）混凝土养护用水的条件与拌和用水相同。

（3）混凝土的洒水养护时间一般为7d，也可以根据空气的湿度、温度和水泥品种及掺用的外加剂等情况，酌情延长或缩短。

（4）每天洒水次数以能保持混凝土表面经常处于湿润状态为度。用加压成型、真空吸水等方法施工的混凝土，其养护时间可酌情缩短。

（5）采用塑料薄膜或喷化学浆液等养护层时，可不洒水养护。

（6）当结构物混凝土与流动性的地表水或地下水接触时，应采取防水措施，保证混凝土在浇筑后7d以内不受水的冲刷侵袭；当环境水具有侵蚀作用时，应保证混凝土在10d以内，且强度达到设计强度的70%以前，不受水的侵袭；对于大体积混凝土的养护，应根据气候条件采取控温措施，并按需要测定浇筑后的混凝土表面和内部温度，将温差控制在设计要求的范围内，当设计无要求时，温差不宜超过25℃；所养护的混凝土强度达到2.5MPa前，不得使其承受行人、运输工具、模板、支架及脚手架等方面的荷载；用蒸汽养护混凝土时，按冬期施工有关要求进行。

第四章　预应力混凝土施工与冬期施工

第一节　预应力混凝土施工

一、预应力钢材

1. 预应力钢材下料

（1）预应力钢材下料长度：预应力钢材的下料长度应通过计算确定。计算时应考虑到高架桥的结构或台座的长度、锚夹具的长度、千斤顶的长度、焊接接头的长度或镦头的预留量、冷拉伸长值、弹性回缩值、张拉伸长值和外露长度等各种因素。

（2）当采用钢丝束镦头锚具时，同一束钢丝下料长度的相对差值，当钢丝长度大于或等于20m时不宜大于L/3000；当钢丝长度小于20m时，不宜大于L/5000。

（3）当预应力钢材的长度为6m及小于6m先张构件的钢丝成组张拉时，其下料的长度相对差值不得大于2mm。

（4）高强钢丝、钢绞线、冷拉钢筋的切断工具宜采用切断机或砂轮切割机等，不宜采用氧气切割机，更不得使用电弧焊机切断。

（5）钢绞线下料时所采用的砂轮锯片应为增强型，以防锯片碎裂飞出伤人，要求切口平齐，无毛刺，切口两侧采用20号钢丝将钢绞线绑扎，以避免切断后钢绞线散股。

（6）当高强钢丝下料后，在自由平放情况下，任何1m长范围内弯曲矢高不得大于5mm，否则应进行调直。钢绞线及钢丝下料后，两端与锚具接触部位应清除油渍、锈痕及杂物，防止在张拉时滑丝。

（7）高强钢丝或钢绞线下料后，应按其长度值及钢丝或钢绞线根数编号平直地堆放在工作台上，并需要有防雨及防露水的措施，工作台距地面应有一定的高度。

2. 预应力钢材制作要求

（1）对预应力筋镦粗头的要求：

预应力筋镦头锚固时，对于高强钢宜采用液压冷镦；对于预应力冷拔低碳钢丝，可采用冷冲镦粗；对于预应力钢筋，宜采用电热镦粗，但Ⅳ级钢筋镦粗后应进行电热处理；冷拉钢筋端头的镦粗及热处理工作，应在钢筋冷拉之前进行，否则应对镦头逐个进行张拉检查，检查时的控制应力不小于钢筋冷拉的控制应力。

（2）对冷拉钢筋接头的要求：

对预应力钢筋采用对焊接头时，除设计上另有规定外，一般将接头设置在受力较小的地方；在结构受拉力区以及在相当于预应力筋直径30倍长度的区段范围内，对焊接头的预应力筋截面面积不得超过该区段预应力筋总截面面积的25%左右；冷拉钢筋的接头，应在钢筋冷拉前采用一次闪光顶锻法进行对焊，在焊后还应进行热处理，以提高焊接质量；钢筋焊接后其轴线偏差不得大于钢筋直径的1/10左右，一般不得大于2mm，轴线曲折的角度不得超过4°。采用后张法的钢筋，焊接后应除去表面毛刺。

（3）预应力筋的冷拔要求：

当预应力筋采用冷拔低碳钢丝时，一般采用6 ~ 8mm的Ⅰ级热轧钢筋盘条拔制；拔丝模孔为盘条原直径的0.85 ~ 0.9倍，拔制次数一般情况下不超过3次，如若超过3次时应将拔丝退火处理；一般拉拔总压缩率控制在60% ~ 80%，其平均拔丝速度应为50 ~ 70m/min；冷拔后所达到的直径还需进行检验，以便确定其组别和力学性能。

3. 预应力钢绞线成束

（1）高强钢丝或钢绞线编束时，应在平直的工作台上进行，钢丝或钢绞线必须保持平行，不得打卷或缠绕。

（2）根据设计图纸要求的丝（根）数摆好，用20号钢丝在距离两端部200mm及1000mm各编一道帘子，然后卷起，每隔1500 ~ 2000mm用钢丝绑一扣，绑时应保持高强钢丝或钢绞线直顺无交叉现象，已绑好的束中不得有单根钢丝或钢绞线凸出情况，每束必须要有一端钢丝或钢绞线切口齐整，以便于穿束。

（3）利用群锚体系中XM锚具张拉高强钢丝时，其成束过程应分两步进行，第一步采用7根高强钢丝为一组，用梳板及缠绕机先将7根高强钢丝用20号钢丝按螺距为50mm螺线缠扎成一组，第二步按设计要求的组数编成一束，仍按上述成束步骤进行施工。

（4）已编好的钢丝束应采用铝牌或白铁牌标明钢丝束的编号、束的长度，用钢丝牢固于束的两端，并存放整齐；钢丝束及钢绞线束下料、成束的施工进度安排应与张拉进度相互配合，不得将下完料或未下完料的半成品存放时间过长，以避免错乱或生锈、遭污染等。

4. 预应力锚具的检验

（1）锚具和夹具（包括连接器）的类型必须符合设计要求和预应力筋的需要。采用预应力筋与夹具组合件进行张拉试验时，锚固能力不得低于预应力筋标准抗拉强度的90%，锚固时，预应力筋内缩量不得超过锚夹具设计规定的限值。

（2）锚夹具进场时应有产品合格证明书，同时应按下列要求进行复验：

①对锚夹具外观和尺寸检验，主要是从每批中抽取5%进行，锚夹具不得有裂纹、伤痕，尺寸不得超过允许偏差，检查结果如有一套不合格，则另取原试件数量的双倍数量重做检查，如若仍有一套不合格，则应逐套检查，合格者才允许使用，否则应报废。锥形锚具及群锚锚具的锚板，还应抽样作探伤检查；

②锥形锚的锚塞和群锚体系的锚板与夹片均要从每批抽样5%的零部件作硬度检验，在进行硬度检验时，每个零件测试三点，其硬度平均值在设计要求范围内，且三点中任一点的硬度值不得大于或等于设计要求范围3洛氏硬度单位，如有一个零件硬度值不合格，则另取原试件数量的双倍量试件重做试验，如仍有一个零件不合格，则应逐个检查，合格者方可使用；

③外观尺寸和硬度检验合格后，从两批量生产中抽取3套锚具进行锚固能力的试验，试验时将锚具装在预应力筋的两端，在无粘结状态下置于试验机上或试验台上进行，如有一套不符合要求，则另取原试件件数的双倍量重做试验，如仍有一套不合格，则该批锚具或夹具视为不合格，不得使用。另外，材料和同一生产厂的锚夹具，以200套为一批；不足200套者以200套计算。

（3）群锚体系主要部件由夹片、锚板及喇叭管组成，其中喇叭管由铸铁铸造，根据每束钢绞线不同根数，确定其规格与各部位尺寸，浇筑构筑物时预埋于梁端张拉部位。锚板采用45号钢制成，其规格与尺寸也根据每束钢绞线根数多少而定，进场后应对孔眼位置与锥度、孔眼直径等做细致检查，并需抽样作探伤检验。夹片为三夹片式，进场时应严格检查，并能互换，锥度应与锚板孔吻合，夹片应达到HRC55-58，进场后应查看其出厂合格证书。

5. 金属波纹管

（1）波纹管的质量及其检验

1）金属波纹管一般用0.3 ~ 0.6mm镀锌或不镀锌的带钢卷制作而成。为保证管的质量，最好在混凝土浇筑施工现场卷制，成型的波纹管有一定的刚度，在沿长度方向须有一定的挠曲线，以便于曲线钢丝束管道的布置。

2）对于长的钢丝束或连续配筋的钢丝束管道，在接长时可用旋入式套管连接，即在两段管子之间用长为400mm、比原管道略粗一些同样螺距的套管做连接接头，两端管道波纹管各旋入套管内200mm，在套管两端最好用热塑管封口或用塑料胶带紧密缠绕若干层，以防止混凝土内的水与灰浆渗入管道内，造成管道堵塞。

3）结构物布置的曲线预应力钢丝束，其上下起伏高差大于600mm时，在每处起伏最高点应装排气管，灌浆时可以使管道顶部的空气排出。对于水平的长预应力管道，每隔12m左右也应放置一处排气管。排气管一方面排出管内空气，另一方面还可作为灌浆质量的检查管。

4）作为预应力管道的波纹管直径，为便于灌预应力混凝土浆，一般孔道面积应大于钢丝束截面面积1.5倍。

5）波纹管的检验：

首先取样进行检验，试验要满足两个基本要求，一是在外力作用下有抵抗变形的能力；二是在混凝土浇筑过程中，水泥浆不会渗入管内。波纹管要逐根进行检验，表面不得有砂眼，咬口必须牢固，不得有松散现象。现场简便方法是两人用手将波纹管提起，上下晃动，不松散也没有咔咔的响声，说明波纹管咬口牢固；波纹管表面要清洁，不得有杂质、锈蚀等现象。

（2）波纹管的安装工艺

绑扎钢筋时应按钢丝束的坐标架好管道筋，用电弧焊将管道筋焊在钢筋骨架的结构筋上；经检验管道筋焊接位置准确而牢固时，按位置穿入波纹管，用钢丝将波纹管牢固的扎于管道筋上，切不可用电弧焊焊接；在锥形锚头中，波纹管与构件端头钢板相交时，波纹管应穿过端头钢板外露200 ~ 300mm，在构件混凝土浇筑完并达到一定强度后，将多余的波纹管锯去；在群锚体系中，由于有喇叭管，波纹管端部在浇筑混凝土前，先将喇叭管与波纹管连接牢固，如有连接器者，亦须同样处理，并缠以防水胶条或抹以素浆再浇筑混凝土；为便于穿钢丝束，在条件允许的情况下，浇筑混凝土前，先将钢丝束或钢绞线束穿入管道内，此时应仔细检查波纹管在穿束过程中有无碰破位置，如有必须先做好防水措施，才能浇筑混凝土，在浇筑完混凝土后，应及时用高压水冲洗管道；在浇筑混凝土后，使用振捣器时，应防止振捣器直接接触波纹管，以防止将波纹管损坏。

二、施加预应力

1. 一般要求

预应力锚具的检验：

（1）锚具和夹具（包括联轴器）的类型必须符合设计要求和预应力筋的需要。采用预应力筋与锚具组合件进行张拉试验时，锚固能力不得低于预应力筋标准抗拉强度的90%，锚固时，预应力筋内缩量不得超过锚夹设计规定的限值。

（2）锚夹具进场时应有合格证明书，同时应按下列规定进行复验：

对锚具外观和尺寸检验，应从每批中抽取5%进行，锚夹具不得有裂纹、伤痕，尺寸不得超过允许偏差，检查结果如有一套不合格，则另取原试件数量的双倍数量重新做检查，如仍有一套不合格，则应逐套检查，合格者才允许使用。否则应以报废。锥形锚具及群锚锚具的锚板，还应抽样作探伤检查；锥形锚的锚塞和群锚体系的锚板与夹片均应从每批中抽样5%的零件做硬度检验。进行硬度检验时，每个零件测试3点，其硬度平均值应在设计要求范围内，且三点中任一点的硬度不应大于或小于设计要求范围3个洛氏硬度单位，如有一个零件硬度值不合格，则另取原试件数量的双倍数量重新做试验，如仍有一个不合格，则应逐个检验，合格者才可使用；外观尺寸和硬度合格后，从两批中抽取3套锚具进行锚固能力的试验，试验时将锚具装在预应力筋的两端，在无粘结状态下置于试验机上或试验台上进行，如有一套不符合要求，则另取原试件数量的双倍数量锚具重新做试验，如仍有一个不合格则该批锚具或夹具为不合格产品，不得使用。

（3）锥形锚的具体规格尺寸及硬度等应符合以下要求：

锚圈用45号钢制成，分18丝与24丝两种，18丝锚圈的外径ϕ100mm，高50mm，小孔孔径为39.5mm，锥角5°；24丝锚圈的外径ϕ115mm，高53mm，小孔孔径为47.7mm，锥角5°。

锚塞采用45号钢制成，18丝锚塞高55mm，小头外径ϕ31.5mm；24丝锚塞高58mm，小头外径ϕ39.7mm，锥角均为5°。

锚塞在热处理后，其硬度必须达到HRC55-58，检验时在距小头边缘3 ~ 4mm进行硬度试验；锚具加工尺寸必须有严格控制，锚圈的大孔、小孔及锚塞的大头、小头只允许同时出现正误差或负误差；锚具在使用前必须采用柴油或煤油进行清洗，不得使用汽油清洗，以防锚具锈蚀而影响锚具的效果。

2. 张拉应力的控制

（1）张拉机具应与锚具配套使用，应在进场时进行检查和校验。千斤顶与压力表应配套校验，以确定张拉力与压力表读数之间的关系曲线。所用压力表的精度不宜低于1.5级；校验千斤顶用的试验机或测力计的精度不得低于±2%。校验时，千斤顶活塞的运行方向应与实际张拉工作状态一致，当采用试验机校验时，宜用千斤顶试验机的读数为准。

（2）张拉机具应由专人使用和管理，并应经常维护，定期校验。张拉机具长期不使用时，应在使用前全面进行校验。使用时的校验期限应视千斤顶情况确定，一般使用超过6个月或200次以及在千斤顶使用过程中出现不正常现象时，应重新校验。弹簧测力计的校验期限不宜超过2个月。

（3）预应力钢材的张拉方法和控制应力应符合设计要求。张拉时如须超张拉，在任何情况下其最大超张拉应力，当冷拉Ⅱ～Ⅳ级钢筋时，为其屈服点（标准强度R_y^b）的95%；当为矫直回火钢丝、热处理钢筋或钢绞线时，为其抗拉强度（标准强度R_y^b）的80%，当为冷拉钢丝时，为其抗拉强度（标准强度R_y^b）的75%。

（4）预应力钢材用应力控制方法张拉时，应以伸长值进行校核，实际伸长值与理论伸长值应控制在6%以内。否则应暂停张拉，待查明原因并采取措施加以调整后，方可继续张拉。

（5）预应力钢材张拉前，应先调试到初应力值（一般可取张拉控制应力的10%～25%），再开始张拉和测量伸长值。实际伸长值除测量的伸长值外，应加上初应力时的推算伸长值，对后张法，混凝土在张拉过程中产生的弹性压缩值一般可忽略。

（6）必要时，应对锚圈口及孔道摩阻损失进行测定，张拉时予以调整。

（7）张拉时，应使千斤顶的张拉力作用线与预应力钢材的轴线重合一致。

（8）预应力钢材的锚固，应在张拉控制应力处于稳定状态下进行。锚固阶段张拉端预应力钢材的内缩量，不应大于设计规定或允许值。

（9）预应力钢材张拉及放松时，应填写施工记录。

3. 先张法预应力张拉

（1）一般规定

先张法镦式台座结构应符合《公路桥涵施工技术规范》（JTJ041—2000）要求，即承力座必须具有足够的强度和刚度，其抗倾覆系数不应小于1.5，而抗滑移系数不应小于1.3；横梁必须有足够的刚度，其受力挠度不应大于2mm；张拉之前，必须对台座、横梁以及各项张拉设备进行仔细检查，确保安全运转。对于长线台座上铺放的预应力钢材，应彻底清除污垢，防止玷污预应力钢材；当多根预应力钢材同时张拉时，在整个张拉过程中，其活动横梁应与固定横梁始终保持平行；同时张拉多根钢筋时，应抽查钢筋的预应力值，其偏差绝对值不得大于或小于按一个构件全部钢筋预应力总值的5%。

（2）预应力筋的放张

1）预应力筋放张时的混凝土强度须符合设计规定，设计未规定时，不得低于设计混凝土强度等级值的75%。

2）预应力筋放张顺序应符合设计要求，设计未规定时，应分阶段、对称、相互交错的放张。在力筋放张之前，应将限制位移的侧模、翼缘模板或内模拆除。

3）多根整批预应力筋的放张，可采用砂箱法或千斤顶法。用砂箱放张时，放砂速度应均匀一致；用千斤顶放张时，放张宜分数次完成。单根钢筋采用拧松螺母的方法放张时，宜先两侧后中间，并不得一次将一根力筋松完。

4）钢筋放张后，可用乙炔—氧气切割，但应采取措施防止烧坏钢筋端部。钢丝放张后，可用切割、锯断或剪断的方法切断；钢绞线放张后，可用砂轮锯切断；长线台座上预应力筋的切断顺序，应由放张端开始，逐次切向另一端。

4. *后张法预应力张拉*

（1）一般要求

对于预应力筋预留孔道的尺寸与位置必须正确，孔道应平整顺畅，其端部的预埋板应垂直于孔道的中心线；其管道应采用定位钢筋固定安装，使之能牢固地置于模板内的设计位置，并在混凝土浇筑期间不产生位移，固定各种成孔管道用的定位钢筋的间距，对于钢管不得大于1000mm；而对于波纹管不得大于800mm；对于胶管不得大于500mm；对于曲线管道必须适当加密。采用金属管道接头处的连接管必须应用大一个直径级别的同类管道，其长度宜为被连接管道内径的5 ~ 7倍。在管道连接施工时，不得使接头处产生角度变化。同时，在混凝土浇筑期间不得发生管道的转动或移位，并应缠裹紧密，防止水泥浆的渗入。对于所有的管道均应设压浆孔，还应在最高点设置排气孔及需要时在最低点设置排水孔，对于压浆管、排气管和排水管的最小内径应该是20mm的标准管或适宜的塑性管，与管道之间的连接必须采用金属或塑料结构扣件，长度应足以从管道引出结构物以外。管道在模板内安装完毕后，应将其端部盖好，防止水或其他杂物进入。

（2）预应力筋的安装

1）预应力筋可在浇筑混凝土之前或之后穿入管道，对于钢绞线，则可将一端钢束中的全部钢绞线编束后整体装入管道中，也可逐根将钢绞线穿入管道，穿束前应检查锚垫板和孔道，锚垫板位置应准确无误，其孔道内应畅通无阻，并无水或其他杂物等。

2）预应力筋安装后的保护

①对于在混凝土浇筑及养护之前安装在管道中，但在下列规定时限内没有压浆的预应力筋，应采取防止锈蚀或其他防腐蚀的措施，直至将压浆完毕。在不同暴露的条件下，未采取防腐蚀措施的预应力筋，在安装后至压浆时的允许间隔时间如下：如若空气湿度大于70%，其允许的时间为7d；如若空气湿度在40% ~ 70%，其允许的时间为15d；如若空气湿度小于40%，其允许的时间为20d。

②当预应力筋安装在管道中后，管道端部开口应进行密封，主要是防止湿气进入管道内，如若采用蒸汽养生时，在养生完成之前不应安装预应力筋；

③在任何情况下，在安装有预应力筋的构件附近进行电焊时，对全部预应力筋和金属件均应采取保护措施，防止溅上焊渣或造成其他的损坏，如果出现这种情况时，必须妥善处理。

3）对在混凝土浇筑之前所需要穿束的管道，在预应力筋安装完成后，应对其进行一次全面的检查，以便查出可能被破坏的管道，在混凝土浇筑之前，必须将管道上一切非有意留出的孔、开口或损坏之处进行修复，并认真检查预应力筋能否在管道内进行自由的滑动。

（3）后张法预应力筋的张拉

1）对于预应力筋在施加预应力之前，必须对构件进行仔细的检验，其外观和尺寸应符合质量标准要求，张拉时，其构件的混凝土强度应符合设计规定要求，如果设计没有规定时，其原则是质量的最低标准不应低于设计强度等级值的75%。

2）预应力筋的张拉顺序应符合设计要求，当设计未规定时可采取分批、分阶段对称张拉。

3）施工中应积极使用能张拉多根钢绞线或钢丝的千斤顶同时对每一钢束中的全部预应力筋施加应力，但对扁平管道中不多于4根的钢绞线除外。

4）预应力筋张拉端的设置应符合设计要求，当设计无具体规定时，应符合下述规定：

对曲线预应力筋或长度大于等于25m的直线预应力筋，最理想适宜于两端张拉；对长度小于25m的直线预应力筋，则可在一端进行张拉；对于曲线配筋的精轧螺纹钢筋应在两端进行张拉施工，而对于直线配筋的则可以在一端进行张拉；当同一截面中有多束一端张拉的预应力筋时，张拉端适宜分别设置在构件的两端，预应力筋采用两端张拉时，可先在一端张拉锚固后，再在一端补足预应力值进行锚固。

（4）锚固后切割

预应力筋在张拉控制应力达到稳定后才可锚固，因此，预应力筋锚固后的外露长度不得小于30mm；锚具应用封端混凝土保护，当需要长期外露时，应采取防止锈蚀的有效措施；一般情况下，锚固完毕并经检验合格后，就可以用机器切割多余的预应力筋，严禁采用电弧焊切割，必须强调的是只能采用砂轮机进行切除。

5. 电热张拉法

（1）一般要求

电热张拉法适用于预应力钢材为冷拉钢筋的一般构件；对于抗裂度要求较严的

构件，不宜采用电热张拉法；用金属管道预留孔道的构件，不得采用电热张拉法；采用电热张拉法时，预应力钢材的电热温度不应超过350t，而反复电热的次数不得超过3次；使用的锚具应符合设计要求。如设计无规定，采用硫磺砂浆电张法时，两端均应采用螺丝端杆锚。当采用电热先张或预留孔道电热后张时，至少一端应为螺丝端杆锚，以便在电热时能准确控制其伸长值；进行电热张拉的预应力钢材应与其他钢筋进行绝缘处理。

（2）电热张拉施工

1）电热张拉施工前应先拉直各预应力钢材，并使其松紧程度一致，以便建立相同的初应力（其值一般为10σk%），并作出测量标记。

2）电热张拉预应力钢材的顺序，应按设计要求确定，一般情况下，要求分组对称张拉，防止构件产生偏心受压。

3）锚固（拧紧螺帽、插入垫板应用绝缘工具）应随着电热时钢筋的伸长进行，直至达到预定的伸长值后切除电源为止。

4）电热张拉施工完毕，待钢筋冷却到常温后（一般需要12h），将螺帽与垫板焊牢；如若校核应力时，应在校核完毕后焊牢。

5）螺帽与垫板焊牢后，才可进行压浆，压浆的技术要求与后张法相同。采用硫黄砂浆电热张拉法时，不需要压浆；先张构件采用电热张拉法时，采取有效措施，防止钢筋的热量损失；采用电热张拉法施工时，应填写电热张拉施工记录。

6. 孔道压浆

（1）一般要求

1）当预应力钢材张拉完毕后，孔道应尽早压浆，一般情况下不得超过14d。采用电热张拉时，孔道压浆应在预应力钢材冷却后进行。

2）孔道压浆一般宜采用水泥浆，空隙大的孔道，水泥浆中可掺入适量的细砂。水泥浆的强度不得低于设计规定。水泥浆的技术要求应符合以下规定：

水泥宜采用硅酸盐或普通水泥；采用矿渣水泥时，应加强检验，防止材料性能不稳定。水泥的强度等级不得低于42.5级；水灰比一般采用0.40 ~ 0.45，掺入适量减水剂时，水灰比可减小到0.35；水及减水剂须对预应力钢材无腐蚀作用；水泥浆的泌水率最大不得超过4%。拌合后在3h泌水率宜控制在2%；24h后泌水应全部被浆吸回；水泥浆中可掺入（通过实验）适当膨胀剂如铝粉等，铝粉的掺入量约为水泥用量的0.01%。水泥浆掺入膨胀剂后的自由膨胀应小于10%；水泥浆稠度宜控制在14 ~ 18s；外加剂宜采用具有低含水量、流动性好、最小渗出及膨胀性等特性的外加剂，它们应不得含有对预应力筋或水泥有害的化学物质。外加剂的用量应通过实验确定。

（2）孔道压浆施工技术

1）压浆施工前，必须对孔道进行清洁处理。对抽芯成型的混凝土空心孔道应冲洗干净并使孔壁完全湿润；对金属管道必要时也应冲洗，清除有害材料。

2）对孔道内可能发生的油污等，一般可采用已知对预应力筋和管道无腐蚀作用的中性洗涤剂或皂液，再用清水进行稀释然后冲洗。冲洗完毕后，应使用不含油的压缩空气将孔道内的所有积水或杂物吹出。

3）水泥浆自拌制至压入孔道的延续时间，视气温情况而定，一般在30 ~ 45min范围内。水泥浆在使用前和压注过程中应连续搅拌。对于因延迟使用所致的流动度降低的水泥浆，不得通过加水来增加其流动度。

4）在压浆施工过程中，对曲线孔道和竖向孔道应从最低点的压浆孔压入，由最高点的排气孔排气和泌水。压浆的顺序应先压注下层孔道。

5）压浆施工时应缓慢、均匀地进行，不得中断，并应将所有最高点的排气孔依次一一放开和关闭，使孔道内排气畅通。对于较集中和邻近的孔道，应尽量先连续压浆完成，不能连续压浆时，其后压浆的孔道应在压浆前采用压力水冲洗通畅。

6）对于掺加了外加剂、且泌水率较小的水泥浆，可以通过实验证明能达到孔道内饱满时，采用一次性压浆的方法；不掺加外加剂的水泥浆，可采用二次压浆法，两次压浆的间隔时间宜为30 ~ 45min。

7）压浆应使用活塞式压浆泵，不得使用压缩空气。压浆的最大压力宜为0.5 ~ 0.7MPa；当孔道较长或采用一次性压浆时，最大压力宜为1.0MPa。梁体竖向预应力筋孔道的压浆最大压力可控制在0.3 ~ 0.4MPa。

8）在施工过程中，其压浆应达到孔道另一端饱满和出浆，并应使排气孔排出与规定稠度相同的水泥浆为止。为保证管道中充满灰浆，关闭出浆口后，应保持不得低于0.5MPa的一个稳压期，该稳压期不得小于2min。

9）在压浆施工过程中，以及压浆后48h内，结构混凝土的温度不得低于5℃，否则应采取保温措施。当气温高于35℃时，压浆施工适宜在夜间进行作业。

10）压浆后应从检查孔抽查压浆的密实情况，如有不实，应及时处理和纠正。

11）压浆时，每一工作班应留取不少于3组的70.7mm × 70.7mm × 70.7mm立方体试件，标准养护的时间为28d，检查其抗压强度，作为评定水泥浆质量的主要依据。

12）施工过程中，对需要封锚的锚具，压浆后应先将其周围冲洗干净，并对梁端混凝土凿毛，然后设置钢筋网浇筑封锚混凝土。

13）封锚混凝土的强度应符合其设计的规定，一般不得低于构件混凝土强度等级值的80%。必须严格控制封锚后的梁体长度。长期外露的锚具，应采取防诱措施。

14）对于后张预制的构件，在管道压浆前不得安装就位，应在压浆强度达到设计要求后方可运输、移位及吊装等。

7. 无粘结预应力混凝土施工工艺

（1）概述

1）无粘结预应力混凝土，是指将预先加工好的无粘结预应力筋铺设在模板中，然后浇筑混凝土，并认真进行保养，待混凝土达到其设计强度后，就可以进行张拉锚固，这是一种靠锚具传力的预应力混凝土。

2）无粘结预应力筋，是指施加预应力后沿全长与周围混凝土不粘连的预应力筋。它主要由预应力筋、涂料层、包裹层等组成。

3）无粘结预应力混凝土与有粘结预应力混凝土不同之处：无须预留孔道、也不需要穿索，当预应力筋张拉完后，无须进行孔道的灌浆作业。

4）由于无粘结筋对锚具质量及防护要求高。因此，只应用于预应力筋分散配置、外露的锚具、且采用混凝土封口的结构。

（2）无粘结筋的制作方法

1）主要材料

预应力筋：预应力筋可选择7ϕ^{s}5钢丝束、ϕ^{j}15和ϕ^{j}12钢绞线，其抗拉强度为1470 ~ 1860MPa。对于同一直径等级的无粘结筋，由于每米所耗材料基本相同，所以预应力钢材强度越高，无粘结筋的相对而言经济性越好。

涂料：涂料的作用是使预应力筋与混凝土隔离、减少张拉时的摩擦阻力损失、防止预应力筋腐蚀等。所以，要求涂料具有较好的稳定性、韧性、不发脆、不流淌等，并能较好地黏附在钢筋上，对钢材和包裹层无腐蚀作用。同时润滑性能好、价格便宜、取材容易、使用方便等。常用的涂料主要有油脂、沥青等。

护套材料：护套材料的作用是保护油脂，并防止预应力钢材与混凝土粘结。因此，要求护套材料具有足够的强度，耐腐蚀性能强和防水性能好。常用的护套材料有塑料布和塑料管：

①塑料布：宜采用质地稍硬的材料，厚度为0.17 ~ 0.2mm，宽度约70mm，分两层交叉缠绕在预应力筋上，每层重叠一半，实为4层，总厚度为0.7 ~ 0.8mm；

②塑料管：塑料管套在预应力筋上有两种作法：一是利用现有的塑料管，由于套人困难，已很少采用；二是采用聚乙烯或聚丙烯直接在预应力筋上挤出成管，广泛用于机械化生产。

2）生产制作工艺

无粘结预应力筋的生产工艺有两种：一是涂沥青缠塑料布，即由人工或简易机械完成，可用于大吨位钢绞线束，但加工麻烦，目前已较少采用。二是挤压涂层，即在预应力筋上将塑料套管挤出成型，机械化程度高，广泛用于单根钢绞线或7$\phi^{s}5$钢丝束。

挤压涂层工艺设备主要由放线盘、涂油装置、塑料挤出机、冷却槽、牵引机、收线盘等零部件组成。

上盘：采用钢丝束时，将七盘钢丝分别放在放线盘上，并注意找出原钢丝盘的收线头。然后将七盘钢丝头分别穿入梳子板孔内成束。采用钢绞线时，只需要一个放线盘就可以了，操作非常方便。

涂油：对于钢丝束，采用7根钢丝分开进入涂油机的分油器，最后在分油器的出口嘴处合股，这样保证每根钢丝均在油脂中经过，内外均有饱满的油脂，对于钢绞线，涂油更要饱满，以保证塑料包覆套管的表面能光圆。涂油是通过由空气压缩机输送压缩空气给油桶，并推动油桶内活塞向下，将黏度较大的油脂从下部出口处均匀压出，再通过压力管道进入分油器，压送油脂的气压与气温有关，冬季油脂的黏度略大，控制气压为0.5 ~ 0.6MPa。夏季油脂的黏度较小，控制气压减少为0.3MPa左右。

包塑：预应力筋包塑用的工作主机，主要是根据所需的塑料挤出量确定。在一般情况下，无粘结筋的生产速度不要求过快，塑料挤出量不大于30kg/h时，可采用J–45型塑料挤出机，螺杆长径比以25：1为宜。如果需要增大包塑的壁厚和加快生产速度，可采用J–65型塑料挤出机。塑料挤出机的机头是该工艺的关键部件，需要根据不同制品对象自行设计。机头的作用是使塑料由挤出机内的螺旋运动变为直线运动，产生必要的成型压力，使物料进一步塑化均匀，挤出的套管密实，并获得所需的截面形状。机头的构造有垂直式和直角式两种形式。

在挤塑机运行前，各部分都要预热。挤塑机机身有三个加热区，机头有两个加热区，总功率为11kW。预热时间要充分，一般为两个小时左右。挤塑机连续运行时，塑化的塑料经机头的芯模与口模，将塑料挤成管状，在口模外包覆在已涂油脂的钢丝束或钢绞线上，靠塑料管的热收缩包紧。

塑料塑化的好坏是保证挤塑顺利的关键。各加热区的温度控制因季节气温不同而随时调整，以保证塑料塑化为原则。塑化程度凭操作工人的经验判定。

冷却：一般直接用水冷却。冷却水槽宜靠近挤塑机头的口模处，让热塑状态套管快速进入冷却水中结晶硬化，水槽内冷却水高度浸没整根无粘结筋为好。

收线：由牵引机与收线机同步转动完成。牵引机的牵引速度是一项重要的性能技术，必须与挤塑机螺杆的转速相匹配。牵引速度加快，为保证塑料管壁厚度，挤塑机的螺杆转动速度亦应加快。否则，必然是塑料管壁过薄，易破损。牵引速度过小，挤塑量过大，易在机头出口处堆积成疙瘩团。该工艺牵引速度为8 ~ 13m/min。

3）质量检验

质量要求：无粘结预应力筋的质量要求包括以下几个方面：

①产品外观：油脂饱满均匀，不漏涂；护套圆整光滑，松紧恰当，破损率小于1%；

②油脂用量：对ϕ^{i}15或7ϕ^{s}5两者都不小于0.5kg/10m，对于ϕ^{i}12不小于0.43kg/10m；

③管壁厚度：在正常环境下不小于0.8mm，在腐蚀环境下不小于1.2mm。

检验方法：除无粘结筋的外观采用目测外，每批随机抽样三根，每根长1m，称出其产品质量后，用刀剖开塑料管，分别用柴油清洗掉油脂、并擦净，再分别用天平称出钢材与塑料管质量，然后用千分卡量取塑料管壁的平均厚度，再对照质量要求进行评定。

4）运输堆放

无粘结筋每盘质量为1 ~ 1.5t，装卸运输时塑料表皮易擦破，应特别注意；无粘结筋长途运输或铁路运输时，应采用麻袋片包装1 ~ 2层，吊点处宜用尼龙绳捆紧，并应轻装轻卸，严禁摔掷或在地上拖拉；无粘结筋露天堆放期间需覆盖防雨布，地面应加垫木板，不得与地面接触，严禁碰撞。

（3）无粘结筋铺设工艺

1）下料：无粘结筋的下料长度与预应力筋的形状、所采用的锚固体系及张拉设备有关。当采用夹片式锚具时，无粘结筋的下料长度=埋入构件混凝土内的长度+两端外露长度。两端外露的长度，实际上是根据张拉设备与张拉方法而异。例如，采用YC-20型千斤顶时，其张拉端外露的长度为600mm；如若采用YCN-18型前置内卡式千斤顶时，其张拉端外露的长度为250 ~ 300mm；而固定端外露的长度为100mm。

2）铺设：无粘结筋的铺设工序一般在绑扎完成底筋后进行的。无粘结筋的曲率，可采用垫铁马凳或其他构造措施控制。铁马凳一般用大于或等于ϕ12钢筋焊接而成，按设计要求制作成不同高度，其设置间距不大于2000mm，用钢丝与无粘结筋进行扎紧。铺设双向配筋的无粘结筋时，应事先铺放标高低的无粘结筋，再铺设标高较高的无粘结筋，应尽量避免两个方向的无粘结筋相互穿插编结。在进行绑扎无粘结筋时，应先在两端拉紧，同时从中间往两端绑扎定位。

3）验收：在浇筑混凝土前应对无粘结筋进行检查验收，如各控制点的矢高、端头连杆外露尺寸是否合格；塑料保护套有无脱落和歪斜；固定端镦头与锚板是否粘紧；无粘结筋涂层有无破损等，合格后方可浇筑混凝土。

（4）无粘结筋的张拉工艺

1）无粘结筋一般采用小型千斤顶单根张拉，并用单孔锚具锚固。在张拉端无粘结筋成束布置时，也可采用大吨位千斤顶整束张拉，并用JM型锚具和群锚锚固。

2）钢绞线无粘结筋的张拉端可采用夹片式锚具，埋入端宜采用压花式埋入锚具。采用压花锚头时，在与混凝土粘结长度范围内要将油除净，否则张拉时会发生滑丝现象。钢丝束无粘结筋的张拉端和埋入端既可采用夹片描具，也可采用镦头锚具。

3）无粘结筋的长度大于25m时，宜采取两端张拉。成束无粘结筋正式张拉前，必须先用千斤顶往复抽动1 ~ 2次，以降低张拉摩擦损失。

4）无粘结筋张拉完成后，应立即用防腐油或水泥浆通过锚具或其附件上的灌注孔，将锚固部位张拉形成的空腔全部灌注密实，以防预应力筋发生局部锈蚀。

5）无粘结筋的端部锚固区，必须进行密封防护措施，严防水汽进入锈蚀预应力筋，并要求防火。一般做法是：切去多余的无粘结筋（露出夹片外的长度应不小于30mm），或将端头无粘结筋分散弯折后，浇注混凝土封闭或外包钢筋混凝土，或用环氧砂浆堵封等；用混凝土做堵头封闭后，要防止产生收缩裂缝。当不能采用混凝土或灰浆作封闭保护时，预应力筋锚具要全部涂刷抗锈漆或油脂，并加其他保护措施，确保施工质量。

第二节　冬期施工

一、冬期施工的一般规定

1. 气温规定

高架桥施工现场日平均气温连续5d低于5℃开始到次年最后一阶段室外平均气温连续5d低于5℃时止作为冬期施工的期限。在此期间进行的混凝土、钢筋混凝土、预应力钢筋张拉、预应力混凝土灌浆及砌体工程施工时，其用料及施工工艺等均按冬期施工规定进行。

为了预防气温突然下降，避免工程遭受冻害，在冬季施工的前后期间，注意天气变化，及时采取防冻措施。

2. 混凝土冬期施工的一般规定

（1）混凝土施工当温度具有下列情形之一时，应即按冬期施工条件办理。

工地室外昼夜平均气温低于5℃时；室外最低气温低于-3℃时；混凝土灌注之后，在开始养护前的温度低于5℃时。

（2）冬期条件下养护的混凝土，在冻结以前混凝土的强度不应低于设计强度的40%，也不得低于5.0MPa。

（3）冬期施工的混凝土结构，仅在混凝土达到100%的设计强度之后，才允许加置全部的设计荷载。

（4）在进入混凝土冬期施工之前须做好冬期施工准备：

根据任务需要及其他客观条件的要求，确定冬期施工的工程项目、工程数量、开竣工日期等；根据工程性质，当地气象条件及具体施工条件等，通过必要的经济技术分析，确定混凝土的养护方法，混凝土的灌注温度及养护时间等；准备足够的工程材料、防寒材料、燃料以及必要的机具、设备、仪器等；冬期施工防寒保温用的材料及器具，应因地制宜，尽量采用当地的廉价材料，尽量利用现成的设备或物品。

（5）不允许在冻土上灌注基础。开挖基坑应分段进行，基坑在挖至设计标高以上30 ~ 40cm时，即行停止，待灌注基础混凝土以前，再挖去最后一层土，使每段挖完后能及时灌注基础混凝土。

（6）混凝土的冬期施工，必须特别注意检查材料质量。砂石材料应大堆存放，砂、石料中如有雪及冰屑，应完全除净。

（7）混凝土的一般灌注温度，对蓄热法养护混凝土，不低于10℃；对蒸汽法养护不低于5℃；对冷混凝土施工要求在0℃以上。装配式结构构件接头部分的混凝土在遭受冻结前，应在适当的温度条件下养护或加热养护至混凝土强度达到设计要求。

（8）在冬期条件下灌注混凝土，当利用水泥水化热不能满足要求时，应将水和砂石加热。原材料加热时应注意下列事项：

需要原材料加热时，首先应考虑水的加热。如水加热至规定最高温度，尚不能使搅拌的混凝土达到规定温度时，再考虑砂石集料的加热，但在任何情况下严禁将水泥加热；各种原材料的加热温度，应通过热工计算决定。

（9）在冬期条件下搅拌混凝土时，可掺入定量的促凝剂，以促使混凝土强度的增长加快，并能降低混凝土内水溶液的冰点，提高混凝土的抗冻能力。常用的促凝剂有氯化钙、氯化钠。在不能使用氯盐的情况下，可用三乙醇胺复合剂或硫酸钠复合剂与蓄热法养护结合进行施工。

（10）用热材料拌制的混凝土，掺用氯盐（氯化钙、氯化钠或混合掺用）的数量应由试验确定，但混凝土的凝结速度不得超过其在运输和灌注时所需的时间。

（11）在钢筋混凝土中，氯盐（按无水状态计算）的掺量不得超过水泥重量的2%，亦不得超过6kg/m^3。在无筋混凝土中，氯盐的掺量不得超过水泥重量的3%。但在下列情况下，不得在钢筋混凝土结构中掺氯盐：

在高湿度空气环境中使用的结构（排出大量蒸汽的车间和经常处于空气相对湿度大于80%的房间以及有顶盖的钢筋混凝土蓄水池等）；结构处于水位升降的部分；露天结构或经常受水淋湿的结构；具有外露钢筋、预埋件而无防护措施的结构；与含有酸碱或硫酸盐等的侵蚀性介质相接触的结构；使用过程中经常处于环境温度为60℃以上的结构；使用冷拉和冷拔低碳钢丝的钢筋混凝土结构；薄壳、屋架、吊车梁、落锤或锻锤基础等结构；直接靠近直流电源的钢筋混凝土结构；在施工过程中直接靠近高压电源（发电站、变电所）的钢筋混凝土结构。

（12）掺用氯盐的混凝土，施工时遵守下列规定：

应用硅酸盐水泥；水泥比不得大于0.65；掺入氯盐溶液时，必须始终保持氯盐溶液的浓度均匀一致；适当延长搅拌时间，注意搅拌均匀；必须振捣密实；不宜采用蒸汽养护。

3. 其他规定

（1）计划冬期施工的工程，应预先作好冬期施工技术措施和各项准备。对各项设施和材料应事先作好防雪、防冻等防护措施，对钢筋的冷拉和预应力张拉，还应专门制定安全措施。

（2）高架桥桥墩的地基，在施工时和完工后，均不得使其遭受冻结；因此，在基坑挖到设计标高、地基温度不得低于5℃，并应立即进行桥墩的钢筋混凝土浇筑施工，直至保温到回填土完成；冬期施工过程中，应特别注意加强防火、防冻、防煤气中毒等安全措施。

二、混凝土冬期施工

1. 钢筋冷拉与焊接、张拉与灌浆

（1）钢筋冷拉与焊接

冬季进行高架桥施工过程中，对钢筋的冷拉焊接，预应力筋张拉及灌浆等均按下述规定进行：

1）钢筋可在冬期进行冷拉，冷拉时的温度不宜低于−20℃；如果使用控制应力和冷拉力双控方法，冷拉控制应力可较常温时酌情提高，提高多少应经实验确定，但不得超过30MPa；以冷拉率控制时，其冷拉率与常温相同。

2）冬期焊接钢筋，一般宜在室内进行，不得已时可在室外进行；但在室外焊接时，其最低气温不得低于-20℃，并应有防风措施，同时还应采用措施，减少焊件温度的梯度和防止焊后的接头立即接触冰雪。

（2）张拉与灌浆

1）预应力混凝土冬季张拉预应力筋时，应特别注意安全；预应力钢筋张拉时的温度不得低于-15℃。

2）钢筋的冷拉设备及预应力筋的张拉设备，应在高架桥实际施工时的环境温度条件下进行配套校验。仪表和工作油液，应根据实际使用的环境温度选用。

3）当预应力钢筋混凝土构件本身温度低于3℃时，不得进行孔道灌浆工序。同时必须保证灌浆过程中及灌架后48h内，结构混凝土温度不得低于5℃。

2. 混凝土的配制、搅拌与运送

（1）混凝土的配制

1）冬期配制混凝土时，应优先选项用硅酸盐水泥、普通水泥或快硬水泥；水泥的强度等级不得低于42.5MPa，水灰比不应大于0.6；每立方米混凝土的水泥用量不得小于300kg。使用矿渣水泥时，宜优先考虑使用蒸汽养护，使用其他品种的水泥时，应注意其掺加材料对混凝土抗冻、抗渗等性能的影响。

2）冬期浇筑混凝土，除预应力混凝土外，一般均可掺入气型减水剂、早强剂，以提高混凝土的抗冻性能。下列情况下不得在混凝土结构中掺加带有氧盐的外掺剂：

在高空中使用的结构；结构处于水位升降的部分；具有外露钢筋、预埋件而无防护措施的结构；露天结构或经常受到水淋的结构；预应力钢筋混凝土结构。

3）用于拌制混凝土的各项材料的温度，并满足混凝土拌合物搅拌后所需要的温度及混凝土入模温度。当材料的温度不能满足需要时，应首先考虑对拌合用水的加热，如仍不能满足需要时再考虑对骨料加热，水泥只能保温而不能加温。

4）拌制混凝土用水加热温度低于60℃时，可按正常搅拌方式上料，如若水的加热温度超过60℃时，搅拌上料时应先上粗细骨料及水，再加水泥与增加剂。

5）混凝土的搅拌温度（指混凝土从搅拌机中卸出时的温度），应根据热工计算规定，但对蓄热法养护混凝土不得低于10℃、对蒸汽法养护混凝土不得低于5℃、对冷混凝土施工要求在0℃以上；一般是在开工后再根据实测热量损失调整，或设法改善混凝土的运送、灌注条件以减少中途热量损失。

6）对于拌合混凝土的砂石骨料和水在装入搅拌机时应保持正常温度，不得低于热工计算所需要的温度。水和骨料的最高允许温度应按本章的7.1中的“拌合水及骨料的最高温度”执行。水的加热温度一般宜超过混凝土拌合温度的1.5 ~ 2倍；砂石的加热温度则可接近拌合温度。

8）在冬季的桥梁施工中混凝土中掺用外加剂时，必须经过试验及复核方可采用。

3. 混凝土的浇筑与保养护

（1）混凝土的运输

1）对于拌合混凝土所采用的砂石骨料和水在装入搅拌机时应保持正常温度，不得低于热工计算所需要的温度。

2）对于混凝土的拌合时间，则应比常温拌合的混凝土略长一些，一般可以延长50%左右。其混凝土拌合设备，特别注意防寒，一般在室内或临时性的暖棚内进行搅拌为宜，并将温度维持在10 ~ 15℃的环境条件。

3）在冬期高架桥的混凝土施工中，如若在混凝土中掺用外加剂时，必须经过试验及复核方可采用。

4）为了减少混凝土在运输过程中的热量损失，搅拌机应尽量靠近灌注地点，缩短运输距离。对运输线路及运输工具，宜视实际情况需要，进行适当保温防寒处理，必要时对运输线路进行修整，避免中途转运或中途受阻，以加快混凝土的运输。

5）泵送混凝土：高架桥在冬期进行混凝土施工中，一般情况下是由泵送混凝土。混凝土泵设放在搅拌站内，以保证输送泵在10 ~ 15℃的环境下正常工作。远距离输送混凝土可采用几个泵联机作业接力泵送，接力泵送混凝土连接处的输送泵应注意保温；为了保证混凝土输送时的畅通，要控制适当的温度。当要求混凝土入模温度在10℃左右时，出罐温度一般要控制在13 ~ 18℃。如若输送泵管道太长（超过400m），考虑到可能出现堵管现象进行处理而占用时间时，可适当提高温度，但不得超过25℃。

6）管道的布置及要求：管道布置可利用城市江河面上结冰这一有利条件，架设在冰面上，管道用砂袋垫高，主要是防止冰面吸热；为了减少混凝土输送过程中的热量损失或冻结，所有直接与冷空气接触的输送管道（直、弯管接头）都必须用特制的保温棉布将其包裹起来。为防止混凝土接触冷管而冻结，应对管道预先加热，但其预热温度不能超过40℃。加热的方法，可采用蒸汽法进行，使管道温度与混凝土温度相同为宜。在输送混凝土前，打开最低段的接头，先放出冷却的积水，而后进行混凝土输送；城市高架桥在整个冬期气温较低的条件下施工，所输送的管夹子容易脱扣、断裂，所以尽量使用长管，少用弯管，减少夹子数量。当输送管超过

400m时，需考虑堵管现象；在施工中一旦发生堵管时，处理时间不宜过长，一般不超过20min，故应留有一定的备用管道。当因堵塞更换管节延误了时间而造成其管道内的混凝土温度降低至不能使用时，应先泵出该部分混凝土，并再次预热管节，并将管道接通。泵送结束时，必须排净管道内剩余的清洗用水。

（2）混凝土的浇筑

1）在灌注混凝土前，应对地基面、基础面、高架桥上的模板或原有旧混凝土的接合面，进行适当的清理。

2）施工过程中，地基为冻胀性土时，在开始灌注混凝土前应保持有5℃以上的温度（必要时应加热处理），以防止受冻。在非冻胀性土上灌注混凝土时，如若能符合下列各项要求可不必将土预先加热：

土的湿度不超过10%（按重量计）；混凝土的温度比基土的温度至少高10℃；高架桥在施工过程中，对混凝土硬化的条件是，能保证其强度在冻结前达到设计强度的40%且不小于5.0MPa就可以了。

3）在旧混凝土面或岩石基面上灌注混凝土时，应先将结构接头处的旧混凝土或岩基面加热处理，加热的深度不得小于300mm，在新灌注的混凝土达到所要求的强度以前，应防止接头处的混凝土受冻。

4）在灌注混凝土前，除应将模板及钢筋作适当处理外，并应将附着于其上面的冰雪层清除干净。条件允许时，可用蒸汽将模板钢筋及金属埋设部件等加热。

5）在高架桥的施工过程中，如若采用人工加热养护的整体式结构，其灌注程序及结构中的施工缝位置，应能防止发生较大的温度应力，为此，混凝土的加热温度在40℃以上时，应遵守下列规定：

支撑在已灌注完毕的厚大结构上的梁，应用钢板制成的垫板将梁与厚大结构隔开，使梁在加热时能有移动的可能；如果不能按前所述方法进行灌注，而在计算中又未考虑到附加的温度应力时，梁的灌注与加热应分段进行，其间隔长度不应小于1/8的跨度，也不得小于700mm；间断处应在已灌注的混凝土冷却至15℃以下后，才可用混凝土填实并加热；与支座不作刚性连接的连续梁，应在长度不超过20m的段落上同时加热；多跨刚架的连续横梁，如刚架支柱的高度与横梁截面高度（在刚架面内）之比小于15时，应按类似于前面所规定的方法灌注并加热混凝土；当刚架跨度在8m及小于8m时，应每隔两个跨度留出间断处；当跨度大于8m时，每隔一个跨度留出间断处；与小跨度的大型横梁相连接的高柱，应按同一高度进行灌注和加热；否则应在柱子之间的横梁上留出间断处。

6）分层灌注高架桥厚大的整体结构时，每层厚度不小于200mm，并应利用振捣器进行捣实。上下两层混凝土的灌注时间，应保证已灌注层混凝土的温度，在未被后一层覆盖前，不低于计算规定的灌注温度，也不得低于5℃。

7）预应力混凝土构件在进行灌注立缝和孔道灌注以前，灌注部位的混凝土须经预热，并宜采用热的水泥浆、砂浆和混凝土；拌制用的热水的温度不得超过60℃。

8）在进行预应力混凝土构件的孔道灌浆时，应适当降低水泥浆的水灰比；灌浆后，应一次养护至设计强度的70%。

9）以高架桥混凝土箱梁浇筑为实例，简要加以说明：

高架桥的箱梁浇筑是分段进行的，每段箱梁的底板、肋板、顶板分三次浇筑混凝土成型或底板和肋板一次、顶板一次的两次浇筑成型；混凝土浇筑前，要对暖棚进行预热，始终保持棚内的最低温度不得低于10℃；要将模内杂物清理干净，用温水清洗。模板、钢筋、管道经过预热，表面温度达到5℃以上；每段混凝土都以厚度约600mm分层浇筑。采用插入式振捣器时，特别注意钢筋密集的底层、根部的振捣，避免管道碰损。

10）冷接茬部位浇筑混凝土前的预热（以箱梁为例）

在负温下旧混凝土接浇新混凝土时，如若预热不好，容易在接茬处产生水膜，降低接茬处混凝土的强度；新混凝土接触面的温差过大时，温度应力的作用将会造成新混凝土开裂，所以对旧混凝土采取预热升温措施，一般可采用远红外线加热器和蒸汽排管加热，确保接头处混凝土温度不低于5℃，加热深度不小于300mm，而预热的长度可控制在1m左右；箱梁底板接茬部位加热之肋板、顶板困难，升温较缓慢，当外界最低气温低于–20℃时，可在底板接茬部位预埋蒸汽管道；混凝土浇筑前12h，如冷接茬部位升温缓慢，可向接茬部位直接喷蒸汽，加快升温速度；混凝土浇筑12h后再间断性通汽加热，并用人工控制通汽量以避免混凝土过热造成开裂，但温度不得超过50℃为宜；箱梁底、肋板相交的交角区容易形成“冷桥”应引起特别注意；冷接茬部位预热时间与温度、天气情况、暖棚搭设质量、蒸汽供应等有很大关系。

经高架桥施工实践表明，当棚内下方温度在10t左右时，预热时间为：当日平均气温低于–20℃时，应控制在4d以内为宜；当日平均气温低于–l0℃时，应控制在3d以内为宜；当日平均气温低于–5℃时，应控制在2d以内为宜。

当室外最低气温低于–20℃时，接茬部位应埋设测温元件，以监控预热质量。元件宜埋设在后段的前端底板部位；最底气温高于–20℃时，一般情况下可以设测温孔，用普通温度计测量并辅以肉眼观察。

（3）混凝土养护方法及选择

1）冬季高架桥的施工中，对于混凝土的保养方法，必须合理地选择并根据技术经济比较和热工计算及施工具体条件来确定，一般优先采用蓄热法。当气温较低、结构表面系数较大、蓄热法不能适应强度增长速度的要求时，可根据具体情况，选择蒸汽加热、暖棚加热或电加热等方法进行。如若采用蓄热保温养护混凝土时，除应符合本手册第五章的有关规定外，并应遵守以下要点：

①所采用的保温措施必须能保证混凝土在温度降至0℃之前，获得应有的硬化强度，即在冻结以前混凝土的强度不得低于设计强度的40%；

养护期间，如遇到天气骤然变坏（寒流或强风），则必须采取有效措施加强保温防护，以避免混凝土在获得应有强度之前遭受冻结；

②高架桥冬期施工的模板，应尽可能拼装严密，为了避免吸湿性隔热材料遭受水汽浸湿，宜在模板外面，先铺一层油纸、水泥袋之类的物体，加以防护，然后铺设隔热材料；

③全部隔热防护层，必须按照热工计算规定做好，不得有遗漏之处；

④对厚大体积建筑物的余角部分及棱形边部分，应加强养护，例如，增加锯木灰等隔热层的层数，在结构物的迎风面，应视实际需要采取防风的有效措施；如若早已灌好的混凝土外表面或基础外表面遭受外界空气影响时，则应在与新灌注混凝土接合处约1.5m的范围内，进行防寒保温；对于外露的粗钢筋或其他铁件，应在长lm左右的范围内，适当保温。

2）混凝土灌注结束后，应立即进行保温防寒。在混凝土的外露面上，必须注意不得使新灌好的混凝土因铺盖保温层而被弄脏，不宜将锯木灰之类的隔热材料，直接铺放在新灌好的混凝土面上（可以采用沥青纸、油纸之类隔开）。

3）当高架桥施工现场的气温低于5℃时，或当加设保温层养护混凝土时，不应再向混凝土面上浇水养护。

4）当采用电热法来对高架桥上的混凝土进行养护时，就是采用电极法养护，混凝土养护方法及选择：①必须采用交流电，对于钢筋混凝土结构，一般情况下应将电压降至50 ~ 110V的范围内。对于无筋结构和钢筋用量不大于50kg/m^{3}的配筋结构，可采用电压为120 ~ 220V的电流加热；当电压为380V时，必须将一个电极接通零线，使混凝土内的工作电压不超过220V；当电压超过380V时，不得直接用于电热法。②电热法的升、降温度与蒸汽加热法相同。③混凝土在电热养护时的最高温度不得超过以下数据：当矿渣水泥、火山灰水泥、煤灰水泥的强度等级为32.5时，其最高温度在45 ~ 70℃；当硅酸盐水泥及普通水泥的强度等级为42.5时，其最高温度在35 ~ 40℃。

5）在冬期条件下灌注的混凝土，应尽可能先采用以保温覆盖为主的蓄热（保温）法进行养护。气温太低或因结构性质特殊不宜利用蓄热法养护时，方可考虑利用其他养护方法。如若在工厂（工场）进行大量的钢筋混凝土构件（预制梁）生产时，可采用蒸汽养护法。

6）为扩大蓄热法的施工范围，可采用下列有效措施：

采用高强度等级水泥和水化热高的矾土水泥；将蓄热法和混凝土外部加热法，或与早期短时加热法合并使用，如锯末生石灰养护法等；在条件许可的情况下，可以利用日光热能保温，如某一时期室外白天温度在0℃以上、晚间温度在0℃以下，则白天有日照时，可将保温层打开用太阳晒，晚上再将保温层盖严蓄热。

7）使用锯末白灰做保温材料时，应注意以下事项：

①生石灰与锯末的配合比及其发热性能，应通过试验决定，施工时必须严格按规定配合比使用。配合比应以重量配合，不得用体积比。配合后的发热量一般以60 ~ 80℃为宜。生石灰小块粒径不得大于10mm，根据经验：水、锯末、生石灰的重量配合比以1∶1∶0.7较合适。

②应加强测温工作，特别是铺上锯末白灰后，第一天的测温工作应每隔2h进行一次，如发现温度过高，应采用降温措施，以防止着火。测温时如发现因保温材料失效温度过低，应立即更换新的保温材料继续保温。

③如一次锯末白灰保温尚不能使混凝土达到需要的强度时，可更换一次新的锯末白灰继续进行保温；在使用锯末白灰保温时，灌注的混凝土在保温前的温度不得低于5℃。

三、砌体的冬期施工

1. 施工材料

（1）砌块应干净、无水霜附着；砂中不得含有冰块或冻结团块。

（2）石灰膏不宜受冻，如有冻结，应经融化并重新拌合后方可使用；但因受冻而脱水者不得使用。

（3）冬期砌筑砌体，可使用水泥砂浆或水泥石灰砂浆，不得使用石灰砂浆。

（4）施工过程中，其砂浆应随拌随用，搅拌时间应比常温时增加0.5 ~ 1倍，其稠度应比常温施工时适当加大。

2. 保温法的砌筑

（1）砌体在暖棚中砌筑时，应符合下列规定：

砌块的温度应在5℃以上；砂子和水加温后拌制的砂浆，其温度不得低于15℃，加温计算方法同混凝土；室内地面处的温度不得低于5℃；砂浆的保温时间，应以达到其抗冻强度的时间为准；养护时应洒水，保持砌体湿润。

（2）冬期施工前后气温突然降低时，正在施工的砌体工程应采取下列措施：

①用温水拌制砂浆，使砂浆温度不低于20℃；

②拌制砂浆速度与砌筑进度密切配合，随拌随用；

③砌完部分要立即采用保温材料覆盖。

3. 抗冻砂浆砌筑

（1）氧化钠或氧化钙掺量超过早强用量的水泥砂浆或水泥混合砂浆，称为抗冻砂浆。

（2）抗冻砂浆在严寒地区（如每年的11月至次年的3月，我国的东北地区、西北地区）宜采用硅酸盐水泥或普通水泥，其他地区可采用矿渣水泥、火山灰水泥或粉煤灰水泥。抗冻砂浆应尽量用细度模数较大的砂。

（3）在高架桥的施工过程中，当一天中最低气温低于-15℃时，其承重砌体的砂浆强度等级，宜按常温施工时提高1级。

（4）抗冻砂浆使用时的温度不得低于5℃。

（5）用抗冻砂浆砌筑的砌体，应在砌筑后加以覆盖保温，但不得浇水。

（6）耐寒砂浆的拌合可在铁板或其他不渗水的平板上进行，先将水泥及砂进行干拌均匀，然后把预先算好的盐水慢慢加入，反复湿拌至均匀为止砂子和盐水均不应加热；耐寒砂浆可放于不保温的但具有防雪设备的容器中运送。砌筑时石料表面不得有冰模或污垢。砌筑后的砌体须用草帘覆盖，防止风雪。但不得采用浇水养护的方法。

第五章　大跨度梁（板）式桥和刚构桥施工

第一节　悬臂浇筑法

一、悬臂浇筑施工法概述

1. 工艺特点

工艺特点的主要内容，见表5–1。

表5–1　工艺特点

特点	主要内容
基本过程	悬臂浇筑（简称悬浇）采用移动式挂篮作为主要施工设备，以桥墩为中心对称向两岸利用挂篮浇筑梁段混凝土，待混凝土达到要求强度后，张拉预应力束，再移动挂篮，进行下一节段的施工
挂篮设备	挂篮是一个能沿轨道行走的活动脚手架，悬挂在已经张拉锚固的箱梁梁段上，悬臂浇筑时箱梁梁段的模板安装、钢筋绑扎、管道安装、混凝土浇筑、预应力张拉、压浆等工作均在挂篮上进行。一个梁段的施工程序完成后，挂篮解除后锚，移向下一梁段施工。挂篮既是空间的施工设备，又是预应力筋未张拉前梁段的承重结构。悬浇施工无须设立落地支架，无须大型起重和运输设备
体系转换	预应力混凝土悬臂梁桥、连续刚构采用悬浇法施工，需在施工中进行体系转换。即在悬浇施工时，结构的受力状态呈T型刚构、悬臂梁，待主梁合龙后形成连续刚构或连续梁
临时固结	预应力混凝土悬臂梁桥、连续梁桥的墩梁铰接（设置支座），不能承受弯矩，在悬浇时需采取措施，临时将墩梁固结和桥墩顺桥向两侧增设托架，待悬臂施工到之上一端合龙后恢复原状；T型刚构、连续刚构墩梁是固结的，采用悬浇施工时，结构本身已具有一定的抗弯能力，可根据设计和施工要求在墩旁架设临时托架等方法

2. 适用条件

悬浇法适用于大跨径的预应力混凝土悬臂梁桥、连续桥、T型刚构桥、连续刚构桥等结构。适合于宽深河流和山谷，施工期水位变化频繁不宜水上作业的河流，以及通航频繁且施工时需留有较大净空等河流上桥梁的施工。

二、挂篮构造与安装

1. 挂篮构造

挂篮主要由主梁桁架、底模架、悬吊系统、行走体系、锚固系统、定位调整系统、工作平台等部分组成（见表5–2）。

表5–2 挂篮的组成

名称	主要内容
主梁桁架	主梁桁架试挂篮悬臂承重结构，可由万能杆件或贝雷桁架（或装配式公路钢桁架）组拼，或采用钢板、大号型钢加工而成
底模架	在挂篮的最下面，用以立模、扎筋、灌注、振捣和养护混凝土
悬吊系统	由底模平台、垂直钢带和上、下横梁组成。其作用是将底模架、工作平台的重量及其上面的施工荷载传给承重结构。垂直钢带可用螺纹钢筋组成，底模平台用钢丝绳或链条悬吊在上横梁上
行走体系	主要由滚轮和滑板组成。它支承挂篮的承前结构，并使之可沿箱梁在桥纵轴线方向移动
锚固系统	位于挂篮承重结构的后端，用以平衡挂篮前移时或施工中生产的倾覆力矩，确保施工安全可靠
定位调整系统	挂篮纵向定位由行走液压千斤顶行程控制，通过行走距离长度来控制定位纵向位置，横向定位及调整依靠设置于行走挂钩侧面和主纵梁主纵梁尾部的反力轮
工作平台	又叫张拉平台，位于箱梁的前方，作张拉梁体纵向力筋束的脚手架使用

2. 自锚式挂篮的种类

（1）桁架式挂篮：主要分为万能杆件挂篮、贝蕾梁或装配式公路钢桁架组合式挂篮、型钢组合桁架挂篮等。又分为平行桁架式、平弦无平衡重、弓弦式、菱形式等多种。

（2）斜拉式挂篮：也称为轻型挂篮，有效地减轻了挂篮自重，在桁架式挂篮基础上研制而来。

3. 挂篮设计

（1）挂篮形式选择：选择挂篮形式主要考虑结构简单、自重轻、受力明确、变形小、安全、装拆方便。

（2）悬臂浇筑分段长度确定：若每一节段梁体较长，整座桥的节段数就少，施工进度就快，而每次灌注的混凝土量就多，挂篮的尺寸和相应的设备就需增加；若每一节段梁体尺寸小，挂篮的承重要求小，尺寸和设备也不大，但节段数多，周转次数多，总的施工进度慢。悬臂长度应根据施工条件权衡利弊综合考虑确定，我国近来修建T型刚构的分段长度一般为3～5m。

（3）挂篮横断面布置：挂篮横断面布置一般取决于桥梁宽度和箱梁横断面形式。桥梁横断面为单箱时，全断面用一个挂篮；当桥梁横断面为双箱时，一般采用两个挂篮。在一般情况下，桥宽10m以内可用一个挂篮，桥宽10m以上可用两个或三个挂篮。

（4）荷载：设计荷载主要有挂篮自重，模板支架自重（包括侧模、内模、底模和端模等），施工机具（包括振动器自重和振动力，千斤顶和油泵及其他有关设备自重），最大节段梁体混凝土重量，施工人群荷载等。

4. 挂篮安装

挂篮安装的步骤及主要内容，见表5-3。

表5-3　挂篮安装的步骤及主要内容

步骤	主要内容
载重试验	挂篮组拼后，应全面检查安装质量，并作载重试验测定各部位的变形量，并设法消除永久变形
拼装挂篮	在起步长度内梁段浇筑完成后，并获得要求的强度后，在墩顶拼装挂篮，拼装时应对称进行。有条件时，应在地面先进行试拼装
安全设施	挂篮的操作平台下应设置安全网，防止物体坠落，以确保施工安全挂篮应呈全封闭形式，四周设围护，上下应有专用扶梯，方便施工人员上下挂篮
尾部锚固	挂篮行走时，必须在挂篮尾部压平衡重，以防倾覆。浇筑混凝土时，必须在挂篮尾部将挂篮与梁进行锚固

三、悬臂梁0号段施工

1. 梁体分段

悬臂浇筑施工时，一般将梁体分为四部分浇筑，如图5-1所示。A为墩顶梁段（又称0号段）；B为0号段两侧对称悬臂浇筑部分；C为边孔在支架上浇筑部分；D

为主梁在跨中合龙段。

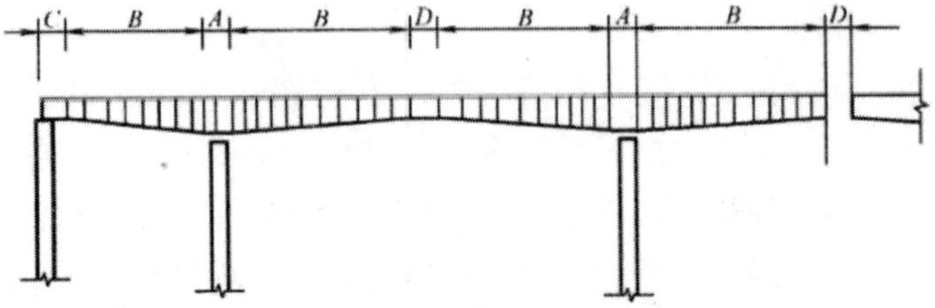

图5-1 悬臂浇筑分段

2. 工艺流程

（1）在墩顶托架上浇筑0号段，并实施墩梁固结系统。

（2）在0号段上安装悬臂挂篮，向两侧依次对称地分段浇筑主梁至合龙段。

（3）在临时支架或梁端与边墩间临时托架上支模浇筑现浇梁段。当现浇梁段较短时，可利用挂篮浇筑；当与现浇段相接的连接桥是采用顶推法时，可将现浇梁段锚固在顶推梁前端施工，并顶推到位；主梁合龙段可在改装的简支挂篮托架上浇筑。多跨合龙段浇筑顺序按设计或施工要求进行。

3. 施工工艺

（1）墩顶托架

1）悬臂浇筑施工时，墩顶的0号段在托架上立模浇筑，并在施工过程中设置临时梁墩锚固，使0号段能承受两侧悬臂施工时产生的不平衡力矩。施工托架可根据承台形式、墩身高度和地形情况，分别支承在承台、墩身或地面上。可采用万能杆件、贝蕾桁架、六四军用桁架及型钢组成，也可采用钢筋混凝土构件作为临时支撑。

2）托架的顶面尺寸由拼装挂篮的需要和拟浇梁段的长度确定，横桥间的宽度比箱梁底板宽出1.5 ~ 2.0m，以便设立箱梁边肋的外侧模板。托架顶面应与梁底面纵向线形的变化一致。

3）由于在托架上浇筑0号梁段混凝土，托架变形对梁体质量影响很大，在设计托架时，除考虑托架强度要求外，还应考虑托架的刚度和整体性。由于托架弹性变形、杆件连接缝隙、地基沉降等因素，可能使托架下沉，引起混凝土梁段出现裂缝，在混凝土浇筑前，需采用预压、抛高或调整等措施，以减少托架变形，并检验托架是否安全。

（2）支座垫石：垫石为永久支座的基石。由于支座安装平整度和对中度要求高，因此垫石四角及平面高差应小于1mm，故垫石分两层浇筑。首层浇筑标高比设计标高低15cm。第二层利用带微调整平器的模板，控制浇筑标高比设计标高稍高，再利用整平器及精密水准仪量测，反复整平混凝土面。在安装支座前凿毛垫石，铺2～3cm厚与墩身等强度的砂浆，砂浆浇筑标高较设计略高，然后安放支座就位，用锤振击，使之符合设计标高，标高偏差不大于1mm，水平位置偏差不大于2mm。

（3）模板和支架要求：主要是要具有足够的刚度和强度；准确计算在浇筑过程中结构的弹性和非弹性变形；施工偏差和定位要求应符合有关规范的规定；便于操作，确保施工质量。

四、梁墩临时固结

固结措施的主要内容，见表5–4。

表5–4　固结措施的主要内容

固结方法	主要内容
钢筋混凝土固结	0号梁段浇筑前，在墩顶靠两侧先浇筑混凝土（一般为C40），待0号段达到设计强度70%以上时，在桥墩两侧各用预应力钢筋从梁段顶部张拉固定
临时立柱与预应力筋锚固	可利用临时立柱和预应力筋来锚固上下结构。预应力筋的下端埋固在基础承台内，上端在箱梁底板上张拉并锚固，借此使立柱在施工过程中始终受压，以维持稳定
临时支墩	当桥不高，水又不深而易于搭设临时支架时，可在桥墩的一侧或两侧加临时支承或支墩
砂筒固结	在桥高、水深时，可采用围建在墩身上部的三角形撑架来敷设梁段的临时支承，并使用沙筒、夹有电阻丝的硫磺砂浆或混凝土块等卸落设备，以使体系转换时较方便地解除临时支承

五、分段悬浇施工

（1）模板安装

组装模板并校正中线、外模及框架的长度和高度应能适应各节段的变化。内模由侧模、顶模和内框架组成，应便于拆模和修改。模板安装后应严格测定位置核对标高（注意预留拱度即抛高量）、校正中线。模板和前一节段的混凝土面应平整密贴。

（2）管道连接与定位

放置预应力管道时要注意和前一节段的管道连接接头严密、线型和顺，并设置足够的定位钢筋，以保证浇筑混凝土过程中位置准确。

（3）混凝土浇筑顺序

浇筑混凝土时必须从悬臂端开始，两个悬臂端对称均衡地进行浇筑，并在浇筑混凝土的同时注意对预应力管道的保护，浇筑后应及时对管道清孔，以利对接。

（4）标高测定

挂篮桁架行走前要测定已完成节段梁端标高，并定出箱梁的中轴线。当解除挂篮的后锚后，挂篮沿箱梁中轴线对称，向两端推进，每前进50cm做一次同步观测，防止挂篮转角、偏位造成挂篮受扭。

（5）混凝土浇筑

可试箱梁截面高度情况采用一次或两次浇筑法。采用一次浇筑法时，可在顶部中部留一洞口以供浇筑底板混凝土，待浇好底板后立即补焊钢筋封洞，并同时浇筑肋板混凝土，最后浇筑顶部混凝土。凝浇肋板混凝土时，两肋板应同时分层进行。浇筑顶板及翼板混凝土时，应从外侧向内测一次完成，以防止发生裂纹。

（6）混凝土浇筑时挂篮变形消除措施

混凝土浇筑时挂篮变形消除措施的主要内容，见表5–5。

表5–5　混凝土浇筑时挂篮变形消除措施的主要内容

措施	主要内容
水箱法	浇筑混凝土前先在水箱中注入相当于混凝土质量的水，在混凝土浇筑过程中，逐步放水使挂篮的负荷和挠度基本不变
抬高挂篮后支点法	浇筑混凝土前将模板前端标高抬高10 ~ 30mm，预留第一次浇筑混凝土的下沉量，同时用螺旋式千斤顶顶起挂篮后支点，使之高于滑道或钢轨顶面（一般顶高20 ~ 30mm）。在浇筑第一次混凝土时千斤顶不动，浇筑混凝土质量使挂篮的下沉量与抬高量相抵消。在浇筑第二次混凝土时，将千斤顶分次下降，并随即收紧后锚系的螺栓，使挂篮后支点逐步贴近滑道面或规定面。随着后支点的下降，以前支点为轴的挂篮前端必然上升一数值，此数值正好与第二次混凝土质量使挂篮产生的挠度相抵消，保证箱梁模板不发生下沉变形。此法需要设备很少，较水箱法简单，但需顶起量合适
混凝土一次浇筑法	箱梁混凝土采用一次浇筑，并在底板混凝土凝固前全部浇筑完毕。也就是要求挂篮的变形全部发生在混凝土塑性状态之前，避免裂缝产生，但需在浇筑混凝土前预留准确的下沉量

六、结构体系转换

结构体系转换原理与要求：

（1）结构体系原理

利用连续梁成桥设计的负弯矩预应力筋为支承，是连续梁分段悬浇施工的受力特点。悬臂浇筑中各独立T型刚构处于负弯矩受力状态，随着各T型刚构的依次合龙，梁段也依次转化为成桥状态的正负弯矩交替分布形式，这一转化就是连续梁的体系转换。连续梁悬浇施工的过程就是其应力体系转换的过程，也就是悬浇时实行支座临时固结、各T型刚构的合龙、固结的适时解除、预应力分配以及分批依次张拉的过程。

（2）临时固结放松时的要求

对0号节段放松墩顶临时锚固时，应注意均衡对称，确保均匀释放。在放松前应测量各节段的高程，在放松过程中，须注意各节段的高程变化，若有异常情况应立即停止，以保证施工安全。

（3）对转为超静定结构的多因素控制

对转为超静定结构，应考虑钢材张拉、支座变形、温度变化等各种因素引起结构的次内力，若按设计要求需进行内力调整时，应以标高、反力等多种因素控制，相互校核，如出入过大应分析研究。

七、合龙段施工

施工措施：

（1）合龙段施工措施的必要性：合龙段施工过程中，由于昼夜温差变化，新浇筑混凝土的早期收缩、水化热影响，已完成结构混凝土的收缩、徐变，结构体系的变化以及施工荷载等因素，直接影响合龙段的质量。因此，需采取必要措施，以保证合龙施工质量。

（2）合龙段长度：在满足施工要求的前提下，应尽量缩短合龙段的长度，一般取1.5 ~ 2m。

（3）合龙顺序：通常多跨连续梁合龙段施工的顺序为先各边跨，再各次边跨，最后为中跨。

（4）混凝土浇筑时间和材料要求：合龙段混凝土浇筑时间宜在一天中最低气温时；所用于合龙段的混凝土强度等级可提高一级，或选用早强、高强、少收缩或微膨胀的水泥拌制的混凝土，以便尽早张拉；防止接缝处出现裂缝。

（5）加强混凝土养护：合龙段混凝土浇筑完毕，立即加强养护，使之保持湿润，并覆盖以减少日照直射的温度影响。

（6）挂篮后移距离相同：合龙段施工时，通常可将两侧挂篮向后移动，其距离应对等，使两悬臂端的施工荷载对称相等。移动的距离则应满足合龙施工需要。

（7）拆除挂篮防止后倾：拆除挂篮时，应先拆除模板再从悬吊系统开始逐步拆卸，拆除过程中应防止挂篮后倾，为此，在平衡重下应设临时垫木支撑。

第二节　悬臂拼装法

一、悬臂拼装法特点。

1. 工艺特点

（1）施工方法基本过程

悬臂拼装法是利用移动式悬拼吊机将预制好的节段起吊至梁位，然后采用环氧树脂和预应力钢丝束连接成整体。一个节段张拉锚固后，再拼装下一节段。悬臂拼装的预制长度主要取决于吊机的起重能力，一般以2 ~ 5m为宜。节段过长则块件自重大，需要庞大的起重设备；节段过短则拼装接缝多，并使工期延长。一般在根部因截面积较大，预制长度比较短，以后逐渐增长。悬臂拼装施工适用于预制场地及运吊条件好，特别是工程量大和工期较短的桥梁工程。

（2）悬拼法特点

①进度快：梁体节段的预制可与桥梁下部构造施工同时进行，平行作业缩短了施工工期，且拼装速度快。②制梁条件好，混凝土质量高。预制场或工厂化的梁体节段预制有利于整体施工质量，操作方便、安全。③收缩、徐变变形小。预制梁段的混凝土龄期较长，减少了悬拼成梁后混凝土的收缩和徐变。④线性好。采用长线法预制梁体时，按梁底曲线制作的固定模板上分段浇筑混凝土，能保证梁底线性。

（3）主要工序

悬拼的核心是梁的吊运与拼装，梁体节段的预制是悬拼的基础。主要工序包括梁体节段的预制、移位、堆放运输；梁段的起吊拼装，悬拼梁体体系转换；合龙段施工。

2. 悬臂拼装与悬臂浇筑比较

悬臂拼装与悬臂浇筑比较的具体内容，见表5-6。

表5-6　悬臂拼装与悬臂浇筑比较

区别	主要内容
施工质量	悬臂浇筑梁体的钢筋连续性好，混凝土的整体性较好。但空中作业工作量大，工作面小，节段混凝土浇筑质量较难保证。悬臂拼装梁体节段在预制场预制，布料、振捣与养护条件均较好，预制块的质量易于保证。梁的整体性在采用湿接缝和环氧树脂接缝以后得到改善
施工进度	悬臂浇筑利用挂篮进行悬臂浇筑，每个节段的施工周期通常为6 ~ 9d；采用底板、腹板一次浇筑的施工工艺时，一个节段的施工周期可以缩短至5 ~ 7d。悬臂拼装梁体节段制作工序和悬臂浇筑法大体相同，但其预制工作是在预制场提前进行。拼装占用施工周期仅有吊装定位和穿束张拉等工序。一个节段的施工周期仅1 ~ 1.5d。施工进度方面，悬臂拼装比悬臂浇筑快得多
适应性	悬臂浇筑挂篮施工一般不受桥孔下的地形、地质、水文、船只或建筑物的影响。悬臂浇筑施工时，一般希望气温比较高，利于混凝土早强。若冬季施工，采用混凝土蒸汽养生则比较复杂。悬臂拼装要求桥孔下的地形或水文情况允许安全运送块件、吊装预制段。梁体的预制不受或少受气温的影响。拼装时若用干接缝结合，则不怕低温影响
施工起重能力	挂篮浇筑仅要求起重量为1.5t以上的吊机吊运钢筋骨架和混凝土。挂篮本身的转移可视起重能力的大小而将杆件拆成相应的单元。预制拼装时，一般需要有40t以上的起重能力。用贝雷桁架或万能杆件拼装起重量为100t左右的悬臂吊机也比较容易
施工变形控制	悬臂浇筑对施工过程中变形控制比较容易，可以逐段测量；悬臂拼装对施工变形不易控制，个别桥在拼装过程中，上翘值达30cm以上

二、梁段预制

1. 预制方法

（1）长线预制

长线预制是在工厂或施工现场按桥梁底缘曲线制作固定的底座，在底座上安装底模进行节段混凝土的浇筑工作。组成T型刚构半悬臂或全悬臂的诸梁段均在固定台座的活动模板内浇筑且相邻段应相互贴合浇筑，缝面浇筑前涂抹隔离剂，以利于脱模。

长线预制需要较大的场地，其底座最小长度应为桥孔跨径的一半。

底座形成有多种方法。可以利于预制场的地形堆筑土胎，应加固夯实后，铺砂石层并在其上做混凝土底板；盛产石料的地区可用石砌成所需的梁底缘形状；地质情况较差的预制，常采用打短桩基础，在桩基础上搭设排架形成梁底曲线。排架可用木材或型钢组成。

梁体节段的预制一半在底板上进行。模板常采用钢模板，每段一块，以便于装拆使用。为加快施工进度，保证节段之间的密贴，常采用先浇筑奇数节段，然后利于奇数节段混凝土的端面弥合偶数节段。也可以采用分阶段的预制方法。当阶段混凝土强度达到设计强度的70%以上后，可吊出预制场地。

（2）短线预制

短线预制是在固定台位且能纵移的模板内浇筑。由可调整内、外模板的台车与端模架组成。当第一节段混凝土浇筑完成后，在其相对位置上安装下一节段模板，并利用第一节段混凝土的端面作为第二节段的端模，完成第二节段混凝土的浇筑工作。

短线预制法特别适合工厂化生产预制，设备可周转使用，台座仅需3个梁段长，但节段的尺寸和相对位置的调整要复杂一些。台座除基础部分外，多采用钢材制作。此法亦称为活动底座法。

（3）卧式预制

主梁位桁架梁时，具有较大的桁高和节段长度，且桁架的桁杆截面尺寸不大时，常采用卧式预制。卧式预制需要有一个较大的地坪。地坪的高低要经过测量，并有足够的强度，不致产生不均匀沉陷。对相同的节段还可以在已预制完成的节段上安装模板进行叠制，两层构件常用塑料布或涂机油等方法分隔。桁架梁预制节段的起吊、翻身工作要求操作细致，并注意选择吊点和吊装机具。

（4）工艺对比

长线台座可靠，成桥后梁体线性较好。梁段存储有较大余地，但占地较大，地基要求坚实，混凝土的浇筑和养护移动分散。短线预制场地相对较小，模板及浇筑设备基本不需移动，可调的底、侧模便于平竖曲线梁段的预制，但要求精度高，工艺严格，周转不便，工期相对较长。

2. 预制场地布置

预制场地主要设施有：预制台座、龙门吊、存梁台以及拌合站等。布设时应便于梁段的移动和吊运，便于模板、钢筋及混凝土的运输。按照台座与河流及桥位的关系，场地布局可分位平行式、垂直式和沿河式。用缆绳起重机运输，宜作平行式布置；用驳船运输，宜作垂直式长线布置或平行式的短线布置。

三、梁段运输

场内运输的主要内容如下：

（1）当存梁场或预制台座布置于岸边，又有大型悬臂浮吊时，可直接从存梁场或预制台座将节段吊放到运梁驳船上浮运。当预制底座垂直于河岸时，存梁场往往设于底座轴线的延长线上，此时，节段的出坑和运输一般由预制场上的龙门吊担任，节段上船也可用预制场的龙门吊机。当预制底座平行于河岸时，场内运输应另备运梁平车进行，栈桥上也必须另设起重吊机，供运节段上船。节段的运输，当预制场与栈桥距离较远时，应首先考虑采用平车运输，起运前要将节段安放平稳，底面坡度不同的节段要使用不同厚度的楔形木来调整。梁段用带有花篮螺丝的缆索保险。

（2）当采用无转向架的运输平车时，运输轨道不能设平曲线，纵坡一般为平坡。当地形条件限制时，最大纵坡也不得大于1%。下坡运行时，平车后背要用钢丝绳牵引保险，不得溜放。

四、悬臂拼装施工

1. 悬臂吊机拼装法

（1）悬臂吊机由纵向主桁架、横向起重桁架、锚固装置、平衡重、起重系、行走系和工作吊篮等部分组成。

（2）纵向主桁为吊机的主要承重结构，可由贝雷片、万能杆件、大型型钢等拼装。一般由若干桁片构成两组，用横向连接系联成整体，前后用两根横梁支承。横向起重桁是供安装起重卷扬机之间起吊箱梁节段之用的构件。纵向主桁外荷载就是通过横向起重桁传递给它的。横向起重桁支承在轨道平车上，轨道平车搁置于铺设在纵向主桁上弦的轨道上。起重卷扬机安置在横向起重桁上弦。

（3）设置锚固装置和平衡重的目的是防止主桁架在起吊梁段时倾覆翻转，保持其稳定状态。对于拼装墩柱附近块件的双悬臂吊机，可用锚固横梁及吊挂将吊机锚固于0号块上，对称起吊箱梁节段，不需要设置平衡重。单悬臂吊机起吊节段时，也可不设平衡重而将吊机锚固在节段的吊环上或竖向预应力筋的螺丝端杆上。

（4）起重系一般有电动卷扬机、吊梁扁担及滑车组等组成。起重系的作用是将由驳船浮运到桥位处的节段，提升到拼装高度以备拼装。滑车组要根据起吊节段的重量来选用。

（5）吊机的整体纵移用钢管滚筒，在木走板上滚移，由卷扬机牵引。牵引绳通过转向滑车系于纵向主桁前支点的牵引钩上。横向起重桁架的行走采用轨道平车，用倒链滑车牵引。

（6）工作吊篮悬挂于纵向主桁前端的吊篮横梁上，吊篮横梁由轨道平车支承以便工作吊篮的纵向移动。工作吊篮供预应力钢丝穿束、千斤顶张拉、压注灰浆等操作之用。可设上、下两层，上层供操作顶板钢束用，下层供操作肋板钢束用。也可只设一层，此时，工作吊篮可用倒链滑车调整高度。

（7）这种吊机的结构较简单，使用最普遍。当吊装墩柱两侧附近节段时，往往采用双悬臂吊机。但在桥的跨径不太大，孔数也不多的情况下，有的工地就不拆开墩顶桁架而在吊机的两端不断接长进行悬拼，以免每拼装一对节段将对称的两个单悬臂吊机移动和锚固一次。

（8）当河中水位较低运输箱梁节段的驳船船底标高低于承台顶面标高，驳船无法靠近墩身时，双悬臂吊机的设计往往要受安装1号节段时的受力状态所控制。为了不增大主桁断面以节约钢材，对这种情况下的双悬臂吊机必须采取特别措施，如斜撑法和对拉法。

2. 连续桁架拼装

连续桁架（闸式吊机）悬拼施工可分移动式和固定式两类。移动式连续桁架的长度大于桥的最大跨径，桁架支承在已拼装完成的梁段和待拼墩顶上。由吊车在桁架上移运节段进行悬臂拼装。固定式连续桁架的支点均设在桥墩上，而不增加梁段的施工荷载。

3. 缆绳起重机拼装法

缆吊无须考虑桥位状况，且吊运结合，机动灵活，作业空间大，在一定设计范围内缆吊几乎可以负责从下部到上部，从此岸到彼岸的施工作业，因此缆吊的利用率和工作效率很高。其缺点是一次性投入大，设计跨度和起吊能力有限，一般起吊能力不宜大于500kN。缆吊进行拼装作业时增加风缆和临时手拉葫芦，以控制梁段的就位精度。缆机运吊结合的优势，大大缩短了采用其他运吊方式所需的转运时间，可以将梁段从预制场直接吊至悬拼结合面。

4. 导梁悬拼

移动式导梁悬拼施工方法需要设计一套比桥跨略长的可移动式导梁。导梁安装在悬拼工作位置，梁段沿已拼梁面运抵导梁旁，由导梁运到拼装位置用预应力拼合在悬臂端上。导梁设有对个固定支架，一对在导梁的后面，另一对设在中间，梁段可以从支柱中间通过。导梁前端有一个活动支柱，使导梁在下一个桥墩上能形成支点。导梁下弦杆用量铺设轨道以支承运梁平车。平车可使梁段水平和垂直移动，同时还能使其转动90°。

五、悬臂拼装接缝

1. 干接缝

不用混凝土和其他粘接材料，将梁段两端面直接贴合，接缝间的内力通过施加预应力及腹板上的齿形缝传递。但它不易保证缝隙的紧密闭合，易受水气侵袭，常会产生逐步应力集中现象。为了增强梁段之间的抗剪力，可在腹板或顶板上预留榫块，用以克服梁段接缝处产生的上下滑动。顶板榫块起导向和定位作用，腹板除导向和定位外，还能增强抗剪能力。为了加快拼装速度，可在箱梁顶板和底板上施加初始应力。

2. 湿接缝

在相邻梁段间浇筑一段10 ~ 20cm宽的混凝土作为接头的连接方式。它能增强梁体的整体性，保护钢筋束免受大气侵蚀。但是工序复杂，接缝须经养护才能使用，导致工期延长。只用于悬臂梁的个别地方，墩顶0号块与1号块之间通常用湿接缝。跨度大的T型刚构桥，由于悬臂很长，往往在伸臂中部设置一道现浇横隔板，同时设置一道湿接缝。这道湿接缝除了能增加结构刚度外，也可以调整拼装位置。在拼装过程中，如拼装上翘的误差很大，难以用其他办法补救时，也可以增设一道湿接缝来调整。但应注意，增设的湿接缝宽度必须用凿打节段端面的办法来提供。

3. 胶接缝

在接缝端面涂上一薄层能传递内力的胶接材料，将相邻节段彼此粘接密贴，可提高结构的抗剪能力、整体刚度和不透水性，既有湿接缝的优点，又克服了施工工期长的缺点。胶接材料主要采用环氧树脂，厚度1.0mm左右。

六、预应力施工

施工方法：TM刚构桥纵向预应力钢筋的布置特点为：较多集中于顶板部位；钢束布置对称于桥墩。因此拼装每一对对称于桥墩梁段用的预应力钢丝束须按锚固这对节段所需长度下料。明槽钢丝束通常为等间距排列，锚固在顶板加厚的部分。在穿束时，先将钢丝束在明槽内摆放平顺，然后再分别将钢丝束穿入两端管道内。钢丝束在管道两头伸出的长度要相等。

钢丝束张拉前要首先确定合理的张拉次序，以保证梁体在张拉过程中每批张拉合力都接近于该断面钢丝束总拉力重心处。钢丝束张拉次序确定与梁体横截面形式、同时工作的千斤顶数量、是否设置临时张拉系统等因素关系很大。在一般情况下，纵向预应力钢丝束的张拉次序的确定原则为：对称于梁中轴线，钢丝束两端同时成对张拉；先张拉肋束，后张拉板束；肋束的张拉次序是先张拉边肋，后张拉中肋；同一肋上的钢丝束先张拉下边的，后张拉上边的；板束的先张拉顶板中部的，后张拉边部的。

七、线形控制

控制方法的主要内容，见表5–7。

表5–7　控制方法的主要内容

方法	主要内容
中线控制	悬拼时梁段的中线可能因为平面位移与平面转角而产生误差，为减小平面位移误差的叠加和传递，安装时可用通过中线适当错位纠正。每次错位调节小于3mm为宜。转角误差因梁段一般较短，中线上难以反映，可通过测量两梁段上横线是否平行来判断。转角容许误差由合龙中线最大偏差确定。调整方法是在一侧的腹板加垫金属板或刷厚环氧树脂
预制场测量	建立基准三角网，选用平行于桥轴线的一直线作为控制中线，在预制场台座外控制中线放样。在梁段预制后、移运前，用控制中线的顶面上放出梁中线，并用最大的可能间距放出两条与中线垂直的横线，并在横线上测量4个固定点（每根横线取2点）的标高，测定记录横线间距及4点标高值，供安装时使用
安装误差控制	影响安装误差的因素有很多，最关键是1号梁段定位和胶接缝施工。1号节段定位不准，则以后拼装的各个节段均将偏离预计的位置，其偏离值与该节段距梁根部的距离成正比。胶接缝施工时涂料太厚、接缝加压不均匀，势必引起梁的以外上翘。为控制和纠正过程中的上翘，可采取：1号梁段定位时按计算的悬臂挠度及需设的预拱度确定正确的定位位置，并仔细准确地进行定位；其他节段胶接缝的涂层尽量减薄，并使在临时的均匀压力下固化
梁标高控制	施工时，影响梁标高的因素较多：预制梁高误差、梁自重误差、临时荷载、安装时立面转角及预应力筋张拉误差等。梁自重误差一般在±4%内，可不计其影响。混凝土徐变因总的悬拼试件短，预制时间长，在施工期内亦可不计。临时荷载由施工控制。预应力筋张拉引起的标高变化可通过计算求得，根据影响的大小决定是否修正
挠度调整措施	通过多次涂胶接缝做成上厚下薄的胶接层，以调整上翘度；在接缝上缘的胶层内加垫钢板，增加接缝厚度；凿打端面，将节段端面凿去一层混凝土，凿去的厚度沿截面的上、下方向按需要变化，然后涂胶拼接；增加一个湿接缝，即改胶接缝（或干接缝）为湿接缝，将节段调整到要求的位置

八、合龙段施工

挂梁合龙：箱梁T型刚构在跨中合龙时初期常用剪力铰，使悬臂能相对位移和转动但挠度连续。现在箱梁T型刚构和桁架T型刚构的跨中多用挂梁连接。预制挂梁的吊装方法与预制装配式简支梁的安装相同。但须注意安装过程中对两边悬臂加荷的均衡性问题，以免墩柱受到过大的不均衡力矩。通常采用平衡重和两悬臂端部分批交替架梁两种方法，以减小墩柱所受的不平衡力矩。

刚性合龙：用悬臂施工法建造的连续刚构桥、连续梁桥和悬臂桁架拱，则需在跨中将悬臂端刚性连接、整体合龙。这时合龙段的施工常采用现浇和拼装两种方法。现浇合龙段预留1.5 ~ 2m，在主梁标高调整后，现场浇筑混凝土合龙，再张拉应力索筋，将梁连成整体。节段拼装合龙对预制和拼装的精度要求较高，但工序简单，施工速度快。

九、预应力悬臂桁架悬拼施工

（1）杆件拼装：当跨径较大时，桁架的单根杆件重量就较大，尤其是靠近根部节间的上弦杆和下弦杆特别重而大，故可按杆件分别预制，然后拼装成整体。这时一般采用斜拉杆式桁架。这种分块和拼装方式，在国外采用时一般先将结点做成临时铰，以便在拼装过程中调整悬臂挠度和消除杆端恒载次应力，完工前将结点铰封死。

（2）三角节段拼装

将每一节间的下弦、斜杆和前竖杆（或前斜杆）预制成三角形构件，上弦杆预制成单独构件。三角形式桁架。

（3）节间节段拼装

将桁架片沿竖杆中线分割，预制构件呈四边形。这时适宜采用斜压杆式桁架。拼装时将节段沿接缝涂胶合龙后即可进行预应力张。

（4）桁架节段拼装

将桁架分成若干段，每段包含一个以上的节间，沿竖杆中线分割或沿结点附加杆段上分割，进行节段预制和拼装。

第三节　顶推施工法

一、预制台座

1. 预制场地位置

（1）预制场是预制箱梁和顶推过渡的场地，预制场的场地主要包括主梁阶段的浇筑平台和模板、钢筋和钢索的加工场地，混凝土搅拌站以及砂、石子、水泥的堆放和运输路线用地。预制场一般设在桥台的后面（桥轴线上）的引道上，当为多联顶推时，为加快施工进度，可在桥两端均设预制场，从两端相对顶推。

（2）为免受天气影响，可在场地搭建临时工棚，有固定线可移动式，可移动的作业棚能用于浇筑作业或顶推工作台，视现场条件和需要确定；预制场地的长度应考虑梁段悬出时反压段的长度、梁段底板与腹（顶）板预制长度、导梁拼接长度和机具设备进入预制作业线的长度。预制场地的宽度则可考虑梁段两侧施工作业的需要确定。

2. 预制台座设置

（1）预制台座设置于路基或引桥上，其地基或引桥的强度、刚度和稳定性符合设计要求，并应做好台座地基的放水、排水设施，以防沉陷；在荷载作业下，台座顶面变形不应大于2mm。

（2）台座的轴线应与桥梁轴线的延长线重合，台座的纵坡应于桥梁的纵坡一致，台座施工的容许偏差值为：轴线偏差≥5mm；相邻两支承点上台座中滑移装置的纵向顶面标高差≥2mm；同一支承点上滑移装置的横向顶面标高差≥1mm；台座（包括滑移装置）和梁段底模板顶面标高差≥1mm。

二、节段预制

1. 预制梁段模板

（1）预制梁段时，应尽可能采用机械化装拆的模板，底模板宜采用固定可旋转和高度可调整式，内模采用可沿轴线移动的构造。

（2）梁底板的底模上应装有表面磨光的钢板，以减少梁底板的摩擦力。侧模板是固定的，每侧的两片外模是各成一片，用轻型钢桁加劲，当两边支柱下，模壳很容易与混凝土脱开。中间部分的顶部内模先落下，然后将两边模向内松移，模壳滑行操作简便，可在数分钟内以液压设备完成。

2. 梁段浇筑

梁段浇筑可根据桥头地形、模板结构和浇筑施工机械化程度等，采用在一个底座上浇筑整个断面的混凝土，或将梁段底板与腹板、顶板分开在前后邻接的台座上分次浇筑；梁段浇筑过程要严格控制截面尺寸、底面平整度和梁段端部的垂直度；严格控制梁段内钢筋、预应力筋孔道位置、预埋件位置，以及混凝土的浇筑质量；为提高混凝土早期强度，缩短顶推周期，在配制混凝土时可采用早强水泥、掺入早强减水剂以及蒸汽养护等措施。

三、临时设施

1. 导梁

（1）设置的目的及方法：安装导梁的目的在于减小顶推时混凝土的施工内力，

并起到导向的作用，一般导梁采用钢板梁或钢桁架。

（2）导梁长度：导梁长度一般为顶推跨径的2/3左右。

（3）导梁刚度：导梁和混凝土梁的刚度比一般取1/6 ~ 1/7，大致可取0.15以上。因导梁的作用在于减小混凝土梁的施工内力，所以在选用导梁刚度时应充分考虑导梁的这一作用，以达到最佳效果。

（4）施工注意事项：由于导梁在施工中正负弯矩反复出现，连接螺栓易松动，在顶推每经历一次反复均需检查和重新拧紧。施工时要随时观测导梁的挠度；导梁顶推临时墩时，应做好导梁上墩导向滑道的工作，即在导梁上安滑板，用千斤顶抬高导梁前端，引上滑道。

2. 临时墩

当梁的跨径大于50m时，宜考虑设置临时墩。设置时，要根据桥下交通，通航要求，临时墩的工程量，施工难易程度及拆除方案，综合技术经济比较决定；临时墩能承受顶推时最大竖直荷载和最大水平摩阻力引发的变形。墩基可用打入桩或混凝土浅基础，或钻孔灌注桩，墩身尽可能为能重复使用的构件。一般采用滑升模板浇筑的混凝土薄壁空心墩、装配式空心钢筋混凝土柱或钢管柱；为了加强临时墩抗水平推力的能力，可以采用斜拉索或水平拉索，锚碇在永久墩下边或墩帽上。

四、梁段顶推

1. 水平力施加方法

（1）单点顶推

单点顶推水平力的施加位置一般集中于桥台或某一桥墩，其他支点只设置滑道支承。顶推方式有两种：用单点单拉杆千斤顶顶推，安装一台或多台水平千斤顶，通过拉杆连接梁的底板或两侧，牵引拉动梁体在滑道上前移。单点顶推适用于桥台刚度大、梁体轻的施工条件；单点顶推优点是顶推设备简单，并可利用预应力张拉或者顶进法施工的设备。单点施力，没有多点顶推设备同步运行问题，控制系统简单。缺点是由于全桥顶推水平力仅有一个墩台上顶推设备承担，顶推设备能力要求高，尤其是孔数较多的长桥，顶推设备能力难以适应。未设千斤顶的墩顶均有较大的水平摩阻力。

（2）多点顶推

多点顶推时，在每个桥墩均设两道滑道和安装一台千斤顶或者两台千斤顶，通过拉杆牵引梁体在滑道上前进。多点顶推适用于桥墩较高、截面尺寸又小的柔性墩的施工条件；多点顶推优点是因为顶推设备分散安装在各墩上，墩上顶推力与该墩上梁体滑道摩阻力互相抵消，桥墩在顶推过程中承受较小的水平力。各墩台上千斤顶吨位较小。缺点是要求顶推同步启动，操作控制比较复杂。

2. 顶推方法

（1）拉杆顶推：用安放在桥墩或桥台上的千斤顶装置，牵拉一根钢拉杆，钢拉杆靠滑座连接到梁段块件上，用千斤顶顶出一个块件后，把钢拉杆固定在后面的块件上，再用千斤顶顶出，依次反复顶推出梁。

（2）拉杆顶推需满足下列要求

设置拉杆顶推千斤顶的墩台顶应设置反力台，反力台应牢固可靠，满足顶推时反力的要求；主梁底部成侧面按一定距离设拉锚器，拉锚器的锚固放松应方便快捷；钢拉杆可采用钢铰线或预应力粗钢筋，其截面积和根数应满足顶推力的要求，并有足够的安全系数，应尽量选用低松弛材料。

（3）水平—竖直千斤顶顶推

1）用竖向千斤顶将上部结构顶起5mm左右，以便顶推，然后用水平千斤顶带着上部结构纵向移动一个行程，竖向千斤顶下降，水平千斤顶带动滑块退回，如此循环顶推；

2）水平—竖直千斤顶顶推需满足下列要求：

水平千斤顶的实际总顶力不应小于计算顶推力的2倍；墩台顶上水平千斤顶的后背必须坚固，应验算能够承受顶推时的总应力，顶推过程中各桥墩的纵向位移值不超过设计规定；水平千斤顶顶推时，左右两条顶推线横向应同步运行，多点顶推时各墩台的水平千斤顶应纵向同步运行，保证主梁纵向轴线在设计允许偏差内。

顶推方式选择主要依据主梁长度、设计顶推跨径、桥梁所能承受水平推力的能力依据顶推设备和滑动装置条件确定。

五、滑动和导向装置

1. 滑动装置

（1）水平—竖直千斤顶顶推方式的滑动装置

1）水平—竖直千斤顶顶推方式的滑动装置一般由摩擦垫、滑块（支承块）、滑板和滑道组成。摩擦垫用氯丁橡胶与钢板夹层制成，粘附于滑块顶面，其尺寸应根据墩顶反力和橡胶板容许承载力计算决定。

2）滑块是用铸钢或高强度等级钢筋混凝土块制成，其高度不宜小于正式支座的高度，其尺寸不宜小于摩擦垫及其下滑板的尺寸。

3）滑板有多种构造，一般可用硬木板、钢板夹橡胶板等粘聚四氟乙烯板（四氟板）组成。四氟板面积按最大反力计算决定，对无侧限的容许应力可按5MPa计算，有侧限的可按15MPa计算；滑道一般可用不锈钢或镀铬钢带包卷在铸钢底层上，铸钢底层应用螺栓固定在支座垫石上。滑道顺桥向长度应大于水平千斤顶行程加滑块顺桥向长度；其宽度应为滑板宽度的1.2 ~ 1.5倍。

（2）拉杆顶推方式滑动装置

其滑板和滑道的组成、构造、技术要求以及滑道宽度均与水平—竖直顶推方式相同，但拉杆顶推方式的滑道长度应大于3块滑板的长度。

（3）滑道装置的摩擦系数

对于滑动装置的摩擦系数，取决于滑板和滑道所用的材料，需经试验确定。在一般选用千斤顶顶力时，对四氟滑板与不锈钢或镀铬钢板的滑道面的摩擦系数：启动时可按0.07 ~ 0.08（静摩擦系数）；滑动后可按0.04 ~ 0.05（动摩擦系数）考虑，启动时可在四氟板与钢板件涂以中性润滑剂，以降低摩擦阻力。

（4）顶推过程中滑板的陆续补充

随着梁段的顶推前进，滑道上的滑板从前方滑出后，必须立即从后面插入补充，补充的滑块应涂以润滑剂，并端正插入，任何情况下，每条顶推线各墩顶滑道上的滑板不应小于2块。滑板（四氟板）磨损较大，须按顶推长度和滑板损耗率做足够准备，以利于及时更换。

2. 导向装置

（1）楔形导向滑板

用型钢做成反力架，成对地安于箱梁两边支座垫石上，并与预埋螺栓连接，反力架内用方木填实。靠主梁边留约10cm空隙，当需要调整主梁轴线时，在一边的反力架与主梁的空隙中放一对木楔。其中一块镶嵌四氟板，另一块镶嵌磨光的不锈钢板。由于四氟板与不锈钢板之间的摩擦阻力较小，而梁体与木块之间的摩擦阻力较大，必将带着木楔随梁体向前滑移，迫使梁体按要求横向移动调整梁的轴线。

（2）千斤顶导向

当梁体偏移较大时，横向装置于桥墩两侧的钢支架上，在进行纠偏时开动一侧的千斤顶使梁横移。

六、伸缩缝的连接

环氧树脂：在预制台座上预制后一段梁时，与前一段梁体用不带硬化剂的环氧树脂胶将两梁体隔离，待浇筑混凝土达到设计要求强度后，张拉临时预应力束，然后按正常程序进行顶推施工。待后一段梁体顶推到设计位置，即拆除临时预应力束，再将前一联多孔的连续梁向前顶推至设计位置，落梁至正式支座上后，进行伸缩缝施工。

硫磺砂浆：在预制台座上预制后一段梁时，即与前一段梁体隔开设计规定的距离（伸缩缝宽度），待浇筑混凝土达到设计要求强度后，在伸缩缝宽度内浇筑硫磺砂浆（同时预留预应力束孔道），冷凝达强后张拉临时预应力束，然后按正常程序进行顶推施工。就位后拆除临时预应力束，把伸缩缝宽度范围内的硫磺砂浆加热熔化清除，待梁落至支座上后，进行伸缩缝施工。单点顶推采用硫磺砂浆方案为宜；多点顶推二者均可适用，环氧树脂方案较方便。

七、落梁

落梁施工的主要内容如下。

（1）落梁步骤

全梁顶推到设计位置后，须将梁落到正式支座，并按照设计文件要求的张拉顺序，对补充的预应力钢材进行张拉、锚固、压浆，将供顶推用的临时预应力钢材按设计规定顺序拆除。

（2）落梁前准备工作

解除梁体外一切约束，将永久支座清理并就位在垫石顶面、滑道旁边。在支座垫石上放样画线；清理墩上工作面，找平千斤顶安放位置，并垫砂浆；复测墩顶标高点，确认桥墩有无沉降；复测支座垫石顶面梁底标高，并确定调整方案，预备相应加垫钢板；机具准备。竖向千斤顶进油嘴均安装单向安全阀，防止泄油，确保千斤顶的工作油压；安装千斤顶。当千斤顶安于梁腹板下时，每墩应安置4台，分别置于顺桥向支座两侧；如千斤顶安装在梁的横隔板下时，每墩至少应安2台，以使梁体平稳，桥墩受力均衡。千斤顶底面应垫40 ~ 60mm的钢板，钢板面积按钢筋应力扩散的要求确定。

（3）落梁方案

先计算桥墩的反力，确定落梁竖直千斤顶的型号和台数。拟定竖直千斤顶在墩顶需占用的位置和最小高度。选用吨位应留有余地，使其工作负荷处于额定范围内，当千斤顶数量不足时，可用分段分批落梁方案。但每批至少3个或3个以上的墩上轮流进行。一般先从安装固定支座的桥墩开始。为避免梁内产生过大的弯矩，顶高应控制在5mm内，能取出滑板即可；下落高度控制在10mm内。

（4）落梁就位的有关要求

落梁前应拆除墩、台上的滑动装置。拆除时，各支点宜均匀顶起，其顶力应按设计支点反力控制，相邻墩各顶点的高差不应大于5mm；同墩两侧梁底顶起高差不得大于1mm；落梁时应按设计要求顺序和每次下落量进行，并注意同一墩、台的千斤顶同步运行；安装活动支座时，要按落梁时的气温调整其具体位置，注意落梁时气温按设计规定。

第四节　逐孔施工法

一、移动模架法

1. 移动悬吊模架

（1）逐孔现浇施工与在支架上现场浇筑施工的不同特点在于逐孔现浇施工仅在一跨梁上设置支架，当预应力筋张拉结束后移动支架，再进行下一跨逐孔施工，而在支架上现浇施工通常需在连续梁的一联桥跨上布设支架连续施工，因此，前者在施工过程中有结构的体系转换问题，混凝土徐变对结构产生次内力。

（2）对中小跨径连续梁桥或建造在陆地上的桥跨结构，可以使用落地式或梁式移动支架。梁式支架的承重梁支承在锚固于桥墩的横梁上，也可支承在已施工完成的梁体上，现浇施工的接头最好设在弯矩较小的部位，常取用离桥墩 ι /5处。

（3）逐孔就地浇筑施工需要一定数量的支架，但比起在支架上现场浇筑施工所需的支架数量要少得多，而且周转次数多，利用率高。逐孔现浇的施工速度也比在支架上现浇快，但相对预制梁段组拼逐孔施工要长些，同时后支点位于桥梁的悬臂端处，现浇孔施工重量对已完成的桥跨将产生较大的施工弯矩，特别是在已完成桥跨的混凝土龄期还很短的情况下。

（4）采用落地式或轨道移动式支架逐孔施工，用于预应力混凝土连续梁桥，也可在钢筋混凝土连续梁桥上使用，每跨梁施工周期约两周，支架的移动较方便，但在河中架设较困难。

（5）当桥墩较高时，可以采用非落地支承的移动模架逐孔现浇施工，这种施工方法近年来发展较快，由于它的机械化、自动化程度较高，给施工带来较好的经济效益，被称为移动模架法。

（6）移动模架法适用在多跨长桥，桥梁跨径可达30 ~ 50m，使用一套设备可多次移动周转使用。为适应这类桥梁的快速施工，要求有严密的施工组织和管理，利用机械化的支架和模板在桥位上逐孔完成梁跨全部混凝土及预应力工艺。常用的移动模架可分为移动悬吊模架与支承式活动模架两种类型。

（7）移动悬吊模架的形式很多，各有差异，其基本结构包括三部分：①承重梁、从承重梁上伸出的骨状的横梁。②承重梁也称支承梁，通常采用钢梁，采用单梁或双梁依桥宽而定，承重梁的前段作为前移的导梁，总长度要大于桥梁跨径的两倍。③承重梁是承受施工设备自重、模板和悬吊脚手架系统的重量和现浇混凝土重量的主要构件。”

（8）承重梁的后段通过可移式支承落在已完成的梁段上，它将重量传给桥墩或支架坐落在桥墩顶，承重梁的前端支承在前方墩上，导梁部分悬出。因此，其工作状态呈单悬臂梁。移动悬吊模架也称为上行式移动模架、吊杆式或挂模式移动模架。

2. 活动模架施工

（1）支承式活动模架的构造形式较多，其中一种构造形式主要由承重梁、导梁、台车和桥墩托架等构件组成。在混凝土箱形梁的两侧各设置一根承重梁，支承模板和承受施工重量，承重梁的长度要大于桥梁跨径，浇筑混凝土时承重梁支承在桥墩托架上。在施工过程中，导梁的主要作用是运送承重梁和活动模架，因此需要有大于两倍桥梁跨径的长度，当一孔施工完成后进行脱模卸架运送至下一孔，承重梁就位后导梁再向前移动。

（2）支承式活动模架的另一种构造是采用两根长度大于两倍跨径的承重梁分设在箱梁截面的翼缘板下方，兼作支承和移运模架的功能，因此不需要再设导梁，两根承重梁置于墩顶的临时横梁上，两根承重梁间用支承上部结构模板的钢螺栓框架将两个承重梁连起来，移动时为了跨越桥墩前进，需先解除连接杆件，承重梁逐根向前移动。

（3）移动模架需要一整套机械动力设备、自动装置和大量钢材，一次性投资是相当可观的，为了提高使用效率必须解决装配化和科学管理的问题。装配化就是设备的主要构件能适用不同的桥梁跨径，不同的桥宽和不同形状的桥梁，扩大设备的使用面，降低施工成本。科学管理的目的在于充分发挥设备的使用能力，注意设备的配套和维修养护，如果具有专业固定操作，并能持久地使用到它所适用的桥梁施工上，必将得到较好的效益。

二、节段组拼逐孔施工

1. 基本过程

对于多跨长桥，在缺乏较大能力的起重设备时，可将每跨梁分成若干段在预制场生产。架设时采用一套支承梁临时承担组拼节段的自重，并在支承梁上张拉预应力筋，且将安装跨的梁与施工完成的桥梁结构按照设计的要求连接，完成按照跨的架梁工作。之后，移动临时支承梁，进行下一桥跨的施工。

2. 节段划分

采用节段组拼逐孔施工的桥梁，为了便于组拼，通常组拼的梁跨在桥墩处接头，即每次组拼长度为桥梁的跨径。在组拼长度内，可根据起重能力沿桥梁纵向划分节段。对于桥宽在10 ~ 12m，采用单箱截面的桥梁，分节段时在横向不再分隔。节段长一般取4 ~ 6m，每跨内的节段通常可分两种类型：

（1）桥墩顶节段

由于桥墩节段要与前一跨连接，需要张拉钢索或钢索接长，为此，对墩顶节段构造有一定要求；此外，在墩顶处桥梁的负弯矩较大，梁的截面还要符合受力要求。

（2）标准节段

除两端桥墩顶节段外，其余节段均可采用标准节段，以简化施工。节段的腹板设有齿键，顶板和底板设有企口缝，使接缝剪应力传递均匀，并便于拼装就位。前一跨墩顶节段与安装跨第一节段可用设置就地浇筑混凝土封闭接缝，用以调整安装跨第一节段准确程度，但也可不设。封闭接缝宽15 ~ 20cm，拼装时由混凝土垫块调整。在施加初预应力后用混凝土封填，这样可调整节段拼装和节段预制的误差。但施工周期要长些，采用节段拼合可加快拼装速度，但对预制和组拼施工精度要求较高。

3. 支承梁施工

（1）钢桁架导梁

1）导梁长一般为桥墩间的跨长，支承设置在桥墩上的横梁或横撑上，钢桁架导梁的支承处设有液压千斤顶用以调整标高。为便于节段在导梁上移动，可在导梁上设置不锈钢轨与放在节段下面的四氟板形成滑动面组拼。钢梁需设置预拱度，要求每跨箱梁节段全部组拼之后，钢导梁上弦应符合桥梁纵面标高要求。同时还准备一些附件垫片，用于临时调整标高。

2）节段就位可从已完成的桥面上由轨道运送至安装孔，也可由驳船运至桥位由吊车安装，由于钢桁架导梁需要多次转移逐孔拼装，因此，要求导梁便于装拆和移运；当节段组拼就位，封闭接缝混凝土达到一定强度后，张拉预应力筋与前一跨组拼成整体。

（2）下挂式高架钢桁架

1）采用一副高架桁架吊挂节段组拼，为了加强桁架的刚度，可采用一对或数对斜缆索加劲。高架桁架长度大于两倍桥梁跨径，由三个支点支撑，支点分别设置在已完成孔和安装孔的桥墩上，用液压千斤顶锚固于桥墩处桥面上。预制节段由平板车沿已安装的桥孔或由驳船运至桥下，用液压千斤顶锚固于桥墩处桥面上。

2）预制节段由平板车沿已安装的桥孔或由驳船运至桥位后，借助架桥机前部斜缆悬臂梁吊装，并将第一跨梁的各节段分别悬吊在架桥机的吊挂上，当各节段位置调整准确后，完成该跨设计的预应力张拉工艺，并在张拉过程中，逐步顶高架桥机的后支腿，使梁底落在桥墩上的油压千斤顶上。千斤顶高出支座顶面100mm，在拆移千斤顶的前一天将支座周围架设模板并压注膨胀砂浆，凝固后，再卸顶使支座受力。

3）在节段组拼过程中，架桥机前臂必然下挠，安装桥跨第一块中间节段的挠度倾角调整是该跨架设的关键，因此要求当一跨节段全部由架桥机空中吊起后，第一中间节段与墩上节段的接触面应全部吻合。

4）如在吊装中心出现节段横向偏移，而不吻合的现象时，应在节段下方利用手拉葫芦调整；对于竖直上下方的调整，可借助架桥机下方的钢缆吊索油缸调整；采用预制节段组拼逐孔架设分施工方法，施工速度快，安全、可靠、起吊能力可以控制在100t以内，所需机具设备和临时器件不多，但需有足够的预制场地。

第五节　转体施工法

一、基础内容

1. 基本过程

（1）转体施工是在河流的两岸或适当的位置，利用地形或使用简便的支架将半桥预制完成，之后以桥梁结构本身为转动体，使用一些机具设备，分别将两个半桥转体到桥位轴线位置合龙成桥。转体施工一般适用于单孔或三孔的桥梁。

（2）用转体施工法建造大跨径桥，可不搭设费用昂贵的支架，减少安装架设工序，把复杂的、技术性强的高空作业和水上作业变为岸边陆上作业，不但施工安全，质量可靠，而且在通航河道或车辆频繁的跨线立交桥的施工中可不干扰交通，不间断通航，减少对环境的损害，减少施工费用和机具设备，是具有良好的经济效益和社会效益的桥梁施工方法之一。

2. 转体法分类

转体法分类的主要内容，见表5–8。

表5–8　转体法分类

类别	主要内容
竖向转体	竖向转体用于拱桥转体施工。在桥台处先竖向预制半拱，然后在桥位竖平面内转动成拱。竖向转体施工根据河道情况、桥位地形和自然环境等方面的条件和要求，可以采用竖直向上预制半拱，向下转动成拱的方法。该方法的主要优点是可以利用地形，施工场地小，预制可采用滑模施工，工期短、造价低。但在预制过程中应尽量保持位置垂直，以减少新浇混凝土重量对尚未硬结混凝土的弯矩，并在浇筑一定高度后加设水平拉杆，以避免拱形曲率的影响，产生较大的弯矩和变形
平面转体	按照桥梁的设计标高先在两岸边预制半桥，当预制件达到设计强度后，借助转体设备在水平面内转动至桥位中线处合龙成桥。由于是平面转动，因此半桥的预制标高要准确，通常需要在岸边适当的位置先做模架，然后在模架上预制。由于在岸边施工，模架的构造及施工较简便
平、竖结合转体	桥梁采用转体施工，受到地形条件的限制，不可能在桥梁的设计平面和桥位竖平面内预制，因此在转体时既需要平转，还需要竖转才能就位。施工方法与平转和竖转的方法类同，但平竖结合的转动轴构造要复杂一些

二、有平衡重平面转体施工

1. 转体装置构造

（1）有平衡重转体施工的特点是转体重量大，施工的关键是转体。要把数百吨重的转动体系顺利、稳妥地转到设计位置，主要依靠以下两项措施实现：正确的转体设计；制作灵活可靠的转体装置，并布设牵引驱动系统。目前国内使用的转体装置有两种，都是通过转体实践经验考验，行之有效的。第一种是以四氟乙烯作为滑板的环道平面承重转体；第二种是以球面转轴支承辅以滚轮的轴心承重转体。

（2）第一种转体装置是利用了四氟材料摩擦系数特别小的物理特性，使转体成为可能。根据试验资料，四氟板支架的静摩擦系数为0.032 ~ 0.035，动摩擦系数为0.025 ~ 0.032，四氟板与不锈钢板或镀铬钢板之间的摩擦系数比四氟板间的摩擦系数要小，一般静摩擦系数为0.032 ~ 0.051，动摩擦系数为0.021 ~ 0.032，而且随着正压力的增大而减小。

（3）第二种转体装置是用混凝土球面铰作为轴心承受转动体系重力，四周设保险滚轮，转体设计时要求转动体系的重心落在轴心上。这种装置一方面由于铰顶面涂了二硫化钼润滑剂，减小了牵引阻力，另一方面由于牵引转盘直径大许多倍，而且又用了牵引增力滑轮组，因而转体也是十分方便可靠的。

（4）牵引驱动系统通常由卷扬机（绞车）、倒链、滑轮组、普通千斤顶等机具组成。近来又出现了采用自动连续顶推系统作为转体动力设备的实例，其特点是：转体能连续同步、匀速、平稳、一次到位、结构紧凑、占地少、施工方便。

（5）转动体系主要由底盘、上盘、背墙、桥体上部构造、锚扣系统、拉杆（或拉索）组成（见表5–9）：

表5–9　转动体系的组成

项目	内容
背墙	背墙一般就是桥台的前墙，它不但是转动体系的平衡重，而且还是转动阶段桥体上部位杆的锚碇反力墙
桥体上部构造	拱体可以是半跨拱肋（箱），也可以是完成拱上立柱的半跨结构，对桁架拱、刚构拱则是半跨拱片
底盘与上盘	底盘与上盘都是桥台基础的一部分，底盘固定，上转盘与转体形成整体并可在底盘上旋转，从而实现拱体转动。通常选用的中心单支承式转盘，底盘和上盘之间设有能使其相互间灵活转动的转体装置，底盘上设置下环道和轴座或者轨道板和球铰，上转盘下方设置上环道和轴帽或者滚轮和铰盖
锚扣系统	设置锚扣系统的目的是把支承在支架、环道或滚轮上的拱体与上转盘、背墙全部连接成一个转动体系并脱离其周边支承，形成一个支承在转动轴心或铰上的悬空平衡体。外锚扣系统适用于箱（肋）拱、钢管混凝土拱等。该系统在接近拱顶截面中线处设置横梁、上系扣索，以承受半拱水平力。扣索通过设于拱背适当部位的钢支架锚于上转盘顶板顶梁上，顶梁的前方设有锚梁，锚梁借助尾铰锚固于转盘尾部。在锚梁与定梁之间设有千斤顶，以调整扣索拉力和使半拱支架而呈悬空状态；内锚扣（上弦预应力钢筋）体系适用于桁架拱、刚构拱等，它是以结构本身或在其杆件内部穿入拉杆作为扣件
拉杆	拉杆一般是拱桥的上弦杆（桁架拱、刚架拱），或是临时设置的体外拉杆钢筋（或扣索钢丝绳）。拉杆（或拉索）是保证转体平衡的重要部件，其截面由扣力大小决定

（6）环道

1）聚四氟乙烯滑板环道：这是一种平面承重转体装置，它由设在底盘和上转盘间的轴心和环行滑道组成。

①环行滑道是一个以轴心为圆心，直径7 ~ 8m的圆环形混凝土滑道，宽0.5m，上、下滑道高度约0.5m。下环道混凝土表面要既平整又粗糙，以利于铺设80mm宽的环行四氟板，上底面嵌设宽100mm的镀铬钢板。最后用扇形预制板把轴帽和上环道连成一体，并浇上转盘混凝土，这就形成了一个可以在转轴和环道上灵活转动的上转盘。这种装置平稳、可靠、承载力大，转动体系的重心与下转盘轴心可以允许

有一定数量的偏心值，适用于转动重力大、转动体系重心高的结构。

②转盘轴心由混凝土轴座、钢轴心和轴帽等组成。轴座是一个直径1.0m左右的C25 ~ C50钢筋混凝土矮墩，它不但对固定钢轴心起着定位作用，而且支承上转盘部分重力。合金钢轴心直径0.1m，长0.8m，下端0.6m，固定在混凝土轴座内，上端露出0.2m钢轴，外套10mm厚的聚四氟乙烯管。在轴座顶面铺四氟板，在四氟板上放置直径为0.6m的不锈钢板，再套上外钢套。钢套顶端封固，下缘与钢板焊牢，浇筑混凝土轴帽，混凝土脱模后，轴帽即可绕钢轴心自如旋转。

2）球面铰铺以轨道板和钢滚轮：这是一种以铰为轴心承重的转动装置。它的特点是整个转动体系的重心必须落在轴心铰上，球面铰既起定位作用，又承受全部转动重力，钢滚轮只起稳定保险作用。球面铰可分为半球形钢筋混凝土铰、球缺形钢铰。前两种因直径较大，故能承受较大的转体重力。

2. 拱体预制

拱体预制应按设计桥型、两岸地形情况，设置适当的支架和模板（或土胎模），预制应按《公路桥涵施工技术规范》（JTJ041—2000）有关规定进行。同时还应注意以下几点：充分利用地形，合理布置场地，使拱体转动角度小，支架或土胎用料少，易于设置转动装置；严格控制拱体各部分标高、尺寸，特别要控制好转盘施工精度。

3. 转体拱桥施工

（1）施工程序：有平衡重平面转体拱桥的施工程序如下：制作底盘→制作上转盘→试转上转盘到预制轴线位置→浇筑背墙→浇筑主拱圈上部结构—张拉拉杆，使上部结构脱离支架，并且和上转盘、背墙形成一个转动体系，通过配重基本把重心调到磨心处→牵引转动体系，使半拱平面转动合龙→封上下盘，夯填桥台背土，封拱顶，松拉杆，实现体系转换。

（2）做底盘（以钢球面铰为例）：底盘设有轴心（磨心）和环行轨道板，轴心起定位和承重作用。磨心顶面上的球面形钢铰上盖要加工精细，使接触面达70%以上。钢铰与钢管焊接时，焊缝要交错间断并辅以降温，防止变形。轴心定位要反复核对，轨道板要求高差为±1mm。注意底板与混凝土接触密实，不能有空隙。

（3）制作上转盘：在轨道板上按设计位置放好承重滚轮，滚轮下面垫有2 ~ 3mm厚的小薄铁片，此铁片在上盘转动后即可取出，这样便可在滚轮与轨道间形成一个2 ~ 3mm的间隙。这个间隙是保证转动体系的重力压在磨心上而不压在滚轮上的一个重要措施。它还可用来判断滚轮与轨道板接触的松紧程度，调整重心。滚轮通过小木盒保护定位后，可用砂模或木模做底模，在滚轮支架顶板面涂以黄油，在钢球铰上涂以二硫化钼做润滑剂，盖好上铰并焊上锚筋，绑扎上盘钢筋，预留灌封盘混凝土孔洞，即可浇筑上盘混凝土。

（4）布置牵引系统的锚碇及滑轮，试转上盘：要求主牵引索基本在一个平面内。上转盘混凝土强度到达设计要求后，在上转盘前方或后方配临时平衡重，把上盘重心调到轴心处，最后牵引上转盘到预制拼装上部构造的轴线位置。这是一次试转，一方面可检查、试验整个牵引系统，另一方面也是正式开始预制拼装结构前的一道工序。为了使牵引系统能够供正式转体时使用，布置转向轮时，应使其连线通过轴心且与轴心距离相等，这样求得正式转体时牵引力也是一对平行力偶。

（5）浇筑背墙：上转盘试转到上部构造预制轴心位置后即可准备浇筑背墙。背墙往往是一个重量很大的实体，为了使新浇筑背墙与原来的上转盘形成一个整体，必须有一个坚固的背墙模板支架。为了保证墙上部截面的抗剪强度（主要指台帽处背墙的横截面），应尽量避免在此处留施工缝。如一定要留，也应使所留斜面往外倾斜。也可另用竖向预应力来确保该截面的抗剪安全。

（6）浇筑主拱圈上部结构：可利用两岸地形作支架土模，也可采用扣件式钢管作为满堂支架，以求节约木材。扣件式钢管能方便地形成所需要的拱底弧形，不必截断钢管，可以重复周转使用。为防止混凝土收缩和支架不均匀沉降产生的裂缝，浇半跨主拱圈时应安装规范并留施工缝。主拱圈也可采用简易支架，用预制构件组装的方法形成。

（7）张拉脱架：当主拱圈混凝土达到设计强度后，即可进行安装拉杆钢筋，张拉脱架等工序。为了确保拉杆的安全可靠，要求每根拉杆钢筋都进行超荷载50%试拉。正式张拉前应先张拉背墙的竖向预应力筋，再张拉拉杆。在实际操作中，应反复张拉2～3次，使各根钢筋受力均匀。为了防止横向失稳，要求两台千斤顶的张拉合力应在拱桥轴线位置，不得有偏心。通过张拉，要求把支承在支架、滚轮、支墩上的上部结构与上转盘、背墙全部连接成一个转动体系，最后脱离其支承，形成一个悬空的平衡体系支承在轴心铰上。这是一个十分重要的工序，它将检验转体阶段的设计和施工质量。当拱圈全部脱离支架悬空后，上转盘背墙下的支承钢木楔也陆续松脱，根据楔子与滚轮的松紧程度加片石调整重心，或以千斤顶辅助拆除全部支承楔子，让转动体系悬空静置一天，观测各部分变形有无异常，并检查牵引体系等均确认无误后，即可开始转体。

（8）转体合龙：把第一次试转时的牵引绳按相反的方向重新穿索、收紧，即可开始正式转体。为便于平稳转体，控制角速度为0.5rad/min。当快合龙时，为防止转体超过轴线位置，采用简易的反向收紧绳索系统，用手拉葫芦拉紧后慢慢放松，并在滚轮前微量松动木楔的方法徐徐就位。轴线对中以后，接着进行拱顶标高调整，使误差符合要求，合龙接口允许相对偏差为 ±1cm。在上下转盘之间用千斤顶能方便地实现拱顶升降，只是应把前后方向的滚轮先拆除，并在上下转盘四周用混凝土预制块或钢楔等瞬时合龙措施将其楔紧、楔稳，以保证轴线位置不再变化。拱顶最后的合龙标高应该考虑桥面荷载以及混凝土收缩、徐变等因素产生的挠度，并留够预拱度。当合龙温度与设计温度要求偏差3℃或影响高程差 ±1cm时，应计算温度的影响。轴线与标高调整符合要求后，即可将拱顶钢筋用钢条焊接，以增加稳定性。

（9）封上下盘与拱顶，松拉杆：封盘混凝土的坍落度宜选用17 ~ 20cm，且各边应宽出20cm，要求灌注的混凝土应从四周溢流，上下盘间密实。封盘后接着浇筑桥台后座，当后座达到设计要求强度后即可选择夜间气温较低时浇封拱顶接头混凝土，待其达到设计要求后，分批、分级松扣，拆除扣、锚索，实现桥梁体系的转化，完成主拱圈的施工。主拱圈完成后，即是常规的拱上建筑施工和桥面铺装。

三、无平衡重的平面转体施工

1. 无平衡重转体一般构造

（1）概述

1）采用有平衡重转体施工修建拱桥，转动体系中的平衡重一般选用桥台背墙，但随着桥梁跨径的增大，需要的平衡重量急剧增加，不但桥台不需如此巨大圬工，而且转体重量太大也增加了转体困难。与有平衡重转体相比，无平衡重转体施工是把有平衡重转体施工中的拱圈扣索拉力锚在两岸岩体中，从而节省了庞大的平衡重。锚碇拉力是由尾索预加应力传给引桥桥面板（或平撑、斜撑），以压力的形式储备。桥面板的压力随着拱箱转体的角度变化而变化，当转体到位时达到最小。这样，不仅可使重量大大减轻，而且设备简单，施工工艺得到简化；虽施工所需钢材略有增加，但全桥圬工数量大为减少。无平衡重转体施工需要有一个强大牢固的锚碇，因此宜在山区地质条件好或跨越深谷急流处建造大跨桥梁时选用。

2）根据桥位两岸地形，无平衡重转体可以把半跨拱圈分为上、下游两个部件，同步对称转体；或在上、下游分别在不对称的位置上预制，转体时先转到对称位置，再对称同步转体，以使扣索产生的横向力互相平衡；或直接做成半跨拱桥（桥全宽），一次转体合龙；拱桥无平衡重转体施工是采用锚固体系代替平衡重平转法施工，利用了锚固、转动、位控三大体系构成平衡的转体系统。

（2）锚固体系

锚固体系由锚碇、尾索、平撑、锚梁（或锚块）及立柱组成。锚碇设在引道或边坡岩石中，锚梁（或锚块）支承于立柱上，两个方向的平撑及尾索形成三角形稳定体，稳定锚块和立柱顶部的上转轴使其为一确定的固定点。拱桥转至任意角度，由锚固体系平衡拱体扣索力。当拱设计为双肋，并采取对称同步平转施工时，非桥轴向（斜向）支撑可省去。

（3）转动体系

转动体系由上转动构造、下转动构造、拱体及扣索组成。上转动构造由埋入锚梁（或锚块）中的轴套、转轴和环套组成，扣索一端与环套连接，另一端与拱体顶端连接。转轴在轴套与环套间均可转动；下转动构造由下转盘、下环道与下转轴组成。拱体通过拱座铰支承在转盘上，马蹄形的转盘中部卡套在下转轴上，并支承在下环道上，转盘的走板可在下环道上沿下转轴作弧形滑动。扣索常采用Ⅳ级 ф32mm 精轧螺纹钢，扣索将拱箱顶部与上转轴连接，从而构成转动体系。在拱体顶端张拉扣索，拱箱即可离架转动。

（4）位控体系

位控体系由系在拱体顶端扣点的缆风索与转盘牵引系统，用以控制在转动过程中转动体的转动速度和位置。

2. 无平衡重转体施工

拱桥无平衡重转体施工的主要内容和工艺有以下各项：

（1）转动体系施工

安装下转轴、转盘及浇筑下环道；浇筑转盘混凝土；安装拱脚铰、浇筑铰脚混凝土；拼装拱体；设必要的支架、模板，设置立柱；安装扣索；安装锚索、上转轴、轴套、环套。

这一部分的施工主要保证转轴、转盘、轴套、环套的制作安装精度及环道的水平高差的精度。转轴与轴套应转动灵活，其配合误差应控制在0.6 ~ 1.0mm，环道上的滑动采用固定式，其平整度应控制在 ± 1cm 以内，并要做好安装完毕到转体前的防护工作。

（2）锚碇系统施工

制作桥轴线上的开口地锚；设置斜向洞锚；安装轴向、斜向平撑；尾索张拉；扣索张拉。

这一部分的施工对锚碇应绝对可靠，以确保安全。尾索张拉是在锚块端进行，扣索张拉在拱顶段拱箱内进行。张拉时，要按设计张拉力分级、对称、均衡加力，要密切注意锚碇和拱箱的变形、位移和裂缝，发现异常现象应仔细分析研究，处理后再转入下一工序，直至拱箱张拉脱架。

（3）转体施工

正式转体前应再次对桥体各部分进行系统、全面的检查，检查通过后方可转体。拱箱的转体是靠上、下转轴事先预留的偏心值形成的转动力矩来实现。启动时放松外缆风索，转到距桥轴线约60°时开始收紧内缆风索，索力逐渐增大，但应控制在20kN以下，如转不动则应用千斤顶在桥台上马蹄形下转盘。为了使风索受力角度合理，可设置两个转向滑轮。缆风索走速，启动时宜选用0.5 ~ 0.6m/min，一般行走时宜选用0.8 ~ 1.0m/min。

（4）合龙扣施工

拱顶合龙后的高差，通过张紧扣索提升拱顶、放松扣索、降低拱顶来调整到设计位置。封拱宜选择低温进行。先用8对钢楔楔紧拱顶，焊接主筋、预埋铁件，然后先封桥台拱座混凝土，再浇封拱顶接头混凝土。当混凝土达到设计强度70%后，即可卸扣索，卸索应对称、均衡、分级进行。

第六章　桥梁架设安装与桥面附属工程

第一节　桥梁架设安装

一、装配式高架桥架设的一般规定

1. 安全要求

（1）装配式高架桥构件在脱底模、移运、堆放、吊装等作业时，混凝土的强度不应低于设计所要求的吊装强度，一般情况下不得低于强度设计的70%。

（2）对孔已压浆的预应力混凝土构件，对孔水泥浆的强度不得低于设计要求，如设计无规定时，不应低于梁本身设计强度的55%。

（3）在吊装高架桥构件时，支承结构（包括墩台、盖梁、拱座等）的强度应符合设计要求。支承结构和预埋件（包括预留锚栓孔、锚栓、支座钢板等）的尺寸、标高及平面位置应符合设计要求；装配式高架桥构件大小、轻重、结构形式、梁跨长短等各有不同，其施工现场的条件也各有特点。但是，其吊装都属于高空作业，对构件的起吊、安装经常要与起重、移运等工作密切联系，所以，必须特别注意采用有效的安全防护措施，确保安全架设高架桥。

2. 安装准备

（1）高架桥的预制构件必须符合质量要求，因此，其构件运送到施工现场时必须是经过检验、并附有出厂合格证时予以验收。

（2）首先彻底清除支座钢板上的铁锈、砂粒等杂物。

（3）检查支承结构的尺寸、标高、平面位置，认真检查桥墩、台支座与构件的尺寸。

（4）采用全站仪来校核桥墩、台盖梁和预埋件的位置，并在支承结构的预埋件（支座）上画出安装轴线与端线，以使构件能准确无误地就位；构件安装前必须检查其外形和构件的预埋件尺寸和位置，其允许偏差不得超过设计规定。

3. 吊装设备

（1）应用于高架桥吊装施工的所有起重、运输设备，在施工前必须进行一次检验，特别是起重吊装设备，必须经过施工前的试运行和荷载试验合格后，才可正式使用，在架设安装过程中，应由专人进行定期和不定期的检查，以确保架设安全。

（2）吊装施工中必须按照国家规范的手势信号、在统一指挥下进行吊装作业。

（3）吊运工具设备的使用技术要求，应参照起重吊装的有关规定执行；构件的安装设备，必须符合施工规范安全要求，同时应充分发挥起重设备的能力，做到架设方案经济合理。

4. 安装顺序

（1）根据结构设计特点，考虑安装构件顺序先后；对特殊的安装方法，如预应力混凝土梁悬臂拼装法、预应力连续梁顶推法、无支架架设法等，在制定施工组织设计或施工大调方案后，应报经上级组织审查批准执行。

（2）预制构件安装时，应注意上、下工序衔接。如果在安装构件时与设计所规定的条件不同，应及时联系设计单位，提出有效的措施，并应办理变更。

5. 其他要求

（1）构件安装就位完毕并经过检查校正符合要求后，才允许焊接或浇筑混凝土以固定构件。

（2）分层、分段安装的构件继续安装时，必须在先安装的构件固定和受力较大的接头混凝土达到设计要求的强度后，方可进行。如设计无规定时，应达到设计强度的70%后方可进行。

（3）分段拼装梁的接头混凝土或砂浆，其强度不应低于构件的设计标准，不承受内力的构件的接缝砂浆也应符合要求。

（4）需与其他混凝土或砌体结合的预制构件的砌筑面应按施工缝处理。

（5）构件吊运安装时，必须遵守有关安全操作技术规程。

（6）构件安装完毕后的接头处钢筋和金属部件的焊接，必须经过仔细检查验收后，才可以进行混凝土或砂浆的灌注施工。

二、预制构件的移运与堆放

1. 一般规定

（1）混凝土强度：高架桥上所用的预制构件在移运、堆放时，混凝土的强度不得低于设计对吊装所要求的强度，如若设计无规定时，其构件不得低于设计强度标准值的70%，对于预应力混凝土构件，其孔道所用水泥浆的强度不应低于设计要求。

如设计无规定时，应不得低于30MPa。

（2）移运前的准备

1）构件拆模后应检查其外形的实际尺寸，伸出钢筋、吊环和各种预埋件的位置及构件混凝土的质量。如构件尺寸误差超过允许限度，伸出钢筋，吊环的预埋件位置误差超过规定，或混凝土有裂缝、蜂窝、露筋、毛刺、鼓面、掉角、榫槽等缺陷时，应修补、处理，务必使构件形状正确，表面平整，确保安装时不致发生困难。

2）预制构件场内移运，遇有上下坡时，应将有攀构件适当垫高，以防构件底面在坡度变换处着地搁断，场内的道木应铺平整、坚实，如有基松软，则需要加固。

3）尖角、凸出或细长构件在移运、堆放时应用木板或相应的支架保护；安装时需测量高程的构件在移运前应定好标尺，分段预制的组拼构件应注上号码；吊移设备的选取：场内吊移工具选择是视构件尺寸、质量和设备条件，可选用A形小车、平板车、扒杆、龙门架、拖履（走板）、滚杠、聚四氟乙烯滑板、汽车起重机、履带起重机等设备。

（3）吊运时的注意事项

1）构件移运时的起吊点位置，应按设计的规定布置。如设计无规定时，对上下面有相同配筋的等截面直杆构件的吊点位置，一点吊可设在离端头0.293L处，两点吊可设在离端头0.207L处（L为构件长度）。其他配筋形式的构件应根据计算决定。

2）构件的吊环应顺直，如发现弯扭必须校正，使吊钩能顺利套入。吊绳交角大于60°时，必须设置吊架或扁担，使吊环垂直受力，以防吊环折断或破坏吊环周边混凝土。如用钢丝绳捆绑起吊时，需用木板、麻袋等垫衬，以保护混凝土的棱角和钢丝绳。

3）板、梁、柱构件移运和堆放时的支撑位置应与吊点位置一致，并应支承牢固。起吊及堆放板式构件时，注意不得将上下面吊错，以免折断。用千斤顶顶起构件时必须用木垛保险。构件运输时应有特制的固定支架，构件应按受力方向竖立或稍倾斜放置，注意防止倾覆。如平放，两端吊点位置必须设支垫方木，以免产生正、负弯矩超过要求而断裂。

4）拱肋移运时的吊点位置应结合构件形状，构件内钢筋布置以及吊运、搁置过程中受力情况综合考虑，以保持移运过程中的稳定安全。

2. 移运设施

（1）轨道平板车

1）混凝土预制场地均有轨道平板车，并在其上设有转盘装置，主要是便于装上混凝土构件后能在曲线上安全运行。同时还应设置制动装置，以便在发生意外时能制动刹车，保证安全。

2）轨道平板车的临时铁路线的轨距有1435mm、1000mm、750mm和600mm多种，钢轨质量从50 ~ 5kg/m不等，均视承载质量大小和设备条件而定。场内铁路线纵坡宜尽量设平坡，须设纵坡时宜控制在2%以内。

3）运输构件时以2辆平车装载构件，平车应设在构件前后吊点的下面。牵引钢丝绳挂在前面平车上，前后平车间应用钢丝绳连接，或从整个构件的下部缠绕一周后再引向导向滑车至绞车。这样即使构件与平车之间稍有滑动，也不致倾覆。

（2）龙门吊机

1）用龙门架起吊移运构件出坑，横移至预制构件运输轨道，再卸落在运输平车或汽车上，较其他设备使用方便。龙门架的构造形式有固定式和活动式两种。用于起吊预制构件出坑的龙门架都采用活动式。

2）吊机是由底座、脚架和横梁、跑车组成，运行在专用轨道上，操作时分构件上下升降，跑车横向运行及龙门架整体纵向运行，三个方向运动，其动力可用人力或电力。龙门架运行及构件起吊则根据所吊荷载大小选用不同起重能力的卷扬机。

（3）聚四氟乙烯滑板

1）聚四氟乙烯俗称塑料王，是一种热塑料，成型品色泽洁白，半透明，有蜡状感觉。能耐高温和低温，有较强的化学稳定性，除熔融金属钠和液氟外，能耐其他一切化学药品，即使在高温下也不与强酸浓碱和强氧化剂起作用，也不为水浸湿和泡胀。

2）制成模压板作为滑板（简称四氟板）时其摩擦系数很低，起动阶段为0.04，它与铸铁和钢的动摩擦和静摩擦系数也很低，而且在摩擦过程中，静摩擦和动摩擦系数很接近。它的抗压强度也很高，从12.5 ~ 24.5MPa，表面硬度为3.41 ~ 3.82(布氏)。

3）由于聚四氟乙烯具有以上的特性，国内外将其用作桥梁活动支座，用于顶推法架桥或墩台上横移大梁。在构件预制场内也可用四氟板代替走板和滚杠作为移动构件的滑板。

（4）自行式起重机

1）汽车式起重机，是把起重机构装在载重汽车底盘上，由汽车发动机供给动力，起重操纵室和行驶驾驶室是分开的。底盘两侧设有支脚，以扩大支承点，增加稳定。它的优点是机动性高，行驶速度快，可与汽车编队行驶，转移灵活方便。作业时应放下支脚，一般不宜带负荷行驶。它的缺点是要求较好的路面及支承点。

2）轮胎式起重机与汽车式起重机的区别在于：前者是装在特别的轮胎盘上的回

转台上，不论起重量大小，一般全机只有一台发动机，起重和行驶在一个驾驶室内操纵，行驶速度较低，一般不超过30km/h，没有外伸支脚，可吊较小的荷重行驶，也要求较好路面。

3）履带式起重机由回转台和行驶履带两部分组成。在回转台上装有起重臂、动力装置、绞车和操纵室，在尾部装有平衡重。回转台能绕中心轴线转动360°，履带架既是行驶机构，也是起重机的支座。它的主要优点是起重量大，可在崎岖不平及松软泥泞的施工场地行驶，稳定性较好。

3. 钢筋混凝土预制梁的拖拽移运与存放构件堆放法

钢筋混凝土预制梁的拖拽移运与存放构件堆放法的主要内容，见表6–1。

表6–1 钢筋混凝土预制梁的拖拽移运与存放构件堆放法

方法	主要内容
弯道拖板滚筒放置法	当拖板经过弯道处时，必须将滚筒逐渐斜向放置，以改变走向，斜向大小，视弯道缓急变化而定，弯转较急时斜向放大，弯转较缓时则斜向放小
直道上滚筒拖移法	首先铺好木道板，将滚筒置于拖板之下，然后将构件平稳地放置于拖板上，运用绞车牵引移运。滚筒随着拖板的前进而向前移动
四点吊拼支垫法	主要是铺平站定板，拖拽的速度不得过快，并必须支垫稳固，防止移运过程中出现支点走动现象
预制构件堆放法	堆放混凝土预制构件的主要方法是根据构件的刚度及受力情况，采用水平放置与垂竖放置，以确保构件不受损坏；成垛堆放时要用垫木在规定吊点的位置垫平放稳。各层垫木竖向应在一直线上，使受力均衡。钢筋混凝土T形梁必须进行双面撑固，以防止倾倒
柱形桩梁吊运法	这种运输方法必须注意将宽边立置并支垫稳固，遇坡道上拖拽时，必须防止构件端部触及地面，而垫处则应适当垫高

三、装配式墩台的安装

1. 墩台基本形式

砌块式：高架桥上采用砌块式墩台是以预制的混凝土块用砂浆砌筑而成（可根据墩台的形状预制成多种形式的砌块）。操作的工艺与砌石圬工相同，但是，砌块式墩台每一块的体积质量较大，必须采用机械吊装砌筑施工，而砌石圬工则可采用人工抬运或简易的桅杆吊移砌筑施工。

桩柱式：桩柱式墩台常用单排架和双排架两大类，其帽梁采用现浇和装配式两种。前者是就地搭架浇筑混凝土而成墩台，后者是通过吊装而成墩台。高架桥上采用的柱式排架不是靠锤击或振动沉入地下，而是将柱安装在预先埋置的杯形基础的杯口中。

2. 砌块式墩台安装

安装与注意事项：

（1）基坑挖到设计标高后，平整好坑底，经检验合格后铺设砂、砾石或碎石垫层并夯实整平，再铺好座浆准备安装墩台。

（2）吊机可采用各种简易缆索吊、汽车吊、轮胎吊、履带吊、龙门架及桅杆等。

（3）砌块安装时应对准位置安放平稳，若位置不准确时，应重新起吊放置，不得用撬棍大尺寸地拨移。

（4）在安装预制砌块时，吊环宜设置于凹窝内，不致于突出顶面，以免拼装时不方便，同时也省去吊环切除工序。

（5）在施工过程中，砌筑平缝一般选用较干的砂浆，竖缝采用塑性砂浆。砌缝宽度不得大于10mm，为防止水平缝砂浆全被上层砌块挤出，可在水平缝中垫以铁片，其厚度必须小于铺筑砂浆的厚度；墩台砌筑中，其竖向砌缝的所有砂浆应捣插密实，在砌筑外露面时应预留20mm的空缝备作勾缝之用，隐蔽面砌缝可随砌随刮平。竖向砌缝错缝不得小于200mm；每安装到高度1000mm左右时，应找平以控制灰缝厚度和标高，特别要注意墩帽下的最后一层，其位置和高度应与设计标准一致。

3. 柱式墩台安装

（1）安装程序与注意事项

安装程序与注意事项：首先应对所有预制的立柱、杯形基础进行编号，并仔细检查各墩、台的高度和杯形基础标高是否符合要求，否则该进行调整；对于柱式墩台的安装最好是选用自行式起重机，如有困难也可采用木制桅杆吊装；基坑挖好后，随即铺设砂、砾石或碎石垫层并夯实整平，符合设计高度后，吊装杯式基础。其平面位置应仔细校正；首先将立柱用起重机吊入杯口就位时，要注意在纵横方向吊线，使墩、台身竖直，然后使各柱顶平面位置和高度符合要求，最后用楔子塞入杯口内打紧，对于大型、细长的墩与台柱，打紧楔子后，必须采用风缆或木撑给予校正固定。

（2）旋转法

1）在高架桥墩、台的施工中，可采用旋转安装法（适用于一台起重机吊装中小型立柱）。

2）在安装过程中，应使立柱的下端、立柱的绑扎点和杯形基础中心三点在起重机的同一回转半径的圆弧上。

3）起吊时，起重机边转动起重臂，边收紧起重钢丝绳，使立柱上端绕下端旋转至竖直状态，然后将立柱吊起，移至基础杯口上方落下就位。

（3）独脚桅杆起吊法

在施工现场，将立柱斜向布置，使绑扎点靠近杯口，起吊时采用滑行法。用卷扬机将立柱拉起，立柱根部用绳拉住，以免滑行过快，造成与基础相撞；当立柱吊到基础杯口的上空时，再把立柱吊成竖直，缓慢放下就位；待用楔子固定并卸钩后，桅杆再向前移动起吊另一根立柱。

（4）滑行法

滑行法主要应用于现场就地预制、施工条件受到限制和吊装较长的立柱。立柱的绑扎点宜放在杯形基础附近或基础上，并使绑扎点和柱基中心同在吊机的回转半径上，以便立柱吊离地面后，稍转动起重臂即可就位；采用滑行法时，首先平整场地，对较重的立柱必须在柱底设置走板、滚杠、滑街道等助滑设施，以减少滑行的摩擦阻力。

（5）斜吊法

当吊装较长的立柱，而起重机的吊臂不够长时，可先采用旋转法将立柱吊至杯口上方，再用人力拉缆风绳和撬棍使立柱就位；待立柱的下端进入杯口200～300mm时，刹住吊车，旋转起重臂，并将立柱拔正，然后立柱继续下降至离杯底约50mm时再一次刹车，校正好中心线后放好楔子，将立柱放到杯底，再打紧楔子就算完成吊装。

（6）双机抬吊法

双机抬吊法是当立柱重量很大，一台起重机不能完成吊装时，就可以采用双机旋转抬。

（7）人字桅杆吊装法

1）跨杯口吊装法：由人字诡杆吊重物时，不能转动及变幅，所以立柱的绑扎点应位于杯形基础中心附近，桅杆跨在杯形基础的两侧，桅杆的起重滑轮组对准中心。起吊时卷扬机将立柱拉起滑行到基础杯口处，再将立柱吊起拉直，缓慢地插入杯口就位。待校正好中心线临时固定卸钩后，人字桅杆再沿柱列方向移至下一安装位置。

2）侧向吊装法：将立柱沿柱基斜向布置，绑扎点靠近杯形基础。人字桅杆设在杯形基础一侧，两脚采用方木连接牢靠。采用滑行法起吊，立柱根部用绳拉住，以防滑动太快。安装完一根立柱后，将桅杆顺侧向移至另一安装位置吊装另一根立柱。

四、梁板的架设安装

1. 架设安装前的准备

“架设方法的选择。在高架桥的架设安装过程中，如何选择一种安全可靠、经济简单的架设混凝土构件的方法，主要结合如下具体情况来合理选择：

（1）架设安装施工地形的条件

所架设梁下空间利用的可能性，地面及地下埋设物的障碍对架设安装的影响程度；施工现场是否有无高压电源，架设地点的上空安全高度有无保证；架设施工过程中，外界的噪声、振动、光线对安装的影响程度；预制板、预制梁对施工机械的运输道路条件、空间条件是否合适。

（2）建设工程规模条件：主要是考虑架设孔数和宽度，预制板与梁的总数。

（3）下部构件条件：如下部构造的形状、尺寸和施工状况等。”

2. 架梁的基本内容

（1）注意事项

1）选择起落梁、板的方法

选用千斤顶放在梁下面来起落梁时，由于千斤顶低于梁的重心，操作过程中不够稳定。在施工时不能粗心大意，否则梁会出现倾斜而掉下的危险事故，所以选项用千斤顶要特别小心；选用人字桅杆、龙门架或自行式起重机来起吊梁时，只需对系点位置和起吊梁、板时瞬间给予高度注意就可以。其稳定性比千斤顶起落好，而且进度快、费时较少。

2）特别注意梁、板的重心：在安装施工过程中，要特别注意构件的重心位置，尤其是要验算其稳定性。同时要采取必要的措施，确保梁处于平衡状态，才可进行吊装工作。

3）梁在移位时操作要点：在对梁、板纵向或者横向移动时，在坚固的轨道上采用平车较安全，并且速战速决度快。如若采用走板、滚筒移动时，由于滚筒直径较小，梁的重心和滚筒的相互关系以及滚筒所受的荷载都随着梁的移动而发生较大的变化尤其是滑道条件较差时，采用滚筒移动的稳定性很差。

（2）千斤顶起落梁

1）千斤顶的选择：一般情况下，起落较轻的钢筋混凝土预制梁或钢梁时可选液压千斤顶或螺旋千斤顶。起落大型的混凝土梁时，因为重量大，适合选用液压千斤顶。

2）顶梁操作注意事项

施工过程中，每次只允许顶落梁的一端，而另一端必须稳妥垫实，防止向一端走动与倾斜；千斤顶的下面或上面若需要扩大承压面积时，应垫上厚钢板；为了防止产生滑动，必须在千斤顶上面和梁底之间加垫麻袋片和硬质木板；在承受主要荷载时，千斤顶的受力部分应布置在中央，不得倾斜，若必须斜时，其上下应以适合斜度的楔形硬木承垫，并加垫厚钢板；在顶落T形钢筋混凝土预制梁时，两端必须有稳妥的斜支撑式托架支护，在起落架的下面需有随梁的起落用木楔与垫木保险；钢筋混凝土梁起顶和保险支承的部位，应尽可能靠近设计支点处的梁梗底面，T形梁的支撑应顶在梗肋上。

3）墩台顶上落梁

在施工过程中，如若墩台顶的排水坡面采用千斤顶落梁时，一般可不必考虑其滑动问题，只需要采用楔形硬质木垫平，并有足够的安全承压面积就可以了；高架桥梁下的净空不够安放千斤顶时，可将千斤顶安放在端横隔板的下面，如若其净空仍然不够时，可以凿低一小部分顶帽混凝土，或者在灌筑顶混凝土时，有意识地留下其缺口，待梁架设好后再进行填补；当墩台不高且无水时，可以在桥孔内搭枕木垛、排架等支承的千斤顶。若墩台高或者水较深时可在墩台身前面设置牛腿安放千斤顶，待梁架设好后再凿除（其牛腿也可以进行预埋组合型钢，待梁架设好后再切割）。

（3）横移梁与板的方法

采用跨墩龙门架或墩侧龙门架横移。主要架设的程序如下：

①跨墩龙门架架设方法：首先将龙门架设置在安装跨两墩间的位置处，钢筋混凝土预制梁由平板拖车或轨道平车送至架设桥孔处，由两台龙门架将预制梁吊起横移，从一侧向另一侧逐片架设安装。

②墩侧高低腿龙门架的架设方法：当采用墩侧高低腿龙门架时，其架设程序与跨墩龙门架基本相同。但是，减少了一根轨道，墩上的一条腿的高度也可以降低，其缺点是龙门架不能拖拉运行。为了确保钢筋混凝土预制梁的安装进度，一般要准备好三台高低腿龙门架，架设施工时，将分别设置在1、2、3号墩侧，待第一跨各梁安装完毕，紧接着就可安装第二跨。与此同时，将1号墩上的龙门架拆除运至第4号墩安装。以此方法重复进行施工。

（4）吊放梁、板方法

在高架桥的吊装施工过程中，无论采用何种起重机械来吊放钢筋混凝土预制梁、板时，均必须达到以下技术要求：

1）在起吊钢筋混凝土预制梁、板时，其捆绑吊点距梁端悬出的长度不得超出设计的规定，若无高度规定时则应进行验算，以防止捆绑吊点梁顶面超过允许应力而使梁开裂破损。起吊钢桁梁时千斤绳应捆在节点的部位，吊钢板梁的千斤绳应捆在靠近梁的横向联接处。吊T形梁的千斤绳应捆在梁的横隔板附近，否则应在梁内加设横撑木或在梁底使用横托架。

2）当钢梁及小跨度的钢筋混凝土预制梁、板经过验算不会发生超允许应力时，可采用人字千斤绳起吊，或者由一个吊点在梁的重心起吊。较大跨度的混凝土梁如用一个主钩起吊，则必须配以纵向扁担，确保吊装的安全施工。

3）各种起吊设备在每次组装后，第一次使用时，必须先进行试吊。试吊时，将梁吊离支承面20 ~ 30mm后暂停，对各主要受力部位的作用情况作仔细的检查，确认受力良好，才可撤除支垫继续起吊作业。

3. 移动支架架设法

（1）范围与特点

移动支架架设法所选用的设备较为简单，同时可以架设重型的预制钢筋混凝土梁；特别适用在无动力设备的地区使用，可以使用手摇绞车人力移动支架进行架设；该法不适宜于桥墩过高的桥梁，特别对于庞大而过高的支架在移动过程中难以保证其稳定，同时，既不安全又不经济；对于桥孔下地势坡度较大或桥跨下面有水、地基过于松软时，不能采用本方法。

（2）注意事项

架设的结构适宜做成不容易倾斜、变形、弯曲的形式，常见的移动式支架为梯形结构；架设的钢筋混凝土预制梁、板在支架上应搁置稳定，对于T形梁应增加斜向支撑，整体移动时，梁、板的前后应加导向拉绳；移动支架的立柱可用木材或型钢制作，计算支承应力时，为简化计算程序，可考虑其垂直荷载仅由支架立柱承受。对于水平力、弯矩等荷载可作为斜撑的作用力来计算；对于地基基础的承载力必须进行验算，如遇到软弱的地基时，为防止架设时支架发生不均匀沉降，应采用换填、夯实等进行加固，同时还可考虑在现场排布等方法。

4. 摆动与活动式支架架设法

（1）摆动式支架架设法

1）概述：摆动式支架架设法是将钢筋混凝土预制梁沿路基牵引到桥台或已架成的桥孔上并稍悬出一段距离，悬出的长度应根据梁的截面尺寸和配筋来确定。前方可考虑采用绞车牵引至梁端，此时支架随之摆动到对岸。该方法最适用于高跨稍大的高架桥，这种方法在架设时钢筋混凝土预制梁身高度起伏变化相对较小，有利于架设的稳定。

2）架设安装注意事项：在高架桥的施工过程中，为了防止摆动过快，应在梁的后端采用制动绞车来牵引制动，配合前牵引绞车逐步放松。在后平车上应设置转动铰，以适应梁在牵引过程中，梁身高度出现起伏变化的需要。支架顶端与梁身必须联结牢固，防止架设时梁体滑动与倾斜。

（2）活动式支架横移架设法

1）概述：活动式支架横移架设法是：首先从预制场将钢筋混凝土预制梁运输至高架桥孔墩的一侧，再采用诡杆将梁吊起，撤出运梁设备，将活动支架从旁边移至梁下，然后将梁搁放在靠桥墩旁边的两个活动支架上。活动支架沿横桥向设置的轨道移入桥孔落梁位置，最后从墩台上将梁顶起，抽出支架上的垫木将梁安装就位。

2）架设安装注意事项：采用该方法安装架设钢筋混凝土预制梁时，必须注意轨道下的路基要求坚实可靠，从预制梁运至桥孔。如若采用轨道平车运输时，在其纵向和横向交叉处，应设置活动的轨道转向连接装置，因此纵横向轨距必须相同，墩旁两段横向轨道应等高；支架应牢固地联结在横移轨道平车上；两横移支架在横移时应同步等速运行。

5. 自行式起重机架设法

（1）概述

大型的自行式起重机广泛使用于高架桥的架设安装施工中，因为自行式起重机本身有动力，不需要架设桥梁的临时动力设备，也不需要进行架设设备的准备工作，架设速度快，可缩短施工期限，因此，对中、小跨径的混凝土预制梁的架设安装，自行式起重机深受欢迎。

（2）架设方法

1）采用一台起重机架设：当钢筋混凝土预制梁的质量不大，而起重机又有相当的起吊能力，城市道路无障碍物，起重机能自由行驶和停搁时，就可以采用一台起重机架设安装但应注意起吊钢丝绳与梁面的夹角不能太小，一般情况下，以45°～60°为宜。

2）采用两台起重机架设：其主要施工方法是两台自行式起重机同时各起吊一根混凝土预制梁的端头，同步提升、同步转方向、同时将梁安放在桥墩上。运用此法时，应注意两台起重机的互相配合。

3）采用起重机和绞车配合架设：其主要施工方法是预制梁一端采用走板、滚筒支垫，而另一端用起重机吊起，前方采用一台绞车牵引预制梁前进，梁在前进的过程中，其起重机的起重臂也随着转动，将梁向前移动，当前端就位后，卸掉吊点，起重机移到梁的后端，提起梁的后端取出走板、滚筒，将梁放下就位，直至将整根预制梁完全安装在桥墩上。

（3）安全注意事项

1）起吊安装之前，必须认真检查梁的质量、梁的外形几何尺寸、梁的运输路线、梁的架设顺序、起重机进出路线状况及起重机作业位置有无障碍物等。

2）同时，必须检查起重机的起重臂长度及作业时所要求的伸幅半径和高度。

3）了解起重机通行路线的宽度、弯道半径、高度限制和载重限制等。

4）对架设方法的选择可按上述的三种方法进行，应从施工现场情况、荷载、作业半径、起重臂长度等多方面选定能满足要求的起重机。

6. 联合机械架桥法

（1）概述

联合机械架桥法就是以钢导梁配合龙门架、千斤顶、绞车、链滑轮、蝴蝶架等辅助设备架设安装钢筋混凝土预制梁。其主要优点是不设桥下支架，不受江河湖水及城市构筑物的限制，架设过程中不影响桥下通车、通航和人们的行走。施工过程中，对钢筋混凝土预制梁的横移、纵移、起吊、就位都较为方面。但是，所涉及的架设设备用钢材较多，因此较适用于环境复杂的、多孔简支装配式高架桥。

（2）主要设备

1）导梁

采用工字钢或装配式钢桁节组成，片数由安装重力计算确定。导梁总长比桥跨孔径的两倍稍长。施工中导梁后一孔承受预制梁的重力，中孔供蝴蝶架、龙门架通过用。前段半孔为引梁；导梁顶面铺设轨枕和钢轨，钢轨与路堤或已架好的梁上轨道接。

2）龙门架：龙门架的构造、作用除参考本章第三节有关内容外，还应按参照以下内容：

可用型钢、万能杆件或装配式钢桥桁节拼装制成，用来起落钢筋混凝土预制梁和导梁，并对预制梁进行墩上横移和就位；为了保证能在龙门架范围内安装全跨钢筋混凝土预制梁，龙门架立柱柱脚可做成拐脚形式。龙门架净高由两片预制梁的叠置高度加上运梁平车高度、链滑车（或滑车组）高度、系梁千斤绳长度之和来确定；预制梁的横移，就位一般利用在龙门架横梁上安设的跑车下挂链滑车来进行。跑车的运行可利用立柱上装设的绞车进行或采用电动自行式跑车。

3）蝴蝶架：这是用木料或型钢组成，用于托起和移动龙门架。蝴蝶架顶部两端附有用角钢做成的方框，内放千斤顶将龙门架顶起，沿钢轨行走。

（3）安装程序

1）高架桥在吊装施工中，如在桥头路堤轨道上拼装导梁时，先在导梁下放好滚筒，再用绞车牵引导梁进入桥孔。在墩台顶上用千斤顶顶起导梁，取出导梁下的木垛或排架，将导梁落到墩台顶面的滚轴上。

2）在路堤上拼装蝴蝶架等。先将蝴蝶架竖立，然后将蝴蝶架平车推近，再将蝴蝶架吊起固定在平车上，推入桥孔。

3）用平车将预制梁运至导梁上面，预制梁的两端停在龙门架下；在路堤上拼装龙门架，用蝴蝶架托运龙门架至墩台就位；蝴蝶架后撤至导梁范围以外，撤开导梁与路基钢轨连接，将导梁牵引至前方孔；采用龙门架将未安装到位的梁吊起安装就位，再把各梁电焊连接起来；用蝴蝶架托运龙门架至前方孔；用同样程序吊装前方孔。

7. 浮吊架设法

（1）概述

浮吊架设法是将钢筋混凝土预制梁用各种方法移装运输到浮船上，浮运到高架桥架设孔以后进行就位安装。采用该施工方法时要求河流有适当的水深，以浮运预制梁的施工中不致搁浅为准。同时水位应平稳或涨落有规律，流速及风力不大，河岸能修建适宜的预制梁装卸码头。采用本方法的主要优点是：

高架桥所跨越的桥孔中不需要设置任何的临时支架；用一套浮运设备架设多跨同孔径的梁，设备利用率高，比较经济；施工架设时浮运设备停留在桥孔的时间短，对河流通航影响小。

（2）浮吊架设装备

1）在通航河流上建城市高架桥，浮吊是重要的施工设备。其主要施工设备采用钢驳船，若无正式钢驳船浮吊时，可利用两只民用木船组拼成门船，用木料加固底舱，舱面上安装型钢组成地板构架，上铺木板，并在其上安装人字桅杆制成简易浮吊。

2）起重动力可使用双筒电动卷扬机一台安装在船的后部中线上。人字桅杆可用钢管或圆木制作，其后风缆钢丝绳分别固定在船尾两舷旁钢构件上。起吊重物平面位置的变动由船移动来调节。

3）还需配备电动卷扬机、钢丝绳、锚链、铁锚等作移动及固定船位用。

4）确定木船的总排水量时，一般适宜为设计起吊质量的10倍以上，同时应选用平底船。两只木船前后可用横梁联系成一个整体。人字桅杆支座竖直方向的压力，由其支承的前联系横梁传到下面纵向钢梁再传到船体。桅杆后风缆系在后联系横梁挑在船舷两侧外边的悬臂上。后联系横梁中段上面加置均匀的压重，以平衡起吊重力，其压力由横梁下面的纵梁传到船体本身。

5）对于桅杆支座沿船纵轴线向船后的水平推力，由前后联系横梁间的支撑杆件传送到后联系横梁，与桅杆拉缆水平方向的拉力平衡。

6）前后联系横梁与船体的系固，可采用钢丝绳兜底缠绕，也可于船底加设两根木横梁与型钢横梁，以满足螺栓与船体的夹紧稳固，确保浮运吊的安全。

（3）浮吊架设的主要方法

1）钢筋混凝土预制梁装船浮运至架设孔起吊就位安装法：

对于钢筋混凝土预制梁装船可采用在引道栈桥或岸边设置栈桥码头，在码头上组拼龙门架，再采用龙门架吊运预制梁装船。

2）对浮船充排水架设法：

将钢筋混凝土预制梁装载在一艘或两艘浮船中的支架枕木垛上，使梁底的高度高于墩台支座顶面20 ~ 30mm，然后将浮船拖运至架设孔处，充水入浮船，使浮船吃水加深，降低梁底高度使预制梁安装就位。在潮汐的河流上架设预制梁时，可利用潮汐时水位的涨落来调整梁底标高，安装就位。如若有潮汐的河流上架设钢筋混凝土预制梁时，可利用潮汐时水位的涨落来调整底标的高度，安装就位。若潮汐水位高差不够，可在浮船中用水泵充水或排水进行解决。

3）浮船支架拖拉架设法：

浮船支架拖拉架设的方法是将预制梁拖拉滚移到岸边，并将其一端拖至浮船支架上，预制梁亦相应拖拉至对岸，预制梁前端抵达安装位置后，用龙门架或人字桅杆安装就位。

8. 悬拼施工法

混凝土预制梁装船的方法如下：

（1）用大起重量、大伸幅的轮胎式或履带式起重机、浮式吊机将梁从岸上吊装至浮船上。采用本方法最适用于大中城市河边有垂直驳岸、钢筋混凝土预制梁不太长且又不太重的场合。

（2）采用栈桥码头将钢筋混凝土预制梁纵向拖拉上船。栈桥码头与河岸垂直，栈桥上面铺设轨道，使其一端接混凝土预制场轨道，而另一端接浮船支架轨道。

（3）采用栈桥码头横移预制梁上船。主要方法是在河岸垂直的方向修建两座栈桥，其间距离应稍大于预制梁长度。栈桥的长度、高度决定应考虑的因素与纵移法相同。

9. 缆索吊装法

（1）架设程序

钢筋混凝土预制梁采用缆索吊装高架桥，其架设程序一般可分为预制场和场外的纵横移、缆索下系吊点、吊点起吊提升、牵拉运行、就位安装。其具体步骤分述如下：

1）从预制场通过龙门架、轨道、平车将钢筋混凝土预制梁运送到塔架前的主索下面，由主索承吊牵拉运行时，划分为起吊点至全跨度的1/3（为一区段）、离吊装终点的全跨度1/3（为三区段）和全跨度中间的1/3（为二区段）。

2）系好吊点并提升前吊点（一区段），移开前端运载平车，放松牵引索后端，梁即沿主索顺下坡滑动前进，而后吊点只稍收紧不受力随后端运载平车移动。待后吊点运行到纵移轨道末端2m左右处，暂停牵引，将后吊点起吊至适当高度，让梁全部悬空并同时将前后吊点升高至需要高度，收放前后牵引索，使梁连续前进。在运行过程中应随时调整吊点高度，使梁身保持水平前进。

3）当梁运行至主索二区段上坡时，可用前吊点的牵引索牵引，后吊点的牵引索则引力更大，若前吊点牵引索困难时，可同时稍提升前后吊点滑车组，减少钢丝绳与滑车组间摩阻力，以达到牵引就位目的。若牵引力过大则需增设辅助牵引。

（2）注意事项

索塔的中线位置，最好设在高架桥的中线上（一般是指跨越城市大江大河的中线上），使吊装方便，并使墩台上的横移工作与吊装工序均衡进行；为了确定索塔跨距和位置时，应考虑索塔前有停放起吊梁的位置；主索下最低工作净空高度以3 ~ 5m最为理想；架设主索时，必须按计算所要求的空载垂度严格控制。若为多根主索时，为使主索能受力均匀，宜在锚碇主索转向处设置调平滑车；扣索滑车组特别适宜布置在地平面上，并应注意要有足够的收放距离；在选定锚碇位置时适宜考虑主索锚固段的水平夹角与吊装过程中跨间主索重载时水平夹角相近，以减少索塔水平力。

第二节 桥面附属工程施工

一、桥面铺装及防水层

1. 桥面铺装的类型

（1）高架桥桥面铺装是车轮直接作用的部分，其主要功能是防止车轮胎或履带直接磨耗桥面板、保护主梁免受雪雨水的侵蚀、分布车轮的集中荷载。

（2）对高架桥桥面铺装的基本要求是：抗车辙、抗滑性能好，行车舒适，不透水，和桥板面一起作用时其刚度好等。

（3）桥面铺装可采用碎（砾石）、沥青表面处治、水泥混凝土和沥青混凝土等多种类型。高架桥桥面普遍采用水泥混凝土和沥青混凝土来铺装，能较好地满足各项要求。水泥混凝土铺装的耐磨性能好，适合重载交通，但养生期长，以后修补较麻烦。淅青混凝土铺装、维修、养护方便，但易老化和变形。

2. 水泥混凝土摊铺机

（1）概述

1）水泥混凝土的作用

在高架桥上采用水泥混凝土摊铺机来将已搅拌好的混凝土，先均匀地摊铺在桥面上，然后经过振实、整平和抹光等作业程序，完成水泥混凝土的铺筑成型的施工机械。

目前，水泥混凝土摊铺机已从只能完成单一作业程序的单机发展成完成摊铺、振实、整平和抹光等作业的联合摊铺机。该机作业时必须满足如下要求：

摊铺必须均匀，不致使集料产生离析；摊铺的混凝土必须有均等的余留高度，供振实、整平和抹光用；对摊铺的混凝土能充分地振实，振实是混凝土铺筑过程中最重要的作业程序，它对摊铺质量影响很大；经过振实的混凝土铺筑层，必须得到整平，并达到设计要求，其误差应在规定的范围内。

2）混凝土摊铺机的分类

①按性能和施工方式可分为：轨道式摊铺机和滑模式摊铺机两大类；

②按用途可分为：路线铺筑机、路基铺筑机、路面和沟渠摊铺机等；

③按行走方式可分为：轮胎式摊铺机、钢轮式摊铺机和履带式摊铺机等。

（2）水泥混凝土摊铺机的构造

1）滑模式基本构造

混凝土摊铺机的结构因制造厂家及机型的不同而异，但工作装置一般是由布料器、刮平板、振捣器、整平机、抹光机等装置组成。同时还需要机架、行走机构、操纵控制系统和其他一些辅助机构的有机配合。目前在城市道路、高架桥桥面、公路和机场跑道等水泥混凝土摊铺工程中，一般以使用滑模式摊铺机为主。据对国外5个国家22个厂家生产的90种型号水泥混凝土摊铺机产品的统计，滑模式共有59种型号，其余为轨道式的先期产品。

2）滑模式摊铺机的作业装置

①螺旋布料器：螺旋布料器位于机器的最前方，其作用是将运料车卸在桥面上

（或路基上）的混凝土均匀地摊铺开。

②刮平板：刮平板安装在螺旋布料器的后面，其功能是初步刮平混凝土，并控制混凝土的厚度，将适量的混凝土料供给后部的其他工作装置，多余的料被推向前方。

③振捣系统：振捣系统通常由振动棒和捣实板组成。振动棒的作用是对物料进行振实，保证一定的密实度。振动棒也称为内部振捣器，它是通过高频振动消除混凝土内部间隙，排除空气并使混合料流体化。

④捣实板的作用是将振动过的混凝土捣实，通过锤打混凝土铺层，将表面上的集料压入铺层内部，表面只留下灰浆以便修整路面，然后再由成型模板成型。

⑤摊铺装置：摊铺装置是将捣实后的混凝土铺层挤压成所需的路面形状的装置。它由虚方控制板、成型盘、超铺板、侧模板和浮动盘、拖布等组成。

⑥虚方控制板也称进料控制板，用控制进入成型盘振实后的混凝土数量，进料过多或过少都将影响摊铺质量。

⑦成型盘是将捣实后的混凝土进行挤压，并使铺层形成要求的桥面（或路面）断面形状的装置，成型模板通过桥面拱（或路拱）调节装置可按设计要求调整中央拱度。

⑧超铺板的作用是防止混凝土因坍落度稍大而坍边，从而保证了施工的质量。

（3）摊铺机的特点

滑模摊铺机的主要特点：

①滑模式摊铺机不需要另设轨道，结构紧凑，省去了大量的模板，可节省大量的人力、物力及施工配套机具，施工作业效率高，施工速度快，生产率高，可大大缓解以前水泥混凝土路面施工点多线长、施工周期长、出现阻塞交通等问题。

②采用了技术先进的电液控制系统——全液压传动，自动化程度高，可实现无级调速。

③自动转向系统采用传感器检测信号，电液控制或液压控制系统控制转向，保证了行驶的直线性和弯道的平滑，可大大提高摊铺施工的速度和质量。操作方便，机动灵活。

④施工质量高。用滑模式摊铺机摊铺水泥混凝土高架桥面时，由于采用基准线引导，自动行走，机器运动的轨迹与摊铺厚度的控制通过与基准线相接触的2 ~ 4组高灵敏度传感器检测，机械本身的各种运动全部采用液压传动，所摊铺的水泥混凝土路面的几何尺寸精度非常高，能高标准保证路面纵横坡度及平整度等指标要求。

⑤在铺设高架桥面时，依靠装在机器上的滑动模板就能按照路面要求宽度一次成型。用滑模式摊铺机摊铺水泥混凝土桥面时，全部摊铺过程都由机械按设定的参数自动完成，对水泥混凝土的振动、捣实、提浆、抹光等工艺过程按施工要求完成。频率可调的振动棒和捣实板不仅能保证水泥混凝土充分密实，而且可以通过控制提浆厚度来达到理想的耐磨效果，使路面有更长的使用寿命。

⑥因施工中桥面只能一次成型，不能退回补救施工，因而对施工工序、工艺参数及混凝土的原材料质量、水泥混凝土配合比、搅拌质量和水灰比等要求比较严格，这样才能确保高架桥桥面的施工质量；可实现一机多用，使用范围较广。

（4）水泥混凝土摊铺机的选型与配套

水泥混凝土摊铺机的选型与配套：高架桥桥面摊铺施工因各施工工序的不同可采用不同类型的水泥摊铺机械，而不同类型的机械又具有不同的工艺要求和生产率。因此，整个机械化施工需要考虑机械的选型和配套。

1）主导机械选型

主导机械，是指承担主要工序施工任务的机械。主导机械对施工方式、施工质量、施工进度起主要作用，并决定成套机械的施工质量和生产率。由于决定水泥混凝土桥面（或路面）质量和使用性能的施工工序主要是混凝土的拌和与摊铺成型。因此，通常把混凝土摊铺机械作为第一主导机械，把混凝土拌和机械作为第二主导机械。在机械选型时，应首先选定主导机械，然后根据主导机械的技术性能和生产率选配配套机械。主导机械的选择除考虑满足施工质量和进度的要求外，还要考虑我国现阶段工程单位的技术人员素质、管理水平和购买能力等实际情况。而配套机械的选型和配套数量，则必须考虑保证主导机械充分发挥其最大效率，并且使配套机械的类型和数量尽可能少。

2）配套机械

配套机械主要是指运输混凝土的车辆。选择的主要依据是混凝土的运量和运输距离。研究表明：运距在5km左右时，以5 ~ 8t中型自卸车最为经济。考虑到混凝土在运输过程中水分的散失和离析等问题，更远的运输距离以采用容量为6m^{3}以上的混凝土拌和运输车较为理想。

3）机械合理配套

合理配套主要是指水泥混凝土拌合机与摊铺机、运输车之间的配套情况。当摊铺机选定后，可根据机械的有关参数和施工中的具体情况计算出摊铺机械的生产率；拌合机械与之配套是在保证摊铺机械生产率充分发挥的前提下，使拌和机械的生产率得到正常发挥，并在施工中保持均衡使用，协调一致；当摊铺机和拌合机的生产率确定后，车辆在整个系统内的配套实质上是车辆与拌合机的配套。车辆的配套问题可以应用排队理论，找出合理的配套方案。考虑到装载点与车辆的配套是一个动态系统，即随着摊铺作业的推进，车辆的运输路程随时间的增加而增加；在运输与装载过程中，随机影响因素又较多，如道路状况、操作水平、设备运行状态等都在不断变化，因此对排队理论中单通道模型进行改进，增加时间变化等因素，便于在配套方案中适时优化控制，通过输入不同的采集数据得到不同的结果，然后进行分析比较，找出合理的优化方案。

3. 沥青混合料摊铺机

（1）概述

1）沥青混合料摊铺机是用来将拌制好的沥青混合料均匀地摊铺在已整修好的路面基层上的专用设备。目前，国外已生产出能一次铺成并作最终压实（不需再行碾压就达到规定密实度）的沥青混合料摊铺机。摊铺机按行走方式可分为自行式和拖式两种，高架桥桥面（或高等级公路路面）施工常用前者。自行式摊铺机又可分为履带式、轮胎式及复合式三种。

2）沥青混合料摊铺机利用螺旋输送器（又称螺旋摊铺器）将混合料铺开，然后由振捣梁（板—梁结构）对铺开的料层进行初步捣实，由熨平装置完成加热熨平整型工作。为了提高预压效果，现代沥青摊铺机的熨平装置上还装有振动器，全称为振动—熨平装置。因此，摊铺机的工作装置主要是由螺旋摊铺器、振捣梁和熨平装置组成。

3）熨平装置包括熨平板、厚度调节器、路拱调节器和加热器四部分。熨平板是对铺层作整型与熨平的基础机件，它还有以其自重再次压实铺层的作用。厚度调节器为一手摇调节螺杆，用来调整熨平板底面的纵向仰角，以改变铺层厚度。路拱调节器是一种位于熨平板中部的螺旋调节装置，用来改变熨平板底面左右两半部分的横向倾角，以保证摊铺出符合给定路拱的铺层来。加热器用来加热熨平板的底板，使之不与沥青混合料相粘，保证铺层平整，以便在较低温度下能正常施工。

4）沥青混合料摊铺机的特点：牵引力与接地面积都较大，减少对下层的作用，对下层的不平度不太敏感。其缺点是：行驶速度低，不能很快地自行转移工地；对地面较高的凸起点适应能力差；机械传动式的摊铺机在弯道作业时会使铺层边缘不整齐（因为履带式行走装置的转向是由转向离合器与制动器分次进行操纵的）；此外，其制造成本较高。

轮胎式沥青混合料摊铺机的优点是：行驶速度快（可达20km/h）、可自行转移工地、费用较低，机动性和操纵性能好、对单独的小面积高凸或深坑适应性较好、不致过分影响铺层的平整度，弯道摊铺质量好，结构简单、造价低。其缺点是：对路面不平度的敏感性较强，受料斗内的材料多少会改变后驱动轮胎的变形量，从而影响铺层的质量。为了避免这种现象，自卸汽车应分次卸料，但这又会影响汽车的周转。

（2）摊铺机的结构

沥青混合料摊铺机主要是由基础车（发动机与底盘）、供料设备（料斗、输送装置和闸门）、工作装置（螺旋摊铺器、振捣器和熨平装置）及控制系统等部分组成。履带式与轮胎式摊铺机的结构除行走装置及相应的控制系统有区别外，其余组成部分基本相同，下面将介绍供料设备与工作装置构造与作用。

1）料斗：料斗位于摊铺机的前端，主要用来接收自卸汽车卸下的沥青混合料。各类型摊铺机料斗的结构形式基本相似，只是容量有所不同。其容量应满足该机在最大宽度和厚度摊铺时所需的混合料量。

2）刮板输送器：刮板输送器就是带有许多刮料板的链传动装置。刮料板由两根链条同时驱动，并随链条的转动来刮送沥青混合料。此结构安装在料斗的底部。目前摊铺机采用的刮板输送器有单排和双排两种。单排用于小型摊铺机，双排用于大、中型摊铺机。

3）螺旋摊铺器：螺旋摊铺器也称螺旋分料器。它的作用是将刮板输送来的混合料分送到熨平板的前端。螺旋摊铺器一般分成左、右两根，各自独立驱动，螺旋方向相反，旋转方向相同，这样可将刮板输送器送来的料横向铺开。螺旋摊铺器的驱动一般为液压驱动（两液压马达分别驱动左、右螺旋摊铺器，可实现左、右螺旋分别运转或同时运转），无级变速，以适应摊铺宽度、速度和铺层厚度的要求。

摊铺机的结构：螺旋摊铺器一般都装配在机架后壁下方，也可作垂直方向高低位置调整，以便根据不同摊铺厚度提供均匀的料流。

4）工作装置：摊铺器铺好的沥青混合料必须进行预压实，并按要求（厚度和路拱）进行整型和熨平。在自行式摊铺机上一般采用两种方案和装置来实现。一种是先用振捣梁进行预捣实，再用熨平装置整面熨平；另一种是用振动熨平装置同时进行振实和整面、熨平。它们的主要区别是：前者紧贴在熨平板前面有一根悬挂在偏心动轴上的振捣梁，对混合料进行捣实，熨平板只起整面熨平作用，摊铺层密实度较低；后者则是通过熨平板上振动器使熨平板振动，经振捣梁捣实的后摊铺层，通过熨平板本身的振动对铺层进一步振实并整面熨平，其摊铺层密实度较高，减少了压路机的压实遍数。

5）自动找平装置：为了提高高架桥桥面（或路面）的平整度和精确的横截面形状，在摊铺机上另外装设一个纵坡调节、一个横坡调节自控系统，它们的作用远远超过机械本身的找平能力，可使桥面（或路面）质量符合设计规定的要求。

4. 水泥混凝土面层铺装施工工艺

（1）施工前的准备

在高架桥上浇筑水泥混凝土前必须做好如下准备工作：

浇筑水泥混凝土前，必须在横向连接钢板焊接工作全部完成后才可进行，以避免后焊的钢板膨胀与收缩引起桥面水泥混凝土在接缝处发生裂缝；施工前必须使预制桥面板的表面粗糙，并彻底清洗干净，同时，应按设计要求铺设纵向接缝钢筋网或桥面钢筋网，最后进行水泥混凝土的浇筑施工；在浇筑水泥混凝土前，必须对高架桥的梁板面进行标高的复测工作，如若是预应力钢筋混凝土梁，则每跨至少复测跨中和支点处的中线和边线标高；桥面浇筑水泥混凝土中，如若为防水混凝土，则施工时必须按防水要求施工，防水层不得漏水或使水渗入结构本体；在铺装施工中如若其厚度不能满足设计要求时就需要调整设计标高，应事先取得原设计单位的同意，并有修改签字的图纸。

（2）桥面钢筋绑扎

对高架桥桥面钢筋在绑扎根据设计要求和有关规定，一般可参照本手册第五章的有关绑扎搭接要求进行；施工中必须放正钢筋的位置，即桥面钢筋应按设计图纸上所规定方向放置，防止出现不必要的施工误差；所有施工的钢筋均应正确留有足够的保护层厚度；当采用双层钢筋网时，上下两层钢筋之间应有足够数量的定位撑筋，以保证钢筋位置正确性。

（3）分仓浇筑混凝土

1）铺筑高架桥桥面水泥混凝土时，为了防止铺装层出现不必要的收缩裂缝，必须采用分仓浇筑施工法，分仓原则可按桥面宽度以及无伸缩缝桥面的长度来考虑。

2）与此同时，在高架桥施工组织设计中应有计划地、事先做好周密的部署工作，特别是对重大的工程切不可忽视。

5. 沥青混凝土面层铺装施工工艺

（1）施工前的准备

1）在高架桥桥面上铺筑沥青混凝土面层之前，必须对水泥混凝土面层的平整度、粗糙度等进行全面检查，应符合设计规定的要求。并认真测设中线和边线的标高，根据所需铺筑沥青混凝土的最小厚度、最大厚度及平均厚度来计算沥青混凝土的数量，做好铺设用料计划。

2）清扫水泥混凝土面层，使其铺设前的面层保持清洁、干燥，并喷洒沥青粘层油。

3）粘层沥青宜采用快凝的洒布型乳化沥青，也可采用快、中凝液体石油沥青或煤沥青，并采用机械喷布工艺，用量一般控制在0.3 ~ 0.4kg/m^2，要求洒布均匀。

（2）施工要求

在摊铺施工中，其粘层沥青应均匀洒布（亦可涂刷）。浇洒过量的局部地段或积聚油量较多的地段时，应予以刮除；在摊铺施工过程中，当气温低于10℃或水泥混凝土面层较潮湿（或地面不干净），不得浇洒粘层沥青；浇洒粘层沥青后，严禁除沥青混合料运输车外的其他车辆、行人通过；粘层沥青洒布之后，应紧接铺筑沥青混凝土面层，但乳化沥青应待破乳、水分蒸发完后，才能进行铺筑；洒布沥青粘层前宜在路缘石上方涂刷石灰水或粘贴保护纸张，以免沥青沾染缘石。

（3）伸缩缝的处理

伸缩缝处宜用黄砂等松散材料临时铺垫与水泥混凝土顶面相平，沥青混凝土面层可连续铺筑。铺筑完成后再按所用伸缩装置的宽度，划线切割，挖除伸缩缝部分的沥青混凝土后再安装伸缩装置。

（4）热拌沥青混凝土运输

1）高架桥面层所采用沥青混凝土面层铺筑时，其沥青混合料应采用较大吨位的自卸汽车运输，车箱应清扫干净。为防止沥青与车箱板粘结，车箱侧板和底板可涂一薄层油水混合液（柴油与水比例可为1：3），但不得有余液积聚在车箱底部。

2）在运输过程中，其运料车应用篷布覆盖，主要是以保温、防雨、防污染，夏季（温度在25℃以上）运输时间短于0.5h时，亦可不加覆盖。

3）连续摊铺过程中，运料车应在摊铺机前100 ~ 300mm处停住，不得撞击摊铺机，卸料过程中运料车应挂空挡，靠摊铺机推动前进。

4）沥青混合料运至摊铺地点后应凭运料单接受并检查拌合质量及温度要求，遇有已经结成团块或已经遭雨淋湿的混合料不得铺筑在桥面、道路上。

（5）沥青混凝土面层的铺筑程序

铺筑沥青混凝土面层应采用机械摊铺，并宜以伸缩缝的间距确定一次铺筑的长度，要求在相邻两个伸缩缝之间尽量不设施工缝。桥面的宽度宜在1d内铺筑成，每次铺筑的纵向接缝宜在上次铺筑的沥青混凝土的实际温度未降至100℃时予以接缝铺筑并碾压；根据水泥混凝土面层的平整度、沥青混凝土面层的厚度和结构层次决定一次铺筑或两次铺筑。沥青混凝土面层厚度大于60mm时，宜采用两次铺筑以提高沥青混凝土面层的平整度；沥青混合料必须缓慢、均匀、连续不间断地摊铺。摊铺过程中不得随意变换速度或中途停顿。摊铺速度一般应控制在2 ~ 6m/min，可根据沥青混合料供应及机械配套情况及摊铺层厚度、宽度确定；摊铺好的沥青混合料应停止摊铺紧接碾压，如因故不能及时碾压或遇雨时，应停止摊铺，并对卸下的沥青混合料覆盖保温；当先铺筑的沥青混凝土的实际温度降至80t以下时，与后铺筑的沥青混凝土应按冷接缝方式处理，即铣刨接缝处的沥青混凝土，要求接缝顺直。纵缝的铣刨宽度宜为200 ~ 300mm，横缝的铣刨宽度应用3m直尺测量后决定，一般不宜小于1m。如无铣刨机时，可按划线用切缝机切割后，再实行凿除施工处理；沥青混凝土面层的铺筑和碾压宜从下坡向上坡进行。施工车辆和施工机械不准停留在新铺筑的沥青混凝土面层上，也不准柴油之类的油料滴漏在沥青混凝土面层上，以免引起沥青混凝土软化、拥包等现象的出现。

二、护栏与隔离设施

1. 概述

（1）护栏的应用特点

1）为了保证车辆在高架桥上的安全、舒适、畅通和高速行驶，建立和设置有效的道路交通管理设施，是极其必要的。从狭义上来讲，道路交通管理设施主要指的是设置在道路的路面、路口以及道路两旁，用来实施道路交通管理的各种专门设施，如固定设置于高架桥上的交通标志、标线、信号灯以及护栏与隔离设施等。本节主要介绍护栏与隔离设施。

2）城市高架桥护栏设施与一般道路上的护栏和桥上的栏杆不同。护栏设施主要用于高速公路、一级汽车专用公路、城市快速道路、城市高架桥护栏、主干道路、立交工程等，主要是护栏车辆，免致越出。

3）而一般高架桥梁上的栏杆，当设于人行道上时，主要作用是提供行人安全感，遮拦行人，防止其掉落桥下；当无人行道时，桥上的栏杆防止车辆越出高架桥外，虽也有时起防止行人跌落桥下外，其主要作用与高填路堤或危险路段所设护栏相仿，用以视线诱导，起到一些轮廓标的作用，使车辆尽量在路幅之内行驶，并给驾驶员以安全感。

4）隔离设施有分隔之意，有道路本身分隔和路内路外分隔之别。道路本身之分隔，是利用分隔带把道路分成若干块板，使车辆分向行驶或分流行驶，也可采用车道分界标线来分隔同方向行驶的交通流。路内路外分隔是指道路两侧实行封闭式的隔离，在高速公路和汽车专用一级公路沿线两侧，均应实行封闭，以防止人畜和非机动车辆等钻进或闯入公路与非法侵占公路用地，这也是确保行车安全、排除横向干扰、充分发挥道路效能的重要措施。因此，就某种意义上讲，护栏与分隔是互为补偿、相辅相成而难以严格区分其含义与差异的。

5）这里所介绍的隔离设施，主要是指封闭高架桥两侧的隔离设施、车道上的分隔带以及分隔带处的防撞护栏。简言之，即一般所谓的分隔带、防撞护栏和隔离设施。

6）高架桥的防撞护栏有钢筋混凝土护栏和钢护栏等，按防撞性能又有刚性护栏、半刚性护栏和柔性护栏之分。刚性护栏是一种基本不变形的护栏结构，它的主要代表形式是混凝土护栏，有的城市道路也有采用铸铁护栏者。半刚性护栏是一种连续的梁柱结构，具有一定的刚度，管梁护栏、箱梁护栏也都属于半刚性护栏。其主要代表形式是缆索护栏；隔离设施按构造形式分，有金属网、钢板网、绑刺钢丝网和常青绿篱四大类，金属网又可分为织网、焊接网、拧花网等多种，埋设条件可分为设置于土中和混凝土中两种。

（2）护栏设置原则

一般情况下，桥梁的外侧危险程度明显高于道路。车辆越出桥外会造成车毁人亡的重大恶性事故，越是等级高的公路车速越高，车辆越出桥外的事故严重程度越大。因此，对于城市高架桥、特大桥，均应无条件的设置桥梁护栏；在有人行道的高架桥梁上，虽然路缘起到了护轮带、防止车辆跌落桥下的功能，但难免车辆碰撞行人和非机动车辆的严重事故的发生。因此，为保护行人和非机动车辆，同时把机动车和非机动车在平面上分隔开，提高车辆与行人的安全性，应按实际需要在人行道和行车道分界处设置汽车行人分隔护栏。

2. 混凝土护栏的材料与施工要求

（1）材料

混凝土护栏采用的水泥、砂石和水等材料，应符合现行交通行业标准《公路桥涵施工技术规范》（JTJ041—2000）的规定：混凝土护栏所用钢筋不得有裂缝、断伤、刻痕等缺陷，钢筋需经调直、除锈、去除油污处理。钢筋的品种、规格及设计强度等，应符合现行交通行业标准《公路钢筋混凝土及预应力混凝土桥涵设计规范》（JTGD62—2004）的有关规定。

（2）预制混凝土护栏块施工

1）预制场地应平整、坚实、稳固，并应采取必要的排水措施，防止场地沉陷。

2）应尽量采用钢模板，其长度一般根据吊装运输条件确定，并尽量采用固定的尺寸。模板应用强度高的钢材，其厚度不应小于4mm。钢板侧面刨光，拼接应紧密牢固，不得漏浆，内侧尺寸应符合设计要求。模板要有足够的刚度，浇筑过程中不得变形或移位。

3）混凝土应采用机械拌合，并严格控制配合比、水灰比和搅拌时间。运送中不得离析，浇筑时一次完成，不得间断。

4）混凝土拌和物应采用机械振捣，一般可用附着于侧模上的振捣器并辅以插入式振捣器振捣密实。应以拌和物停止下沉，不再冒出气泡并泛浆为准，不宜过振。振捣过程中，应随时检查模板，如有变形或松动，应及时采取措施补救。

（3）混凝土护栏的就地浇筑

1）精确测量、准确定位、反复校核，保证护栏的几何参数符合设计要求。

2）嵌锁式基础应保证其厚度、强度和标高，传力钢筋应保证位置正确，结合稳固、基底平整、标高正确。

3）模板应有足够的强度、刚度和稳定性，以保证构件各部形状和尺寸的准确。模板板面平整，接缝严密，拆装容易，施工操作方便、安全。

4）浇筑混凝土前，应按设计图规定安装好钢筋及预埋件，经检查合格后方可浇筑混凝土。每节护栏构件的混凝土必须一次浇筑完成，不得间断。混凝土的拌和、运送与振捣，与预制混凝土护栏块施工中有关要求相同。

3. 桥梁护栏施工要求

（1）金属桥梁护栏施工要求

1）一般原则

施工前做好详细的施工组织设计，待桥梁行车道面板、人行道面板完成后，方可进行桥梁护栏的施工；高架桥护栏构件安装前，应进行质量检查和试验，只有被确认符合质量标准的护栏产品才能安装使用；必须按护栏设计图纸或产品供货商提供的详细施工安装方法进行施工。

2）放样及设置预埋件

在施工放样前应选择桥梁伸缩缝、胀缩附近的端部立柱等作为控制点，并在控制点之间测距定位；对立柱放样过程中，当间距出现零数时，可用分配的办法使之符合横梁规定的尺寸。立柱宜等距设置；定位后，在桥面板（或人行道板）上准确地设置预埋件（如锚固螺栓或套筒），并采取适当措施，保护预埋件在桥梁施工期间免遭损坏。

3）安装

护栏安装前应对预埋件的位置进行复测，符合设计要求后方能安装立柱和横梁；安装前应做好施工场地的各项准备工作，安装过程中应特别注意控制螺扭矩、焊缝间距、桥梁伸缩缝和胀缝的设置间距；横梁和立柱的位置应准确无误。连接螺栓和拼接螺栓初始不宜过早拧紧，以便在安装过程中充分利用横梁和立柱法兰盘的长圆孔进行调整，使其线形顺适并不出现局部凹凸现象，方可最后拧紧螺栓；横梁、立柱等构件，在安装过程中应尽量避免损坏保护层。安装完成后，应对被损坏的保护层按规定的方法进行修复，并与原有层面顺适一致，色调相同。

（2）钢筋混凝土桥梁护栏施工要求

1）一般原则

钢筋混凝土墙式护栏应在行车道面板、人行道面板施工完成后及跨中支架与脚手架拆除以后，桥跨处于自承状态下进行施工；高架桥上所设计护栏的高度必须在纵坡变化点处改变，以使线形顺适，外形美观，不得有明显的下垂和拱起；钢筋混凝土墙式护栏宜采用就地浇筑的方法进行施工，当采用预制件时，护栏与桥面板（人行道板）间需进行特殊的连接设计。

2）在高架桥上就地浇筑的钢筋混凝土墙式护栏，应按现行《公路桥涵施工技术规范》（JTJ041—2000）的规定施工。

3）伸缩缝应填满橡胶或沥青胶泥等弹性、不透水的材料，伸缩缝内不应有松散的砂浆和活动时有可能剥落的砂浆薄皮。

4）独立端部翼墙应按2）和3）条的规定进行施工，并根据施工图要求设置预留连接件。

4. 隔离设施的施工要求

（1）隔离设施的安装施工一般宜在路基路面和桥涵及其他配套工程施工完成以后开始。但因隔离设施的施工是在公路用地界范围进行的，处理不好便会影响主体工程的进行，而隔离设施的构件和材料又多依赖主线来运输。因此，只有在有条件的地方如可利用辅道或便道运送材料和构件时，在不影响主线工程施工的情况下，可以尽早开始，提前封闭。施工组织设计是工程全面质量管理的关键，因此在安装施工前，必须作出详细的施工组织设计。

（2）严格按照设计图纸进行施工放样，中线位置，柱距与标高等线形与几何参数必须反复检验、确保无误。

（3）挖钻孔达柱孔设计要求后应将基底清净，经检验合格后，方可进行下道工序。

（4）柱坑底部可垫混凝土，放入立柱后，应检查柱顶标高符合设计要求后用临时支撑固定，并检查立柱的垂直度符合要求后方可进行柱的埋设工作。立柱的埋设，应分段进行。先埋两端立柱，然后拉线埋设中间立柱。立柱应在一条直线上或顺适的曲线上，不得出现参差不齐现象。柱顶应顺适，不得出现高低错落不平现象。立柱的埋置深度、地面高度、垂直度等检查无误后，方可浇筑混凝土并分层捣实，混凝土强度为C20。

第三节 临时桥梁与施工便桥

一、基础内容

1. 临时桥梁的类型

临时桥梁的类型，见表6–2。

表6–2 临时桥梁的类型

名称	主要内容
墩架梁桥	在城市高架桥的施工过程时，所应用的临时桥梁中常有墩架梁桥，这种方法就是在桥墩上采用钢、木排架或桩架组成，纵梁由圆木、型钢或轨束组成，桥面由木材组成，每孔跨径宜在6 ~ 8m以内，装配桥孔的数量不限，其主要优点是经济实惠，取材容易，装配和拆卸方便、简单，特别是组建临时性通道时又快又好
贝雷桥	在高架桥的施工中，最常使用的临时桥梁是贝雷桥，又称装配式公路钢桥。贝雷桥是采用高强度钢材制造的每节长度约3m的桁架部件以特强销栓连接而组成的桥梁。按各种排、层组合，其跨度可由9 ~ 69m任意选取
索桥	索桥也是临时桥梁的一种，主要有Ⅰ、Ⅱ、Ⅲ三种类型，均以钢缆承受荷载，不设较高的索塔，以减少土建工程的施工量，索桥其跨径一般在60 ~ 180m
浮桥	所谓浮桥，就是由桥梁上部构造和浮船组成，浮船可使用钢浮箱、民船或军用舟桥系统，桥梁的长度不限

2. 临时桥梁的类型特点

临时性：修建城市高架桥的过程中，需要采用临时桥梁，其主要特点是临时性。因为，此类桥梁的使用时间，少则1 ~ 2个月，多则不过1 ~ 2年，远比一般永久桥梁的正常使用寿命达数十年为短，故称为临时桥梁。

快递性：城市高架桥的施工中，需要采用临时桥梁来辅助施工，其快速性是最大的特点，因为此类桥梁的施工时间很短，一般情况，少则数天或几小时，多则不超过几个月，否则就不能满足临时桥梁的紧急使用要求。

重复性：因为此类桥梁属于临时性使用，使用完毕后，就需要马上进行拆除，故要求在修建后的高架桥拆除后，所有其材料、部件能回收再进行重复使用，以避免浪费。因此，这类桥梁的材料多为钢材、木料或以钢材、木料组成的部件。而对于水泥、砂、石材料浇砌的混凝土、砌石圬工应尽量少用，因其在拆除后，难以再回收利用。

3. 使用场合和合理选择

（1）使用场合

1）正桥被洪水冲毁或地震毁坏，修建维护交通的临时桥的场合，可根据河岸地形、河流水文情况，选用前述4种桥型的一种。

2）河流宽阔、水深，无修建正式桥梁的规划，渡船不能满足交通量需要而修建的临时桥的场合，当河宽小于69m时，可选用贝雷桥；当河宽大于69m而小于180m时，可选用索桥；当河宽大于180m且河中有漂浮物等，上、下游通航交通量不大，可定时撤离部分浮船，开放上、下游通航交通时，可选用浮桥。

3）战备或战争时的临时桥的场合，当河窄、水浅时可选用墩架梁桥；当具备贝雷桁架部件，且河宽小于69m，任何水深时，可选用贝雷桥；当河宽、水深时可选用浮桥，遇上、下游通航交通量大时，可于夜间将浮船集中架设浮桥，白天将浮桥拆开疏散；当河宽小于180m，任何水深时，可选用小跨索桥、为使白天于空中不易被侦觉，可将主索淹没于水中深20 ~ 30cm，汽车于夜间凭两岸标柱过桥。

4）在修建城市高架桥的过程中，为了确保交通畅通无阻，而需要搭建临时性的桥梁时，一般情况下，可以选择贝雷桥或墩架梁桥。

（2）合理选择

城市高架桥施工时，为供应建桥料具和维持交通的临时桥的场合，当河窄、水浅时可选用墩架梁桥；当施工过程中，既要维持交通的畅通，又要满足施工要求时，在具备贝雷桁架部件时，可选用贝雷桥；当河宽、水浅，河中漂浮物（木排、流冰）不多且上、下游通航交通量不大时，可选用浮桥；当遇上大片建筑物时，而高架桥又跨过建筑物群时，可选用索桥。

二、贝雷桥

1. 架设施工要点

贝雷桥的架设方法很多，一般采用悬臂推出法。所谓“悬臂推出”就是在河流两岸安置滚轴，桥梁的大部分部件在推出岸的滚轴上安装好，然后用人力或用机械牵引，将桥梁徐徐向前推出，直达对岸。

（1）采用“悬臂推出法”架设桥梁的主要优点是：施工简便、速度快、效果显著。

（2）当采用“悬臂推出法”架梁时，应在施工前进行认真的计算。桥梁推出时的倾覆稳定系数，不得小于1.2，以防止桥梁尚未推达至对岸滚轴之前，发生倾倒；为避免这种危险，除在桁架后端装上配重外，还应在正桥前面另装几节桁架，待完成桥梁推出后，再予拆除，这个接长部分就称为“鼻架”。鼻架只装桁架、横梁与抗风拉杆等部件，不装纵梁与桥面板；在一般情况下，桥梁是在推出岸全部安装好后再推出，但在架设大跨径桥梁时，为减轻推出重力或者因桁架不足时，也可不装足上层桁架，待鼻架到达对岸后，再拆除鼻架，装齐不足的部分。当遇到桥头地形局促、桥架无法伸展时，只能装几节推几节，随时核算桥架的重心，在任何情况下不让重心超出摇滚之外。

2. 桥位的选择与布置

（1）测定桥位中线和桥梁跨径：根据两岸接线位置、地形、高差和地质等情况，测定最适宜的桥梁中线；测量河流宽度，测定推出岸与对岸的摇滚至岸边的最小安全距离及桥梁跨径。

（2）测定平滚、摇滚与座板位置和高程：当定出平滚、摇滚与座板的位置；测出桥中线桩及平滚、摇滚、座板标桩的高程；桥中线桩应测至对岸鼻架端能够达到最远的地方。

（3）确定基础标高及处理的方案：根据接线路堤标高，确定桥梁基础标高；根据地基承载能力，确定摇滚、座板下面基础处理方案，并计算填挖数量，划出填挖范围。

（4）确定料具堆放位置：首先划出料场线，并注明桥梁各部件、配件及工具所要堆放的位置。

（5）准备贝雷桥的拼装：根据勘测的资料，立即进行各处的填挖工作，平整场地、安装滚轴与座板。滚轴安放后，应检查它的坐落是否稳固，纵横向位置是否准确。经检查滚轴位置确实无误，桥梁的拼装工作即可开始。

第七章　公路隧道结构构造

第一节　隧道建筑限界及内部轮廓

一、公路隧道建筑限界

为了保证车辆在隧道内安全地运行，隧道必须具有一定的限界空间，这个空间称为隧道净空。隧道净空若不足，则不能保证车辆安全通行；净空若大了，则增加隧道开挖和衬砌工程数量，影响造价等。因此，必须从使用上、经济上和施工等方面综合考虑，并按公路等级决定隧道的建筑限界。

公路隧道建筑限界应符合《公路工程技术标准》（JTGB01—2003）第2.0.7条关于公路建筑限界的规定。公路隧道建筑限界净空尺寸主要是指净宽和净高。

在隧道建筑限界内，不得有任何部件侵入。特长、长及中长隧道，应根据需要按《公路工程技术标准》第3.0.6条的规定设置紧急停车带。四级公路当采用4.5m的单车道路基时，应在适当距离内设置错车道。错车道应设在能使驾驶员看到相邻两错车道间相互驶来的车辆。设置错车道路段的路基宽度不小于6.5m，有效长度不小于20m。各级公路的行车道宽度，一般规定按《公路工程技术标准》表3.0.2布设。公路隧道按其长度分为四类，见7–1。

表7–1　隧道按长度分类

隧道分类	特长隧道	长隧道	中隧道	短隧道
隧道长度L/m	L>3000	3000 ≥ L>1000	1000 ≥ L>500	L ≤ 500

公路隧道横断面设计，除应符合隧道建筑限界的规定外，还应满足洞内路面、排水设施、装饰的需要，并为通风、照明、消防、监控、营运管理等设施提供安装空间，同时考虑围岩变形、施工方法影响的预留富裕量，使确定的断面形式及尺寸

符合安全、经济、合理的原则。

二、隧道内部轮廓

隧道内部轮廓的类型，从使用、受力及施工三个方面的要求（见表7–2）：

表7–2　隧道内部轮廓的类型的要求

要求	主要内容
使用方面要求	隧道衬砌的轮廓，应尽量接近隧道净空，以使开挖的土石方数量及衬砌的材料数量为最小
施工方面要求	隧道衬砌内部轮廓应当便于施工，因此要求衬砌内部轮廓在各种条件下（如有不同的加宽值时），变化尽量小或不变化，这样可使拱架、模板能重复周转使用。为了便于不同衬砌断面的衔接，拱圈与边墙的分界高度（称为起拱线）也最好采用同一数值，衬砌内部轮廓线的曲率要尽量一致
受力方面要求	隧道衬砌的内部轮廓，应尽力符合衬砌结构的受力状态，即尽力适应衬砌结构应力分布情况。在良好的地质条件下，衬砌结构承受荷载较小时，可采用直边墙（称直墙式）；在地质较差的条件下，衬砌结构承受荷载较大时，一般多采用曲边墙（称为曲墙式）；当隧道底部可能会引起基础沉陷时，可以采用带仰拱的封闭形式

第二节　衬砌材料与构造

一、衬砌材料

隧道是埋藏在地层深处的工程建筑物，其衬砌通常需要承受较大的围岩压力、地下水压力，有时还要受到化学物质的侵蚀，地处高寒地区的隧道往往还要受到冻害等。所以，要求用于衬砌的材料应具有足够的强度、耐久性、抗渗性、耐腐蚀性和抗冻性等。另外，隧道是大型工程构造物，每米隧道都需要大量建筑材料，工程量很大。所以，从经济观点来看，衬砌材料应价格便宜、能够就地取材、便于机械化施工。通常采用以下材料（见表7–3）：

二、洞身衬砌类型

山岭隧道与软土隧道、水下隧道相比，由于其受力、施工方法等存在差异，在结构形式上也有很大差别。即使山岭隧道，也因人们对围岩压力和衬砌结构所起作用的深入认识，而使结构形式发生很大变化。尤其是在20世纪中叶以后新奥法的发

表7–3　衬砌的常用材料

材料名称	主要内容
混凝土	这种材料的优点是整体性好，既可以在现场浇筑，也可以在加工厂预制，而且可以机械化施工。其本身密实性较好，具有一定的抗渗性。如果在水泥中掺入密实性外加剂，可以提高混凝土的密实度，从而改善混凝土的防水性能。或者使用减水剂，提高混凝土的密实程度，改善混凝土的抗渗性能。混凝土可以根据需要加入其他外加剂，如低温早强剂、常温早强剂、速凝剂、缓凝剂、塑化剂、加气剂等，来满足使用和施工上的需要。配制混凝土还可以根据需要选择合适的水泥，例如具备快硬、高强特性的有快硬硅酸盐水泥，具备快硬、早强特性的有硅酸盐膨胀水泥和石膏矾土膨胀水泥，具备抗渗防水特性的有大坝水泥和防水水泥，具备抗硫酸盐侵蚀的抗硫酸盐硅酸盐水泥，以及塑化水泥、加气水泥等。配制有抗冻要求的混凝土时，在寒冷地区水泥强度不小于42.5MPa，在严寒地区不宜低于52.5MPa。混凝土材料的缺点是灌筑后不能立即承受荷载，需要进行养护，达到一定强度才能拆模，占用的模板和拱架较多，同时普通混凝土的耐侵蚀能力较差
喷射混凝土	喷射混凝土是将混凝土干拌和料、速凝剂和水，用混凝土喷射机高速喷射到洁净的岩石表面上凝结而成。其密实性较高，能快速封闭围岩的裂隙，密贴于岩石表面，早期强度高，能很快起到封闭岩面和支护作用，是一种理想的衬砌材料
钢筋混凝土	隧道施工时，暗挖部分就地绑扎钢筋比较困难，通常是在不得已时才采用现浇钢筋混凝土。而在很多情况下是采用格栅钢架并加上连接钢筋和钢筋网等作为临时支护，在完成临时支护之后，则延用为永久支护。这样就取代了钢筋绑扎过程，起到“一举两得”的效果。在明挖地段可以采用现场绑扎方式，也有采用废旧钢轨等材料的
石料	在隧道衬砌中不得使用裂隙和风化的石料，块石砌体、片石砌体、砂浆等的强度等级及抗压强度设计值应符合《公路隧道设计规范》（JTGD70—2004）的要求。石衬砌材料的优点是材料来源广，可以就地取材，砌好后能较早地承受荷载，可以节省水泥和模板。不过目前已很少使用石料直接作为衬砌材料，尤其是在公路隧道中更无工例可循。其缺点是砌缝多，容易漏水，施工主要靠手工操作，费工费时，需要大量熟练工人，目前还不能机械化施工。但洞门挡墙、挡土墙、明线路缘石等仍可使用。超挖部分可以使用片石混凝土回填砌筑
装配式材料	在软土地区修筑隧道时，常用盾构法施工，其衬砌材料往往采用装配式材料，如钢筋混凝土大型预制块，有加劲肋的铸铁预制块。在修筑棚式明洞（简称棚洞）时，可用预制板或梁，即装配板式棚洞或梁式棚洞。用新奥法施工时，为了防水、防落石和美观要求，还可以加设离壁式结构
锚杆与锚喷支护	锚杆是用机械方法加固围岩的一种金属材料，种类很多，通常可分为机械型锚杆、粘结型锚杆以及顶应力锚杆。围岩不够稳定时，还可以张挂金属网。设置锚杆再加喷混凝土时，即为锚喷支护

展，给隧道结构带来了深刻影响，使衬砌结构概念产生了根本改变。以下介绍的是矿山法（传统法）施工条件下的衬砌结构形式，虽然现在已经很少单独使用，但是作为一个历史发展阶段介绍它还是很有必要的。况且在新奥法施工工艺中还是不可或缺的组成部分，所以仍然有必要了解它。

1. 直墙式衬砌

直墙式衬砌形式通常用于以垂直围岩压力为主要计算荷载、水平围岩压力很小的情况，一般适用于Ⅱ级、Ⅲ级围岩，有时也可用于Ⅳ级围岩。对于公路隧道，直墙式衬砌结构的拱部，可以采用割圆拱、坦三心圆拱或尖三心圆拱。三心圆拱指拱轴线由三段圆弧组成，其轴线形状比较平坦（$R_1>R_2$）时称为坦三心圆拱，形状较尖（$R_{12}>R_1$）时称为尖三心圆拱，若$R_1=R_2=R$时即为割圆拱（图7–1）。

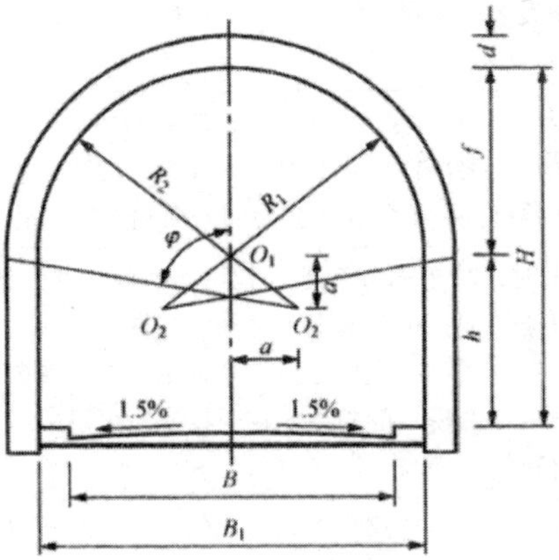

图7–1　直墙式衬砌

2. 曲墙式衬砌

通常在Ⅳ级以下围岩中，水平压力较大，为了抵抗较大的水平压力把边墙也做成曲线形状。当地基条件较差时，为防止衬砌沉陷，可设置仰拱，使衬砌形成环状封闭结构，如图7–2所示。

3. 喷（混凝土）锚（杆）衬砌及复合式衬砌

为了使混凝土结构的受力状态臻于理想化，要求用光面爆破开挖以使洞室周边平顺光滑，成型准确，减少超挖欠挖。然后尽快地喷混凝土，即为喷混凝土衬砌。

根据实际情况，需要安装锚杆的则先装设锚杆，再喷混凝土，即为锚喷衬砌。如果以喷混凝土、锚杆或构件支撑的一种或几种组合作为初期支护，对围岩进行加固，维护围岩稳定，防止有害松动，待初期支护的变形基本稳定后，进行现浇混凝土二次衬砌，二者合称复合式衬砌。为使衬砌的防水性能可靠，保持无渗漏水，采用防水板作为复合式衬砌中间防水层是比较适宜的。

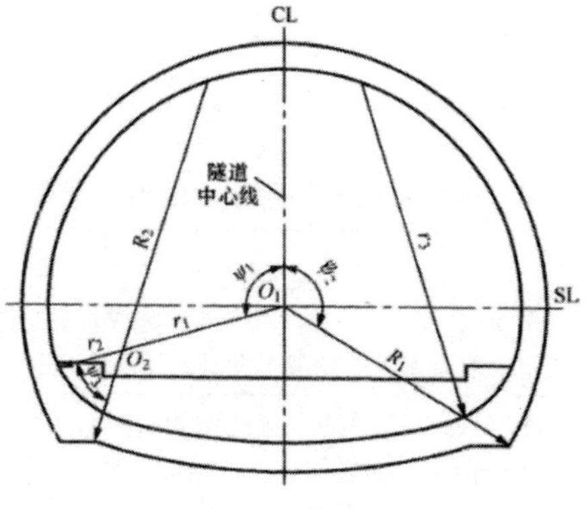

图7–2　曲墙式衬砌

4. 圆形断面隧道

为了抵御膨胀性围岩压力，隧道可以采用圆形或近似圆形断面，可采用隧道掘进机施工。岩石隧道掘进机是开挖岩石隧道的一种机械化切削机械，可形成圆形断面。开挖后可以用喷混凝土衬砌、锚喷衬砌或拼装预制构件衬砌等多种形式。

水底隧道广泛使用盾构法施工，其断面为圆形。通常用预制的弧形管段在现场拼装。此时，在顶棚以上的空间和路面板以下的空间可以用作通风管道。车行道两侧的空间可以设置人行道或自行车道。其余空间还可以设置电缆管道、电缆桥架和其他设施等。水底隧道的另一种施工方法是沉埋法，有单管和双管之分，其断面可以是圆形，也可以是矩形。

5. 矩形断面衬砌

如上所述，用沉埋法施工时，其断面可以用矩形形式。用明挖法施工时，尤其在修筑多车道隧道时，其断面广泛采用矩形。这种情况，回填土厚度一般较小，加之在软土中修筑隧道时，软土不能抵御较大的水平推力，因而不应修筑拱形隧道。另外，矩形断面的利用率也较高。城市中的过街人行地道，通常都在软土中通过，其断面也是以矩形为基础组成的。

三、衬砌基本尺寸的初步拟定

隧道衬砌基本尺寸的拟定，包括确定衬砌内轮廓线、轴线、截面厚度以及外轮廓线等尺寸。对于矩形断面、圆形断面、直墙式衬砌断面等，在计算上一般不存在困难。但是对于三心圆拱、曲墙，特别是变截面断面等，计算时则比较烦琐。不过现代计算机的应用中都有现成的软件可以利用，作为具体的设计者，大多都会绕过这些烦琐的计算，借助于计算机能很方便地获得各种数据。

1. 确定衬砌内轮廓线时的绘制原则

确定衬砌内轮廓线时的绘制原则，见表7–4。

表7–4 确定衬砌内轮廓线时的绘制原则

绘制原则	主要内容
压缩距离，留有余地	不浪费空间，尽量紧凑，确保内轮廓线是最小的包络。但要留有余地，有施工误差、地质条件差的隧道尤其要留有余地
满足需要	隧道净空限界，通风系统所需空间；照明系统所需空间；交通信号、情报板与交通量检测、交通标志所需空间；监控系统（闭路电视、环境—CO检测、亮度检测、风速检测等）所需空间；消防系统（灭火器、消火栓、手动与自动火灾报警器等）；通信系统（应急电话、无线通信天线等）以及其他设施所需空间。凡在内轮廓线以内的各种设备，在满足规范要求的前提下，尽量节省空间，摆放合适
曲线段的连接过渡要圆滑，不能出现拐点	直墙式衬砌的圆弧部分与直墙的交角尽量小，以免出现过大的应力集中，还要有美观效果
拱与墙是人为赋予的称呼，一般是以建筑限界的竖直线的顶点（现行规范为4m高）作为拱与墙的分界点	力学上，现在统称的曲墙式隧道实际上是一个拱，只不过人为地把分界点以下的部分称为墙，以上部分称为拱。从所承受荷载上分，承受垂直荷载部分称为拱，承受水平荷载部分称为边墙。设计中直墙隧道的边墙也不一定非取4m高不可
曲线部分可以由多段圆弧组成，实际需要上是把隧道中心线两侧布置成对称形状	怎样连接才合适，这完全根据实际需要而定。当需要较平坦的拱形（有的简称为坦拱，在多车道隧道中常见）时，中拱的半径则应大于边拱的半径，这种形式的断面适合于围岩比较好的工况，此时垂直围岩压力较小；当垂直围岩压力较大时，需要较尖的拱形（有的简称为尖拱，公路隧道中少见），中拱的半径则应小于边拱的半径。如果曲线部分由三段圆弧组成，习惯上称其为三心圆拱，由五段圆弧组成的称其为五心圆拱
各圆弧段的圆心位置，没有固定的范围，它是根据整个圆弧的形状和预留空间的大小经过反复试做逐步逼近正确位置的	通常是先确定净空限界以上高度，在隧道中线上确定一个点画出中弧线，而后试做相邻弧线，试做时应满足与相邻弧线相切并符合上述要求的形状和空间，可能需要试做多次

关于轴线、截面厚度以及外轮廓线的画法与内轮廓线画法大同小异，其计算利

用几何学方法并不存在困难。等截面拱的计算比较简便，变截面拱圈尺寸的计算则比较烦琐。

2. 隧道衬砌内轮廓线的作法

（1）割圆形衬砌断面的作图。确定公路隧道内轮廓线时，以公路隧道建筑限界为基准，并附加上通风等所需要的断面积（这需要通过计算确定）。考虑到隧道是永久性建筑，一旦建成就无法改变，所以通风面积应该足够。其交通量应该是路线设计的最大交通量，相应的洞内通风量当然是最大通风量。

（2）直墙式衬砌断面的作图。围岩较好时，一般不产生较大的侧压力，无须设置仰拱，可以采用直墙。如果在建筑限界以上设置射流通风机，则应使GH=射流通风机外径+上方安装预留量+下方富裕量，即可确定H点，然后按照最小包络线画图。

第三节　明洞与洞门

一、明洞

当洞顶覆盖层较薄，难以用暗挖法修建隧道时；隧道洞口或路堑地段受坍方、落石、泥石流、雪害等危害时；道路之间或道路与铁路之间形成立体交叉，但又不宜做立交桥时，通常应设置明洞。

明洞一般用明挖法施工。通常根据明洞的用途、地形、地质条件、荷载分布情况、运营安全、施工难易以及经济条件等进行具体分析、比较，确定明洞型式。

明洞主要有三大类，即拱式明洞、棚式明洞和箱式明洞。按荷载分布拱式明洞又可分为路堑对称型、路堑偏压型、半路堑偏压型和半路堑单压型；按构造棚式明洞又可分为墙式、刚架式和柱式等。此外还有特殊结构明洞以适应特殊场合。

明洞所在位置，通常地形、地质条件比较复杂，明洞基础条件差，所以设置时为确保结构的安全与稳定，应当慎重处理地基。

1. 拱式明洞

拱式明洞主要是由顶拱和内、外边墙组成的混凝土或钢筋混凝土结构，整体性较好，能承受较大的垂直压力和侧压力。由于内外边墙基础相对位移对内力影响较大，所以对地基要求较高，尤其外墙基础必须稳固，必要时需要加设仰拱。通常用作洞口接长衬砌的明洞，以及用明洞抵抗较大的坍方推力和支撑边坡稳定等。

2. 棚式明洞

当受地形地质条件限制难以修建拱式明洞时，边坡有小量对落掉块和侧压力较小时，可以采用棚式明洞。棚式明洞由顶盖和内外边墙组成。顶盖通常为梁式结构。内外边墙一般采用重力式挡墙结构，并应置于基岩或稳固的地基上。当岩层坚实完整，干燥无水或少水时，为减少开挖和节省圬工，可采用锚杆式内边墙。外边墙可以采用墙式、刚架式和柱式结构。此外，还有其他形式的明洞，如减光明洞等。

3. 箱式明洞

在明洞净高、建筑高度受到限制时或地基软弱的地方，可采用箱式明洞。图7–3为一方形箱式明洞，全部用钢筋混凝土制成的方形整体明洞。若右侧岩层顺层滑动，利用上部回填土石的压力及底层的弹性抗力，平衡侧向岩层滑动的推力，并传于左侧岩层上。回填土高度根据两侧岩层滑动力的大小决定。需要分段施工，两侧紧贴岩层，保持原岩层不致因施工开挖而产生滑动。超挖回填片石的强度不低于该处岩石的抗压强度。

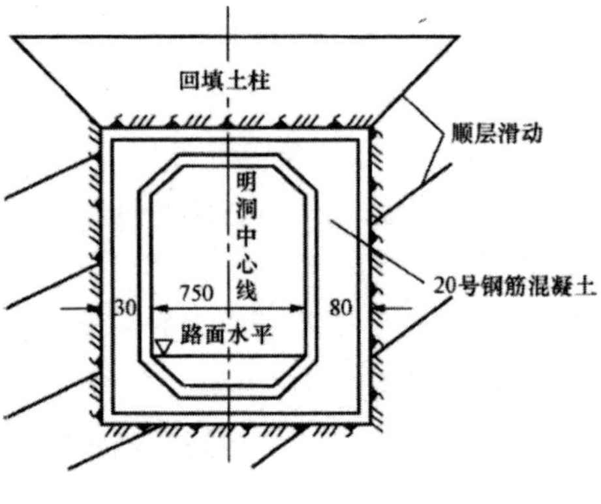

图7–3 箱式明洞

二、洞门

1. 概述

洞门构造形式，山岭隧道、城市隧道与水底隧道等有很大区别。从岩（土）体稳定上看，山岭隧道洞门附近通常都比较破碎松软易于失稳而形成崩塌。为了保护岩（土）体的稳定和使车辆不受崩塌、落石等威胁，确保行车安全，应该根据实际情况选择恰当的洞门形式修筑洞门，并对边仰坡进行适宜的护坡。洞门是各类隧道的咽喉，也是外露部分，在保障安全的同时，还应适当进行洞门的美化和环境的美化。山岭隧道惯用的洞门形式主要有端墙式、翼墙式、环框式、削竹式和遮光棚式；水底隧道的洞门通常与附属建筑物，如通风站，供、蓄、发电间，管理所等结合在一起修建，也可以是造型设计。城市隧道既可能是山岭隧道，也可能是水底隧道，不过一般情况下交通量都比较大，对建筑工艺上的要求也较高，除应注意结构的稳定以外还要特别讲究建筑艺术设计。

公路隧道在照明上有相当高的要求，为了处理好驾驶人在通过隧道时的一系列视觉上的适应问题，有时要求在入口一侧设置遮光棚等减光构造物，有时要求对洞外环境作某些减光处理。这样的洞门位置，就不需要再做洞门建筑艺术设计，而是用明洞和减光建筑将衬砌接长，直至减光建筑物的端部，构成新的入口。出口洞门的朝向如果有眩光问题，在洞门外侧可以设置遮光板，此时洞门也无须做建筑艺术设计。

洞门还可以拦截、汇集、排除地表水，使水沿排水渠道排离洞门，防止地表水沿洞门漫流。所以洞门上方女儿墙应有一定的高度，并有排水沟渠。当岩（土）体有滚落可能时，一般应接长明洞，减少对仰、边坡的扰动，使洞门墙离开仰坡底部一段距离，确保落石不会滚落在车行道上。

2. 洞门型式

洞门的主要型式及内容，见表7–5。

表7–5 洞门的主要型式及内容

型式	主要内容
翼墙式洞门	适用于地质较差的Ⅳ级以下围岩，以及需要开挖较深路堑的地方。翼墙式洞门由端墙及翼墙组成。翼墙是为了增加端墙的稳定性而设置的，同时对路堑边坡也起支撑作用。翼墙顶面通常与仰坡坡面一致，习惯上把排水槽设置在坡面下，将端墙背后排水沟汇集的地表水顺排水槽排至路堑边沟内
端墙式洞门	这是一种传统的洞门型式，适用于岩质稳定的Ⅲ级以上围岩和地形开阔的地区，是最常使用的洞门型式。由这种型式派生出来的还有各种型式的柱式洞门，可以有单柱或双柱
削竹式洞门	当洞口为松软的堆积层时，通常应避免大刷仰，一般宜采用接长明洞，恢复原地形地貌的办法。此时，可采用削竹式洞口。但洞门坡面较平缓，一般应与自然地形坡度相一致。洞门两侧边墙与翼墙一样能起到保护路堑边坡的作用，洞门四周恢复自然植被原状，或重新栽植根系发达的树木等，以使仰、边坡稳定。如果具备条件在引道两旁边沟外侧可以栽植乔木，形成林荫道，这样的总体绿化，对洞外减光十分有益。不过洞门上方及两侧仍应设置排水沟（渠）以排除地表水，防止漫流。倾斜的洞门还有利于向洞内散射自然光，增加入口段的亮度。削竹式洞门适合于洞口宽敞的场合。不过，这里要注意一个问题，平缓的洞门边墙，容易被人或动物攀爬

续表

型式	主要内容
环框式洞门	当洞口岩层坚硬、整体性好、节理不发育，且不易风化，洞门开挖后仰坡极为稳定，并且没有较大的排水要求时采用。环框与洞口段衬砌用混凝土整体灌筑。可以紧贴岩面，也可以离开岩面
遮光棚式洞门	当洞外需要设置遮光棚时，其入口通常外伸很远。遮光构造物有开放式和封闭式之分，前者遮光板之间是透空的，后者则用透光材料将前者透空部分封闭。但由于透光材料上面容易沾染尘垢油污，养护困难，所以很少使用后者。在形状上又有喇叭式与棚式之分

除上述基本型式外，还有一些变化形式，如端墙式用于傍山隧道时，端墙可为台阶式，根据需要还可能用各种柱式等。又如翼墙式的翼墙开度可随地形变化，也可因地制宜设置单侧翼墙等。道路隧道一般应少设或不设斜洞门，不得已必须设置时，对视线性诱导标志应有较高的要求，以便保证行车安全。

结合建筑物修建洞门，形式则更加多样化，一般应根据地形条件，与周围环境相协调地设计洞门型式。

第四节　内部装饰、顶棚及路面

一、内部装饰

为了保证行车安全，在公路隧道中必须采取措施使墙面亮度在长期的营运中保持在必要的水平以上，墙面需用适当材料加以内部装饰（以下简称内装）处理。内装可以提高墙面反射率，改善隧道内的环境，便于清洗。如条件允许还可以选用能吸收少许噪声的材料。

提高墙面反射率，可以增加照明效果。因此内装材料表面应当是光洁的，颜色应当是明亮的。人眼对波长555nm的黄绿光最为敏感，所以内装材料应当是淡黄和浅绿色。作为背景的墙面，能最显著的衬托出障碍物的轮廓，这就需要使墙面的反射率应该在波长555nm附近，或者具有良好的反射率的明亮颜色。为了减少眩光，希望这种反射是漫反射。

未经内装的混凝土衬砌表面粗糙，特别容易吸附引擎排出废气中的黏稠油分，可与烟雾、尘埃一起沾在表面上。在隧道内潮湿、漏水的情况下，这种污染的过程出人意料的快，能使墙面的反光率降到极低的水平。经过内装的墙面，污染仍然是不可避免的，但要求它具有不易污染、容易清洗、耐冲刷、耐酸碱、耐腐蚀，用防火涂料粉刷后能耐高温等特点，表面应该光滑、平整、明亮。

内装可以起到美观作用，使隧道漏水不露出墙面，各种管线都能隐藏在内装材料的后面。但是管线的维修应该方便，受到损坏的内装部分，应当便于更换和维修。

内装材料应该有一定的吸收噪声的作用。消除隧道内的噪声是极其困难的课题之一。隧道内噪声源主要来自两方面，即汽车行驶时引擎发出的噪声和汽车轮胎与路面的摩擦声，如果使用机械通风方式还有通风机产生的噪声。

声波在三维空间中波动，它与光波一样可以屏蔽、聚焦和定向。在均匀截面的管道中行进的波，常常是球面波，这种波从波源出发，在无阻碍地行进一段很长的距离后，可近似地视为平面波，平面波的衰减很慢。由于管径与铺贴吸声材料的吸声效果成倒数关系，在大直径隧道中铺贴吸声材料几乎无效，所以内装材料的消声效果很不理想。

通常用于隧道的内装材料有：

（1）块状混凝土材料。其表面粗糙，容易污染而且不好清洗，但衬砌表面不需特殊处理即可设置，一般不适于公路隧道使用。

（2）饰面板、镶板等质地致密材料。不容易污染，清洗效果好，洗净率高，板背后的渗漏水很隐蔽，即使外露也容易洗净。各种管线容易在板背后隐蔽设置，板背后的空间有利于吸收一定的噪声。

（3）瓷砖镶面材料。表面光滑，最容易洗净，且效果良好。要求衬砌平整，以便镶砌整齐。隧道漏水部位可以考虑用排水导管疏导。镶面后面可以埋设小管线，但这种材料没有任何吸声作用。

（4）油漆材料。比块状混凝土材料容易清洗，但不及其他两种材料，对衬砌表面要求很高，需要压光、整平，隧道不能有漏水现象，浸湿的油漆损坏很快，这种材料也没有吸声作用。

二、顶棚

顶棚的反射率对提高照明效果有利，经过顶棚的反射使路面产生二次反射，能明显地增加路面亮度。顶棚用漫反射材料可以避免产生眩光，其颜色的明亮程度直接影响到路面亮度，所以应该是浅色的，但是又应有别于墙面，在色调和饱和度上可以有所不同。顶棚是背景的一部分，特别是在变坡点附近对识别障碍物和察觉隧道内异常现象颇有帮助。

美国在改造早期修建的隧道时，为了提高隧道内的亮度水平，曾在顶棚上用瓷砖镶面。其结果是一方面产生严重的闪烁现象，另一方面顶棚很快变脏，清洗工作又很不方便。由于脏的过程很快，所以不能获得稳定的反射亮度，这是需要今后进一步探索的问题。

顶棚可以美化隧道，特别是与整齐排列的灯具相互衬托，更可以起到美化的效果，并有明显的诱导作用。根据实际需要可以把顶棚做成平顶或者拱顶。在自然通风或诱导通风时，可以用拱顶。在半横向或横向通风时可以用平顶。顶棚以上可以作为通风道和供管理人员使用的通道。

三、路面

对隧道内路面的讨论是在满足公路路面设计规范使其具有足够强度和耐久性的前提下进行的。作为特殊要求，有以下各点：

（1）路面材料应具有抵御水的冲刷和含有化学物质的水的侵蚀能力。尤其地下水可能为承压水时，更为突出。路面的坡度应能迅速排除清洗用水。

（2）因为车辆在隧道内的减速及制动次数较高，所以横向抗滑要求更高，以确保车体横向稳定。

（3）容易修补；路面漫反射率高，颜色明亮，才能获得良好的照明效果。路面作为发现障碍物的主要背景，与墙面和顶棚相比起更大的、关键性的作用。

路面材料主要有两种，即混凝土和沥青混凝土。由于混凝土的反射率较沥青混凝土路面高，横向抗滑性好，是过去广泛使用的材料。其最大缺点是产生裂缝时不容易修补，更换时要停止交通，为了减少更换次数，有宁愿提高路面混凝土强度等级的趋势。混凝土路面在高寒地区还要受到防滑链的损害，必须考虑设置磨耗层。沥青路面的反射率较低，为了改善路面亮度，需要在面层加入石英和铝的混合物，有的加入浅色石子和氧化钛做填充料。

路面与车道分隔线等交通标志之间应保证有明显的亮度对比和鲜明的颜色对比。

隧道内的路基应具有足够的承载力，尤其要求在有丰富地下水的条件下也能满足要求，这就要求有良好的排水设施。在衬砌背后设置盲沟和导水管之后，在车道板下面也应铺设导水管和透水性好的路基材料。在确定运道纵坡时保证排水沟排水顺畅，保证路面有1% ~ 1.5%的横坡等。

四、噪声的消减

噪声是指使人产生烦恼、破坏安静环境影响人们生活和工作乃至使人不快甚至发怒的声音。噪声和音乐在物理上并没有区别。音乐可以给人以快感和美感，使人得到某种程度的精神享受，即使是非常美妙的音乐当它能量超过某个界限时，也会让人们难以接受。

隧道内噪声主要来源于车辆引擎的轰鸣声、轮胎与路面的冲击和摩擦声。隧道内噪声主要影响隧道内从事维修养护人员、救援救护人员以及需要使用应急电话通话（如报警）的当事人等的正常工作和交流。

在隧道内可以使用电话的标准是很高的。由于隧道是封闭结构，声能在横向无法扩散，只能沿纵轴经进出洞口向外扩散在隧道内设置吸声材料，如果吸声材料是绝对的好，那么可以一次吸收完毕，不再反射。实际材料在横向只能有限度地吸收一小部分，所以只能减少反射的次数。

目前吸声材料较多，多孔隙吸声材料是应用最广的基本吸声材料，其种类很多，如玻璃棉、矿棉、无机纤维材料及其成型板材等。

利用吸声结构吸声的有膜共振吸声结构、板共振吸声结构、腔共振吸声结构，如穿孔板式共振吸声结构等。吸声材料应当具有内装材料特性，吸声结构应当与内装相结合。任何吸声材料和结构形式对沿隧道轴线传播的平面声波都不起作用。

第五节　隧道的附属设施与防排水设施

一、隧道的附属设施

1. 公路隧道的营运通风

（1）运营通风的必要性

汽车所排出的废气，含有多种有害成分，如一氧化碳、烟、氮氧化物、铅、二氧化硫、磷化物等，是气态和悬浮固态微粒的混合物。汽车还能携带尘土和卷起尘埃。这些物质造成了隧道内的空气污染。而隧道是个闭塞空间，一般只有进出口与大气相通，污染物不能很快扩散，所以隧道内污染空气的浓度会逐渐积累。当浓度很小时，通常影响不大。但是，剧毒性的一氧化碳浓度增加时，会使人体产生不同程度的中毒症状，直至危及生命。空气中的烟雾可以影响能见度，含烟（尘）量达到一定程度后，可使能见度下降到妨碍行车安全的程度。总之，隧道内的空气污染，既会造成对人体的危害，又会影响行车安全。

改善隧道内空气污染的途径大体上有三种：①生产无公害汽车；②使用滤毒装置还原被污染的空气；③把污染空气的有害物稀释到容许值以下。无公害汽车现在仍为有待解决的重大课题，随着对新能源的开发和对公害问题的深入研究，这个问题已经得到某种程度的解决，不过还没有达到实用化的程度。目前用滤毒装置已经可以还原含CO之类的有害气体，但在效率上和经济上还没有达到实用化的程度。现阶段实用的方法是从洞外引进新鲜空气，稀释隧道内的有害物质浓度，有的使用静电吸附办法减少过量尘埃，使空气质量满足卫生标准和能见度方面的要求。

（2）通风方式的选择

隧道通风方式的种类很多，选择时最主要的是考虑隧道长度和交通条件，同时还要考虑气象、环境、地形以及地质等条件。在充分考虑各种因素后，选择既有效又经济的通风方式。

水底隧道的通风要求比较高，从重要性和安全上都希望用可靠性高的全横向式通风方式。水底隧道采用圆形断面，尤为适宜。可以利用车道板下面的空间送风，利用顶棚以上的空间排风，其可靠性相当于两套半横向式通风。也有采用半横向式通风的。

城市隧道，一般交通量较多，交通流也不稳定。而全横向式通风及半横向式通风不受交通状况的影响，所以可以考虑这两种方式。如果在隧道内设置人行道和自行车道时，从安全和舒适的角度考虑，全横向通风最为理想。全横向通风的送风口通常设在两侧距车道面约1m高的位置上，行人能最先呼吸到新鲜空气。另外，这种通风方式，沿隧道纵向几乎没有风流动，可以保证自行车的稳定和安全。

山岭隧道的通风方式要更多的考虑经济性，多半采用纵向式通风和带竖井的纵向式通风，也有采用半横向式的。车道空间因纵向通风或半横向通风而引起的沿隧道纵向流动的风速过大时，对车辆和行人均有影响，使人有不快感。万一发生火灾，烟火迅速蔓延，危及下风方向的车辆和行人，所以风速应当有一定的限制。如果因隧道纵坡大或长度大，通风量很大时，风速可能超过风速限制，此时应考虑改变通风方式或进行分段通风。

从运营通风的观点来看，要求尽量节省费用，如果能获得全年稳定的自然风是最理想的。不过，自然风往往是不稳定的。通风设计应当从最不利的气象因素去考虑。在实际设计中不是考虑怎样充分利用自然风的通风效应，而是把它看作阻力。地表自然风速的大小，受地形、方向、大气环流等气象条件的影响而有很大差异，不过在隧道通风计算中，一律按其在隧道方向的速度分量为2.5m/s考虑。

对于通风方式的选择，应从不同方案的工程费、维护管理费上进行经济比较。这里不应局限于成本上的比较，而是包括通风质量在内的综合比较。在选择通风方式时，首先需要确定隧道内所需通风量，然后讨论交通风和自然风能否满足需要，如果不能满足需要就应当采用机械通风。

2. 公路隧道的营运照明

公路隧道的照明，是为了把必要的视觉信息传递给驾驶人员，防止因视觉信息不足而出现交通事故，提高驾驶的安全性和舒适性。隧道照明与道路照明的显著不同是昼间需要照明，而且昼间照明问题比夜间更加复杂。从理论上讲隧道照明与明线道路照明的共同点是需要考虑路面应具有一定的亮度水平。然而隧道照明还应进一步考虑设计车速、交通量、线形等影响因素，并从驾驶的安全性和舒适性等方面，综合确定照明水平。主要的困难问题是在隧道出入口段及洞内相邻区段需要考虑人的视觉适应过程。

在洞内没有照明设施时，驾驶人一般都会情绪紧张。汽车在经过隧道进出口时，通常都会降低速度，通过隧道内部时也小心翼翼，唯恐发生冲撞，所以汽车行驶速度一般都比较低，只有30 ~ 40km/h。特别是会车时会降低车速，会车后又要重新换挡加速，从而排出大量尾气，对通风产生不良影响。较短的自然通风良好的隧道，当交通量很小时影响尚小，否则隧道内常常烟雾弥漫。一旦发生交通事故时车辆阻塞导致严重后果。另外，依靠汽车前大灯照明很不可靠，如果有穿暗色衣服的人通过，因为背景也是暗色，往往反差不够难以发现，极易发生事故。

隧道洞外的野外亮度一般都很高，即使在洞内进行照明，由于考虑经济问题其亮度也只能维持在较低的水平上，洞内外的亮度差异是极悬殊的。另外，人的眼睛由于视觉机能的缘故，在视野景物中如果亮度发生明显的变化，眼睛瞳孔会自然地调节孔径以求适应。这个过程需要一定的时间，这段时间称为适应时间。由亮到暗则瞳孔直径发生扩大，称为暗适应。暗适应过程较长，一般约需10s时间。由暗到亮则瞳孔直径缩小，称为亮适应。亮适应过程较暗适应短得多，只需1 ~ 3s时间即可完成。亮度变化的速率越高，所需要的反应时间越长。如果亮度变化过快，视觉会产生障碍，使人感受不快和不安全。暗适应时亮度变化速率与适应时间相协调后，情况将会得到改善。

3. 消防设施

（1）隧道发生火灾的主要原因

1）车辆的电气线路发生短路等意外事故导致火灾。1976年3月8日在上海某隧道中，大客车油箱与地面露出的钢筋相撞，摩擦起火，死亡5人，重伤2人。

2）车辆驾驶员的违规操作等因素导致火灾。1999年3月24日，意大利、法国交界处的勃朗峰隧道一辆满载油品的卡车，因驾驶员的违规操作引起隧道大火，殃及前后车辆，大火持续燃烧了48小时，41人死亡，其中消防队员1名，20多辆车被毁，交通中断3天。

3）车辆之间不慎碰撞、刮擦等事故导致火灾。2000年5月29日清晨，奥地利阿尔卑斯山的一条隧道发生一起汽车连环相撞事故，造成至少2人死亡，71人受伤，总共有60辆汽车卷入了这场事故，67人弃车逃离了灾难现场。隧道内由于油漆燃烧所产生的浓烟和上千摄氏度的高温，给灭火和营救伤员的工作造成了巨大困难，也造成了重大的经济损失。

4）车辆装载的货物发生自燃等导致火灾。由于自燃物品有遇高温空气积热自燃的特性，对运输车辆要求不宜采用金属车厢，以防摩擦、振动，必须采用时应落实可靠防护措施，并配置灭火器材，定期检查、保养。发现问题应立即更换或修理，应悬挂公安消防机构统一规定的危险物品运输标志。在运输时应有专人押运，随时注意检查运输物品的状态，确保安全。

5）隧道工程发生塌方等意外事故导致火灾。

（2）隧道火灾的特点

1）由于隧道空间狭长，如发生火灾很容易发生连环爆炸，火势发展迅猛且烟雾笼罩，能见度差，燃烧温度高，给消防人员的及时扑救工作带来较大的困难，易造成人员伤亡和重大的经济损失，给隧道造成极大的损害。

2）人员、车辆的疏散工作十分困难。由于发生火灾时，造成交通堵塞，且燃烧产生的有毒烟雾浓度大，对人员造成致命的第二次伤害，对工作人员、消防人员的抢险救援、疏散工作带来困难。

3）需投入的消防灭火力量多且扑救难度大；遇液化槽车泄漏、塌方等严重事故，极易造成重大的经济损失。

（3）隧道火灾的危害性

隧道内一旦发生火灾，既不容易控制火势，隧道内人员、车辆又不易逃生，往往后果严重。由于隧道都是狭长形的，空间小、道路窄、通风条件差，一旦发生火灾可燃物产生的浓烟将从起火部位以很快的速度向四处对流扩散，直至充满整个空间，呈现聚集不散的状态。公路隧道内发生火灾后将会有较多的车辆和随车人员堵在隧道内，既不能前进又不能后退，而且受隧道宽度的限制，绝大多数车辆更不能在隧道内掉头，人员、车辆、物资疏散困难，这种情况为火势蔓延、扩大人员伤亡和财产损失创造了条件。

较长隧道近似于密闭状态，自然排风几乎不可能，因此较长隧道内设有专用通风和照明设备，但一旦发生火灾，这些设备即被烧毁，极易造成隧道内烟雾大、温度高的局面，尤其是浓烟对人的生命构成严重威胁，消防施救较为困难，后果难以预料。

公路隧道的火灾，由于其发生的时间、地点均不可预测，所以很难完全杜绝。加之隧道内空间狭小，灾害发生时常伴随严重的交通阻塞，如果施救不及时和方法不当，必然会造成严重的人员伤亡和财产损失。

（4）隧道的防火措施

大火中人的死亡原因大都是浓烟导致的窒息，而非被火直接烧死。各国在隧道防火的研究工作中，针对不同情况提出了相应的防火措施。

1）较长的隧道应划分防火分区。《公路隧道通风照明设计规范》（JTJ026.1—1999）建议防火分区长度取1000m，是基于与避难横通道所处位置基本对应而提出来的，各个防火分区应有相应的排烟要求及人车逃离方案。长隧道的通风井与隧道之间的所有相通的门均应做成甲级防火门，耐火极限达1.2h。

2）隧道所用的材料耐火极限应为1.5 ~ 2h。隧道内的灯具、电话箱和灭火器箱体等也应用不燃材料制成。电缆应用阻燃电缆或耐火电缆，各类电气线路均应穿管保护。

3）设置机械通风的隧道，应视隧道内火灾点的位置确定送排风风向，应尽量缩短火灾烟雾在车道内的行程。

4）通风设备在设计选型时，必须考虑到发生火灾时排烟的要求，应当具备高温情况下能维持一定工作时间的功能，并可远距离遥控启动。排烟风机应按重要负荷供电，设两个互为备用的电源，末端应能自动切换；设置疏散避难设施，如避难通道、定点急救避难场所等。对于双孔隧道，可把联络通道作为避难设施。同时，还应设置带蓄电池的事故照明灯、灯箱式疏散诱导标志。

（5）隧道灭火设施

隧道灭火设施的种类很多，主要包括灭火器、消火栓、固定式水成膜泡沫灭火装置和消防车等。

1）灭火器。灭火器是火灾扑救中常用的灭火工具，在火灾初起之时由于范围小、火势弱是扑救火灾的最佳时机，正确及时地使用灭火器可以使损失降至最低。灭火器结构简单、轻便灵活，稍经学习和训练就能掌握其操作方法。目前道路隧道内经常使用的灭火器主要有泡沫灭火器、干粉灭火器、二氧化碳灭火器、1211灭火器等。

2）消火栓。消火栓是为了在初期火灾时灭火和防止火灾扩大的设备。消火栓实际上是一种截止阀的阀门，是一种固定式消防供水设备。消火栓分室内消火栓和室外消火栓两种，室内消火栓可设在隧道边墙上，室外地上消火栓可设在隧道洞口间绿地上。

室内消火栓主要由阀体、密封垫、阀门、阀杆、阀盖、手轮、进出水接口等部件组成。室内消火栓配合水带、水枪使用。水带是连接消火栓或消防泵与水枪等喷射装置的输水管线，按材料分麻织、棉织涂胶、尼龙涂胶三种；按口径可分为50mm、65mm、80mm、90mm四种；按承受压力可分为甲、乙、丙、丁四级，承受最大工作水压分别为≥1MPa、0.8 ~ 0.9MPa、0.6 ~ 0.7MPa、≤0.6MPa。选择水带时要注意到各种接口的型号、规格与性能，以便配套使用。

水枪是增加水流速度、射程和改变水流形状的射水灭火工具，按喷射水流不同，可分为直流水枪、开关直流水枪、开花直流水枪、喷雾水枪、带架水枪等。直流水枪是用来喷射密集充实水流的水枪；开关直流水枪是在直流水枪上安装控制开关，能控制水流大小和增加水枪射程的水枪；开花直流水枪是一种既可喷射充实水流，又可喷射伞形开花水流的水枪，开花水流能隔离辐射热，能掩护消防员以充实水流灭火；喷雾水枪是在直流水枪的枪口上安装一个双级离心喷雾头，使水流在离心力作用下，将压力水变成雾状水流，可适用于扑救油类及电器设备火灾；雾状水流能吸收大量辐射热，可以掩护消防员接近火源，提高灭火效率；带架水枪由枪管、旋转盘、操纵杆、底架等主要部件构成，适用于大面积火场及高层建筑等。

3）固定式水成膜泡沫灭火系统。

隧道火灾主要是以汽车火灾为代表，也就是油类火灾。在20世纪60年代初美国3M公司生产出水成膜泡沫灭火剂，是专门为油类火灾而研制的一种高效灭火剂。水成膜泡沫又称“轻水”泡沫，英文简称AFFF，主要由氟碳表面活性剂组成，并添加泡沫稳定剂、防腐剂等成分，是一种无毒、无味不易腐败的高效灭火剂，存放期可达10年以上。水成膜泡沫灭火剂除含有普通水成膜泡沫液的成分外，还添加有高分子聚合物。氟碳表面活性剂具有显著降低表面张力的能力，具有高耐热、耐化学制剂的性能，与碳氢表面活性剂复合使用表现出良好的协同效应，既能有效降低溶液的表面张力，也能降低油的界面张力。

水成膜在水溶液中能起泡，其水溶液比水轻，所以它能浮在燃液表面，因此被称作“轻水”。它对石油类灭火性能十分优异。它的灭火原理，除具有一般泡沫灭火剂的作用外，还有当它在燃烧液表面流散的同时析出液体冷却燃液表面，并在燃烧液面上形成一层水膜与泡沫层共同封闭燃液表面，隔绝空气形成隔热屏障，吸收热量后的液体汽化稀释燃液面上的空气含氧量，对燃烧液体产生窒息作用，阻止了燃液的继续升温、汽化和燃烧。它和其他灭火剂的根本区别是“轻水”泡沫具有泡沫和水膜的双重灭火作用，这是它灭火效率高、时间短的原因。

固定式水成膜泡沫灭火装置是由压力水、泡沫液容器、比例混合器、软管、泡沫枪及箱体等组成的灭火设备。国内近年来已开始将水成膜泡沫灭火装置用于隧道上，该系统使用方便，火灾时由使用者首先拉出喷枪（在拉出喷枪的同时，引起导向架摆动，自动打开供水阀），再将软管拉至需要的长度，对准火源即可灭火，是一种高效泡沫固定灭火装置。

4）消防专用车。

普通消防车。水是最常用的灭火剂，它来源广泛、价格便宜。以水为灭火剂的消防车是很普通的消防专用车，在一般中小公路隧道配备这种消防车已经足够了。目前的消防体制是由消防警察承担灭火作业和管理使用消防专用车辆。在城市道路的安全设计中，一般允许单独设置指定专门为隧道消防服务的专门机构，或指定专门为隧道服务的专用的消防车辆，所有灭火作业都可以在消防单位的主持下开展工作。这里应当说明的是隧道火灾的灭火作业方案都是预先制定好的。在远离城市的重要公路隧道，有时需要考虑设立专门的消防编制，有专门担任消防作业的人员和专用车辆以应急需。不过在这种情况下，要求在编人员除担负灭火作业外还要完成各种救援作业，从事清理火灾现场和清扫工作及日常的维护修理工作等。总之，是一个综合性服务队伍。

专用消防车。在长大公路隧道、重要城市道路隧道、专运线公路隧道等场合，有时可能需要考虑扑灭车载可燃气体、可燃液体火灾，此时采用专用消防车比较方便。这类消防车机动性好，具有相当好的灭火能力，价格相对便宜，是一种较好的选择方式。一般长度超过5000m远离城市的特长隧道要考虑配备专用消防车，专用消防车可选用干粉泡沫联用车。

二、防排水设施

在公路隧道中，防排水是保持正常营运的重要因素之一。隧道漏水将损坏顶棚、内装、通风、照明以及其他各种附属设施，使之霉烂、锈蚀、变质、失效。路面积水后将改变路面反光条件引起眩光；使车辆打滑，影响正常行驶。在严寒地区，隧道渗水将产生侵入限界的“挂冰”。路面结冰会导致路面凸起和车轮打滑，结冰冻胀还会破坏衬砌。

隧道的防排水是由地质调查时开始的。为了保证在有丰富地下水地区的施工，可以使用导水法、注浆法乃至冻结法和混合法等。例如用钻孔抽水、导坑排水、井点降水等方法导水，用水泥、黏土、水玻璃系、木质素类、丙烯酰胺类、聚氨酯类、糠醛树脂类、环氧树脂类等注浆法。施工中的防排水是临时性措施，但应与永久性防排水构造相结合。

隧道的永久性防排水，是用防排水工程措施实现的，概括为“防、排、截、堵”综合治理方法。

“排”水是利用盲管（沟）、泄水管、渡槽、排水侧沟和中心排水沟等，将水排出洞外。盲管排水是目前普遍采用的方式，已经形成了尚未标准化的系列构件产品，其形式多种多样。盲沟是一种比较古老的形式，是在衬砌背后用片石或卵石干砌而成的厚30 ~ 40cm，宽100 ~ 150cm的排水通道。盲沟可以根据需要砌至拱脚或砌至边墙底部，然后用泄水管将水引入隧道的排水沟内。盲沟间距应因地制宜的设置。由于这种工艺对岩体破坏大，又费料、费工、费时，目前已很少采用。渡槽是在衬砌内表面设置的环向槽，其尺寸按水量大小确定，其间距一般应与筑拱环节长度配合，施工缝往往是渗水最多的位置。衬砌背后的排水盲管、哮槽等管道，目前已被定型橡塑管（蛇形管、半圆管、Ω 形管、π 形管）等系列产品代替。

隧道内的排水一般均采用排水沟方式，类型主要有中心排水沟和路侧排水沟，在严寒地区应设置防冻水沟。排水沟断面可为矩形或圆形，并便于清理和检查。过水面积应根据水量大小确定。沿纵向应在适当间隔处设置检查井和汇水井，但不宜设在车道中心。必须设在隧道中心时，应对井盖顶面标高作出严格限制，应与路面同高并符合路面设计标准，以确保行车时不会发生弹跳现象。

实际工例表明，排水设计和施工是很精细的工作，简单马虎的设计和粗制滥造的施工都必然在使用不久即形成堵塞，会造成严重的病害。排水系统必须保持畅通且应该是可维修的。

“截”是切断涌向隧道的水流，即把可能流入隧道的地表水和地下水的通道截断。在隧道未开挖前地表水和地下水各自经过原有通道和孔隙流动，隧道一旦开挖之后原有的平衡被破坏便形成了新的地下通路，地下水会大量汇集并涌入隧道，地表水也会大量渗入。

在地表水和地下水都很丰富的地区应把地表水引开。例如在洞外设置截水沟使地表水不会涌向洞口和洞身上方地面。必须流经隧道上方时也应砌筑排水沟或喷、抹灰浆使地表水不易渗入。地下水有明显流向并有稳定的补给来源时可在适当位置设置截水导坑。

“堵”即在隧道内设置隔水层，使地下水不能涌入隧道。有的在衬砌外表面设置外贴式防水层。外贴防水层多用于沉管隧道和明挖隧道，暗挖隧道很难应用。早期多用钢壳防水（水下沉管隧道）。20世纪50年代开始逐渐改用柔性防水层，使用沥青油毡、玻璃纤维油毡、异丁橡胶卷材及防水涂料等材料。内敷式防水层可用于暗挖隧道，它是在衬砌内表面上高速喷射水泥砂浆或混凝土形成防水层。把沥青油毡等贴在衬砌内表面时，称为内贴式防水层，但需要有衬套烘托住。当地下水压力较大或有侵蚀性时，不宜设置内贴式和内敷式防水层。20世纪60年代以后，开始改用以防水混凝土为主的防水措施。

向衬砌背后压浆能填充衬砌背后的空隙，并能压入围岩的裂隙和孔洞，能起到一定的防水作用。在围岩破碎和不稳定地段，还能起到加固作用。

在新奥法施工中采用复合式衬砌结构时，在喷混凝土衬砌内表面上张挂高分子柔性防水卷材，如聚乙烯或聚氯乙烯板做防水层，再灌筑整体式混凝土（一次）衬砌作为支撑衬套，效果良好。也有只在隧道内张挂聚氯乙烯板做防水伞的。

在地下水较丰富的地区，衬砌接缝处常用止水带防水。其类型很多，如金属（铜片）止水带、聚氯乙烯止水带以及橡胶止水带等。金属止水带已经很少使用了，聚氯乙烯止水带的弹性较差只能用于相对变形较小的场所，橡胶止水带则可用于变形幅度较大的场合。在水底隧道中，20世纪50年代以后广泛使用钢边止水带，它是在两侧镶有0.6 ~ 0.7mm厚的钢片翼缘的一种橡胶止水带，刚度较高且便于安装。

第八章　围岩压力

第一节　隧道围岩分级

由于工程地质与水文地质条件的复杂性和多变性，国内外提出了许多隧道围岩分级方法，有的已在实践中得到广泛应用。其分类方法大体上有以下几种：

（1）以岩石强度或岩石的物理力学性质指标为代表的分级方法。

（2）以岩体构造、岩性特征为代表的分级方法。

（3）与地质勘察手段相联系的围岩分级法。

（4）以多种地质因素进行组合的分级方法。

（5）以坑道稳定状态为代表的分级方法。

我国交通部门（包括铁、公路）采用的围岩分级法基本上有两大类：一是以岩石强度指标为基础的分级方法；二是以坑道围岩稳定性为基础的分级法。从我国大量的地下工程建筑的实践表明，坑道的破坏及围岩压力的大小，并非仅仅取决于岩体的强度，而围岩结构特征对围岩稳定性具有重要影响。例如，西北、华北地区黄土的抗压强度并不高，但岩（土）体整体性好，开挖坑道后一般都能自立不垮塌，并且实测其围岩压力也较大。因此，人们逐渐放弃了单纯以围岩强度为基础的围岩分级法，而采用综合考虑坑道围岩地质条件特征及以坑道围岩稳定性为基础的围岩分级法。

国内外现有的围岩分级有定性、定量、定性与定量相结合3种做法，且多以前两种做法为主。定性分级的做法是，在现场对影响岩体质量的诸因素进行定性描述、鉴别、判断，或对主要因素作出评判、打分，有的还引入部分量化指标进行综合分级。以定性为主的分级方法，如我国现行的公路、铁路隧道围岩分级（分类）等方法经验的成分较大，有一定人为因素和不确定性，在使用中往往存在不一致，随勘察人员的认识和经验的差别，对同一围岩作出级别不同的判断。采用定性分级的围岩级别，常常出现与实际差别1 ~ 2级的情况。定量分级的做法是根据对岩体（或岩石）性质进行测试的数据或对各参数打分，经计算获得岩体质量指标，并以该指标值进行分级，如国外N.Barton的Q分级、Z.T.Bieniawsks的地质力学（MRM）分级、Dree的RQD值分级等方法。但由于岩体性质和赋存条件十分复杂，分级时仅用少数参数和某个数学公式难以全面准确地概括所有情况，而且参数测试数量有限，数据的代表性和抽样的代表性均存在一定的局限，实施时难度较大。因此我国现行《公路隧道设计规范》（JTGD70—2004）围岩分级采用定性划分和定量相结合的综合评判方法，两者可以互相校核和检验，以提高分级的可靠性。

根据隧道工程建设的不同阶段、公路线路等级和隧道长度的不同，所进行的调查和测试工作的深度不同，对围岩分级精度的要求也不尽相同。一般在可行性研究和初勘阶段和线路等级三级以下、长度短于500m的隧道，围岩初步分级可以定性分级为主，或以定性与少量测试数据所确定的岩体基本质量指标BQ值相结合进行围岩基本质量分级。在详勘阶段和施工设计阶段，特别是施工期间，必须进行定性与定量相结合的分级，并应根据勘测测试资料和开挖揭露的岩体观察量测资料，对初步分级进行检验和修正，确定围岩详细分级。

影响围岩稳定的因素多种多样，主要是岩石（体）的物理力学性质、构造发育情况、承受的荷载（工程荷载和初始应力）、应力变形状态、几何边界条件、水的赋存状态等。这些因素中，岩体的物理力学性质和构造发育情况是独立于各种工程类型的，反映出了岩体的基本特性，在岩体的各项物理力学性质中，对稳定性关系最大的是岩石坚硬程度、岩体的构造发育状态、岩体的不连续性、节理化程度所反映的岩体完整性是地质体的又一基本属性。因此我国现行公路隧道围岩分级将岩石坚硬程度和岩体的完整程度作为岩体基本质量分级的两个基本因素。

（1）隧道围岩分级的综合评判方法宜采用两步分级，并按以下顺序进行：

根据岩石的坚硬程度和岩体完整程度两个基本因素的定性特征和定量的岩体基本质量指标BQ，综合进行初步分级；对围岩进行详细定级时，应在岩体基本质量分级基础上考虑修正因素的影响，修正岩体基本质量指标值；按修正后的岩体基本质量指标BQ，结合岩体的定性特征综合评判、确定围岩详细分级。

（2）围岩分级中岩石坚硬程度、岩体完整程度两个基本因素的定性划分和定量指标及其对应关系应符合下列规定：

1）岩石坚硬程度可按表8-1定性划分。

表8–1　岩石坚硬程度的定性划分

名称		定性鉴定	代表性岩石
硬质岩	坚硬岩	锤击声清脆，有回弹，震手，难击碎；浸水后大多无吸水反应	未风化～微风化的花岗岩、正长岩、闪长岩、辉绿岩、玄武岩、安山岩、片麻岩、石英片岩、硅质板岩、石英岩、硅质胶结的砾岩、石英砂岩、硅质石灰岩等
	较坚硬岩	锤击声较清脆，有轻微回弹，稍震手，较难击碎；浸水后有轻微吸水反应	（1）弱风化的坚硬岩； （2）未风化～微风化的熔结凝灰岩、大理岩、板岩、白云岩、石灰岩、钙质胶结的砂页岩等
软质岩	较软岩	锤击声不清脆，无回弹，较易击碎；浸水后指甲可刻出印痕	（1）强风化的坚硬岩； （2）弱风化的较坚硬岩； （3）未风化～微风化的凝灰岩、千枚岩、砂质泥岩、泥灰岩、泥质砂岩、粉砂岩、页岩等
	软岩	锤击声哑，无回弹，有凹痕，易击碎；浸水后手可掰开	（1）强风化的坚硬岩； （2）弱风化～强风化的较坚硬岩； （3）弱风化的较软岩； （4）未风化的泥岩等
	极软岩	锤击声哑，无回弹，有较深凹痕，手可捏碎；浸水后可捏成团	（1）全风化的各种岩石； （2）各种半成岩

2）岩石坚硬程度定量指标用岩石单轴饱和抗压强度R_c表达。R_c一般采用实测值，若无实测值时，可采用实测的岩石点荷载强度指数$I_{s(50)}$的换算值，即按下式计算。

$$R_c = 22.82 I_{S(50)}^{0.75}$$

3）R_c与岩石坚硬程度定性划分的关系可按表8–2确定。

表8–2　R_c与岩石坚硬程度定性划分的关系

Rc/MPa	>60	60 ～ 30	30 ～ 15	15 ～ 5	<5
坚硬程度	坚硬岩	较坚硬岩	较软岩	软岩	极软岩

4）岩体完整程度的定量指标用岩体完整性系数K_V表达。K_V一般用弹性波探测值，若无探测值时，可用岩体体积节理数J_V按表8–3确定对应的K_v值。

表8-3　J_v与K_v对照表

J_v条/m^3	<3	3 ~ 10	10 ~ 20	20 ~ 35	>35
K_v	>0.75	0.75 ~ 0.55	0.55 ~ 0.35	0.35 ~ 0.15	<0.15

5）K_v与定性划分的岩体完整程度的对应关系可按表8-4确定。

表8-4　K_v与定性划分的岩体完整程度的对应关系

K_v	>0.75	0.75 ~ 0.55	0.55 ~ 0.35	0.35 ~ 0.15	<0.15
完整程度	完整	较完整	较破碎	破碎	极破碎

6）岩体完整程度的定量指标K_v、J_v的测试和计算方法应符合《公路隧道设计规范》（JTGD70—2004）的规定。

（3）围岩基本质量指标BQ应根据分级因素的定量指标R_C值和K_v值按下式计算：

$$BQ = 90 + 3R_C + 250K_V$$

使用上式时应遵守下列限制条件

当$R_C>90K_v+30$时，应以$R_C=90K_v+30$和K_v代入计算BQ值。

当$K_v>0.04R_C+0.4$时，应以$K_v=0.04R_C+0.4$和R_C代入计算BQ值。

（4）围岩详细定级时，如遇下列情况之一，应对岩体基本质量指标BQ进行修正：

有地下水；围岩稳定性受软弱结构面影响，且由　组起控制作用；存在高初始应力。

围岩基本质量指标修正值［BQ］可按下式计算：

$$[BQ] = BQ - 100(K_1 + K_2 + K_3)$$

式中　［BQ］——围岩基本质量指标修正值；

BQ——围岩基本质量指标；

K_1——地下水影响修正系数；

K_2——主要软弱结构面产状影响修正系数；

K_3——初始应力状态影响修正系数。

K_1、K_2、K_3值可分别按《公路隧道设计规范》（JTGD70—2004）附录A确定。

围岩极高及高初始应力状态的评估，可按《公路隧道设计规范》（JTGD70—

2004）附录A规定进行。

（5）可根据调查、勘探、试验等资料，岩石隧道的围岩定性特征，围岩基本质量指标BQ，或修正的围岩质量指标［BQ］值，土体隧道中的土体类型、密实状态等定性特征，按表8–5确定围岩级别。

表8–5　公路隧道围岩分级

围岩级别	围岩或土体主要定性特征	围岩基本质量指标BQ或修正的围岩基本质量指标［BQ］
Ⅰ	坚硬岩，岩体完整，巨整体状或巨厚层状结构	>550
Ⅱ	坚硬岩，岩体较完整，块状或厚层状结；较坚硬岩，岩体完整，块状整体结构	550 ~ 451
Ⅲ	坚硬岩，岩体较破碎，巨块（石）碎（石）状镶嵌结构；较坚硬岩或较软硬岩层，岩体较完整，块状体或中厚层结构	450 ~ 351
Ⅳ	坚硬岩，岩体破碎，碎裂结构； 较坚硬岩，岩体较破碎 ~ 破碎，镶嵌碎裂结构； 较软岩或软硬岩互层，且以软岩为主，岩体较完整 ~ 较破碎，中薄层状结构	350 ~ 251
	土体：1.压密或成岩作用的黏性土及砂性土； 2.黄土（Q_1、Q_2）； 3.—般钙质、铁质胶结的碎石土、卵石土、大块石土	
Ⅴ	较软岩，岩体破碎； 软岩，岩体较破碎 ~ 破碎； 极破碎各类岩体，碎、裂状，松散结构	≤250
	一般第四系的半干硬至硬塑的黏性土及稍湿至潮湿的碎石土，卵石土、圆砾、角砾土及黄土（Q_3、Q_4）。非黏性土呈松散结构，黏性土及黄土呈松软结构	
Ⅵ	软塑状黏性土及潮湿、饱和粉细砂层、软土等	

当根据岩体基本质量定性划分与［BQ］值确定的级别不一致时，应重新审查定性特征和定量指标计算参数的可靠性，并对它们重新观察、测试。

在工程可行性研究和初步勘测阶段，可采用定性划分的方法或工程类比的方法进行围岩级别划分。

（6）各级围岩的物理力学参数宜通过室内或现场试验获取，无试验数据和初步分级时，可按《公路隧道设计规范》（JTGD70—2004）附录A选用；岩体结构面抗剪断峰值强度参数可按《公路隧道设计规范》(JTGD70—2004)附录A选用。各级围岩的自稳能力宜根据围岩变形量测和理论计算分析来评定，也可按《公路隧道设计规范》(JTGD70—2004)附录A作出大致的评判。

第二节　围岩压力及成拱作用

一、围岩压力

如前所述，隧道围岩分级是以围岩稳定性为基础的。但在隧道设计中，往往把围岩的稳定性转化为对支护结构的荷载——围岩压力进行处理的，也就是说，在隧道设计中所关注的往往是围岩压力的大小及其特征（分布情况、围岩压力方向、分布形状等）。围岩级别不同，其稳定性也不同，相应的围岩压力也不同。

在地层中开挖坑道，如果开挖后不加以支护，可能会遇到如下一些情况：有的围岩在开挖后会迅速坍塌，甚至会填满整个坑道，在地表还可形成一个与坑道相仿的坍塌区；有的围岩在坑道开挖后会发生岩块错动、掉块，甚至塌方；有的围岩开挖后能维持暂时稳定，仅在个别地方产生掉块。这些情况表明，开挖坑道破坏了围岩的原有平衡状态，在坑道周围一定范围内产生了不同程度的扰动，地质情况不同，其扰动影响范围、程度不同。

为保证坑道正常使用需要的净空和安全，坑道开挖后一般是必须进行支护的，也就是阻止坑道周围的围岩产生移动或掉落。被扰动后的围岩要移动或要变形，而支护结构要阻止其移动或变形，围岩就必会对支护结构施加力，这个力就是围岩压力，又称地层压力。

二、坑道开挖前后围岩应力状态

1. 坑道开挖前后围岩应力状态

坑道开挖前，围岩处于初始平衡状态，如图8-1所示。在距地面H深度处取一单元体，此时，单元体处于三向应力状态，变形受到约束，即岩体在“初始应力状态”时处于相对平衡状态，是稳定的。在上覆围岩自重力作用下，初始应力大小为：

$$\sigma_z = \gamma \cdot H$$
$$\sigma_x = \sigma_y = \lambda \cdot \sigma_z = \lambda \cdot \gamma \cdot H$$

式中　σ_x、σ_y　σ_z——分别为单元体侧向及垂直应力（MPa）；

γ——围岩的天然容重（kN/m^3）；

H——单元体距地表的深度（m）；

λ——侧压力系数，在围岩未扰动情况下 $\lambda=\dfrac{\mu}{1-\mu}$，$\mu$ 为单轴受压下的横向变形系数，或称泊松系数，其值由岩体性质决定。

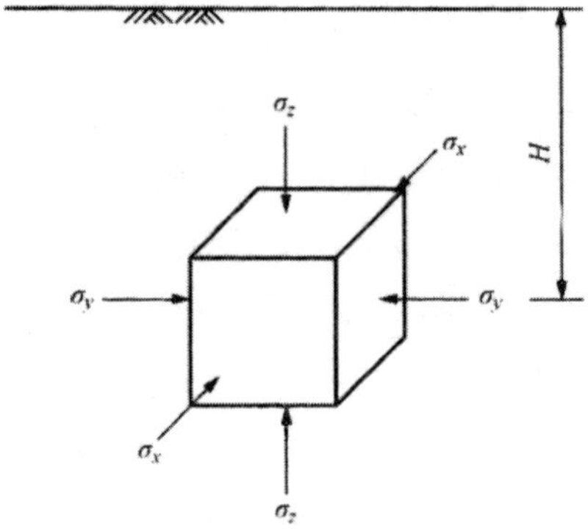

图8–1　初始应力状态

此处，λ 的计算没有考虑岩体在构造运动中残留的构造应力。实际上，构造应力会改变自重应力形成的“初始”应力状态。因此，真正的初始应力状态要复杂得多，不过目前还很难确定构造应力的影响，在分析中往往略去这一因素。

以垂直应力 σ_z 为例，分析一下坑道开挖前后的变化。开挖前，在距地表深H处的平面上，垂直应力都相等，如图8–2所示，各点均处于三向应力状态。

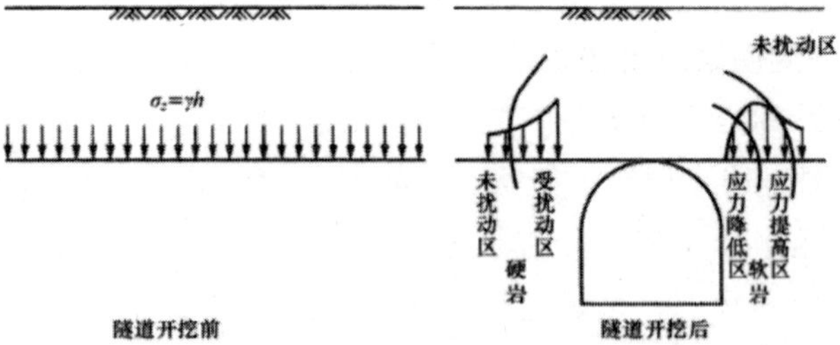

图8–2　坑道开挖前后σ_z的分布

由于在H水平面开挖坑道，原先的平衡状态被破坏了，如图8–2所示。因此，坑道周边处的应力发生重新分布。图8–2表明了硬岩及软岩在开挖后应力重新分布的情况，这可由实验或理论分析得到。对于坚硬岩层，坑道周边应力急剧增长，经一定距离后逐渐减小到初始的应力状态；对于松软或破碎岩层，则由于岩体强度低，不能承受急剧增大的周边应力而形成一低应力区，高应力向岩体深部移动，到一定距离后也逐渐减小到初始应力状态。

也就是说，坑道开挖后，在坑道周围一定范围内影响了初始应力状态，这个范围的大小与地质条件有关，一般为坑道开挖跨度的0.5 ~ 2.5倍。岩体强度高，影响范围小，亦即由于坚硬岩层能承受周边急剧增大的应力，可使坑道保持稳定，一般只有弹性变形而不破坏。而在松软、破碎岩体中，由于岩体不能承受增大的应力，在一定范围内的土石就要松动、破坏，向坑道内坍塌。可见，在软弱、破碎岩体中，开挖坑道后在一定范围内的围岩要松动、坍塌，该范围内的围岩就会对支护结构施加力，这也就是所谓的围岩压力。岩体强度低、松软，则松动破坏范围就大，严重情况下，不但坑道顶部围岩坍塌，甚至底部围岩上拱而产生底压。

由上述可知，一般情况下围岩压力有垂直压力、侧压力、底压力，它们分别作用在隧道支护的顶部、侧帮及底部，如图8–3所示。在某些倾斜岩层中，因隧道平面布置方向不同，可能在横断面或纵断面上出现倾斜围岩压力，后者又称纵向压力。对水平隧道来说，垂直围岩压力是主要的，而且是围岩压力理论研究中的基本对象。因而以下将介绍垂直围岩压力的实质及其计算方法。

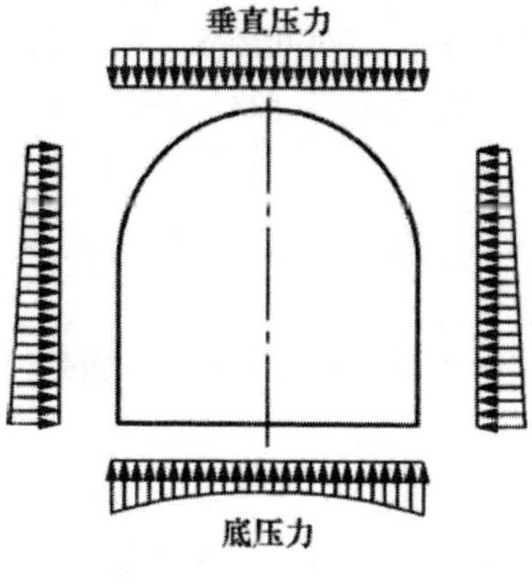

图8–3　围岩压力组成

围岩压力是作用在隧道等地下结构物上的主要计算荷载，它的性质、大小与分布直接影响到隧道临时支护和永久衬砌结构的合理类型、形状与尺寸，以及与之相适应的施工方法（反之，也会影响到围岩压力的大小与分布）。因此，比较详细地了解不同条件下的围岩压力计算方法是极为必要的。

2. 围岩压力分类

根据围岩变形破坏机理，围岩压力可分为四类，即形变压力、松动压力、冲击压力、膨胀压力（见表8–6）。

表8–6 围岩压力分类

类别	主要内容
形变围岩压力	是指由围岩塑性变形所引起的作用在支护衬砌上的挤压力。围岩的塑性变形分两种情况：一种是开挖前岩体处于弹性状态，开挖后由于围岩周边应力集中，其值超过了围岩的屈服极限，使围岩产生塑性变形圈，从而对支护衬砌产生压力；另一种是开挖前岩体就处于潜塑状态，此种岩体一旦开挖，围岩就向洞内产生塑性变形，对支护衬砌作用以很大压力。这两种形变围岩压力都可采用塑性理论计算
冲击围岩压力	是指岩爆引起的压力。这种压力目前还无法计算
膨胀围岩压力	实际上也是一种形变围岩压力，只是引起形变的原因是由于亲水性矿物组成的某些围岩吸水膨胀而已。这种围岩压力至今还没有比较好的计算方法，但原则上可以采用弹塑性理论配合流变性理论进行分析
松动围岩压力	是指围岩中松动坍塌部分的岩块重量或它的分量对支护衬砌的压力。这种压力可采用松散介质极限平衡理论，或块体极限平衡理论进行计算分析

此外，还应指出的是时间因素对围岩压力的产生与发展具有重要的意义。但目前常用的围岩压力计算公式都没有考虑时间因素，只考虑最终可能达到的最大压力值，而且一般都是针对松动围岩压力进行计算。这些不足之处已开始引起工程界的注意。

三、围岩的成拱作用

在工程实践中人们发现，当隧道在多裂隙围岩（包括一般土层）中埋置较深时，作用在支护结构上的围岩压力远远小于其上覆层自重所造成的压力。这可以用围岩的“成拱作用”来作解释。在上述条件下，当坑道开挖后，如果任意让其变形、松动和坍塌，最后将会看到在坑道上方形成一个相对稳定的拱形洞穴。人们常称之为“天然拱”或“平衡拱”。它上方的一部分岩体承受着上覆地层的全部重力，如同一个承载环一样，并将荷载向两侧传递，这就是所谓围岩的成拱作用。

四、影响围岩压力的因素

影响围岩压力的因素很多，一类是工程地质因素，主要包括初始应力状态、岩石的力学性质、岩体的结构面等；另一类是工程结构因素，包括施工方法、支护设置时间、支护本身的刚度、坑道形状和尺寸、埋置深度等。其中起决定作用的是围岩的地质条件，它是内因，其对围岩压力的影响已在围岩分级中述及。其他因素见表8–7：

表8–7　影响围岩压力的其他因素

其他因素	主要内容
坑道的尺寸与形状因素	围岩压力是随着坑道的尺寸增大而增大的，当坑道有引起应力集中的形状，即有明显的拐角时，围岩压力相对较大
时间因素	不论何种围岩，在坑道开挖后的暴露时间均是越短越好。从另一个方面讲，就是要修筑永久性衬砌并使之能提供所需的支护力的时间不宜过迟。否则，要受到较大的松动围岩压力作用。按照一般混凝土衬砌的修筑方法，从开挖到做完衬砌并使之具有一定的强度，往往需要较长的时间，因此衬砌结构一开始就要受到很大的松动围岩压力。衬砌结构就要做得相对厚些。而采用喷射混凝土技术来支护围岩，可使围岩的暴露时间较短，能及时制止围岩的变形，防止变形过大而产生较大的松动压力，充分利用围岩自身的承载能力
支护因素	有支护的坑道围岩压力要比无支护的坑道小；支护及时要比支护晚的围岩压力小；支护与坑道周边密贴的越好则围岩压力越小；支护的刚度较小即柔性支护时，坑道的围岩压力相对较小
超挖回填因素	衬砌背后的超挖部分在施工时回填不密实，使围岩得不到很好的支护而继续松动，严重时会造成围岩坍塌，引起衬砌开裂甚至破坏
爆破因素	采用爆破法开挖对围岩的稳定极为不利，尤其是对地质条件较差的围岩，爆破的扰动很大，能造成围岩压力过大，岩体松动甚至坍方。因此在隧道施工中应严格控制爆破用药量，提倡采用光面爆破、预裂爆破等先进的爆破技术
坑道的埋深因素	当坑道的埋置深度在一定范围内时，围岩压力是随着埋深的增大而增大；当坑道埋深超过此范围时，则围岩压力的大小基本不受埋深变化的影响

第三节　深埋隧道围岩压力的确定

一、深埋隧道围岩垂直均布压力

由前面分析可知，围岩压力值受到许多因素影响，但主要取决于岩体构造和结构面的组合等地质因素，并且压力分布很不均匀（指径向压力而言），岩质多裂隙岩体比土质岩体中压力分布更不均匀。在某些围岩中，可见到呈拱形的暂时稳定的平衡拱。除黏性土及某些塑性岩石外，荷载的时间效应不显著，压力增长很快，在较短时间内就趋于稳定。基于这些情况，以及对我国400余座铁路隧道施工塌方资料进行统计分析，提出了用下式确定结构上的垂直均布荷载：

$$q = 0.45 \times 2^{s-1} \gamma \cdot \omega$$

式中 q——垂直均布围岩压力（kPa）；

γ——围岩的天然容重（kN/m^3）；

s——坑道围岩级别；

ω——跨度影响系数，其值为=1+i（B_t–5）；

B_t——坑道宽度（m）；

i——以B_t=5.0m的垂直均布压力为准，B_t每增减1m时的围岩压力增减率；当B_t<5.0m时，取i=0.2；B_t>5m时，i=0.1。

因该式是根据单线铁路隧道施工塌方资料统计归纳的，所以，在应用时要注意下述适用条件：

（1）$\frac{H_t}{B_t}$<1.7，其中H_t为隧道开挖高度，B_t为隧道开挖宽度。在高边墙的地下坑道中，由于控制坑道稳定的是坑道侧壁，故不宜采用上式。当边墙较高，无不良地质构造时，可参考选用上式，否则要加大荷载值，或用其他适合高边墙坑道的荷载计算公式。

（2）不产生显著偏压及膨胀力的一般围岩，因为在这些围岩中的荷载分布、数值、时间效应等有显著差异，故不宜采用上式。

（3）适用于矿山法施工条件，当采用其他施工方法时，如掘进机、盾构法等，荷载值可适当减少。

（4）对于喷射混凝土、锚杆支护，因荷载性质有很大不同，也不宜采用；适用于深埋隧道。

各级围岩的天然容重参见表8–8。

表8–8　各级围岩的天然容重

围岩级别	Ⅰ	Ⅱ	Ⅲ	Ⅳ	Ⅴ	Ⅵ
γ/（kN/m^3）	26 ~ 28	25 ~ 27	23 ~ 25	19 ~ 22	17 ~ 20	15 ~ 16

二、深埋隧道围岩水平均布压力

水平均布压力按表8–9的规定确定。

表8-9　围岩压力的均布水平分力e

围岩级别	Ⅰ、Ⅱ	Ⅲ	Ⅳ	Ⅴ	Ⅵ
e	0	<0.15q	（0.15 ~ 0.3）q	（0.3 ~ 0.5）q	（0.5 ~ 1）q

坑道围岩压力的水平分力计算公式的适用条件与垂直压力计算公式相同。水平压力为对称的、均布的，但在确定压力值时需要考虑下述几点：

（1）Ⅰ级、Ⅱ级围岩，因坑道稳定，侧压力较少出现，即使有也是局部岩块松动引起的，对结构设计不产生影响。但在Ⅰ级、Ⅱ级围岩中，结构与围岩的相互作用较为显著。

（2）Ⅲ级、Ⅳ级围岩主要产生垂直荷载，因坑道侧壁比较稳定，故侧压力值也不会太大。这两类围岩的不均匀性和不连续性较突出，故可能出现局部的较大侧压力。

（3）Ⅴ级、Ⅵ级围岩的侧压力比较大，对结构设计影响较大，在取值时应慎重。

事实上围岩压力的分布是很不均匀的，上述计算公式没有反映支护结构特性的影响，显然不够完善，而且围岩压力还受施工条件等许多因素的影响。因此，仅用上述均布荷载来进行结构设计还不全面，还必须考虑荷载的不均布情况，即设计的支护结构应能满足多种荷载图形的要求。根据围岩压力的实地测量及对塌方资料分析，各类荷载图形（垂直的）如图8-4所示。这些荷载图形的选择，应根据围岩级别、施工条件及结构的要求而定。在通常的情况下，以垂直均布图形为主要荷载图形进行结构设计，用偏压或不均布图形进行校核。主动土压仍可按均布考虑。图中q_1、q_2、q_3等荷载值，可根据非均布压力的总和与均布压力总和相等的原则确定。

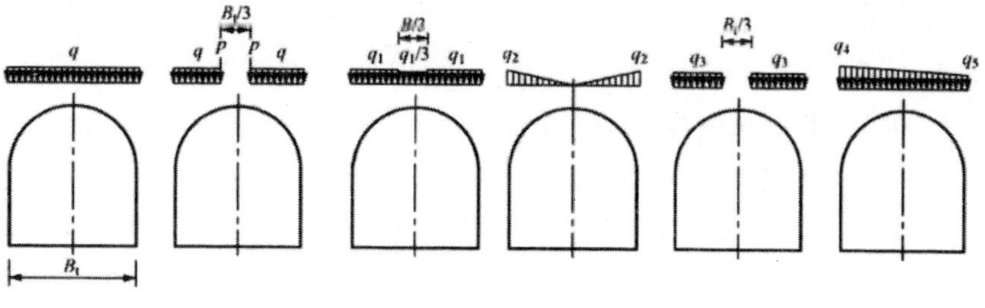

图8-4　垂直围岩压力分布

如前所述，支护结构对围岩压力的影响是用支护结构与围岩相互作用的围岩抗力来表达的。实质上，松弛荷载加上围岩抗力是对支护结构与坑道围岩相互作用力学模型的一个简化假定。因此，在以松弛荷载作为设计荷载时，必须同时考虑围岩抗力的作用。

第四节　浅埋隧道围岩压力的确定

一、深埋隧道与浅埋隧道的判别

浅埋隧道是指采用暗挖法施工、埋深较浅的隧道。在隧道埋深不大时，往往会使整个覆盖层产生扰动，较易发生洞顶坍塌，有时会使地表开裂下沉，因此会产生较大的围岩压力。

对公路隧道来说，浅埋隧道多出现在洞口段。深埋和浅埋隧道的分界，判定标准很多，一般是以坑道上方能否形成稳定的深埋隧道压力值来区分的，并且结合具体的地质、施工条件等因素综合确定。

要形成稳定的深埋围岩压力值，显然前述的松动范围之外还需有足够厚度的岩（土）体，否则松动范围会一直扩展到地表。也就是说，深、浅埋隧道的分界深度要比荷载等效高度大，所谓荷载等效高度（h_q）即为用上面式子计算而得的压力q除以γ：

$$h_q=\frac{q}{\gamma}$$

式中　q——用上面式子算得之垂直均布围岩压力（kPa）；

γ——围岩天然容重（kN/m^3）。

深、浅埋隧道分界深度H_p可用下述经验公式计算：

$$H_p=(2\sim2.5)h_q$$

式中

H_P——深、浅埋隧道分界深度（m）；

h_q——荷载等效高度（m），用上式计算。

在矿山法施工条件下，Ⅳ～Ⅵ级围岩取H_P=2.5h_q，Ⅰ～Ⅲ级围岩取H_P=2h_q。

二、浅埋隧道围岩压力计算

浅埋隧道围岩压力分下述两种情况分别计算。

1. 埋深（H）小于或等于等效荷载高度（h_q）时

在这种情况下，坑道上覆岩（土）体较薄，从安全考虑，略去坑道上方土体下滑时周围土体所产生的阻力，亦即将上覆土柱全部重力作为围岩压力，视为均布时垂直压力q为：

$$q=\gamma\cdot H$$

式中　q——均布垂直压力（kPa）；

γ——坑道上覆围岩天然容重（kN/m^3）；

H——隧道埋深，指坑顶至地面的距离（m）。

侧向压力e，按均布考虑时，其值为：

$$e=\gamma\left(H+\frac{1}{2}H_t\right)\tan^2\left(45°-\frac{\phi_g}{2}\right)$$

式中　e——侧向均布压力（kPa）；

γ——围岩天然容重（kN/m3）；

H——隧道理深（m）；

H_t——隧道高度（m）；

ϕ_g——围岩计算内摩擦角（°），其值见表8–10。

表8–10　各级围岩计算摩擦角（ϕ_g）

围岩级别	Ⅰ	Ⅱ	Ⅲ	Ⅳ	Ⅴ	Ⅵ
ϕ_g	>78°	70° ~ 78°	60° ~ 70°	50° ~ 60°	40° ~ 50°	30° ~ 40°

2. 埋深大于h_q、小于H_p时

坑道上覆土体下滑时要考虑滑面阻力的影响，否则会得到过大的压力值。

如图8–5所示，由于坑道开挖的影响而引起上覆岩（土）体下沉，即图中EFHG下沉。而它的下沉必受到左右岩（土）体的阻碍，或者说两侧的围岩要被它带动下沉。这个阻碍作用在计算围岩压力时需予以考虑，为便于分析，根据实测和试验作如下假定：

（1）假定土体中形成的破裂面是一条与水平成β角的斜平面（图8–5）。

（2）EFHG岩（土）体下沉，带动两侧三棱土体（如图中FDB及ECA）下沉，整个土体ABDC下沉时，又要受到未扰动岩（土）体的阻力。

（3）斜平面AC或BD是假定的破裂面，分析时考虑黏聚力c并采用了计算摩擦角ϕ_g。另一滑面或EG并非破裂面，因此，滑面阻力要小于破裂面的阻力，若该滑面的摩擦角为θ，则θ值应小于值ϕ_g，无实测资料时，一般可参考表8–11采用。

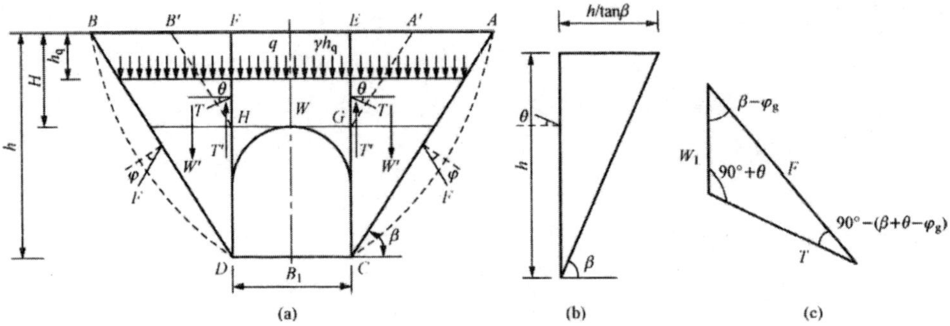

图8-5　浅埋围岩压力计算

表8-11　各级围岩的 θ 值

围岩级别	Ⅰ、Ⅱ、Ⅲ	Ⅳ	Ⅴ	Ⅵ
θ 值	$0.9\phi_g$	$(0.7 \sim 0.9)\phi_g$	$(0.5 \sim 0.7)\phi_g$	$(0.3 \sim 0.5)\phi_g$

第九章　山岭公路隧道的传统矿山法施工

第一节　隧道施工的基本方法

一、隧道工程设计与施工两大理论

在修建隧道和地下工程的实践中，人们已普遍认识到，隧道及地下工程的核心问题，是开挖和支护两个关键工序。即应如何开挖，才能更有利于围岩的稳定和便于支护；若需要支护时，又如何支护才能更有效地保证坑道稳定和便于开挖。这是隧道及地下工程设计与施工中两个相互促进又相互制约的问题。

在国内外公（铁）路隧道及地下工程的设计施工中，针对上述核心问题，经过实践和研究，人们提出了两大理论体系，每一种理论体系都包含和解决（或正在研究解决）了从工程认识（概念认识）、力学原理、工程措施到施工方法（工艺流程）等一系列地下工程建筑问题。

一种理论是20世纪20年代提出的“松弛荷载理论”，其核心内容是：稳定的岩体有自稳能力，不产生荷载；而不稳定的岩体则可能产生坍塌，需要用支护结构予以支承。这样，作用在支护结构上的荷载就是围岩在一定范围内由于松弛并可能塌落的岩（土）体的重力。这是一种传统的理论，其代表人物有泰沙基和普氏（苏联学者MM.普洛托季雅可诺夫）等人。它类似于地面工程建筑考虑问题的思路，至今仍被广泛地应用着。

另一种理论是20世纪50年代提出的现代支护理论，或称为“岩承理论”。其核心内容是：围岩稳定显然是岩体自身有承载自稳能力；不稳定围岩丧失稳定是具有一个过程的，如果在这个过程中提供必要的支护或限制，则围岩仍然能够保持稳定状态。这种理论体系的代表人物有腊布希维兹、米勒—菲切尔、芬纳—塔罗勃和卡斯特奈等人。这是一种比较现代的理论，它已脱离了地面工程建筑考虑问题的思路，而更加接近于地下工程建设实际，近半个世纪以来已被广泛认可、接受及推广应用，并且表现出了十分广阔的发展前景。

显然，“松弛荷载理论”更着重注意结果和对结果的处理；而“岩承理论”则更加注意过程和对过程的控制，即对围岩自承载能力的充分利用。因此，两大理论体系在原理和方法上各自表现出不同的特点，表9-1是对两大理论体系的比较说明。

表9-1　两大理论体系的比较说明

		松弛荷载理论	岩承理论
认识		围岩虽然有一定的承载能力，但极有可能因松弛的发展而致失稳，结果是对支护结构产生荷载作用，即视围岩为荷载的来源	围岩虽然可能产生松弛破坏而导致失稳，但在松弛的过程中围岩仍有一定的承载能力，对其承载能力不仅要尽可能地利用，而且应当保护和增强，即视围岩为承载的主体，具有三位一体特性*
力学原理		土力学，视围岩为散粒体，计算其对支撑结构产生的荷载大小和分布 结构力学，视支撑和衬砌为承载结构，验算其内力并使之合理 建立的是“荷载—结构”力学体系，是以最不利荷载组合作为结构设计荷载	岩体力学，视围岩为应力岩体，分析计算应力—应变状态及变化过程，并视支护为应力岩体的边界条件，起控制围岩的应力—应变作用，检验作用的效果并使之优化 建立的是“围岩—支护”力学体系以实际的应力—应变状态作为支护的设计状态考虑
工程措施	支护	考虑到隧道开挖后，围岩很可能松弛坍塌，故分部开挖后及时用刚度较大的构件进行临时支撑；待隧道开挖成形后逐步将临时支撑撤换下来，而用整体式厚衬砌作为永久性支护	需要时，用锚杆和喷射混凝土等柔性构件组合起来进行初期支护，以控制围岩松弛变形的过程，维护和增强围岩的自承能力；初期支护作为承载结构的一部分，与二次衬砌（也包括围岩）共同构成复合式承载结构体系
工程措施	开挖	隧道开挖常采用分部开挖，以便于构件支撑的施作；钻爆法或中小型机械掘进	隧道开挖常采用大断面开挖，以减少对围岩的扰动；钻爆法或大中型机械掘进
工程措施	优缺点	构件临时支撑直观，容易理解，工艺较简单，易于操作 围岩松散破碎甚至有水时，需满铺背材，也能奏效 拆除临时支撑既麻烦，更不安全，不能拆除时，既浪费，又使衬砌受力条件不好	锚喷初期支护按需设置，适应性强，工艺较复杂，对围岩的动态量测要求较高 围岩松散破碎甚至有水时，需采用辅助工法（如注浆）来支持，才能继续施工 初期支护无须拆除，施工较安全，支护结构受力状态较好

续表

	松弛荷载理论	岩承理论
理论要点	1. 开挖隧道后，围岩产生松弛是必然的，但产生坍塌却是偶然的，故应准确判断各类围岩产生坍塌的可能性大小 2. 即使围岩不产生坍塌，但松弛同样向支护结构施加荷载，故应准确确定荷载的大小、分布 3. 为保证围岩稳定，应根据荷载的大小和分布，设计临时支撑和永久衬砌作为承载结构，并使结构受力合理 4. 尽管承载结构是按最不利荷载组合来设计的，但施工时应尽量避免松弛的发展和坍塌的产生	1. 围岩是主要承载部分，故在施工中尽可能地保护围岩，减少扰动 2. 初期支护和永久衬砌仅对围岩起约束作用，它应既允许围岩产生有限变形，以发挥其承载能力，又阻止围岩变形过度而产生失稳，故初期支护宜采用薄壁柔性结构 3. 围岩的应力—应变动态预示着它是否能进入稳定状态，因此以量测作为手段掌握围岩动态进行施工监控和修改设计，以便适时提供适当支护，并先柔后刚，按需提供 4. 整体失稳通常是由局部破坏发展所致，故支护结构应尽早封闭，全面约束围岩，尤其是围岩破碎软弱时，应及时修仰拱，使支护和围岩共同构成一个封闭的承载环

二、山岭公路隧道施工方法

1. 传统矿山法

传统矿山法是人们在长期的施工实践中发展起来的。它是通过钻爆法开挖，以木或钢构件作为临时支撑，待隧道开挖成型后，逐步将临时支撑撤换下来，而代之以整体式厚衬砌作为永久性支护的施工方法。

木构件支撑由于其耐久性差和对坑道形状的适应性差，支撑撤换工作既麻烦又不安全，且对围岩有所扰动，因此，目前已很少采用。

钢构件支撑具有较好的强度、刚度和耐久性以及对坑道形状的适应性较好等优点，施工中既可撤换，也可以不完全撤换或不予以撤换。钢木构件支撑类似于地上的"荷载—结构"力学体系，它作为一种维持坑道稳定的措施是很有效的，容易被施工人员理解和掌握。因此这种方法常被应用于不便采用锚喷支护的隧道中，或处理塌方等。

2. 新奥法

新奥法即新奥地利隧道施工方法的简称，原文是New Austrian Tunnelling Method，简写为NATM。它是以控制爆破（光面爆破和预裂爆破等）作为开挖方法，喷射混凝土、锚杆作为主要支护手段，通过监测控制围岩的变形，动态修正设计参数和变动施工方法，以充分发挥围岩自承能力的施工方法。

新奥法的概念是奥地利学者腊布希维兹教授于20世纪50年代首先提出的，并于1954 ~ 1955年首次应用于奥地利的普鲁茨—伊姆斯特电站的压力输水隧洞中。以后，经瑞典、意大利及其他国家同行们的理论研究和实践，于1963年在奥地利的萨尔茨堡召开的第八次土力学会议上正式命名为新奥法，并取得了专利权。之后在欧洲、美国和日本等许多地下工程中得到了极为迅速的发展，已成为现代隧道工程新技术的标志之一。

新奥法是我国在20世纪70年代末开始被人们了解和接受的。从20世纪80年代开始，在一些隧道设计中贯彻了新奥法的原理，近30年来，通过科研、设计、施工相结合，在100余座公（铁）路隧道工程修建中，根据中国的特点成功地应用了新奥法，取得了较多的经验，积累了大量的数据，现已进入普遍推广使用阶段。目前，新奥法几乎成为在软弱的破碎围岩地段修建隧道的一种基本方法，技术经济效益显著。

新奥法与传统的矿山法相比，不仅仅是手段上的不同，更重要的是工程概念、力学概念和设计原理的不同，是人们对隧道及地下工程问题的进一步认识和理解。新奥法应用岩体力学的理论，以维护和利用围岩的自承能力为基点，采用锚喷为主要支护手段，能及时地进行支护，达到控制围岩的变形和松弛，使围岩也成为支护体系的组成部分，并通过对围岩和支护结构的测量、监控来及时而正确的指导隧道和地下工程设计施工。

由于新奥法的应用和发展，导致隧道及地下工程理论步入到现代理论的新领域和高水平，从而使隧道及地下工程的设计和施工更符合地下工程实际，即设计理论—施工方法—结构（体系）工作状态（结果）的一致，因此，新奥法已在世界范围内得到广泛的应用。

第二节　隧道矿山法施工

一、矿山法施工程序及基本原则

1. *传统矿山法施工程序*

传统矿山法施工程序可用框图表示，如图9-1所示。

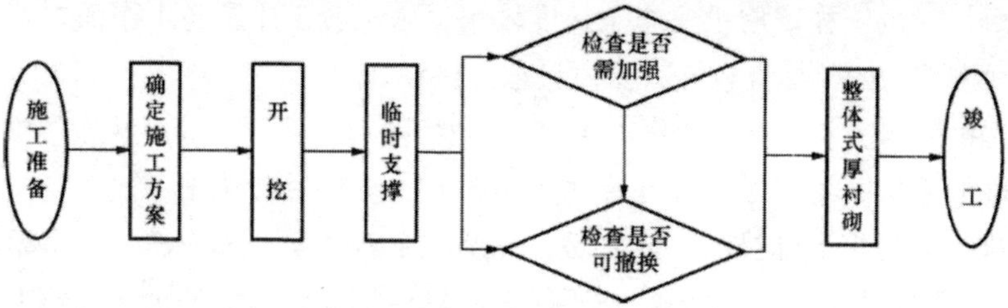

图9-1 传统矿山法施工

2. 传统矿山法施工的基本原则

传统矿山法施工的基本原则是：少扰动、早支撑、慎撤换、快衬砌，具体内容见表9-2。

表9-2 传统矿山法施工的基本原则

基本原则	主要内容
少扰动	是指在进行隧道开挖时，要尽量减少对围岩的扰动次数、强度、范围和持续时间。采用钢支撑，可以增大一次开挖断面的跨度，减少分部开挖次数，从而达到减少对围岩的扰动次数
早支撑	是指开挖坑道后应及时施作临时构件加以支撑，使围岩不致因变形松弛过度而产生坍塌失稳，并能承受围岩松弛变形产生的压力一早期松弛荷载。定期检查支撑的工作情况，若发现变形严重或出现损坏征兆，应及时增设支撑予以加固和加强。作用在临时支撑上的早期松弛荷载大小，可比照设计永久衬砌的计算围岩压力大小来确定。临时支撑的结构设计，也采用类似于永久衬砌的设计计算方法，即结构力学方法
慎撤换	是指拆除临时支撑而代之以永久性模筑混凝土衬砌时应慎重，即要防止在撤换过程中围岩坍塌失稳。每次撤换的范围、顺序和时间要视围岩稳定性及支撑的受力状况而定。若预计到不能拆除，则应在确定开挖断面大小及选择材料时就予以研究决定。使用钢支撑作为临时支撑，一般可以避免拆除支撑带来的麻烦和不安全因素
快衬砌	是指拆除临时支撑时要及时修筑永久性混凝土衬砌，并使其能尽早承载参与工作。若采用的是钢支撑又不必拆除，或无临时支撑时，也应尽早施作永久性混凝土衬砌，防止坑道壁裸露时间过长风化侵蚀围岩、强度降低、产生变形过大等情况的发生

二、矿山法施工工序和基本要求

1. 传统矿山法施工工序

传统矿山法的施工工序，可按衬砌的施作顺序分为先墙后拱法和先拱后墙法两种。

（1）先墙后拱法（又称为顺作法）。它通常是在隧道开挖成形后，再由下至上施作模筑混凝土衬砌。先墙后拱法施工速度较快，施工各工序及各工作面之间相互干扰较小，衬砌结构的整体性较好，受力状态也比较好。

（2）先拱后墙法（又称为逆作法）。它是先将隧道上部开挖成形并施作拱部衬砌后，在拱圈的掩护下再开挖下部并施作边墙衬砌。先拱后墙法施工速度较慢，上部施工较困难。但是当上部拱圈完成之后，下部施工就较安全和快速。先拱后墙法施工衬砌结构的整体性较差，受力状态不好，并且拱部衬砌结构的沉落量较大，要求的预拱度较大，增加了开挖工作量。

2. 传统矿山法施工的基本要求

采用传统矿山法施工的基本要求主要有以下几点：

（1）传统矿山法施工，其各工序相互联系较密切，互相干扰较大。因此，应注意统一组织和协调，重视处理好开挖与开挖、开挖与支撑、支撑与衬砌、衬砌与开挖之间的相互关系。若围岩较稳定或支撑条件较好，则应尽量将各工序沿隧道纵向展开，以减少相互干扰，保证施工安全、施工质量和施工进度等。

（2）临时支撑容易受爆破的影响，因此在采用钻爆法掘进时，除应注意严格控制爆破对围岩的扰动外，还应尽量减少爆破对支撑的冲击破坏；考虑到隧道开挖后，围岩的松弛变形、衬砌的承载变形、立模时放线和就位误差的存在，为了保证衬砌厚度及其净空不侵入建筑限界，在隧道开挖及衬砌立模时均应预留沉落量。

开挖预留变形量应根据围岩级别、断面大小、埋置深度、施工方法和支护情况等条件来确定，采用工程类比法预测，当无预测值时可参照表9–3选用，并应根据现场监控量测结果进行调整。

表9–3　预留变形量　（单位：mm）

围岩级别	两车道隧道	三车道隧道	围岩级别	两车道隧道	三车道隧道
Ⅰ	—	—	Ⅳ	50 ~ 80	80 ~ 120
Ⅱ	—	10 ~ 50	Ⅴ	80 ~ 120	100 ~ 150
Ⅲ	20 ~ 50	50 ~ 80	Ⅵ	现场量测确定	

（3）采用先拱后墙法施工时，边墙马口（指先拱后墙法施工时的边墙部位）的开挖应左右交错开挖，不得对开。同一侧的马口宜跳段开挖，不宜顺开。先开马口，应开在边墙围岩较破碎的区段，且长度不能太长，一般不超过2 ~ 4m，并且及时施作边墙衬砌。后开的马口应待相邻边墙刹肩（墙顶与拱脚封口）混凝土达到一定强度后方可开挖。马口开挖顺序还应与拱部衬砌施工缝、衬砌变形缝、辅助

洞室位置统一考虑，合理确定。马口开挖时，应严格控制爆破，以防止炸裂拱圈。采取以上措施的目的均是减少拱部衬砌下沉和防止掉拱。洞身开挖必须清除大块浮石。

（4）传统矿山法隧道施工必须注意安全生产。在保证工程质量的前提下提高经济效益，除完整稳定围岩外，施工时必须配合开挖及时支护，确保施工安全。明洞和洞口工程土石开挖不得采用大爆破；石质陡坡应先加固再进洞，尽量保持原有仰坡稳定；松软缓坡开挖边坡时，应事先放出开挖线，由上而下进行随挖随支护。传统矿山法施工中，开挖应采用对围岩扰动小的开挖方法。当用钻爆开挖时，应采用光面爆破或预裂爆破技术。在软弱、含水围岩或浅埋等不易自稳的地段施工时，应有辅助施工措施，或进行预加固处理。此外，应注意隧道施工防排水应与永久性防排水设施相结合。

（5）隧道开挖断面不宜欠挖。当石质坚硬完整时，拱部允许个别凸出处（每平方米不大$0.1m^2$）突出衬砌不大于5cm。拱脚和墙脚以上1m内严禁欠挖。

三、传统矿山法基本施工方法

传统矿山法隧道施工有明挖法和暗挖法两种。

明挖法施工即是先开挖地表土石层，然后在开挖的基坑中修筑衬砌，最后进行回填。此方法适用于浅埋隧道。

暗挖法施工是在施工时全部在地下进行，即在地下开挖坑道、支撑和衬砌修筑隧道的方法。

暗挖法施工分为矿山法和掘进机法两大类。矿山法包括全断面法、台阶法，台阶分部法、上下导坑法、上导坑法、单侧壁导坑法、双侧壁导坑法、漏斗棚架法等。

以下主要介绍暗挖法修筑山岭公路隧道的施工方法。

1. 全断面一次开挖法

（1）施工顺序。全断面一次开挖法就是按照设计轮廓将断面一次爆破成型，然后支护再修筑衬砌的施工方法。它的施工顺序是：

使用钻孔台车全断面一次钻眼，并进行装药连线；钻孔台车后退到安全地点，引爆炸药，开挖出整个隧道断面；排除危石后，用装渣机将石渣装入出渣车运出洞外；钻孔台车再推进到下一个开挖断面就位，开始下一个循环的钻爆作业，同时进行边墙和拱部衬砌。

（2）适用条件。

一般适用于Ⅰ～Ⅲ级围岩；必须配有钻孔台车和高效率装运机械设备的石质隧

道；隧道长度或施工区段长度不宜太短，否则采用大型机械设备的经济性差，根据经验，这个长度不应小于1km。

（3）全断面一次开挖法具有以下主要优点：

1）开挖断面大，作业空间大，钻爆效率高，可以采用深眼爆破的方法，掘进速度快。

2）施工工序少，互相干扰小，便于施工组织和施工管理。

3）坑道空间大，便于组织大型机械化施工，减轻工人的劳动强度，提高劳动生产率，降低工程造价，施工速度快，质量好；开挖一次形成，对围岩扰动少，有利于围岩的稳定。

目前，全断面一次开挖法是隧道工程施工技术的一个发展方向，但是在推广使用这种方法时，要注意下面几个问题：摸清开挖前方的地质情况，加强对工程地质和水文地质的调查，对不良地质情况要及时预报、量测，分析研究，随时做好应急措施（包括改变施工方法等），以确保施工安全；施工机械设备要配套，充分发挥机械设备的效率，以保证各项施工工作顺利进行；加强各种辅助作业和设备的管理，要保持良好的技术状态；加强和重视施工操作人员的技术培训，使其能熟练掌握各种机械设备和推广新技术，不断提高工效，改进施工管理，这些直接关系到施工的效果。

2. 台阶开挖法

台阶开挖法一般是将设计断面分为上半部断面和下半部断面两次开挖成型，有反台阶法和正台阶法两种方法。

（1）反台阶法。该法由漏斗棚架法发展而来。当坑道开挖后，围岩稳定，不需临时支护，如Ⅰ级、Ⅱ级围岩，且无大型装渣等施工机具时，可采用该法。因道路隧道跨度较大，漏斗棚架需大量木材、钢材。采用该法施工既能使工序减少、施工干扰少、下部断面可一次挖至设计宽度、空间大、便于出渣运输和布置管线，又能节省大量材料。

（2）正台阶法。当围岩稳定性较好，开挖后不需或仅需临时支护的坑道，且有能力较强的装渣出渣机具设备。施工顺序为先挖上部弧形断面（高一般为2.0～2.4m），然后挖下面部分，下部也可分若干台阶，装渣机械有足够能力时，应尽量减少分层，以一次开挖为宜，这可使开挖面平整，便于爆破，减少翻渣工作量。

当采用人工翻渣时，该法宜台阶数多些，多层台阶可使上部断面钻眼与下台阶翻渣工作同时进行，使整个循环时间缩短。台阶高度和宽度一般为高2.0m左右，宽1.5m左右。台阶斜度为1∶0.3～1∶0.6。该法工序少，干扰少，爆破效果好。但在围岩条件变化较大而需变换为其他施工方法时，则比较困难。

（3）台阶开挖法优缺点。

台阶开挖法具有较大的工作空间和较快的施工速度，但上下部作业有相互干扰影响；台阶开挖法有利于开挖面的稳定，尤其是上部开挖支护后，下部断面作业就较为安全。但台阶开挖增加了对围岩的扰动次数，应注意下部作业对上部稳定性产生的不良影响；台阶法开挖宜采用轻型凿岩机打眼，而不宜采用大型凿岩台车。

（4）采用台阶法开挖应注意事项。

1）台阶数不宜过多，台阶长度要适当，一般一个台阶垂直开挖到底，保持平台长度2.5 ~ 3m为宜，易于掌握炮眼深度和减少翻渣工作量，装渣机应紧跟开挖面，减少扒渣距离以提高装渣运输效率；应根据两个条件来确定台阶长度：一是初期支护形成闭合断面的时间要求，围岩稳定性越差，闭合时间越短；二是上半部断面施工开挖、支护、出渣等机械设备所需空间大小的要求。

2）上部开挖，因临空面较大，易使爆破面石渣块过大，不利于装渣，应适当密布中小炮眼，控制开挖厚度，合理利用药量，并应采取防护措施，避免损伤拱圈及确保施工安全。

3）下部开挖时，应注意上部的稳定。若围岩稳定性较好，则可以分段序开挖；若围岩稳定性较差，则应缩短下部掘进循环进尺；若围岩稳定性很差，则应左右侧互相错开施工，或先拉中槽后挖边帮；采用钻爆法开挖，应采用光面爆破或预裂爆破技术，尽量减少扰动围岩的稳定性。

4）注意妥善解决上、下部半断面相互干扰的问题，即应进行周密的施工组织安排，劳动力的合理组合等。长台阶基本上上下部作业面已拉开，干扰较少；短台阶上下部作业相互干扰较大，要注意施工组织、质量监控和安全管理；微台阶基本上是合为一个工作面进行同步施工。对于短隧道，可将上半部断面先贯通，再进行下半部断面的施工。

5）采用台阶法开挖的关键问题是台阶的划分。台阶划分要求做到爆破后扒渣量较少，钻眼作业和出渣运输干扰少。因此，一般分为1 ~ 2个台阶进行开挖。

3. 分部开挖法

分部开挖法是将隧道断面分部开挖逐步成型，且一般将某部超前开挖，故也可称为导坑超前开挖法。常用的有上下导坑超前开挖法、上导坑超前开挖法、单侧壁导坑法、双侧壁导坑超前开挖法等。

（1）分部开挖法的优缺点。

1）分部开挖因减少了每个坑道的跨度，能显著增强坑道围岩的相对稳定性，且易于进行局部支护，因此它主要适用于围岩软弱破碎的隧道或设计断面较大的隧道施工。但分部开挖由于作业面较多，各工序相互干扰较大，且增加了对围岩的扰动次数以及施工组织和管理的难度，若采用钻爆掘进，则更不利于围岩的稳定。

2）导坑超前开挖，有利于提前探明地质情况，并予以及时处理或变更施工手段等。但若采用的导坑断面过小，则施工速度较慢而且影响总工期等。

（2）分部开挖时应注意以下事项：

因工作面较多，作业面小，相互干扰大，应注意组织协调，实行统一指挥；由于多次开挖对围岩的扰动较大，不利于围岩的稳定，应特别注意加强对爆破开挖用药量的控制，尽量减少对围岩的扰动而影响其稳定性；应尽量创造条件，减少分部次数，尽可能争取用大断面开挖，创造较良好的地下施工条件；凡下部开挖，均应注意上部支护或衬砌的稳定，减少对上部围岩及支护、衬砌的扰动和破坏，尤其是边帮部位开挖时。

第三节　隧道开挖与隧道支撑

一、隧道开挖

1. 隧道开挖基本要求和掘进方法

修筑隧道首先要在隧道所穿越的地层内开挖出一个符合设计要求的空间。开挖作业占整个隧道施工工程量的比重较大，造价占25% ~ 40%，是隧道施工中关键的基本工作。

隧道开挖作业包括：钻眼、装药、爆破等几项工作。

（1）隧道开挖的基本要求

1）隧道开挖前，必须先探明隧道工程地质和水文地质情况，方可进行开挖。

2）合理确定开挖的步骤和循环进尺，保持各开挖工序相互衔接，均衡施工。

3）开挖的断面尺寸应符合设计要求；开挖作业中，不得损坏支护、衬砌和设备，并应保护好测量用的测点。

4）应严格控制断面欠挖。开挖轮廓要预留支撑沉落量和变形量，以防止出现净空不够的情况。当岩层完整、岩石抗压强度大于30MPa并确认不影响衬砌结构稳定和强度时，允许岩石个别凸出部分（每$1m^2$内不大于$0.1m^2$）欠挖，但其隆起量不得大于5cm。拱、墙脚以上1m内断面严禁欠挖。

5）隧道洞身开挖，必须清理危石。除完整坚硬岩层外，均应做好支撑，不良地质地段应结合地形开挖侧向安全洞。

6）岩石隧道的爆破应采用光面爆破或预裂爆破技术，施工中应提高钻眼效率和爆破效果，降低工料消耗。爆破后，对开挖面和未衬砌地段应进行检查，对可能出现的险情，应采取措施及时处理。对有瓦斯溢出的隧道，应根据工点的地质情况、瓦斯溢出程度和设备条件，确定适宜的施工方案。

7）开挖爆破应选用适当的炸药品种和型号，在漏水和涌水地段应采用非电导爆管起爆；隧道双向开挖接近贯通时，两端施工应加强联系，统一指挥，并采取浅眼低药量，控制爆破。当两开挖面间的距离剩下15m时，应改为单向开挖，直到贯通为止。

8）双洞开挖时，应根据两洞的轴线间间距、洞口里程距离、地质条件及其他自然条件，选择适宜的开挖方法、确定好两洞开挖的时间差，并采取措施防止后行洞开挖对先行洞周壁产生不良的影响。

（2）山岭隧道施工掘进方法

山岭隧道施工的掘进方式是指对坑道涉及范围内岩体的破碎及挖除方式。目前常见的掘进方式有钻眼爆破掘进、单臂掘进机掘进和人工掘进三种方式。一般山岭隧道最常用的是钻眼爆破掘进。

1）钻眼爆破掘进。钻眼爆破掘进即是用钻眼装炸药爆破坑道范围内的岩体。钻眼爆破掘进前首先应进行钻爆设计，应根据地质条件、水文条件、开挖断面、开挖方式、钻眼机具、循环进尺、爆破材料和出渣能力等因素综合考虑。

由于钻眼爆破掘进法对围岩的扰动破坏较大，有时可能由于爆破的震动致使围岩产生坍塌，故一般只适用于石质隧道。硬岩一般采用光面爆破，软岩宜采用预裂爆破。

钻眼爆破掘进的顺序是按照钻眼爆破的设计进行钻眼、装药、连线和引爆。山岭隧道工程中常用的凿岩机有风动凿岩机、液压凿岩机、内燃凿岩机和电动凿岩机等，但后两者应用较少。将多台凿岩机安装在一个专门的移动设备上，实现多机同时作业，集中控制，称为多臂凿岩台车。

2）单臂掘进机掘进。单臂掘进机掘进是采用装在可移动式机械臂上的切削头来破碎岩体，并挖除坑道范围内的岩体。单臂掘进机可以连续掘进，挖掘任意形状和大小跨度的隧道，并且对围岩的稳定性影响较小，扰动破坏性少。但只适用于软岩及土质隧道。常用的单臂掘进机是铁盘式采矿机，挖斗式挖掘机和铲斗式装渣机也可以用于隧道掘进，机动灵活，适应能力较强等。

3）人工掘进。人工掘进是采用十字镐、风镐等简易工具来挖除岩土体。人工掘进速度较慢，劳动强度很大，一般在不能采用爆破掘进的软弱破碎围岩和土质隧道中，若隧道工程量不太大，工期要求不太紧，又无机械或不宜采用机械掘进，或长大隧道机械掘进中的局部小工作面，则可以采用人工掘进。人工掘进施工中应做好安全防护措施，并应安排专人负责工作面的安全观察。

隧道施工中，掘进方式是影响围岩稳定的重要因素，因此在选择掘进方式时应根据坑道范围内的地质条件、岩石的坚硬程度、围岩的稳定性、支护条件、经济性以及掘进时不同的掘进方式对围岩的扰动情况等相关因素进行综合考虑分析，选用恰当的掘进方式。

综上所述，钻眼爆破掘进较为实用经济，但对围岩的扰动较大，尤其是对软弱破碎围岩的稳定性不利；掘进机法掘进速度快，对围岩的扰动较小，但机械和设备的投资较大；人工掘进对围岩的扰动最小，但掘进速度很慢且工人的劳动强度太大。

实际工程中掘进方式的选择，应充分考虑岩体的坚固性、围岩的稳定性、经济性和又不会严重影响围岩稳定性的掘进方式。由于隧道内的地质情况变化很大，所以三种基本掘进方式要机动灵活配合采用。

无论采用机械掘进或人工掘进，均应注意掌握好掘进速度，要做到及时支护，不要让围岩暴露时间过长产生风化作用及变形过大。若开挖面不能自稳，则应同时采取相应而有效的辅助稳定措施。

2. 隧道开挖的钻爆设计和钻眼机械

（1）钻爆设计

钻爆设计应根据隧道工程地质条件、水文条件、开挖断面、开挖方法、掘进循环进尺、钻眼机具、爆破材料和出渣能力等因素综合考虑。

钻爆设计的内容包括：炮眼（掏槽眼、辅助眼、中空眼、周边眼等）的布置、数目、深度和角度、装药量和装药结构、起爆方法和起爆顺序等。设计图应包括：炮眼布置图、周边眼装药结构图、钻爆参数表、主要技术指标以及必要的说明。钻爆作业必须按照钻爆设计的顺序进行钻眼、装药、连线和引爆。

（2）钻眼机械

隧道工程中常使用的凿岩机有风动凿岩机和液压凿岩机，另外还有电动凿岩机和内燃凿岩机，但较少采用。其工作原理都是利用镶嵌在钻头体前端的凿刃反复冲击并转动破碎岩石而成孔。凿岩机有的可通过调节冲击功大小和转动速度以适应不同硬度的石质，达到最佳成孔效果。

1）钻头和钻杆。钻头直接连接在钻杆前端（整体式）或套装在钻杆前端（组合式），钻杆尾套装在凿岩机的机头上，钻头前端则镶入硬质高强耐磨合金钢凿刃。

凿刃起着直接破碎岩石的作用，它的形状、结构、材质、加工工艺是否合理都直接影响凿岩效率和其本身的磨损。凿刃按其形状可分为片状连续刃和柱齿不连续刃两类。片状连续刃又有一字形、十字形等几种形式；柱齿刃又有球齿、锥形齿、楔形齿等形式。一字形片状连续刃钻头构造简单、修磨简单、对岩性的适应性强，但钻眼速度较慢，且在节理裂隙发育的岩石中容易卡钻，适用于功率较小的风动凿岩机在中硬以下岩石中钻眼。十字形片状连续刃钻头和柱齿刃钻头的制造和修磨较复杂，适用于功率较大和冲击频率较高的重型风动或液压凿岩机在各种岩石中钻眼，尤其在高硬度岩石中或节理裂隙发育的岩石中钻眼效果良好，速度也快。

常用钻头的钻孔直径有38mm、40mm、42mm、45mm、48mm等，用于钻中空孔眼的钻头直径可达102mm，甚至更大。钻头和钻杆均有射水孔，压力水即通过此孔清洗岩粉。

钻眼速度受以下几个因素的影响：冲击频率、冲击功、钻头形式、钻孔直径、钻孔深度及岩石质量等。另外还与钻头与钻杆、钻杆与机头的套装紧密程度，钻头和钻杆的质量，钻杆轴线与机头轴线重合程度以及凿岩机手的操作技术水平等有关。若套装不紧密、钻杆轴线与机头轴线重合不好或钻杆硬度小，钻杆较粗，都会损耗冲击功而降低钻眼速度。

2）风动凿岩机。风动凿岩机俗称风钻，它是以压缩空气为驱动力。其具有结构简单，制造维修简便，操作方便，使用安全的优点，但压缩空气的供应设备比较复杂，机械效率低、能耗大、噪声大，凿岩速度比液压凿岩机低。

3）液压凿岩机。液压凿岩机是以电力带动高压油泵，通过改变油路，使活塞往复运动，实现冲击作用。

液压凿岩机与风动凿岩机比较，具有以下主要特点：

动力消耗少，能量利用率高。液压凿岩机动力消耗仅为风动凿岩机的1/3 ~ 1/2；能量利用率，液压的可达30% ~ 40%，风动的仅有15% ~ 20%。凿岩速度快。液压凿岩机比风动凿岩机的凿岩速度快50% ~ 150%。在花岗岩中纯钻进速度可达170 ~ 200cm/min。液压凿岩机的液压系统设计配套合理，能自动调节冲击频率、扭矩、转速和推力等参数，适应不同性质的岩石，以提高凿岩功效，且润滑条件好，各主要零件使用寿命较长。环境保护较好。液压钻的噪声比风钻降低10 ~ 15dB；液压钻也没有像风钻那样的排气，工作面没有雾气，空气较清晰。目前液压钻已广泛应用于隧道工程中。液压凿岩机构造复杂、造价较高、重量大、附属装置较多，多安装在台车上使用。

4）凿岩台车。将多台液压凿岩机安装在一个专门的移动设备上，实现多机同时作业，集中控制，称为凿岩台车。凿岩台车按其走行方式可分为轨道走行、轮胎走行式及履带走行式；按其结构形式可分为实腹式和门架式两种。

实腹式凿岩台车通常为轮胎走行，可以安装1 ~ 4台凿岩机及一支工作平台臂。其工作范围可以达到宽10 ~ 15m，高7 ~ 12m，分别可适用不同断面的隧道中。但实腹式凿岩台车占用坑道空间较大，需与出渣运输车辆交会避让，占用循环时间，尤其是在隧道断面不大时，机械避让占用的非工作时间就更长。故实腹式凿岩台车多应用于较大断面的隧道中。

门架式凿岩台车的腹部可以通行出渣运输车辆，可大量减少机械避让时间。门架式凿岩台车通常为轨道走行，一般安装2 ~ 3台凿岩机。多适用于中等净空断面（20 ~ 80m^2）的隧道开挖，开挖断面过小或过大则多不采用。

按其控制的自动化程度来分，凿岩车可以分为人工控制、电脑控制和电脑导向三种。

人工控制是由人工控制操纵杆来实现钻机的定位、定向和钻进的。钻眼位置由工程师标出，钻眼方向则由操作手按经验目测确定。电脑控制凿岩台车的所有动作都在电脑的控制下进行，必要时可由操作手进行干预。电脑导向凿岩台车不仅具有电脑控制功能，而且可以在隧道定位（导向）激光束的帮助下进行自动定位和定向，因此能进一步缩短钻眼作业时间，提尚钻眼精度、减少超欠挖量。

3. 爆破材料

（1）爆破对固体介质的破坏作用

炸药的爆炸反应是有机物的氧化还原反应，具有高温、高压和高速度的特点。炸药的爆炸过程是爆炸波的传播过程，也是爆炸生成气体和初始做功的过程。当炸药在围岩中爆炸时，爆炸波轰击岩面，以冲击波形式向岩体内部传播，形成动态应力场。冲击波作用时间短，能量密度很高，使炮孔周围岩石产生粉碎性破坏。爆炸气体静压和膨胀做功，有使岩石质点做远离药包中心运动的倾向，岩石受切向拉力，其强度达到岩石抗拉强度时，则岩石破坏，产生径向裂隙。在爆炸结束的瞬间，随着温度下降，气体逸散，介质又为释放压缩能而回弹，从而又可能产生环向裂缝。在爆破力作用下，在偏离径向45° 的方向上还可能产生剪切裂缝。在这些裂缝的交错切割和剩余爆破力的作用下，岩石即被破碎和移位。

假定将药包埋置在无限介质中进行爆破，则在远离药包中心不同的位置上，其爆破作用是不相同的。大致可以划分为三个区域，如图9–2所示。

1）压缩粉碎区。它是指半径为R_1范围的区域。该区域内介质距离药包最近，受到的压力最大，故破坏最大。当介质为土壤或软岩时，压缩形成一个环形体孔腔；介质为硬岩时，则产生粉碎区破坏，故称为压缩粉碎区。

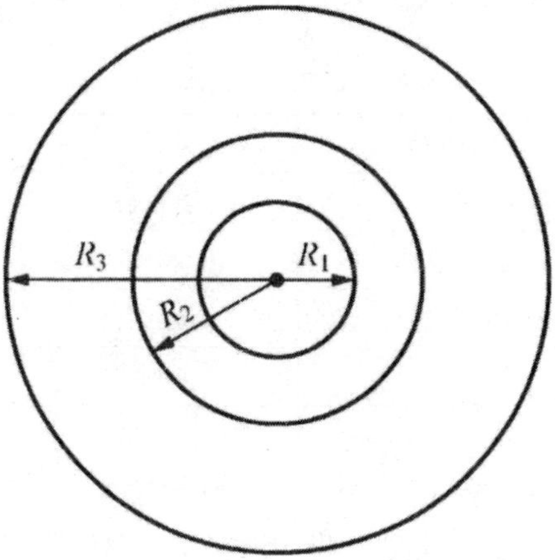

图9–2　爆破的内部作用

R_1—压缩粉碎区半径；R_2—破裂 区半径；R_3—震动区半径

2）破裂区。R_1与R_2之间的范围叫破裂区。在这个区域内介质受到的爆破力虽然比压缩粉碎区小，但介质的结构仍然被破坏成碎块。

3）震动区。R_2与R_3之间的范围叫震动区。在此范围内，爆炸能量只能使介质发生弹性变形不能产生破坏作用。

当炮眼装药长度远大于横截面的直径时，形成圆柱状延长药包，简称柱状药包。它是工程爆破中应用最为广泛的药包。球型药包爆破应力波的传播方向，是以药包中心为圆心成球面状向四周传播。当炮眼方向垂直于临空面，即最小抵抗线与炮眼装药轴线重合时，柱状药包爆破作用力的方向是平行于临空面而指向岩体内部，即爆破作用受到岩体的挟制作用，但一般仍能形成倒圆锥漏头，易残留炮窝。

（2）炸药的性能

炸药爆炸是一种高速化学反应过程。在这个过程中炸药物质成分发生改变，生成大量的气体物质并释放大量的热能，表现为对周围介质的冲击、压缩、破坏和抛掷作用。炸药的性能取决于所含的化学成分。掌握炸药等爆破材料的性能，对正确使用、储存、运输，确保安全和提高爆破效果，具有重要意义。炸药的主要性能如下：

1）敏感度。炸药的敏感度简称感度，是指炸药在外界爆能作用下发生爆炸反应的难易程度，也就是炸药爆炸对外能的需要程度。根据外能的形式不同，炸药感度主要有：

热敏感度。也称爆发点，即使炸药爆炸的最低温度，它表示炸药对热的敏感度。工程中几种常见炸药的爆发点见表9–4。

表9–4 几种炸药的爆发点

炸药名称	爆发点/℃	炸药名称	爆发点/℃
EL系列乳化炸药	330	2号岩石硝铵炸药	186 ~ 230
2号煤矿硝铵炸药	180 ~ 188	黑火药	290 ~ 390
梯恩梯	290 ~ 295	硝化甘油	200
黑索金	230	特屈尔	195 ~ 200

火焰敏感度。表示炸药对火焰（明火星）的敏感度。有些炸药虽然对温度反应比较迟钝，但对火焰却很敏感，如黑火药一接触明火星便易燃烧爆炸。

机械敏感度。指炸药对机械能（撞击、摩擦）作用的敏感程度。一般来说，对撞击比较敏感的炸药，对摩擦也比较敏感。一般以试验次数的爆炸百分率来表示，见表9–5。

表9–5 几种炸药的撞击、摩擦感度

炸药名称	EL系列乳化炸药	2号岩石硝铵炸药	硝化甘油	黑索金	特屈尔	黑火药	梯恩梯
撞击感度（%）	≤8	20	100	70 ~ 75	50 ~ 60	50	4 ~ 8
摩擦感度（%）	0	—	—	90	24	—	0

爆轰敏感度。指炸药对爆炸能的敏感程度。通常在起爆作用下，炸药的爆炸是由冲击波、爆炸产物流或高速运动的介质颗粒的作用而激发的。不同的炸药所需的起爆能也不同，爆轰感度一般用极限起爆药量表示。

2）爆速。炸药爆炸时爆轰波在炸药内部的传播速度称为爆速。不同成分的炸药有不同的爆速，但一般来说密度越大的炸药其爆速也越高。同一种成分的炸药其爆速还受装填密实程度、药量多少、含水量大小和包装材料等因素的影响，几种炸药的爆速见表9–6。

3）爆力（威力）。炸药爆炸时对周围介质做功的能力称为爆力（或威力）。炸药的爆力越大，其破坏能力越强，破坏的范围及体积也越大。一般地，爆炸产生的气体物质越多，或爆温越高，则其爆力越大。炸药的爆力通常用铅柱扩孔实验法测定。铅柱扩孔容积等于280cm^{3}时的爆力称为标准爆力。几种炸药的爆力见表9–7。

表9–6　几种炸药的爆速

炸药名称	铵梯炸药	硝化甘油	梯恩梯	特屈尔	黑索金	太安
密度/（g/cm^3）	1.40	1.60	1.60	1.59	1.76	1.72
爆速（m/s）	5200	7450	6850	7334	8660	8083

表9–7　几种炸药的爆力

炸药名称	铵梯炸药	硝化甘油	梯恩梯	特屈尔	黑索金	太安
密度/（g/cm^3）	1.0 ~ 1.1	1.60	1.50	1.60	1.70	—
爆力/cm^3	32	600	285	300	600	580

4）猛度。炸药爆炸后对与之接触的固体介质的局部破坏能力称为猛度。这种局部破坏表现为固体介质的粉碎性破坏程度和范围大小。一般地，炸药的爆速越高，则其猛度也越大。炸药的猛度通常用铅柱压缩法测定，以铅柱被爆炸压缩的数值表示，见表9–8。

表9–8　几种炸药的猛度值

炸药名称	2号铵梯岩石炸药	EL系列乳化炸药	RJ系列乳化炸药	硝化甘油	梯恩梯	特屈尔	黑索金	太安
密度/（g/cm^3）	0.9 ~ 1.0	1.1 ~ 1.2	1.1 ~ 1.25	—	1.0	1.6	1.7	—
猛度/mm	12 ~ 14	16 ~ 19	15 ~ 19	22.5 ~ 23.5	16 ~ 17	21 ~ 22	25	23 ~ 25

5）爆炸稳定性和临界直径、最佳密度、管道效应。爆炸稳定性是指炸药经起爆后，能否连续、完全爆炸的能力。它主要受炸药的化学性质、爆轰感度以及装药密度、药包大小（或药卷直径）、起爆能量等因素的影响。

临界直径。工程爆破采用柱状装药时，常用药卷的“临界直径”来表示炸药的爆炸稳定性。“临界直径”是在柱状装药时被动药卷能发生殉爆的最小直径 ϕmin。临界直径越小，则其爆炸稳定性越好。如铵梯炸药的爆炸稳定性较好，其临界直径为15mm。浆状炸药的爆炸稳定性较差，其临界直径为100mm，但加入敏化剂后其临界直径降为32mm，也能稳定爆炸。

工程爆破中，为保证装药能稳定爆炸而不发生断爆，在选择药卷直径时应注意以下两点：

①药卷的直径应不小于炸药的临界直径。装药直径越大，其爆炸越稳定。但当药卷直径超过某值（极限直径）后，爆炸稳定性即不随药卷直径而变化。

②若因需减少炸药用量而缩小装药（药卷）直径时，则应相应选用爆轰感度较高的炸药或加入敏化剂以降低其临界直径。

最佳密度。对于单质猛炸药，其装药密度越大，则其爆速越大，爆炸越稳定。对于工程用混合炸药，在一定密度范围内，也有以上关系。炸药爆炸稳定，且爆速最大时的装药密度称为“最佳密度”。如硝铵类炸药的最佳密度为0.9 ~ 1.19g/cm^3，乳化炸药一般为1.05 ~ 1.30g/cm^3。但随后爆速又随着密度的增加而下降，直至某一密度时，爆炸不稳定，甚至拒爆，这时炸药的密度称为“临界密度”。

管道效应。工程爆破中，常采用钻孔柱状药卷装药，若药卷直径较钻孔直径小，则在药卷与孔壁之间有一个径向空气间隙。药卷起爆后，爆轰波使间隙中的空气产生强烈的空气冲击波，这股空气冲击波速度比爆轰波速度更高，它在爆轰波未到达之前，即将未爆炸的炸药压缩，当炸药被压缩到临界密度以上时，就会导致爆速下降，甚至断爆，这种现象称为管道效应。为了减少管道效应，可减小间隙，或采用高感度、高爆速的炸药。

6）殉爆距离。一个药包爆炸（主动药包）后，能引起与它不相接触的邻近药包爆炸（被动药包），这种现象称为被动药包的“殉爆”发生殉爆的原因是主动药包爆炸产生冲击波和高速物流，使邻近药包在其作用下而爆炸。是否会发生殉爆，则主要取决于主动药包的药量和爆力、被动药包的爆轰感度、主动与被动药包之间的距离和介质性质。当主动、被动药包采用同性质炸药的等直径药卷时，则用被动药包能发生殉爆的最大距离来表示被动药包的殉爆能力，称为“殉爆距离”。当然它也反映了主动药包的致爆能力。工程爆破中，常采用柱状间隔（不连续）装药来减少炸药用量和调整装药集中度，但应注意使药卷间距不大于殉爆距离。实际殉爆距离应通过现场试验确定。

7）安定性。炸药的安定性是指其物理化学性质的安定性，主要表现为吸湿、结块、挥发、渗油、老化、冻结和化学分解等。如硝铵炸药吸湿性很强，也容易结块。结块时需人工解潮和碾碎后再使用。胶质炸药易老化和冻结，老化的胶质炸药敏感度和爆速降低，威力减小；冻结的胶质炸药感度高，使用危险，必须解冻后才允许使用。硝铵炸药的安定性差，易分解，运输存放中，应通风避光，不宜堆放过高。

（3）隧道工程常用的炸药和起爆材料

隧道工程中使用的爆破材料有炸药、导火索、雷管、导爆管、继爆管及起爆材料等。

1）隧道工程常用的炸药。工程用炸药一般以某种或几种单质炸药为主要成分，另加一些外加剂混合而成。目前在隧道爆破施工中使用最广的是硝铵类炸药。硝铵类炸药品种极多，但其主要成分是硝酸铵，占60%以上，其次是梯恩梯或硝酸钠（钾），占10%～15%。

铵梯炸药。在无瓦斯坑道中使用的铵梯炸药，简称岩石炸药，其中2号岩石炸药是最常用的一种；在有瓦斯坑道中使用的炸药，简称煤矿炸药，它是在岩石炸药的基础上外加一定比例食盐作为消焰剂的煤矿用安全炸药。

浆状（水胶）炸药。是一种新型安全炸药。由于这类炸药含水量较大，爆温较低，比较安全，发展前景良好。浆状炸药是由氧化剂水溶液、敏化剂和胶凝剂为基本成分组成的混合炸药。浆状炸药是在浆状炸药的基础上应用交联技术，使之形成塑性凝胶状态，进一步提高了炸药的化学稳定性和抗水性，炸药结构更均一，提高了传爆性能。浆状（水胶）炸药具有抗水性强、密度高、爆炸威力较大、原料广、成本低和安全性能好等优点，常应用于露天有水深孔爆破中。

乳化炸药。通常是指以硝酸铵、硝酸钠水溶液与碳质燃料通过乳化作用，形成的乳脂状混合炸药，也称为乳胶炸药。其外观随制作工艺不同而呈白色、淡黄色、浅褐色或银灰色。乳化炸药具有爆炸性能好、抗水性能强、安全性能好、环境污染小、原料来源广和生产成本低，且爆破效率比浆状及水胶炸药更高等优点，尤其适用于硬岩爆破。

硝化甘油炸药。又称胶质炸药，是一种高猛度炸药，它的主要成分是硝化甘油（或硝化甘油与二硝化乙二醇的混合物）。硝化甘油炸药抗水性强、密度高、爆炸威力大，因此适用于有水和坚硬岩石的爆破。但它对撞击摩擦的敏感度高，安全性差，价格昂贵，保存期不能过长，容易老化而导致性能降低，甚至失去爆炸性能。一般只在水下爆破中使用。

隧道爆破使用的炸药，一般是由厂制或现场加工成药卷形式，药卷直径有 ϕ22mm、ϕ25mm、ϕ32mm、ϕ35mm、ϕ40mm等，长度为165～500mm，可按爆炸设计的装药结构和用药量来选择使用。各种炸药的炸药成分、性能、密度、爆速、猛度、爆力、殉爆以及稳定性等详见有关资料及产品说明书。

2）起爆材料。设置传爆起爆系统的目的是在装药（药包或药卷）以外的安全距离处通过发爆（点火、通电或激发枪）和传递，使安在药包或药卷中的雷管起爆，并引发药包或药卷爆炸，从而爆破岩石。

导火索与火雷管：

导火索是用来传递火焰给火雷管，并使火雷管在火焰作用下爆炸的传爆材料之一。

导火索的燃烧速度取决于索芯黑火药的成分和配比，一般在110 ~ 130s/m范围内，缓燃导火索则为180 ~ 210s/m或240 ~ 350s/m。导火索具有一定的防潮耐水能力，在1m深常温静水中浸2h后，其燃烧速度和燃烧性能不变。普通导火索不能在有瓦斯或有矿尘爆炸危险的场所使用。

火雷管是最简单的一种雷管。火雷管成本低，使用比较简单灵活，不受杂散电流的影响，应用广泛，但受撞击、摩擦和火花等作用时能引起爆炸。火雷管全部是即发雷管（一点火，就爆炸）。

雷管号数按其起爆能量的大小分为十个等级（号数）。号数越大，起爆能力愈强。工程中常用的是8号和6号雷管。其他雷管号数也同此划分。

电雷管。电雷管是在火雷管中加设电发火装置而成的，它是用导电线传输电流使装在雷管中的电阻发热而引起雷管爆炸的。

电雷管可分为即发电雷管和迟发电雷管。

为实现延期起爆，迟发电雷管的延期时间是在即发雷管中加装延期药来实现的。延期时间的长短均用段数来表示。

迟发电雷管按其延期时间差可分为秒迟发电雷管和毫秒迟发电雷管系列。

发爆电源可用交、直流照明或动力电源，也可以用各种类型的专用电起爆器。在有杂散电流时，应采用抗杂散电流电雷管。目前，电线、电雷管起爆系统在隧道工程中已较少采用。

4. 隧道工程钻眼爆破法

在石质隧道中，采用最多的是钻眼爆破法。其原理是利用装入钻孔中的炸药爆炸时产生的冲击波及爆炸物做功来破碎坑道范围内的岩体，可以用爆破漏斗来解释。

隧道工程中，钻爆作业必须按照钻爆设计钻眼、装药、连线和引爆，同时应满足钻眼爆破施工的质量要求。为此岩石隧道开挖前，应根据工程地质条件、开挖断面、开挖方法、掘进循环进尺、钻眼机具、爆破器材和茁渣能力等因素综合考虑。做好钻爆设计，合理地确定炮眼布置、数目、深度和角度、装药量和装药结构、起爆方法和起爆顺序等，安排好循环作业等，以正确指导钻爆施工达到预期的效果。

隧道工程中，一般要求钻眼爆破应满足以下条件：

开挖轮廓成型规则，岩面平整，超欠挖量符合规定要求；爆破对围岩的扰动破坏小，以保证围岩（坑道）的稳定性；爆破后的石渣块度大小适中，抛掷范围相对集中，符合装渣作业要求；钻眼工作量少，耗用炸药等爆破材料少等；防止对周围设备的破坏，减少对环境尤其是水的污染。为此应充分研究下面的问题：岩石的抗爆破性及抗钻性；炸药品种及用量；炮眼布置形式和炮眼数量、直径、长度；装药结构；起爆顺序和起爆网络等。

（1）炮眼的布置

炮眼布置首先应确定施工开挖轮廓线，然后进行炮眼布置。因此钻眼前应定出开挖断面中线、水平线和断面轮廓，标出炮眼位置，经检查符合钻爆设计要求后方可钻眼。而炮眼的布置、深度、角度、间距等应按钻爆设计要求确定。

隧道爆破通常采用掏槽爆破，即将开挖断面上的炮眼分区布置和分区顺序起爆，逐步扩大完成一次爆破开挖，分区是按照炮眼的位置、作用的不同有三种炮眼：掏槽眼、辅助眼和周边眼。这三种炮眼除共同完成一个循环进尺的爆破掘进外，还各有其作用，并各有不同的布置要求及长度、方向和间距等要求。

1）隧道洞身开挖轮廓线及预留变形量。坑道开挖后，围岩由于失去部分约束而产生向坑道方向的收缩变形，所以施工开挖轮廓线应在设计开挖轮廓线的基础上适当加大，称为预留变形量。预留变形量的大小，主要取决于围岩级别、开挖断面大小，隧道跨度大小、开挖方法、掘进方式、支撑或支护方法等因素的影响，变形量的大小可以根据实际测量数据分析确定，并可进行调整。

2）隧道钻爆开挖中炮眼的布置。隧道开挖爆破的炮眼数目与隧道断面的大小有关，多在几十至数百范围内。炮眼按其所在位置、爆破作用、布置方式和有关参数的不同可分为如下几种。

掏槽眼的布置：

掏槽眼的作用是将开挖面上适当部位先掏出一个小型槽口，以形成新的临空面，为后爆辅助炮创造更有利的临空面，提高爆破效率。掏槽眼本身只有一个临空面，且受周围岩石的夹制作用，故常采用较大的炸药单耗量k值和较大的装药系数a值，以增大爆破粉碎区，并利用爆炸冲击波及爆炸产物作功，将岩石抛掷出槽口。为保证掏槽炮能有效地将石渣抛出槽口，常将掏槽眼比设计掘进进尺加深10 ~ 20cm，并采用孔底反向连续装药和双雷管起爆。槽口尺寸常在1.0 ~ 2.5m^2，要与循环进尺、断面大小和掏槽方式相协调。要求掏槽眼口间距误差和眼底间距误差不得大于5cm。合理布置掏槽眼，应掌握好炮眼的三度：深度、密度和斜度，并通过计算确定用药量及放炮顺序。

斜眼掏的特点是掏槽眼与开挖断面斜交，常用的形式有垂直楔形掏槽、锥形掏槽、爬眼掏槽等。斜眼掏槽具有操作简单、精度要求较直眼掏槽低，能按岩层的实际情况选择掏槽方式和掏槽角度，容易把石渣抛出，掏槽眼的个数较少且炸药的消耗量低等优点，但斜眼掏槽钻眼的方向不易准确，炮眼深度易受坑道断面尺寸的限制，不易提高循环进尺，也不便于多台钻机同时作业。

直眼掏槽是以空眼作为增加的临空面，利用炸药爆炸的能量将槽内岩石破碎，借助爆破产生气体的余能将已破碎的岩石从槽口抛出。直眼掏槽由若干个垂直于开挖面的炮眼组成。掏槽眼的深度不受围岩软弱和开挖断面尺寸的限制，可以实现多台钻机同时钻眼，也可采用深孔爆破，实现钻眼机械化，从而为加快掘进速度提供了有利条件。由于直眼掏槽作业较方便，不需随循环进尺的改变而变化掏槽方式，仅需改变炮眼的深度，且石渣的抛掷距离也可缩短，但直眼掏槽的炮眼数目较多，炸药单耗量值也要加大，炮眼位置和方向要求有较高的精度，才能保证良好的爆破效果。因地质多变，几种掏槽方式可以混合使用。

中空眼的作用。近年来由于重型凿岩机的投入使用，使钻大直径（>100mm）孔眼并不困难。直眼掏槽中多采用大直径空眼，其作用相当于为装药掏槽眼提供了临空面，并取得了良好的掏槽效果。一般在中硬和坚硬岩层中，对于设计循环进尺为3.5m左右时，采用双空孔形式最佳；对3.5 ~ 5.15m的深孔掏槽，则采用三空孔形式最好；对3m以下的浅眼掏槽，采用单空孔形式较好。为保证掏槽炮眼爆炸后岩渣有足够的膨胀空间，一般要求空眼体积为掏槽眼体积的10% ~ 20%为宜。

当前国内外掘进的坑道，大都采用直眼掏槽和深眼爆破，可以节省大量辅助作业时间，如通风排烟、检查找顶等。

斜眼掏槽和浅眼爆破适用人工施工或机械设备不足的施工条件。选择掏槽方式时，要根据具体的施工条件，因地制宜加以选用。

辅助眼的布置。辅助眼的作用是进一步扩大槽口体积和爆破量，并逐步接近开挖断面形状，为周边眼创造有利的爆破条件。

辅助眼的布置主要是解决间距E值和最小抵抗线W问题。其布置原则可参照后述周边眼的布置原则进行，只是W、E值及单孔装药量q值较大些。一般取E/W= 0.6 ~ 0.8为宜，并采用孔底连续装药。

辅助眼应由内向外，逐层布置，逐层起爆，逐步接近开挖断面轮廓形状。

周边眼布置。周边眼的作用是爆破后使坑道断面达到设计的形状和尺寸，目的是成型。

周边眼的位置一般应沿设计轮廓线均匀布置，其炮眼的间距和最小抵抗线长度均比辅助眼小，目的是使爆破出坑道的轮廓较为平顺和控制超欠挖量。

当岩质较软或较破碎时，炮眼口则应放在开挖轮廓线以内。炮眼底则应根据岩石的抗爆破性来确定其位置，应将炮眼方向以3% ~ 5%的斜率外插。一方面是为了控制超欠挖，另一方面是为了便于下次钻眼时好落钻开眼；对于松软岩层一般眼底应落在设计轮廓线上；对于中硬岩及硬岩，眼底应落在设计轮廓线以外10 ~ 15cm。底板眼的眼底一般都落在设计轮廓线以外。此外，为保证开挖面平整，辅助眼及周边眼的深度应使其眼底落在同一垂直面上，必要时应根据实际情况调整炮眼深度。

周边眼的爆破，在很大程度上影响到开挖轮廓的质量和对围岩的扰动破坏程度，超挖量大，一般在10% ~ 20%，且不能按照设计轮廓线准确成型，开挖面容易起伏不平，故周边眼同掏槽眼一样需慎重考虑。如采用光面爆破或预裂爆破，目的是使爆破后岩石的表面能按设计轮廓线成型，表面平整，超欠挖量最小。工程实践证明，光面爆破和预裂爆破是国内外公认的一项先进的爆破技术。

（2）光面爆破和预裂爆破、毫秒爆破

1）光面爆破。光面爆破是通过调整周边眼的各爆破参数，使爆炸先沿各孔的中心连线形成贯通的破裂缝，然后内圈岩体裂解，并向临空面方向抛掷。这种爆破在围岩中产生的裂缝较少，使爆破后的岩石表面能按设计轮廓线成型，表面较为平整，超欠挖量小。

光面爆破的基本原理。实现光面爆破，就是要使周边炮眼起爆后优先沿各孔的中心线形成贯通裂缝，然后由于爆炸气体的作用，使裂解的岩体向洞内抛散。裂缝形成的机理，国内外进行过不少的研究，但目前还缺少一致的认识。有代表性的理论有三种：一种是认为裂缝的形成主要是由于爆破应力波的动力作用引起的，提出了应力波理论；另一种则认为裂缝主要是由爆破高压气体准静应力的作用引起的，提出了静压力破坏理论；第三种是应力波与爆破气体压力共同作用理论，这是更多人赞同的一种理论。

光面爆破的主要参数和技术要求。

①适当加密周边眼间距，调整间距抵抗比E/W值。光面爆破的特点是：周边眼间距比一般爆破的间距小，适当缩小周边眼间距要视岩石的抗爆性、炸药性能、炮眼直径和装药量而定，一般可取炮眼直径d=（38 ~ 48）mm，E ≈（40 ~ 70）cm。选择时，对于坚硬和破碎岩石宜取较小E值；对于软质或完整性好的岩石宜取较大的E值。为了保证孔间贯通裂缝优先形成，需使周边眼的最小抵抗线大于炮眼间距，通常取E/W=0.8为宜，即W ≈ 50 ~ 90cm。

②选择合理的炸药品种、炸药量和装药结构。周边眼宜采用小直径药卷和低爆速炸药，可借助传爆线以实现空气间隔装药。用于光面爆破的炸药，与主体爆破的

炸药相比，应选用爆速较低、猛度较低、爆力较大、传爆性能良好的炸药。但底板眼则宜选用高爆力炸药，既可以克服上覆石渣的压制，又起到了翻渣作用。周边眼装药量应既具有破岩所需的应力能，又不致造成对围岩的严重破坏，施工中应根据孔距E、光面层厚度（最小抵抗线）W、石质及炸药种类等因素综合考虑选择和调整。一般地，单位炮眼长度装药量控制在0.04 ~ 0.4kg/m，称为线装药密度。

周边眼的装药结构，可采用小直径药卷连续或间隔装药。炮眼、药卷直径不偶合系数 λ 可控制在1.25 ~ 2.0。但药卷直径不小于炸药的临界直径，以保证稳定传爆。必要时采用导爆索传爆（孔内串联）。

③保证周边眼同时起爆。据测定，各炮眼的起爆时差超过0.1s时，就等同于各个炮眼单独爆破，不能形成贯通裂缝。周边眼各个炮眼同时起爆，能使炮眼间爆炸力共同作用，比较容易炸成平面。因此，要求周边眼必须采用同段雷管同时起爆，并尽可能减少同段雷管的延期时间差（雷管的制造误差），如使用高精度系列迟发雷管或用导爆索作为孔内传爆等。对石质稍差的岩石，宜采用毫秒迟发电雷管起爆周边眼，它既具有同时起爆的爆破威力，又可以减少对轮廓线外围岩的扰动。

光面爆破的分区起爆顺序是：掏槽眼—辅助眼—周边眼—底板眼。辅助眼则应由里向外逐层起爆。为使光面爆破有较好的效果，除上述要求外，还应使辅助炮眼爆破后尽量接近开挖轮廓形状，即使光面爆破层厚度尽可能一致，并应注意不要使爆破落下的石渣堵死周边眼的临空面。

2）预裂爆破。预裂爆破法又称为缓冲爆破法，它实际上是在光面爆破的基础上发展起来的一种爆破方法。预裂爆破是先起爆周边眼，在其他炮眼未爆破之前先沿开挖轮廓线预裂爆破出一条用以反射爆破地震应力波的裂缝而得名的，其爆破原理与光面爆破原理相同，只是分区起爆顺序不同。预裂爆破的分区起爆顺序为：周边眼—掏槽眼—辅助眼—底板眼。由于这个预裂面的存在，对后爆破的掏槽眼、辅助眼的爆轰波能起到反射和缓冲作用，可以减少爆轰波对围岩的破坏影响，保持岩体的完整性，使爆破后的开挖面整齐规则。

由于成洞过程和破岩条件不同，在减轻对围岩的扰动程度上，预裂爆破较光面爆破的效果更好。所以，预裂爆破很适用稳定性较差而又要求控制开挖轮廓的软弱围岩，但预裂爆破的周边眼间距和最小抵抗线都要比光面爆破小，相应地要增多炮眼数量，钻眼工作量增大。

预裂爆破只要求先在周边眼之间炸出贯通裂缝，因而单孔装药量可较少，炸药分布比较均匀，对围岩的破坏扰动更小。由于贯通裂缝的存在，使主体爆破产生的应力波在向围岩传播时受到大量衰减，从而更有效地减少了对围岩的扰动，所以预裂爆破更适用于稳定性较差的软弱破碎岩层中。

3）毫秒爆破法。毫秒爆破法是隧道施工开挖的一项现代爆破新技术。其实质是以毫秒雷管严格按一定顺序起爆炸药包组，使爆破前后阶段的时间间隔极其短促，以毫秒计算。爆破产生的岩石破坏作用力（应力波或冲击波）可以叠加，促使岩石易于被炸碎；同时前后段爆破传递到围岩内部的冲击波又互相干扰和相互抵消，使冲击波对围岩的震动破坏大为减弱。该爆破法具有下列优点：

满足光面爆破的技术要求，可以获得良好的爆破效果；毫秒爆破对围岩的震动破坏最少；同时可以减少滞炮和滞炮带来的麻烦；把毫秒爆破一次爆破的总延长时间控制在130毫秒以内，即使有瓦斯也尚来不及泄出就爆破完毕，可提高掘进速度。

实现毫秒爆破一般有两个方法：一种方法是毫秒雷管和毫秒起爆器（用延长仪器控制延发时间）；另一种方法是使用毫秒雷管起爆。

（3）装药结构

装药结构是指继爆药药卷和起爆药药卷在炮眼中的布置形式。按起爆药卷在炮眼中的位置和其中雷管聚能穴的方向可以分为正向装药和反向装药；按其连续性则可分为连续装药和间隔装药。

1）正向装药。是将起爆药卷放在眼口第二个药卷位置上，雷管聚能穴朝向眼底，并用炮泥堵塞眼口，即每一个炮眼内从眼底向眼口的装药顺序为：先装普通药卷→次装引爆药卷→后用炮眼泥堵塞眼口。这种装药结构过去使用得较多。

2）反向装药。是将起爆药卷放在眼底第二个药卷位置上，雷管聚能穴朝向眼口，即每一个炮眼内的眼底向眼口的装药顺序是：先装引爆药卷→次装普通药卷（雷管聚能穴朝向眼口）。国内外实践证明，反向装药结构能提高炮眼利用率，减少瞎炮率，减少石渣块度，便于运输，增大抛掷能力和降低炸药消耗量。炮眼越深，反向装药的效果越好。

掏槽眼和辅助眼多采用大直径药卷在孔底连续装药。周边眼可采用小直径药卷连续装药或大直径药卷间隔装药。

（4）起爆顺序及时差

1）除预裂爆破的周边眼是最先起爆外，在一个开挖断面上，起爆顺序是由内向外逐层起爆。这个起爆顺序可以用迟发雷管的不同延期时间（段别）来实现。

2）试验和研究表明，各层（卷）炮之间的起爆时差越小，则爆破效果越好。常采用的时差为10 ~ 200ms，称为微差爆破。

3）内圈炮眼先起爆，外圈炮眼后起爆，这个顺序不能颠倒，否则爆破效果大受影响，甚至完全失败。为了保证内外圈先后起爆顺序，实际使用中，常跳段选用毫秒雷管。但应注意，在深孔爆破时，要将掏槽炮与辅助炮之间的时差稍加大，以保证掏槽炮眼在此时差内将石渣抛出槽口，防止槽口淤塞，为后爆辅助炮眼提供有效的临空面。

4）同圈炮必须同时起爆，尤其是掏槽眼和周边眼，以保证同圈炮眼的共同作用效果。

5）延期时间可以由孔内控制或孔外控制。孔内控制是将迟发雷管装入孔内的药卷中来实现微差爆破。这是常用的方法，但装药要求严格，一旦差错就影响爆破效果。孔外控制是将迟发雷管装在孔外，在孔内药卷中装入激发雷管实现微差爆破，这样便于装药后进行系统检查（段数）。但先爆雷管可能会炸断其他管线，造成瞎炮，影响爆破效果。由于毫秒雷管段数较多和延期时间精度提高，现多采用孔内控制微差爆破，而较少采用孔外控制。若一次爆破孔眼数量较多，雷管段数不够用时，可采用孔内、孔外混合及串联、并联混合网络。

5. 出渣与运输

出渣是隧道作业的基本作业之一。出渣作业能力的强弱，决定了它在整个作业循环中所占时间的长短（一般在40% ~ 60%），因此，出渣运输作业能力的强弱在很大程度上影响施工速度。因此在选择出渣方式时，应对隧道或开挖坑道断面的大小、围岩的地质条件、一次开挖量、机械配套能力、经济性及工期要求等相关因素综合考虑，正确选择并准备足够的装渣运输方法，维修好运输线路，减少相互干扰，提高装渣效率是加快隧道施工速度，尤其是特长隧道的施工速度的关键。

出渣作业包括：装渣、运渣、卸渣三个环节，分述如下。

（1）装渣

装渣就是把开挖下来的石渣装入运输车辆。

1）装渣方式。装渣的方式可采用人力装渣或机械装渣。人力装渣，劳动强度大，速度慢，仅在短隧道缺乏机械或断面小而无法使用机械装渣时才考虑采用。机械装渣速度快，可缩短作业时间，目前隧道施工中经常采用，但仍需配少数人工辅助。

2）装渣机械。隧道常用的装渣机又称装岩机，要求外形尺寸小，坚固耐用，操作方便和生产效率高。装渣机械的类型很多，按其扒渣机形式可分为：铲斗式、蟹爪式、立爪式、挖斗式。铲斗式装渣机为间歇性非连续装渣机，有翻斗后卸、前卸和侧卸式三个卸渣方式。蟹爪式、立爪式和挖斗式装渣机是连续装渣机，均配备刮板（或链板）转载后卸机构。

装渣机的走行方式有轨道走行和轮胎走行两种，也有配备履带走行和轨道走行两套走行机构的。轨道走行式装渣机需铺设走行轨道，因此其工作范围受到限制。但有些轨道走行式装渣机的装渣机构能转动一定角度，以增加其工作宽度。必要时，可采用增铺轨道来满足更大的工作宽度要求。轮胎走行式装渣机移动灵活，工作范围不受限制。但在有水土质围岩的隧道中，有可能出现打滑和下陷。

装渣机扒渣的方式不同，走行方式不同，装备功率不同，则其工作能力各不相同。装渣机的选择应充分考虑围岩及坑道条件、工作宽度及其与运输车辆的匹配和组织，以充分发挥各自的工作效能，缩短装渣的时间。

3）隧道施工中几种常用的装渣机。

翻斗式装渣机，又称为铲斗后卸式装渣机。这种装渣机多采用轨道走行机构。它是利用前方的铲斗铲起石渣，然后后退并将铲斗后翻，把石渣倒入停在机后的运输车内。翻斗式装渣机构造简单，操作方便，采用风动或电动，对洞内无废气污染。但其工作宽度一般只有1.7 ~ 3.5m，工作长度较短，需将轨道延伸至渣堆，且一进一退间歇装渣，工作效率较低，其斗容量小，工作能力较低，一般只有30 ~ 120m^3/h（技术生产率），主要适用于小断面或规模较小的隧道中。

蟹爪式装渣机。这种装渣机多采用履带走行，电力驱动。它是一种连续装渣机，其前方倾斜的受料盘上装有一对由曲轴带动的扒渣蟹爪。装渣时，受料盘插入岩堆，同时两个蟹爪交替将岩渣扒入受料盘，并由刮板输送机将岩渣装入机后的运输车内。因受蟹爪拨渣限制，岩渣块度较大时，其工作效率显著降低，故主要用于块度较小的岩渣及土的装渣作业。工作能力一般在60 ~ 80m^3/h。

立爪式装渣机。这种装渣机多采用轨道走行，也有采用轮胎走行或履带走行的。以采用电力驱动、液压控制的较好。装渣机前方装有一对扒渣立爪，可以将前方或左右两侧的石渣扒入受料盘，其他同蟹爪式装渣机。立爪式装渣机的性能较蟹爪式的好，对岩渣的块度大小适应性强，轨道走行时，其工作宽度可达3.8m，工作长度可达到轨道前方3.0m，工作能力一般在120 ~ 180m^3/h之间。

挖斗式装渣机。这种装渣机（如ITC312H4型）是近几年发展起来的较为先进的隧道装渣机。其扒渣机构为自由臂式挖掘反铲，其他同蟹爪式装渣机，并采用电力驱动和全液压控制系统，配备有轨道走行和履带走行两套走行机构。立定时，工作宽度可达3.5m，工作长度可达轨道前方7.11m，且可以下挖2.8m和兼作高8.34m范围内清理工作面及找顶工作。生产能力为250m^3/h。

铲斗式装渣机。这种装渣机多采用轮胎走行，也有采用履带走行或轨道走行的。轮胎走行的铲斗式装渣机多采用铰接车身、燃油发动机驱动和液压控制系统。

轮胎走行铲斗式装渣机转弯半径小，移动灵活；铲取力强，铲斗容量大，工作能力强；可侧卸也可前卸、卸渣准确，但燃油废气污染洞内空气，需配备净化器或加强隧道通风，常用于较大断面的隧道装渣作业。轨道走行及履带走行的铲斗式装渣机，多采用电力驱动。轨道走行装渣机一般只适用于断面较小的隧道中，履带走行的大型电铲则适用于特大断面的隧道中。

（2）运输

隧道施工的洞内运输（出渣和进料）可以分为有轨运输和无轨运输两种方式。

有轨运输是铺设小型轨道，用轨道式运输车出渣和进料。有轨运输多采用电瓶车及内燃机车牵引，斗车或梭式矿车运渣，它既适应大断面开挖的隧道，也适用于小断面开挖的隧道，尤其适应于较长的隧道运输（3km以上），是一种适应性较强的和较为经济的运输方式。

无轨运输是采用各种无轨运输车出渣和进料。其特点是机动灵活，不需要铺设轨道，能适用于弃渣场离洞口较远和道路坡度较大的场合。缺点是由于多采用内燃驱动，作业时，在整个洞中排出废气，污染洞内空气，故一般适用于大断面开挖和中等长度的隧道中，并应注意加强通风。

运输方式的选择应充分考虑与装渣机的匹配和运输组织，隧道的长度、开挖方式的选择机械设备还应考虑与开挖速度及运量的匹配，以尽量缩短运输和卸渣时间。必要时应作技术经济合理性分析，以求方案最佳。

1）有轨运输。

运输车辆。常用的轨道式运输车辆有斗车、梭式矿车、槽式矿车、窄轨平板车、窄轨矿车等。

斗车。斗车结构简单，使用方便，适应性强，经济性好。按其容量大小可分为小型斗车（容量小于3m^3）和大型斗车（单车容量可达20m^3），采用动力机车牵引。小型斗车轻便灵活，满载率高，调车便利，一般均可人力翻斗卸渣。在无牵引机械时还可以人力推送，它是最常用的运输车辆。大型斗车单车容量较大，可达20m^3，需用动力机车牵引，并配用大型装渣机械装渣才能保证快速装运。根据斗车类型采用驼峰机构侧卸或翻车机构卸渣；对轨道要求严格，但可以减少装渣中调车作业次数，而缩短装渣时间。

梭式矿车。梭式矿车采用整体式车体，下设两个转向架，车厢底部设有刮板式或链式转载机构，便于将整体车箱装满和转载或向后卸渣。它对装渣机械要求条件不高，能保证快速运输，但机构复杂，使用费较高。

梭式矿车单车容量为6 ~ 18m^3，可单车使用，也可2 ~ 4节搭接使用，以减少调车作业次数。其刮板式自动卸渣结构，可以向后（即码头前方）卸渣，也可以使前后转向架分别置于相邻的两股道上，实现向轨道侧面卸渣，扩大弃渣的范围。轨道间距为2.0 ~ 2.5m，车体与轨道交角可达35° ~ 40°。

槽式矿车。槽式矿车是由一个接渣车、若干个仅有两侧侧板而没有前后挡板的斗车单元和一个卸渣车串联组成的长槽型列车，在其底板处安装有贯通整个列车的链板式输送带。使用时装渣机向接渣车内装渣，装满接渣车后，开动链板传送带使石渣在列车内位移到一个车位，如此反复装移石渣，即可装满整个列车。卸渣时，采用类似的操作，由卸渣车将石渣卸去。

有轨运输牵引类型。常用的轨道式牵引机车有电瓶车、内燃机车，主要用于坡度不大的隧道运输牵引。当采用小型斗车和坡度较缓的短隧道施工时，还可以采用人力推送。电瓶车牵引无废气污染，但电瓶须充电，能量有限。必要时可增加电瓶车台数，以保证行车速度和运输能力。内燃机车牵引能力较大，但增加洞内噪声污染和废气污染。必要时，须配备废气净化装置和加强通风。

单线运输。单线运输能力较低，常用于地质条件较差或小断面开挖的隧道中。单线运输时，为调车方便和提高运输能力，在整个路线上应合理布设会让站（错车道）。会让站间距应根据装渣作业时间和行车速度计算确定，并编制和优化列车运行图，以减少避让等待时间。会让站的站线长度应能够容纳整列车，并保证会车安全。

双线运输。双向运输时，进出车分道行驶，无须避让等待，故通过能力较单线有显著提高。为了调车方便，应在两线间合理布设渡线。

渡线间距应根据工序安排及运输调车需要来确定，一般间距为100 ~ 200m，或更长，并每隔2 ~ 3组渡线设置一组反向渡线。

工作面轨道延伸及调车措施：工作面的轨道延伸，应及时满足钻眼、装渣、运输机械的走行和作业要求，并避免轨道延伸与其他工作的干扰。有时需延至开挖面，延伸的方法可以采用浮放"卧轨""爬道"及接短轨。待开挖面向前推进后，将连接的几根短轨换成长轨。

工作面附近的调车措施，应根据机械走行要求和转道类型来合理选择确定，并尽量离开挖面近一些，以缩短调车的时间。

单线运输时，首先应利用就近的会让站调车；当开挖面距离会让站较远时，则可以设置临时岔线、浮放调车盘或平移调车器来调车，并逐步前移；双线运输时，应尽量利用就近的渡线来调车，当开挖面距渡线较远时，则可以设置浮放调车盘，并逐步前移。

洞口轨道布置。洞口外轨道布置包括卸渣线、上料线、修理线、机车整备线以及调车场等。卸渣线应搭设卸渣码头，其重车方向应设置一段0.5% ~ 1.0%的上坡，并在轨端加设车挡，以保证卸渣车列安全。其他各线均应满足使用要求。

轨道铺设要求：轨距常用的有600mm、762mm、900mm三种。双线间净距不小于20cm；单线会让站线间净间距不小于40cm；车辆距坑道壁式支撑净间距不小于20cm；双线不另设人行道；单线须设人行道，其净宽不小于70cm；轨道平面最小曲线半径，在洞内应不小于机车车辆轴距的7倍；洞外不小于10倍；使用有转向架的梭式矿车时，最小曲线半径不小于12m，并应尽量使用较大的曲线半径；洞内轨道纵坡按隧道坡度设置。洞外轨道除卸渣线设置上坡外，其余尽量设置为平坡或0.5%以下的纵坡。钢轨重量有15kg/m、24kg/m、30kg/m、38kg/m、43kg/m几种，轨枕截面有10cm × 12cm、10cm × 15cm、12cm × 15cm、14cm × 17cm（厚 × 宽）几种。钢轨和枕木的选择，应根据各种机械的最大轴重来确定，轴重较大时应选用较重的钢轨和较粗的枕木，枕木间距一般不大于70cm。轨道铺设可利用开挖下来的碎石渣作为道渣，并铺设平整、顺直、稳固。若有变形和位移，应及时养护和维修，保证线路处于良好的工作状态。

2）无轨运输。隧道用无轨运输车的品种很多，多为燃油式动力、轮胎走行的自卸卡车。载重量2 ~ 25t不等。为适应在隧道内运输，有的还采用了铰接车身或双向驾驶的坑道专用车辆。

无轨运输车的选择应注意与装渣机的匹配，尤其是能力配套，充分发挥各自的工作效率，提高整体工作能力。此外，一般要求选用载重自重比大、体型小、机动灵活、能自卸、配有废气净化器的运输车。洞内转向，还可以局部扩大洞径，设置车辆转向站，或设置机械转向盘。

（3）卸渣

卸渣工序的安排与卸渣场码头的设置，应适应每个洞口出渣高峰期的需要，并尽量减少调车时间，做到安全、有效、快速卸渣。

公路隧道施工中卸渣作业应符合下列条件：

应根据弃渣场地形条件、弃渣利用情况、车辆类型，妥善布置卸渣线，卸渣时应在布置的卸渣线上依次进行；卸渣宜采用自动卸渣或机械卸渣设备，卸渣时应有专人指挥、平整；卸渣场地应修筑永久排水设施和其他防护工程，确保地表径流不致冲蚀弃渣堆，重视环境保护；轨道运输卸渣时，卸渣码头应搭设牢固，并设挂钩、栏杆，轨道末端应设置可靠的挡车装置，以确保列车卸渣作业的安全。

二、隧道支撑

1. 支撑材料、支撑类型、支撑方式以及支撑基本要求

（1）支撑材料

一般有木材、钢轨、锚杆、混凝土和钢筋混凝土等。

（2）支撑类型

木支撑、钢支撑、喷射混凝土及锚杆支撑等型式。

（3）支撑方式

隧道支撑方式一般分为先挖后支（适用于Ⅳ级以上围岩）、随挖随支（适用于Ⅳ、Ⅴ级围岩）和先支后挖（适用于Ⅴ、Ⅵ级围岩）三种。

（4）支撑基本要求

能及时架设、使用可靠、构造简单、便于拆装、运输方便；能防止突然失效，便于修筑永久支护，经济安全，能多次周转使用。

2. 各种支撑型式的类型及其结构特点

（1）木支撑

1）木支撑的优缺点。木支撑是传统的支撑方法，它具有构造简单、易加工、质量轻、拆装运输方便以及破坏前有声音预兆等优点。其缺点是木材损耗较多、受载变形较大、承载能力较小、周转次数少、利用率低及不利于机械化施工等。

2）木支撑常见结构型式。

①导坑木支撑。导坑木支撑由立柱、横梁、纵撑和背板组成。

②插板法支撑。当围岩不稳定时，需先支后挖，可采用插板支撑，其施工顺序是：开挖前先立一排架，沿坑道顶部打入第一排插板或轻型钢轨等护顶构件，否则会随挖随塌，故此应随挖随打入插板，插板略往上翘。当挖至第二排时，先架设排架，并用横梁托住第一排插板，横木下采用高木楔与框架楔紧。由于高木楔把横木架起，故可在横木与排架支撑的横梁间的空隙处继续打下一排插板。插板到位后，它与横木间用固定木楔楔紧。如此循环作业，即可在插板保护下进行开挖。当围岩极不稳定时，在正面也需要挡板支护，掘进是从上至下分段进行，挖一部分架好挡板，再挖下面（每次开挖时，需拆除部分挡板）逐渐推进。

③拱部扩大支撑。拱部扩大支撑包括拱部扩大、挖底、马口、仰拱等开挖时的支撑。拱部扩大支撑为扇形支撑，随挖随支，当地层较软时，立柱下应设底梁，以防立柱下沉。

拱部扩大支撑应预留变形量，避免由于各种原因造成的支撑下沉而使开挖轮廓线不够设计要求，并且考虑到地质情况较差时，顶部支撑不能拆除，这些不能拆除

的支撑构件应在设计轮廓线之外。

④先拱后墙法施工。在采用先拱后墙法施工中，当上导坑需落底时，则需用临时支柱（短柱）顶住顶部的支撑，待开挖底部后再抽出短柱，换上长柱，当侧压力较大时，为防止拱圈顶下沉及拱脚内移，在开挖起拱线以下部分前，应用横木（卡口梁）撑于拱脚之间。在不良地质处开挖马口，应注意用斜撑或立柱顶住拱脚，以防拱圈下沉。

（2）钢支撑

钢支撑具有承载力大、构造简单、经久耐用、周转率高、占用空间小、节约木材等优点，但一次投资费用较高，比木支撑重。一般适用于围岩压力较大的隧道施工中使用。钢支撑一般采用工字钢、槽钢和废旧的钢轨等制成，其形式有钢框架、钢拱架、无腿钢拱支撑等。钢框架一般为直梁式，当围岩压力较大时多采用曲梁式，用于导坑支护。钢拱架适用于先拱后墙法施工的隧道。全断面钢拱架适用于全断面开挖后需支护的隧道。无腿钢拱支撑适用于全断面开挖后拱部稳定性差而侧壁较稳定的情况。

（3）喷射混凝土及锚杆支撑

锚喷支护是目前普遍采用的一种围岩支护手段。喷射混凝土支护能及时支撑坑道并控制围岩在开挖坑道后的初期变形，锚杆支撑能锚固地层，提高围岩的稳定性。采用锚喷支护可以充分发挥围岩的自承能力，并有效地利用洞内的净空，既提高了作业的安全性，又提高了作业效率。锚喷支护能适应软弱岩层和膨胀岩层中隧道的开挖，也能用于整治坍方和隧道衬砌的裂损。因此，锚杆支撑与木支撑不同，不是“被动”的支撑，它锚固在围岩中，并对围岩预加压力，从而防止了围岩发生裂缝、变形、破坏，使围岩受力发展不到超出其强度的程度，从而使围岩始终保持稳定状态。

喷锚支护包括锚杆支护、喷射混凝土支护、喷射混凝土锚杆联合支护、喷射混凝土钢筋网联合支护、喷射混凝土与锚杆及钢筋网联合支护、喷钢纤维混凝土支护、喷钢纤维混凝土铺杆联合支护，以及上述几种类型加设型钢（或钢拱架）而成的联合支护。前五种为常用的基本类型，后两类较少使用。

3. 临时支撑的架设

（1）早期作用在临时支撑上的松弛荷载

作用在临时支撑上的荷载为早期松弛荷载。早期松弛荷载的大小可以根据围岩稳定性的好坏，按全部松弛荷载的一部分或全部来确定。但由于受到多种因素的影响，使围岩松弛压力的发展程度难以准确预料和把握。因此，为安全起见，可以将早期松弛荷载值取大一些。工程中可采用两种方法确定早期松弛荷载。

1）泰沙基松弛荷载。以往多采用泰沙基松弛荷载作为临时支撑的设计荷载，荷载高度见表9–9。

表9–9　泰沙基松弛荷载高度　　（单位：m）

类别	围岩的状态	hg	建议的支撑型式
①	坚硬未受侵蚀的岩体	0	有掉石及岩爆时须简易支撑
②	坚硬层状或片状岩体	0 ~ 0.5B	荷载随地点的不同而作不规则变化，采用简易支撑
③	大块状岩体，节理一般	0 ~ 0.25B	
④	一般块状岩体，有裂隙	0.25B ~ 0.35（B+H）	无侧压，简易支撑
⑤	碎块状岩体，裂隙较多	（0.35 ~ 1.10）（B+H）	无侧压或侧压很小，普通支撑
⑥	破碎严重，但未受化学侵蚀的岩体	1.10（B+H）	有相当侧压，建议采用圆形支撑，当漏水使隧道下部软化时，须在支撑下面设安全的基础
⑦	有缓慢挤出现象，中等埋深的岩体	（1.10 ~ 2.10）（B+H）	有较大侧压，及相当底压，宜采用圆形支撑，建议设底撑封闭
⑧	有缓慢挤出现象，埋深很大的岩体	（2.10 ~ 4.50）（B+H）	
⑨	膨胀性地质条件	与（B+H）无关，超过80m	膨胀压力大时，须采用封闭圆形支撑；膨胀显著时，宜采用可缩式圆形支撑

2）折算荷载。目前，我国隧道工程施工单位多采用折算荷载作为作用在临时支撑上的早期松弛荷载，即将全部松弛荷载进行折减，按下式计算早期松弛荷载大小。

$$q' = \mu \cdot q$$

式中　q'——钢拱架承受的早期松弛荷载；

q——围岩松弛荷载，按松弛荷载统计公式计算，见《公路隧道设计规范》（JTGD70—2004）；

μ——钢拱架的荷载系数，一般取0.1 ~ 0.4，即按10% ~ 40%来考虑。

关于采用钢支撑的力学原理，传统的矿山法与新奥法是一致的。只是因传统的矿山法不采用锚喷支护，而主要靠钢拱架作为临时支撑，故此其 μ 值取较大一些，也是为安全起见。

（2）临时支撑的结构设计

1）材料及结构形式。临时支撑材料可采用圆木或钢材，但以工字钢、旧钢轨为常用。

木支撑可以构成矩形或扇形支撑，但木支撑对隧道断面形状的适应性较差、易变形、易损坏，且耐久性较差，还需要在模筑混凝土衬砌时予以拆除。其拆除工作既麻烦又不安全，目前已很少采用。

钢支撑主要是用型钢或钢筋加工成拱形支撑，它能较好地适应隧道断面形状的要求，且具有较大的承载能力和很好的耐久性，可以留在混凝土衬砌背后或浇筑在其中。因此，施工变得简便又安全，目前已得到广泛应用。也常与其他支护方式联合应用在不良地质或特殊地质条件的隧道工程中。

2）架设间距。临时支撑的架设间距应视坑道断面尺寸、早期松弛荷载大小、支撑构件的承载能力，并结合掘进循环进尺决定。

3）临时支撑的构造。

临时支撑构造的主要内容，见表9–10。

表9–10　临时支撑构造的组成

名称	主要内容
接头	为便于架设和拆除，木支撑构件接头常用凹口缝连接或简易企口缝连接。钢支撑每榀分为2 ~ 6节，节数应与开挖分部方法相适应；为保证接头刚度，常用端板拴接或夹板拴接
垫板	钢支撑构件下端断面积较小，应设底板，以增加支承面积。若围岩软弱承载力不足，为防止支撑下沉，应在其下加设钢板、木板、片石铺垫，必要时设混凝土基座或纵向托梁
楔块	为了阻止围岩松弛变形和承受早期松弛荷载，要求支撑及时有效地参与工作，应在支撑与围岩之间尽快尽多地打入楔块，以增加支撑与围岩的接触点，即传力点
纵向联系	为保证支撑的纵向稳定性，各榀支撑之间应设有足够的纵向联系。当有纵向荷载（包括爆破冲击荷载）时，则应设置纵向斜撑，加强纵横向稳定
背板	对于软弱破碎的围岩，为阻止各榀支撑之间围岩的掉块、坍塌，除可以考虑适当减小支撑间距外，一般采用在支撑之间加设纵向背板的方法。背板有两种做法：一种是先开挖后安设背板，称为铺板法，常用于工作面尚能稳定的围岩；另一种是沿开挖轮廓线先向工作面前方打入背板，其尾端支承在钢拱上，形成超前支撑后，再进行开挖，称为插板法。插板法常用于松散土质围岩条件下，有水时则可满铺封闭，可防止流砂。铺板宜使用硬木或钢板、钢管

（3）临时支撑的架设和加强

应严格按照临时支撑的设计进行架设。开挖坑道轮廓线要尽量平顺，开挖后要及时架设支撑。架设支撑前应清除周边危石，防止落石伤人，这称为找顶。

每榀支撑应按要求的中线、高程和断面尺寸架设在隧道横断面内。支撑构件的接头应连接牢固，基脚铺垫应坚实稳固。各榀支撑之间应加设足够的联系使之构成整体，支撑与围岩之间的楔块应打设紧密，并应对称打设。

对所架设的临时支撑应设专人经常检查，发现支撑变形严重、倾斜及楔块松脱时，必须立即予以加强或顶替。支撑构件的顶替应先顶后拆，以免引起围岩进一步松弛甚至坍塌。

第四节　隧道衬砌施工

一、隧道衬砌施工一般规定

公路隧道一般应衬砌，衬砌可采用整体式衬砌或复合式衬砌。

衬砌结构类型和尺寸，应根据使用要求、工程地质条件、围岩级别、埋置位置及施工条件等，通过工程类比和结构计算综合分析确定。必要时，可通过试验论证确定。

公路隧道衬砌设计和施工应符合以下规定：

（1）隧道衬砌施工时，其中线、标高、断面尺寸和净空大小均须符合公路隧道设计要求。

（2）隧道洞口内应设置加强衬砌段，其长度以伸入洞内深埋段，一般不宜小于10m。

（3）围岩较差段的衬砌，应向围岩较好段延伸5m以上。偏压衬砌段应延伸至一般衬砌段内5m以上。

（4）模筑衬砌的模板放样时，允许将设计的衬砌轮廓线扩大5cm，确保衬砌不侵入隧道建筑限界。

（5）整体式衬砌施工中，发现围岩对衬砌有不良影响的硬软岩分界处，应设置沉降缝。在严寒地区，整体式衬砌、锚喷衬砌或复合式衬砌，均应在洞口和易受冻地段设置伸缩缝。

衬砌的施工缝应与设计的沉降缝、伸缩缝结合布置，在有地下水的隧道中，所有施工缝、沉降缝和伸缩缝均应进行防水处理。

（6）施工中发现工程地质及水文地质情况与设计文件不符，需进行变更设计时，应履行正式变更设计手续；凡属隐蔽工程，经质量检查验收合格后，方可进行隐蔽工程施工。

二、隧道模筑混凝土衬砌施工

隧道模筑混凝土衬砌施工主要工序有：模筑前的准备工作、拱（墙）架与模板、混凝土制备与运输、混凝土浇筑工艺、混凝土的养护与拆模等。

1. 模筑衬砌施工前的准备工作

在模筑衬砌施工之前，应进行清理场地、进行中线和水平施工测量、检查开挖断面是否符合设计要求，对欠挖部分加以修凿，然后放线定位，架设衬砌模板支架或架立拱架等。同时，准备衬砌材料、机具、劳动力组织计划安排等。

这些准备工作，除应按模筑混凝土工程的一般要求进行外，还应注意以下几点：

（1）断面检查。根据隧道中线和水平测量，检查开挖断面是否符合设计要求，欠挖部分按规范要求进行修凿，并作好断面检查记录。

墙脚地基应挖至设计标高，并在灌筑前清除虚渣，排除积水，找平支承面。

（2）放线定位。根据隧道中线和标高及断面设计尺寸，测量确定衬砌立模位置，并放线定位。

采用整体移动式模板台车时，实际是确定轨道的铺设位置。轨道铺设应稳固，其位移和沉降量均应符合施工误差要求。轨道铺设和台车就位后，都应进行位置、尺寸检查。放线定位时，为了保证衬砌不侵入建筑限界，须预留误差量和预留沉落量，并注意曲线加宽。

预留误差量是考虑到放线测量误差和拱架模板就位误差，为保证衬砌净空尺寸，一般将衬砌内轮廓尺寸扩大5cm。

预留沉落量是考虑到未凝混凝土的荷载作用会使拱架模板变形和下沉，后期围岩压力作用和衬砌自重作用（尤其是先拱后墙法施工时的拱部衬砌）会使衬砌变形和下沉，故须预留沉落量。这部分预留沉落量根据实测数据确定或参照经验确定，预留误差量和预留沉落量应在拱架模板定位放线时一并考虑确定，并按此架设拱架模板和确定模板架的工尺寸。

2. 拱（墙）架与模板施工

（1）拱架模板准备。使用拼装式拱架模板时，立模前应在洞外样台上将拱架和模板进行试拼，检查其尺寸、形状，不符合要求的应予修整。配齐配件，模板表面要涂抹防锈剂。洞内重复使用时也应注意检查修整。拱架模板尺寸应按计算的施工尺寸放样到放样台上，并注意曲线加宽后的衬砌及模板尺寸。

使用整体移动式模板台车时，在洞外组装并调试好各机构的工作状态，检查好各部尺寸，保证进洞后能投入正常使用。每次脱模后应予检修。

（2）立模。根据放线位置，架设安装拱架模板或模板台车就位。安装和就位后，应做好各项检查，包括：位置、尺寸、方向、标高、坡度、稳定性等，并注意处理好以下几个问题。

1）每排拱架应架设在垂直于隧道中线的竖直平面内，不得倾斜；对于曲线隧道，因曲线外弧长、里弧短，则应分段调整拱架方向和模板长度。

2）拱架应立于稳固的地基上。拱架下端一般应焊接端头板，以增大支承面，减少下沉；当地基较软时，应先用碎石垫平，再用短枕木支垫，此垫木不得伸入衬砌混凝土中。当采用整体移动式模板台车时，其走行轨道应铺设稳定，轨枕间距要适当，道床要振捣密实，必要时可先施做隧道底板，防止过量下沉。

3）拱架的架设要牢固稳定，保证其不产生过量位移。拱架立好后还应对其稳定性进行检查。固定的方法：横向有过河撑（断面较小时采用）、斜撑（断面较大时采用）、锚杆（锚固于围岩，穿过衬砌、模板、墙架、带木，用螺栓垫板固定拉住墙架）；纵向有带木、拱架间撑木、拉杆及斜撑、拱架与围岩之间的顶撑等。其中锚杆应先行安设，并做抗拔力的施工检算。拱架模板的架设和加强，均应考虑其腹部的通行空间，以保证洞内运输的畅通。

4）挡头模板应同样安装稳固，挡头板常用木板加工，现场拼铺，以便于与岩壁之间的缝隙嵌堵严密，也可以采用气囊式堵头。设有各种防水卷材、止水带时，应先行安装好，并注意挡头板不得损伤防水材料，以免影响防水效果。

3. 混凝土的制备和运输

隧道模筑衬砌混凝土的配合比应满足设计要求。目前，现场多是采用机械拌和混凝土，在混凝土制备中应严格按照重量配合比供料，特别要重视掌握加水量，控制水灰比和坍落度等。

在边墙处混凝土坍落度为1 ～ 4cm；在拱圈及其他不便施工处为2 ～ 5cm。当隧道不长时，搅拌机可设在洞口。

混凝土拌和后，应尽快浇筑。混凝土的运送时间一般不得超过45min，以防止产生离析和初凝，禁止在运送途中加水，并且在运输中坍落度损失不应超过30%。原则上应采用混凝土搅拌运输车，采用其他方法运送时，应确保混凝土在运送中不产生损失及混入杂物，已经达到初凝的剩余混凝土，不得重新搅拌使用。因此运输工具的选择应注意装卸方便，运输快速，保证拌好的混凝土在运输过程中不发生漏浆、离析泌水、坍落度损失和初凝现象。可结合工程实际情况，选用各种斗车、罐式混凝土运输车或输送泵等机械。

4. 模筑衬砌混凝土的浇筑工艺要求

隧道模筑混凝土衬砌的浇筑应分节段进行，节段长度应根据围岩状况、施工方法和机具设备能力等确定。为保证拱圈和边墙的整体性，每节段拱圈或边墙应连续进行灌筑混凝土衬砌，以免产生施工工作缝。各部位模筑衬砌混凝土灌筑施工工艺要求介绍如下：

（1）拱圈混凝土衬砌施工。拱圈混凝土衬砌施工应符合下列要求：

拱圈浇筑顺序应从两侧拱脚向拱顶对称进行，间歇及封顶的层面应成辐射状；分段施工的拱圈合拢宜选在围岩较好处；先拱后墙法施工的拱圈，混凝土浇筑前应将拱脚支承面找平；石质隧道支承面可用碎石垫平，上铺2 ~ 3cm砂子，用水洒湿；土质隧道宜横镩一层5cm原木板；与辅助坑道交汇处的拱圈应置于坑道两侧基岩上；钢筋混凝土衬砌先做拱圈时，应在拱脚下预留钢筋接头，使拱墙连成整体；拱圈浇筑时，应使混凝土充满所有角落，并应充分进行捣固密实。

（2）边墙衬砌混凝土施工。边墙衬砌混凝土施工应符合下列要求：

浇筑混凝土前，必须将基底石渣、污物和基坑内积水排除干净，严禁向有积水的基坑内倾倒混凝土干拌和物；墙基松软时，应做加固处理；边墙扩大基础的扩大部分及仰拱的拱座，应结合边墙施工一次完成；采用片石混凝土时，片石应距模板5cm以上，片石间距应大于粗骨料的最大粒径，并应分层掺放，捣固密实；采用先拱后墙法施工时，边墙混凝土应尽量平行浇筑，以避免对拱圈产生不良影响；墙顶刹尖混凝土也应捣固密实。

（3）拱圈封顶。拱圈封顶应随拱圈的浇筑及时进行；墙顶封口应留7 ~ 10cm，在完成边墙灌筑24h后进行；封口前必须将拱脚的浮渣清除干净，封顶、封口的混凝土均应适当降低水灰比，并捣固密实，不得漏水。

（4）仰拱施工。仰拱施工应符合下列要求：

应结合拱圈和边墙施工抓紧进行，使结构尽快封闭；仰拱浇筑前应清除积水、杂物、虚渣；应使用拱架模板浇筑仰拱混凝土。

（5）拱墙背后回填。拱墙背后的空隙必须回填密实，并应按下列要求与衬砌同时施工；

先拱后墙法施工时，拱脚以上1m范围内的超挖，应用与拱圈相同强度混凝土同时饶筑；边墙基底以上1m范围内的超挖，宜用与边墙相同强度混凝土同时浇筑；其余部位（包括仰拱），超挖在允许范围内可用与衬砌相同强度混凝土同时浇筑；超挖大于规定时，宜用片石混凝土或M10浆砌片石回填，不得用渣体随意回填，严禁片石侵入衬砌断面（或仰拱断面）。当围岩稳定并干燥无水时，可先用干砌片石回填，再在衬砌背后压浆。仰拱以上与路面基层以下部分应用浆砌片石或低强度混凝土回填。

（6）具有侵蚀性地下水采取的措施。隧道通过含有侵蚀性地下水时，应对地下水做水质分析，衬砌应采用抗侵蚀性混凝土。

5. 衬砌混凝土养护与拆模

衬砌混凝土灌筑后10 ~ 12h应开始洒水养护，以保持混凝土良好的硬化条件。养护时间应根据衬砌施工地段的气温、空气相对湿度和使用的水泥品种确定，使用硅酸盐水泥时，养护时间一般为7 ~ 14d。寒冷地区应做好衬砌混凝土的防寒保温工作。

拱架、边墙支架和模板的拆除时间，应满足下列要求：

不承受荷载的拱架、边墙混凝土强度达到5.0MPa或在拆模时混凝土表面及棱角不被损坏并能承受自重；承受较大围岩压力的拱架、边墙、封顶和封口混凝土达到设计强度100%时；受围岩压力较小的拱架和边墙、封顶和封口混凝土达到设计强度的70%时。

另外，在混凝土衬砌拆除时，如果围岩压力较大，应先支顶后拆除。衬砌断面以外的支撑和背板均应拆除。塌方地段的衬砌背后未能取出的木料，应做记录附于竣工文件资料。塌方地段的衬砌应重新进行变更设计。

另外，在许多有渗漏水的坑道地段，多采用防水混凝土作为模筑衬砌，施工中应满足下列要求：

砂石骨料应符合级配要求，水泥强度不低于42.5MPa；水灰比不应大于0.55，严寒地区不应大于0.50；最小水泥用量不应少于200kg/m^3，拱顶封顶部分不应少于350kg/m^3；冬季施工的防水混凝土，应掺用加气剂降低原有的水灰比，并按冬季施工有关要求施工；调制混凝土拌和物时，水泥重量偏差不得超过 ±2%，骨料重量偏差不得超过 ±5%，水及加气剂重量偏差不得超过 ±2%；混凝土浇筑前，必须清除模板上泥污杂物，且须用水湿润，确保模板不漏浆；有承压水时应先引流再浇筑防水混凝土。

第十章　公路隧道新奥法施工

第一节　隧道新奥法的基本原理与施工程序

一、新奥法的基本原理

1. 新奥法的发展过程

Rabcewicz（腊布希维兹）最早把新奥法思想用于奥地利阿尔卑斯山深埋硬岩隧道的建设，采用柔性支护，旨在充分利用“拱效应”——地层的自承能力。20世纪60年代中期，Muller（米勒）把新奥法用于法兰克福、慕尼黑等城市地铁软岩（土）隧道，其地层大都为泥灰岩、黏土、粉质砂土、砂砾石，隧道直径一般为8 ~ 13m，顶部覆盖层厚度约3m，由于地表建筑物的存在，这些软岩（土）隧道的结构设计和施工对地表沉陷有严格限制。因此，Muller（米勒）强调软岩（土）隧道与硬岩隧道开挖用新奥法应有区别，体现在软岩（土）地层中隧道在近地表的情况下覆盖层薄，它不可能承受应力重分布的荷载，覆盖土的重力作用较大，如果仍沿用硬岩隧道中的柔性支护，就不可避免产生错误，增加风险，显然不合适。亦即对处于软弱破碎围岩中的浅埋隧道，不能用硬岩隧道的新奥法原则，无法利用围岩的自承能力，不允许围岩有较大变形，也就不能使用一次柔性支护等。并且隧道的变形会很快反映到地表沉降，开挖和支护必须在短时间内完成，初期支护必须很快闭合。软岩（土）中衬砌了的隧道是以“管”的形式工作的，通常采用地层预加固和具有足够强度和刚度的预支护等方法，才能调动和利用围岩的自承能力，这就是硬岩隧道与软岩隧道应用新奥法的本质区别。德国学者格拉兹尔研究在岩石条件下和土质条件下采用新奥法修建地下工程的差别时指出：开挖具有相当地应力的硬岩隧道，锚喷支护应采用柔性支护，以便有控制地释放部分地应力，使围岩在新的条件下达到稳定；在不稳定的软岩（土）层条件下开挖隧道，锚喷支护应具有足够的刚度，以防止地层产生过大扰动，同时也防止地表过大沉降，且在土层中采用锚杆，其作用不如在岩石中明显。

我国引入新奥法后得到迅速推广，取得了良好的效益。无论在硬岩隧道还是在软岩（土）隧道中，应用新奥法都有令人骄傲的成功工程实例，积累了许多经验，制定了众多的“规程”或“标准”。在软岩（土）隧道中采用新奥法，一开始就抓住了问题的关键，提出了既科学又全面的“管超前、严注浆、短开挖、强支护、快封闭、勤量测”的十八字诀，避免了国际隧道界围绕新奥法的激烈争论和有些国家照搬硬岩隧道新奥法经验的弯路。但是，我国应用新奥法也存在发展不平衡的问题。实际上，软岩（土）中的新奥法与硬岩中的新奥法是有原则区别的，需充分了解隧道开挖过程中地层发生的变化，采取相应的加固方法和相应的支护措施，达到安全、经济的目的，这才是新奥法的精神实质。

2. 新奥法的基本原理

由于新奥法在隧道工程中的成功应用，当前已被国内外作为隧遣结构设计和施工的重要方法。新奥法的理论基础是最大限度地发挥围岩的自承作用。以喷射混凝土、锚杆加固和量测技术为三大支柱的新奥法，有一套尽可能保护隧道围岩原有强度、容许围岩变形，但又不致出现强烈松弛破坏、及时掌握围岩和支护变形动态的隧道开挖与支护原则，使隧道围岩变形与限制变形的结构支护抗力保持动态平衡，使施工方法具有很好的适用性和经济性。新奥法的基本原理如下：

（1）围岩是隧道结构的主要承载部分，隧道开挖应减小对围岩的扰动，爆破设计要遵循最小能量（耗能）原则，实现对围岩的最小扰动，保护围岩的原始强度。

（2）开挖后需对围岩进行加固，以使围岩在开挖卸载后不失去原有的强度。在隧道围岩支护过程中，应尽量减少围岩卸载位移的程度。施工过程中，应特别注意工程荷载对隧道受力的影响。为了尽量限制开挖后隧道围岩二次应力重分布程度和松动圈形成的范围，应尽可能减少开挖次数，或至少拱部采用一次开挖方案。

（3）在隧道围岩支护过程中，一方面允许围岩有一定的位移，从而产生受力环区；另一方面，又必须限制围岩位移的程度以避免围岩变形过大而产生严重松弛卸载。

（4）初期支护的主要作用不是用来承担隧道围岩所失去的承载力，而是保持围岩的自承状态，防止严重的松弛和卸载。初期支护的建造应是及时的，延时支护可能使围岩在开挖后形成有害变形，围岩局部破坏，不利于形成承力保护区。初期支护只要没有被破坏，即可视为整体承重结构的一部分。

（5）围岩自稳时间的评定，一方面通过对围岩地质条件的初步调查来评定；另一方面可通过在建造过程中量测隧道洞周的位移来评定。

（6）喷射混凝土具有可填平凸凹面、与围岩密贴等特点，使围岩的受力条件不发生严重的应力重分布，常被用来作为初期支护，必要时还使用锚杆、钢筋网和钢拱架。喷混凝土本身具有强度高和可变形的特点，其整体的结构效应通常可视为薄壳，具有可塑性和可收缩性的能力。

（7）隧道开挖后应及时闭合隧道断面，在破碎和软弱围岩中需及时建造仰拱，以形成封闭结构。为了提高隧道结构的安全度及达到密封的效果，可建造内薄层衬砌，使结构内不产生过大的弯曲应力，内层与外层相互之间只传递压力。为了增加衬砌的强度，一般不增加其厚度而增加钢筋含量（即钢拱），增大整个结构的刚度可通过增加锚杆的根数或增大锚杆的长度，以形成围岩受力环区来实现。

（8）对整体结构系统稳定性和安全度的评价，以及设计结构需要加强的必要性以及设计结构刚度的减小，均根据建造过程中的应力及变形状态的测量结果来确定；控制外源水压和静水压力的手段是通过在外壳（必要时也在内壳）上设置软管及足够的密封排水装置来实现的。

新奥法体现了围岩加固设计理念上的重大进步，不再把围岩简单地看作是作用在支护结构上的荷载，而是认识到围岩是隧道结构的主要承载部分。努力保持围岩的原有强度，从而更有效地发挥围岩的承载能力，是新奥法的另一重要施工要求。在隧道的开挖过程中，应尽可能保护围岩的原有强度和变形特性，力求防止围岩松动和大范围变形，避免围岩应力出现单轴和双轴应力状态。实现这一要求的手段是通过现场量测掌握围岩的变形，并通过适时支护达到围岩变形控制的目标。一方面允许围岩产生变形而发挥围岩的自承能力，另一方面通过即时支护保障围岩不出现过大变形而出现有害的松弛。为了最大限度地发挥围岩的自承能力，最终支护既不能太早，也不能太迟，初期支护和永久支护必须是薄壳型柔性结构，以减少衬砌受弯变形和挠曲断裂，其必要强度靠锚杆、钢筋网、格栅或钢拱架达到，而不是加厚衬砌或支护截面。

新奥法的核心在于充分发挥围岩的自承作用。喷射混凝土、锚杆等起加固围岩的作用，把围岩看作支护结构的重要组成部分，并通过监控量测，实行信息化设计和施工，有控制地调节围岩的变形，以最大限度地利用围岩自承能力。

二、新奥法的施工程序

采用新奥法施工的公路隧道，应视其规模、地质条件以及安全要求、施工方法，并充分利用现场监控、量测信息来指导施工，严格施工程序，不得有任何省略。新奥法的特征之一是采用现场监控、量测信息指导施工，即通过对隧道施工中量测数据和对开挖面的地质观察等进行预测、预报和反馈，并根据已建立的量测为基准，对隧道施工方法（包括特殊的、辅助的施工方法）、断面开挖步骤及顺序、初期支护的参数等进行合理调整，以保证施工安全、坑道围岩稳定、工程质量和支护结构的经济性等。山岭隧道工程的主要施工程序如图10-1所示。

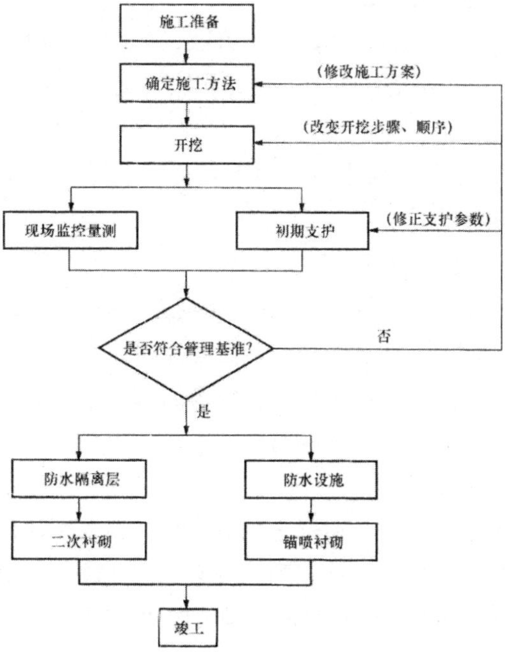

图10-1 新奥法施工程序流程

第二节 新奥法施工的基本方法

一、隧道施工方法的选择

隧道施工方法的选择，主要根据工程地质及水文地质条件、施工条件、围岩级别、隧道埋置深度、隧道断面尺寸大小和长度、衬砌类型来定，应以施工安全为前提，以工程质量为核心，并结合隧道的使用功能、施工技术水平、施工机械装备、工期要求和经济可行性等因素综合考虑研究选用。

当选择施工方法（包括开挖及支护）因隧道施工对周围环境产生不利影响时，应把隧道工程的环境条件作为选择施工方法的因素之一，同时应考虑围岩变化时施工方法的适应性及其变更的可能性，以免造成隧道工程失误和增加不必要的工程投资。采用新奥法施工时，还应考虑施工全过程中的辅助作业方式和对围岩变化的量测监控方法，以及隧道穿越特殊地质地段时的施工手段等，进行合理的选择。

二、新奥法隧道施工方法分类

隧道工程采用新奥法施工时常用的施工方法，一般分为全断面法、台阶法和分部开挖法（台阶分部法、中隔墙法、双侧壁导坑法、交叉中隔壁法等）三大类。

1. 全断面法

全断面法即全断面开挖法，是指按设计开挖面一次开挖成型。

（1）全断面法开挖顺序。

全断面开挖—锚喷支护—灌筑混凝土衬砌。

（2）全断面法常适用于Ⅰ～Ⅱ级硬岩的石质隧道，该法可采用深孔爆破。

（3）全断面开挖法有较大的作业空间，有利于采用大型配套机械化作业，提高施工速度，且工序少、干扰少，便于施工组织和管理。缺点是由于开挖面较大，围岩相对稳定性降低，且每循环工作量相对较大，因此要求施工单位应具有较强的开挖、出渣与运输及支护能力。

全断面法施工开挖工作面大，钻爆施工效率较高，采用深眼爆破可加快掘进速度，且爆破对围岩的震动次数较少，有利于围岩稳定。缺点是每次深孔爆破震动较大，因此要求进行精心的钻爆设计和严格的爆破作业控制。

（4）全断面开挖法的主要工序是：使用移动式钻孔台车，首先全断面一次钻孔，并进行装药连线，然后将钻孔台车后退到50m以外的安全地点，再起爆，使一次爆破成型，出渣后钻孔台车再推移至开挖面就位，开始下一个钻爆作业循环，同时进行支护与衬砌作业。

全断面法是目前Ⅰ～Ⅲ级围岩的隧道工程施工技术发展的一个方向，但是在采用全断面开挖时应注意以下事项：

加强对开挖面前方的工程地质和水文地质的调查。对不良地质情况要及时预测、预报、分析研究，随时准备好应急措施（包括改变施工方法），以确保施工安全和工程进度；各工序机械设备要配套，如钻眼、装渣、运输、模筑、衬砌支护等主要机械和相应的辅助机具（钻杆、钻头、调车设备、气腿、凿岩钻架、注油器、集尘器等）。在尺寸、性能和生产能力上都要相互配合，工作方面能环环紧扣，不致彼此互受牵制而影响掘进，以充分发挥机械设备的使用效率和各工序之间的协调作用，并要注意经常维修设备及备有足够的易损零部件，以确保各项工作的顺利进行；加强以各种辅助作业和辅助施工方法的设计与施工检查，尤其在软弱破碎围岩中使用全断面法开挖时，应对支护后的围岩动态进行量测与监控，对各种辅助作业的三管两线（即高压风管、高压水管、通风管、电线和运输路线）要求保持技术上的良好状态；重视和加强对施工操作人员的技术培训，使其能熟练掌握各种机械和推广新技术，不断提高工效，改进施工管理，加快施工速度；全断面法开挖选择支护类型时，应优先考虑锚杆和锚喷混凝土、挂网、钢拱架等支护型式为佳。

2. 台阶法

台阶法一般是将设计断面分成上半断面和下半断面两次开挖成型。

（1）台阶法开挖顺序。

上半部开挖—拱部锚杆喷射混凝土支护—拱部衬砌—下半部中央部分开挖—边墙部分开挖—边墙锚杆喷射混凝土支护及衬砌。

（2）台阶法开挖的适用性及特点。

1）台阶法多适用于Ⅳ、Ⅴ级较软而节理发育的围岩中，可分别采用以下三种变化方案（见表10-1）。

表10-1 方案的选择

方案	主要内容
短台阶法	上台阶长度5 ~ 50m，可缩短仰拱封闭时间，改善初期支护受力条件，但施工干扰较大，当遇到软弱围岩时需慎重考虑，必要时应采用辅助开挖措施稳定开挖面，以保证施工安全
长台阶法	上下台阶距离较远，一般上台阶超前50m以上，施工中上下部可配属同类较大型机械进行平行作业，当机械不足时也可交替作业。当遇短隧道时，可将上部断面全部挖通后，再挖下半断面。该法施工干扰较少，可进行单工序作业
微台阶法	也称超短台阶法。上台阶仅超前3 ~ 5m，断面闭合较快。此法多用于机械化程度不高的各类围岩地段，当遇软弱围岩时需慎重考虑，必要时应采用辅助施工措施稳定开挖工作面，以保证施工安全

2）台阶法开挖的特点。台阶法开挖具有足够的作业空间和较快的施工速度。优点是台阶法有利于开挖面的稳定性，尤其是上部开挖支护后，下部作业则较为安全；台阶法开挖的缺点是上下部作业有互相干扰，所以应注意下部作业时对上部稳定性的影响，台阶开挖会增加对围岩的扰动次数等。台阶法开挖宜采用轻型凿岩机打眼，而不宜采用大型凿岩台车。

3）台阶法开挖的注意事项。台阶数不宜过多，台阶长度要适当，一般以一个台阶垂直开挖到底，易于掌握炮眼深度和减少翻渣工作量，装渣机应紧跟开挖面，减少扒渣距离以提高装渣运输效率。此外，还应根据两个条件来确定台阶长度：一是初期支护形成闭合断面的时间要求，围岩稳定性越差，闭合时间要求越短；二是上半部断面施工时开挖、支护、出渣等机械设备所需空间大小的要求。个别破碎地段可配合喷锚支护和挂钢筋网施工。如遇到局部地段围岩稳定性较差时，应及时架设临时支护或考虑变换施工方法，留好拱脚平台，采用先拱后墙法施工，以防止落石和崩塌。应重视解决上下半断面作业相互干扰的问题。微台阶基本上是合为一个工作面进行同步掘进；短台阶上下部作业相互干扰较大，要注意作业施工组织、质量监控及安全管理；长台阶上下部作业面已拉开，干扰较少。上部开挖时，因临空面较大，易使爆破石渣块度过大，不利于装渣，应适当密布中小炮眼。但采用先拱后墙法施工时，对于下部开挖，应注意上部的稳定，必须控制下部开挖的厚度和用药量，并采取防护措施，避免损伤拱圈及确保施工安全。若围岩稳定性较好，则可以采取分段顺序开挖；若围岩稳定性较差，则应缩短下部掘进循环进尺；若稳定性更差，则可以左右错开，或先拉中槽后挖边帮。采用钻爆法开挖石质隧道时，应采用光面爆破或预裂爆破技术，尽量减少扰动围岩的稳定性。采用台阶法开挖最关键的问题是台阶形式的划分。台阶划分要求做到爆破后扒渣量较少，钻眼作业与出渣运输干扰少。

3. 分部开挖法

分部开挖法可分为中隔墙法、台阶分部法、双侧壁导坑法、交叉中隔壁法等（见表10-2）。它是将隧道开挖断面进行分部开挖逐步成型，并且将某部分超前开挖，故此可称为导坑超前开挖法。

表10-2 分部开挖的具体方法

方法	主要内容
中隔墙法（CD法）	适用于围岩较差、地表沉陷难以控制或浅埋跨度较大的隧道。特点是单侧导坑超前，中壁和另侧正台阶法施工，极大地降低了拱顶和边墙位移，但仰拱为薄弱环节，施工中易出现开裂，且围岩变化时不易调整施工方法
台阶分部法	台阶分部法又称环形开挖留核心土法，适用于一般土质或易坍塌的软弱围岩地段。上部留核心土可以支挡开挖工作面，利用及时施作拱部初期支护增强开挖工作面的稳定，核心土及下部开挖在拱部初期支护下进行，施工安全性较好。一般环形开挖进尺不宜过长，上下台阶可用单臂掘进机开挖。台阶分部开挖法的主要优点是，与微台阶法相比，台阶可以加长，一般双车道隧道为1倍洞跨，单车道隧道为2倍洞跨；而较双侧壁导坑法的机械化程度高，机械化施工可加快施工速度

续表

方法	主要内容
双侧壁导坑法	适用于浅埋大跨度隧道，地表下沉量要求严格，围岩条件特别差时采用。此法的优点是，施工安全可靠，但施工速度较慢，造价较高
交叉中隔壁法（CRD法）	为了增加开挖面的稳定，控制下沉量，可采用增设临时仰拱的措施封闭成环，即交叉中隔墙法。此法适用于浅埋软岩的大跨或特大跨隧道，它具有台阶法及侧壁导坑法的优点，与侧壁导坑法相比具有较快的施工速度。同时，本法通过中隔墙的减跨、临时仰拱及时封闭成环组成有力的支护体系，能非常有效地控制拱部下沉与收敛。此法最适用于上软下硬或半软半硬的地层，一旦下部围岩变硬，马上可以转化为上弧形导坑法施工，半软半硬地层转化为CD法施工，施工方法比较灵活

分部开挖的注意事项：

其工作面多，但作业面较小，因而相互干扰较大，应实行统一指挥，注意组织协调；应尽量创造条件，减少分部次数，尽可能争取用大断面开挖；因多次开挖对围岩的扰动较大，不利于围岩的稳定，故应特别注意加强对爆破开挖的设计与控制；凡下部开挖均应注意上部支护或衬砌结构的稳定，减少对上部围岩和支护、衬砌结构的扰动和破坏，尤其是边帮部开挖时必须采用两侧交错挖马口施作，避免上部断面两侧拱脚同时悬空；认真加固拱脚，如扩大拱脚、打拱脚锚杆、加强纵向连接等，使上部初期支护与围岩形成完整体系；尽量单侧落底或双侧交错落底，落底长度视围岩状况而定；一般为1 ~ 3m，不得大于6m；下部边墙开挖后必须立即喷射混凝土，并按设计规定做好加固与支护；量测工作必须及时，以观察拱顶、拱脚和边墙中部的位移值，当发现速率值增大时，应立即进行仰拱封闭。

4. 施工方法比较

施工方法的比较见表10–3。

表10–3　施工方法比较

项目	台阶法	CD法	双侧壁导坑法	CRD法
工法的安全性	不够安全	较安全	安全	安全
施工技术难度	较低	较高	高	高
施工机械类型	大、中型	中、小型	小型	小型
施工工序	较简单	较多	多	多
工程造价	较高	较高	高	高
开挖面的稳定性	较差	较好	好	好

续表

项目	台阶法	CD法	双侧壁导坑法	CRD法
地表沉陷	较大	较小	小	小
周边收敛控制	较差	较好	好	好
适用范围	地质条件较好、技术熟练	地质条件较差、安全要求高	跨度大、安全要求高	地质条件差、安全要求高

第三节　隧道施工开挖与锚杆施工

一、隧道施工开挖

1. 隧道施工开挖一般规定

按新奥法施工时，应根据隧道工程地质、水文地质条件、机械设备等条件，尽量采用对围岩扰动少的开挖方法。

（1）隧道施工开挖方法的分类

1）开挖方法有钻爆开挖法、机械开挖法、人工和机械混合开挖法三种。

2）隧道施工开挖方法的选用应根据隧道地质条件、环境情况、机械设备、安全要求等综合考虑进行选用，并与支护衬砌施工相协调。

（2）隧道施工开挖方法的适用条件

1）钻爆法可用于各类岩层中，是隧道施工开挖中普遍采用的方法。当用钻爆法开挖坑道时，应采用光面爆破、预裂爆破技术，能使开挖轮廓线符合设计要求、减少超欠挖量，并能减小对围岩的扰动破坏等。

2）机械开挖法一般适用于软弱破碎围岩，在全断面一次开挖法中宜采用大型机械掘进；在分部开挖法中多选用小功率、小尺寸的小型挖掘机或单壁掘进机，它具有耗能较少、灵活性好、生产效益较高等优点。

2. 钻爆法开挖设计

采用钻爆法开挖坑道时，为了减少超挖、欠挖和控制对围岩的扰动，应综合研究地质情况、开挖断面大小、开挖进尺快慢、爆破器材性能、钻眼机具和出渣能力等因素，在此基础上编制钻爆设计。

（1）钻爆设计的内容

钻爆设计包括炮眼（掏槽眼、辅助眼、周边眼）的布置图、数目、深度和角度、装药量和装药结构图、起爆方法和爆破顺序等。

（2）爆破设计图

爆破设计图包括炮眼布置图、周边眼装药结构图、钻爆参数表、主要技术经济指标及设计施工有关的必要文字说明。

（3）开挖和爆破方法选用

根据隧道工程地质条件选用施工开挖方法及爆破方法。对硬质岩，采用全断面一次开挖时，应采用光面爆破法；对软质岩，宜采用预裂爆破法；对松软地层采用分部开挖时，宜采用预留光面层光面爆破法。

二、锚杆施工

1. 锚杆类型

锚杆（索）是用金属或其他高抗拉性能的材料制作的一种杆状构件。其使用某些机械装置和粘结介质，通过一定的施工操作，将其安设在地下工程的围岩和其他工程结构体中。锚杆种类很多，若按其与被支护体的锚固形式来分有以下几种，如图10–2所示。

- 端头锚固式
  - 机械式内锚头锚杆（索）
    - 楔缝式锚杆
    - 楔头式锚杆
    - 胀壳式锚杆（索）
  - 粘结式内锚头锚杆（索）
    - 水泥砂浆内锚头锚杆（索）
    - 快硬水泥卷内锚头锚杆
    - 树脂内锚头锚杆
- 全长粘结式
  - 水泥浆全粘结式锚杆
  - 水泥砂浆全粘结式锚杆（砂浆锚杆）
  - 树脂全粘结式锚杆
- 摩擦式锚杆
  - 缝管式锚杆
  - 楔管式锚杆
- 混合式锚杆
  - 先张拉后灌浆预应力锚杆（索）
  - 先灌浆后张拉预应力锚杆（索）

图10–2 锚杆的种类

锚杆的施工，不论什么锚杆都要进行以下工作：

锚杆施工作业应在初喷混凝土后进行；检查锚杆材料、类型、规格、质量以及性能是否与设计相符；根据锚杆类型、规格及围岩情况选择钻孔机具；钻孔前应根据设计要求定出孔位，作出标记，孔位允许偏差为 ±15mm；钻孔应圆而直，钻孔方向宜适当调整使其尽量与岩层主要结构面垂直。

2. 锚杆构造组成及设计施工要点

（1）普通水泥砂浆锚杆

1）构造组成。普通水泥砂浆锚杆，是以普通水泥砂浆作为胶黏剂的全长黏结式锚杆。

2）施工安设要点。钻孔前应根据设计要求定出孔位，作出标记，孔位允许偏差为+15mm；钻孔应圆而直，钻孔方向宜尽量与岩层主要结构面垂直，水泥砂浆锚杆孔径应大于杆体直径15mm，并用高压风或高压水清孔；钻孔深度允许偏差为 ±50mm；砂浆配合比（质量比），水泥：砂：水宜为1：（1 ~ 1.5）：（0.45 ~ 0.5）；砂的粒径不宜大于3mm，拌和均匀，随拌随用，一次拌和的砂浆应在初凝前用完；锚杆及胶黏剂材料应符合设计要求，锚杆应按设计要求的尺寸截取，并调直、除锈和除油，外端不用垫板的锚杆应先弯制弯头；注浆开始或中途暂停超过30min时，应用水润滑灌浆罐及其管路，注浆孔口压力不得大于0.4MPa，注浆管应插至距孔底5 ~ 10cm处，随水泥砂浆的注入缓慢匀速拔出，随即迅速将杆体插入，锚杆杆体插入孔内的长度不得短于设计长度的95%，若孔口无砂浆流出，应将杆体拔出重新注浆；锚杆安设后不得随意敲击，其端部3d内不得悬挂重物。

（2）早强水泥砂浆锚杆

早强水泥砂浆锚杆的构造、设计和施工与普通水泥砂浆锚杆基本相同，不同的是早强水泥浆的胶黏剂是由硫铝酸盐早强水泥、砂、早强剂和水组成。因此，它具有早期强度高、承载快、不增加安装困难等优点，弥补了普通水泥砂浆锚杆早期强度低、承载慢的不足。尤其是在软弱、破碎、自稳时间短的围岩中显示出其一定的优越性，但要注意的是注浆作业开始或中途停止超过30min时，应测定砂浆坍落度，其值小于10mm时，不得注入罐内使用。

（3）楔缝锚杆

1）构造组成。楔缝式锚杆由杆体、楔块、垫板和螺母组成。

2）施工要点。楔缝式锚杆安装前，应将杆体与部件（楔子、胀壳、托板）组装好，锚杆插入钻孔时楔子不得偏斜或脱落，锚头必须楔紧，保证锚牢固可靠；安设杆体后应立即上好托板，拧紧螺帽；锚杆施加预张拉力时，其拧紧力矩不应小于100N·M；打紧楔块时不得损坏螺栓；楔缝锚杆一昼夜后应再次紧固，要定期检查，如发现有松弛情况，应再行紧固；楔缝式锚杆只能作为临时支护，如作为永久支护，应补注水泥浆或水泥砂浆。

（4）早强药包锚杆

1）构造组成。早强药包内锚头锚杆，是以快硬水泥卷或早强砂浆卷或树脂卷作为内锚固剂的内锚头锚杆。

2）施工要点。钻眼要求同前所述，但孔眼应比锚杆长度短4 ~ 5cm；用直径2 ~ 3mm、长150mm的锥子，在快硬水泥卷端头扎两个排气孔，然后将水泥卷竖立放于清洁水中，保持水面高出水泥卷约10cm。浸水时间以不冒气泡为准，但不得超过水泥的初凝时间，必要时要做浸水后的水灰比检查。

将浸好水的水泥卷用锚杆送至眼底，并轻轻捣实。若中途受阻，应及时处理，若处理时间超过水泥终凝时间，则应换装新水泥卷或钻眼作废；将锚杆外端套上连接套筒（带有六角旋转头的短锚杆，断面打平后对中焊上锚杆螺母），装上搅拌机，然后开动搅拌机，带动锚杆旋转，搅拌水泥浆，并用人力推进锚杆至眼底，再保持10s的搅拌时间。

轻轻卸下搅拌机头，用木楔楔紧杆体，使其位于钻眼中心，自浸水后20min，快硬水泥有足够强度时，才能使用扳手卸下连接套筒（可准备多个套筒周转使用）。

搅拌时间应根据现场气温决定。当20℃时，固化时间为5min；当温度下降5℃时，固化时间大致会延长1倍，即15℃时为10min，10℃时为20min。因此，地下工程在正常温度下，搅拌时间约为30s，当温度在10℃以下时，搅拌时间可适当延长为45 ~ 60s。

（5）缝管式摩擦锚杆

1）构造组成。缝管式锚杆由前端冠部制成锥体的开缝管杆体、挡环以及垫板组成。

2）施工要点。缝管式锚杆的锚固力与锚杆的材质、构造尺寸、围岩条件、钻孔与锚管直径之差、锚固长度等有直接关系。其中，钻孔与缝管直径之差是设计与施工要严格控制的主要因素。锚固力与孔、管径差的关系是：管径差小，锚杆安装推进阻力小，锚固力亦小；管径差大，锚杆安装推进阻力大，锚固力也大。

可根据需要和机具能力，选择不同直径的钻头和管径，通过现场试验确定最佳径差。另外，施工中还应考虑因钻头磨损导致孔径缩小等情况。

缝管式锚杆的杆体一般要求材质有较高的弹性极限。安装时先将锚杆套上垫板，将带有挡环的冲击钎杆插入锚管内（钎杆应在锚管内自由转动），钎杆尾端套入凿岩机或风镐的卡套内，调正方向，开动凿岩机，即可将锚杆打入钻孔内，至垫板压紧围岩为止，停机取出钎杆即告完成。若作为永久支护，则应做防锈处理，并灌筑有膨胀性的砂浆。

另外，还有一种楔管式锚杆，它是楔缝式锚杆与缝管式锚杆相结合的一种锚杆。其施工与缝管式锚杆相同。

（6）胀壳式内锚头预应力锚索

1）构造组成。胀壳式内锚头预应力锚索主要由机械胀壳内锚头、锚索（钢绞线）外锚头以及灌筑的黏结材料等组成。

2）性能和应用范围。胀壳式内锚头预应力锚索是锚杆的发展，是一种新型锚固方法。常用在中等以上的围岩中。它具有施工工序紧密简单、安装迅速方便的特点，是能立即起作用的大型预应力锚杆，可以在较小的施工现场中作业。常用于高边坡、大坝以及大型地下洞室的支护、抢修加固。目前的预应力值一般为600kN。内锚头机械加工比较复杂，且价格较高，在软弱围岩中不能使用。施工中还要及时注浆，以减少预应力损失。

3）施工要点。胀壳式内锚头预应力锚索的加工应符合设计质量要求，在运输、存放及安装过程中不能有损伤、变形；钻孔一般采用冲击式潜孔钻，也可以选用各种旋转式地质钻；钻后应予以清洗，并做好孔口支墩；锚索安装要平直不紊乱，同时安装排气管；锚索推送就位后，即可进行张拉。一般先以20% ~ 30%的预应力值预张拉1 ~ 2次，使各相连部位紧密接触，绞线平直。最终应有5% ~ 10%的超张拉，以保证预应力损失后仍能达到设计预应力值要求。张拉时，千斤顶后严禁站人；预应力无明显衰减时，才最后锁定，且48h内再检查；注浆应饱满，注浆达到设计强度后，进行外锚头封盖。

第四节　喷射混凝土施工

一、喷射混凝土的原理及特点

喷射混凝土施工已广泛应用于隧道及地下工程、水利水电工程、矿山开采、道路施工等，它是通过使用混凝土喷射机，利用压缩空气或其他动力，将按一定比例配合的拌和料通过管道输送并高速喷射到受喷面上，迅速凝固成具有一定抗压、抗拉强度的支护结构，从而对围岩起到一定的支护作用。

采用喷射混凝土具有以下优点：

前期准备工作少，不必像混凝土施工进行立模等繁复工作，操作较为简单；施工速度快、支护及时、安全性好；支护质量好、强度高、密实度好、防水性能好；施工灵活性大，可以根据需要分次喷射混凝土追加厚度，以满足工程设计和使用要求。

二、喷射混凝土工艺流程种类

喷射混凝土的工艺流程有干喷、潮喷、湿喷和混合喷射4种（见表10–4）。它们之间的主要区别是：各工艺流程的投料程序不同，尤其是加水和速凝剂的时机不同。其中湿喷混凝土按其输送方式的不同，可分为风送式、泵送式、抛甩式和混合式，应根据实际情况选用。

表10–4　喷射混凝土的工艺流程种类

工艺名称	主要内容	优点	缺点
干喷	用搅拌机将骨料和水泥拌和好，投入喷射机料斗，同时加入速凝剂，用压缩空气使干混合料在软管内呈悬浮状态，压送到喷枪，在喷头处加入高压水混合，以较高速度喷射到岩面上	使用的干喷机结构较简单，体积小、重量轻，便于移动，适于高边坡及狭窄部位；机械清洗较容易，出现故障时可快速拆卸处理	①由于输料不均匀、不稳定，工作风压突然变化等原因，造成喷射过程中产生大量的粉尘；②回弹量大，一般超过15%；③加水由阀门控制，水灰比不稳定，常出现干斑或流淌现象，混凝土质量难以控制；④干喷机生产能力低，每小时产量5m^{3}以下
潮喷	潮喷是将骨料预加少量水，使之呈潮湿状，再加水泥拌和，从而降低上料、拌和及喷射时的粉尘，但大量的水仍是在喷头处加入和从喷嘴射出的，其潮喷工艺流程和使用机械同干喷工艺。目前隧道施工现场较多使用的是潮喷工艺	使用潮喷机械，一方面具有干喷优点，另一方面在混合料拌制过程中预加少量的水，降低上料、拌和和喷射过程中产生的粉尘	大量的水仍由阀门控制，水灰比不稳定，混凝土质量难以控制，回弹量仍然较大

续表

工艺名称	主要内容	优点	缺点
湿喷	湿喷是将骨料、水泥和水按设计比例拌和均匀，用湿式喷射机压送拌和好的混凝土混合料到喷头处，再在喷头上添加速凝剂后喷出。湿喷混凝土的质量较容易控制，喷射过程中的粉尘和回弹量较少，是适应当前发展、推广应用的喷射工艺。但对湿喷机械要求较高，机械清洗和故障处理较困难。对于喷层较厚的软岩和渗水隧道，不宜采用湿喷混凝土工艺施工	①由于采取湿式拌和，大大降低了施工区的粉尘浓度，消除了对工人健康的危害；②湿喷混凝土混合料按水灰比精确控制，拌和及水化作用充分，速凝剂按比例计量添加，喷射质量较易控制，提高了混凝土的匀质性；③回弹量小，回弹率可降低到10%以下；④喷层厚度有可靠保证，支护质量得以提高	①采用液态速凝剂，成本相对较高；②对湿喷机械要求较高，机械清洗较困难，出现故障时难以处理；③设备体积较大，移动相对困难
混合喷射（SEC式喷射）	此法又称水泥裹砂造壳喷射法，分别由泵送砂浆系统和风送混合料系统两套机具组成。其先是将一部分砂加第一次水拌湿，再投入全部用量水泥，强制拌和成以砂为核心外裹水泥壳的球体；然后加第二次水和减水剂拌和成SEC砂浆；再将另一部分砂与石、速凝剂按配合比配料，强制搅拌成均匀的干混合料；然后再分别通过砂浆泵和干式喷射机，将拌和成的砂浆及干混合料由高压胶管输送到混合管混合；最后由喷头喷出。混合式喷射是分次投料搅拌工艺与喷射工艺相结合，其关键是水泥裹砂（或碎石）造壳工艺技术。混合式喷射工艺使用的主要机械设备与干喷工艺基本相同，但混凝土的质量较干喷混凝土的质量好，且粉尘和回弹量大幅度降低。混合式喷射使用机械数量较多，工艺技术较复杂，机械清洗和故障处理较麻烦。因此，一般只在喷射混凝土量大和大断面隧道工程中使用	分次投料搅拌工艺与喷射工艺相结合，喷射混凝土质量好、粉尘少、回弹量小	使用机械设备多，工艺复杂，机械清洗较困难，出现故障时难以处理

三、喷射混凝土的施工要点

1. 喷射前的检查及准备

（1）喷前应对开挖断面尺寸进行检查，清除松动危石，欠挖超标严重的应予处理。

（2）根据石质情况，用高压风或水清洗受喷面。

（3）受喷岩面有集中渗水时，应做好排水引流处理；无集中渗水时，应根据岩面潮湿程度，适当调整水灰比；埋设喷层厚度检查标志，一般是在石缝处钉铁钉，或用快硬水泥安设钢筋头，并记录其外露长度；检查调试好的各机械设备的工作状态。

2. 喷射混凝土的施工要点

（1）喷射作业施工准备做好后，严格掌握规定的速凝剂掺量，并添加均匀。喷射时应严格控制水灰比，使喷层表面平整光滑，无干斑或滑移流淌现象。

（2）在未上混凝土拌和料之前，先开高压风及高压水，如喷嘴风压正常，喷出来的水和高压风应呈雾状。

（3）喷射应该分段、分块按先墙后拱，由下而上地进行喷射。喷嘴需对受喷岩面做均速的顺时针方向的螺旋运动，一圈压半圈的横向移动，螺旋直径为20 ~ 30cm。

（4）掌握喷嘴与受喷岩面的距离和角度，喷嘴至岩面距离为0.8 ~ 1.2m，喷嘴与受喷面垂直，并稍微偏向刚喷射的部位（倾斜角不宜大于10°），要注意控制好喷射程序。

（5）调节好风压与水压。风压与喷射质量有密切关系。过大的风压会造成喷射速度太高而加大回弹量，损失水泥；风压过小会使喷射力减弱，混凝土密实性差；一次喷射厚度问题。一次喷射的厚度不得太厚或太薄。一次喷射太厚，在自重作用下，喷层会出现错裂而引起大片坍落；喷射太薄，大部分粗骨料会回弹，使受喷面上仅留下一层薄薄的砂浆，影响工程质量。它主要与喷射混凝土层与受喷面之间的粘结力和受喷部位有关，并应根据是否掺入速凝剂、喷射效率、回弹损失率等因素而定，一般按表10–5确定。

表10–5　喷射厚度　（单位：cm）

项目	一次喷射厚度	
	掺速凝剂	不掺速凝剂
拱部	5 ~ 6	3 ~ 4
边墙	7 ~ 10	5 ~ 7

（6）分层喷射的间隔时间，应根据水泥品种、速凝剂种类及掺量、施工温度、水灰比大小等因素并视喷射的混凝土终凝情况而定。喷射混凝土的养护，为使水泥充分水化，使喷射混凝土的强度均匀增长，减少混凝土的收缩开裂，确保喷射混凝土质量，喷射后需要有良好的养护，应在终凝1 ~ 2h后进行洒水养护，养护时间不小于7d。

3. 钢纤维喷射混凝土的施工要点

钢纤维喷射混凝土是在喷射混凝土中加入钢纤维，弥补喷射混凝土的脆性破坏缺陷，改善喷射混凝土的物理力学性能。

（1）性能特点

钢纤维喷射混凝土中的钢纤维主要在喷射平面内呈二维分布，且相当均匀。根据统计，平行于喷射平面的钢纤维根数，约占总根数的70% ~ 80%。这种结构保证了钢纤维喷射混凝土在喷射平面内力学强度的均匀性和在此平面上力学强度的优势；钢纤维喷射混凝土的破坏呈塑性破坏，因此容许有较大的变形，裂缝出现后仍有一定的承载能力；在一般掺量的情况下（约为喷混凝土重量的1% ~ 1.5%），钢纤维喷射混凝土比普通喷射混凝土的抗压强度能提高30% ~ 60%，抗拉强度提高50% ~ 80%，抗弯强度提高40% ~ 70%；在一般掺量的情况下，钢纤维喷射混凝土的韧性（加载至试件完全破坏所做的功）为普通喷射混凝土的20 ~ 50倍，抗冲击性能提高8% ~ 30%，抗磨损性能提高30%（钢纤维掺量要大于1.5%）。

（2）应用范围

1）由于钢纤维喷射混喷土具有许多优良的物理力学性能，故可用于承受强烈振动、冲击动荷载的结构物的构筑，也适用于要求耐磨或不便配置钢筋但又要求有较高强度和韧性的工程中，如用于地下工程中的受动荷载部位的结构，地上建筑物的补强加固，以及机场跑道、高速公路路面等。

2）在软弱破碎围岩隧道中，采用钢纤维喷射混凝土的支护效果，优于采用挂钢筋网喷射混凝土的支护效果。因此，可以采用钢纤维喷射混凝土代替挂钢筋网喷射混凝土，作为软弱破碎围岩隧道的初期支护，甚至作为永久性衬砌。目前，我国公路等部门做过一些实用性试验研究，但在各类隧道工程中应用钢纤维喷射混凝土的还很少，有待进一步推广。

（3）钢纤维喷射混凝土的施工要点

钢纤维喷射混凝土，应选用经过实用检验的喷射机械。主要问题是防止钢纤维结团堵管。目前，已有一些钢纤维产品采用水溶性胶粘剂将钢纤维粘结成片状，在搅拌过程中可以方便地分离成单一纤维，较好地解决了结团问题；钢纤维和基料必须拌和均匀，避免造成喷射机拔料盘堵塞或堵管。方法是先将水泥、砂、石拌和均匀，然后掺入钢纤维和速凝剂，再拌和均匀，装入运输车；钢纤维喷射混凝土操作同普通喷射混凝土，但输料管的磨耗大，一般要高于普通喷射混凝土30%～40%，尤其是拐弯处，每班可将胶管翻转1～2次，以延长胶管寿命；风压要比普通喷射混凝土高0.02～0.05MPa，当输送距离不大于40m时，风压一般可为0.05～0.18MPa。

4. 钢筋网喷射混凝土

钢筋网喷射混凝土是在喷射混凝土之前，在岩面上挂设钢筋网，然后再喷射混凝土。其物理力学性能基本上同钢纤维喷射混凝土，只是其配筋均匀性较钢纤维差。目前，我国在各类隧道工程中应用钢筋网喷射混凝土支护的比较多，主要用于软弱破碎围岩，而更多的是与锚杆或者钢拱架构成联合支护。

（1）构造组成。钢筋网通常做环向和纵向布置。环向筋一般为受力筋，由设计确定，直径多12左右；纵向筋一般为构造筋，直径φ6～φ10；网格尺寸一般为20cm×20cm、20cm×25cm、25cm×25cm、25cm×30cm或30cm×30cm。围岩松散破碎严重的，或土质和砂土质隧道，可采用细一些的钢丝，直径一般小于φ6，网格尺寸亦应小一些，一般为10cm×10cm、10cm×15cm、15cm×15cm、15cm×20cm、20cm×20cm。

（2）施工要点。钢筋网应根据被支护围岩面上的实际起伏形状而铺设，且应在喷射一层混凝土后再行铺设。钢筋与岩面或与初喷混凝土面的间隙应不小于3～5cm，钢筋网的保护层厚度不小于3cm，有水部位不小于4cm；为便于挂网安装，常将钢筋网先加工成网片，长宽可为100～200cm；钢筋网应与锚杆或锚钉头连接牢固，并应尽可能多点连接，以减少喷射混凝土时使钢筋发生“弦振”；锚钉的锚固深度不得小于20cm；开始喷射时，应缩短喷头至受喷面之间的距离，并适当调整喷射角度，使钢筋网背面混凝土密实。对于干燥土质隧道，第一次喷射不能太厚，以防起鼓剥落。

第五节　钢架制作与安设

一、钢拱架构造、性能特点和使用条件

1. 使用条件

下列情况，一般可以使用钢架喷射混凝土支护：

自稳时间很短的Ⅴ、Ⅵ级围岩隧道；浅埋、偏压隧道，当早期围岩压力增长快，需要提高初期支护的强度和刚度时；如前所述，钢架具有较大的支护强度和刚度，可承受开挖时引起的松动压力，架设后宜及时喷射混凝土，与超前支护配合使用，支护效果会更好；砂卵石、土夹石地层，大面积淋水地段，以及为了抑制围岩大的变形需要增强支护抗力时；当需施作超前支护，需要设置钢架作为超前锚杆（或超前钢管等）的支承构件时。

2. 构造组成

钢拱架可以采用型钢、工字钢、钢管或钢筋制成。

3. 钢拱架的制作

钢拱架一般在现场制作，采用冷弯或热弯加工焊接而制成。钢筋格栅钢拱架的腹部八字单元可以在工厂制作，装运到隧道施工现场按比例为1∶1的胎模热弯加工及焊接或铆接而成。钢拱架加工后要进行试拼，拼装允许误差，沿隧道周边轮廓线的误差不应大于±3cm，平面（翘曲）应小于±2cm。接头连接要求每榀之间可以互换，即采用冷弯、冷压、热弯、热压、电焊加工制作钢拱架构件时，要求尺寸准确、弧形圆顺、结构安全可靠。钢拱架的截面尺寸，应满足强度、刚度稳定性的要求，因此，应按设计计算要求进行选材、加工、制作及检算验收等。

4. 性能特点

钢拱架的整体刚度较大，可以提供较大的早期支护刚度；型钢拱架较格栅钢架能更早承载；钢拱架可以很好地与锚杆、钢筋网、喷射混凝土相结合，构成联合支护，增强支护的有效性，且受力条件较好，尤以格栅钢架结合最好；格栅钢架采用钢筋现场加工制作，技术难度和要求并不高，对隧道断面变化的适应性好；钢拱架的安装架设方便。

二、钢拱架安设与施工

在围岩软弱破碎较严重、自稳性差的隧道地段，坑道开挖后要求早期支护，必须具有较大的刚度，以阻止围岩过度变形和承受部分松弛荷载。钢拱架具有这样的力学性能，其整体刚度较大，可以提供较大的早期支护刚度；钢架支撑可很好地与锚杆、钢筋网、喷射混凝土合理组合，构成联合支护，增强支护功能的有效性，且受力条件较好，对隧道断面变形的适应性好。

1. 钢拱架安设

（1）钢拱架应按设计位置安设，钢架之间必须用钢筋纵向连接，拱脚必须放在特制的基础上或原状土上，钢拱架与围岩之间应尽量接近，留2～3cm间隙作为保护层。在安设过程中当钢拱架与围岩之间有较大的间隙时，应设垫块垫紧。

（2）钢拱架应垂直于隧道中线，上下左右偏差应小于 ±5cm，钢拱架倾斜度应小于 ±2°。当拱脚标高不准确时，不得用土回填，而应设置钢板调整，使拱脚位于设计标高位置。钢拱架的安设应在开挖后2h内完成；为方便安设，每榀钢拱架一般应分为2～6节，并保证接头的刚度，节数应与断面大小及开挖方法相适应。每榀钢架之间应纵向设置不小于负2的钢拉杆连接。

2. 施工要点

钢拱架应架设在隧道横向竖直平面内，其垂直度允许误差为 ±2°；钢拱架的拱脚应有一定的埋置深度，以保证拱架脚的稳定（少沉降、少挤入），一般可以采取的措施有垫石、垫板、纵向托梁、锁脚锚杆等；钢拱架的安设应在开挖后的2h内完成；钢拱架应尽可能多地与锚杆焊接，以增强其联合支护效应；可缩性钢拱架的可缩性节点不宜过早喷射混凝土，应待其收缩合拢后，再补喷混凝土；喷射混凝土时，应注意将钢拱架与岩面之间的间隙喷射密实；喷射混凝土应分层分次喷射完成，初喷混凝土应尽早进行，复喷混凝土应在量测指导下进行，以保证其适时、有效。

第十一章　公路隧道现场监控量测

第一节　隧道监控量测的意义及作用

一、隧道监控量测的一般规定

近年来，我国公路隧道的设计越来越多地采用复合式衬砌形式。复合式衬砌一般由喷锚支护和模筑混凝土衬砌两部分组成。为了掌握施工中围岩稳定程度与支护受力、变形的力学动态或信息，以掌握设计、施工的安全和经济，必须将现场监控量测项目列入施工组织计划，并在施工中认真实施。

为了使监控量测充分发挥技术经济效益，要求设计、施工单位编制切实可行的量测计划，并在施工中认真组织实施。通过对围岩与支护的观察和动态量测，以达到合理安排施工程序、确保施工安全、修正设计参数、进行日常的施工管理与积累资料的目的。

二、隧道现场量测目的和任务

1. 新奥法现场量测的目的

（1）提供监控设计的依据和信息

掌握围岩力学形态的变化和规律；掌握支护的工作状态信息，并及时反馈，以便指导施工作业。

（2）指导施工，预报险情

作出工程预报，确定施工对策和措施，防患于未然；监视险情，量测数据经分析处理与必要的计算判断后，可进行预测和反馈，以确保施工安全。

（3）校核工程理论计算结果，完善工程类比方法

为理论解析、数值分析提供计算数据与对比指标；为工程类比提供参考指标；为地下工程设计与施工积累经验资料。

（4）工程运营期间的监控手段

掌握工程运营中的安全状况；隧道运营阶段能及时发现衬砌结构的险情，以便及早采取相应的补救措施。

2. 隧道现场量测的任务

（1）通过对围岩与支护的观察和动态量测，以达到合理安排隧道施工程序、日常施工管理、确保施工安全、修改设计参数和积累资料。

（2）通过对围岩和支护的应变、应力量测，掌握围岩和支护的动态信息并及时反馈，修改支护系统设计，指导施工作业和管理等。

（3）经量测数据的分析处理与必要的计算和判断后，进行预测和反馈，以保证施工安全和隧道围岩及支护衬砌结构的稳定。

（4）对已有隧道工程的量测结果，可以分析和应用到其他类似工程中，作为指导复合式衬砌设计和施工的重要依据。复合式衬砌的设计，通常以工程类比法为主，并以现场监控量测进行工程实际检验和修正。因此施工、设计单位必须紧密配合，共同研究，才能保质保量地完成设计与施工的全过程。

施工信息包括施工观察、现场地质调查和现场监控量测等内容。施工信息是隧道开挖后围岩稳定性的动态反映，也是修正设计的重要依据，必须对反馈的信息作全面分析，最后才能确认或修改复合式衬砌设计参数。

简言之，量测是监控的手段，监控是量测的目的。监控过程可分为：现场量测→数据处理→信息反馈。

第二节　隧道监控量测的实施

一、量测项目及其分类

隧道量测的内容很多，一般包括以下内容（见表11–1）。

表11–1　隧道量测的内容

项目	主要内容
岩体（岩石）力学参数测试	其中包括：抗压强度 R_b、变形模量E、粘聚力c、内摩擦角 ϕ 以及泊松比 μ
现场观察	其中包括：地质和支护状态观察、开挖面附近的围岩稳定性、围岩构造情况、支护变形与稳定情况以及准确掌握围岩的分级情况

续表

项目	主要内容
压力测试	其中包括：支护上的围岩压力以及地下水渗水压力（包括水量、水质测试）
应力应变测试	其中包括：岩体原始应力，围岩应力、应变，支护结构的应力、应变和围岩与支护及各种支护之间的接触应力
物理探测	其中包括：弹性波（声波）测试，即纵波速度V_p、横波速度V_s、动弹性模量E_d、动泊松比μ_d以及视电阻率测试P_s
温度测试	其中包括：岩体（围岩）温度、洞内温度和洞外温度
位移测试	其中包括：围岩位移、地表沉降以及支护结构的位移和变形

在工程实际应用中，以上监测项目，一般按其量测内容的重要性分为必测项目和选测项目两大类。必测项目是现场量测的核心，它是为了在设计、施工中确保围岩的稳定，并通过判断围岩的稳定性来指导设计、施工所必须进行的经常性量测。这类量测通常测试方法简单、费用少、可靠性高，但对监视围岩的稳定状态、指导设计施工却有巨大作用。

选测项目是对一些有特殊意义和具有代表性意义的区段进行补充测试，要求更深入地掌握围岩的稳定状态与锚喷支护的效果，具有指导未开挖区的设计与施工。由于不同地质、工程性质等具体条件和对现场量测要取得的数据类型而选择的测试项目。由于条件的不同和要取得的信息不同，在不同的隧道工程中往往采用不同的测试项目。但对于一个具体隧道工程来说，对上述列举的项目不会全部应用，只是有目的地选用其中的几项。这类量测项目测试较为麻烦，量测项目较多，花费较大，一般只根据需要选择其部分项目。

隧道工程的量测项目见表11–2。表中1 ~ 4项为必测项目，5 ~ 11项为选测项目。

表11–2　隧道现场量测项目及量测方法

序号	项目分类	方法及工具	布置	量测间隔时间			
				1 ~ 15天	16天 ~ 1个月	1 ~ 3个月	大于3个月
1	地质和支护状况观察	岩性、结构面产状及支护裂缝观察或描述，地质罗盘等	开挖后及初期支护后进行	每次爆破后进行			

续表

序号	项目分类	方法及工具	布置	量测间隔时间			
				1 ~ 15天	16天 ~ 1个月	1 ~ 3个月	大于3个月
2	周边位移	各种类型收敛计	每10 ~ 50m一个断面，每断面2 ~ 3个测点	1 ~ 2次/天	1次/2天	1 ~ 2次/周	1 ~ 3次/月
3	拱顶下沉	水平仪、水准尺、钢尺或测杆	每10 ~ 50m一个断面	1 ~ 2次/天	1次/2天	1 ~ 2次/周	1 ~ 3次/月
4	锚杆或锚索内力及抗拔力	各类电测锚杆、锚杆测力计及拉拔器	每10m一个断面，每个断面至少做三根锚杆	—	—	—	—
5	地表下沉	水平仪、水准尺	每5 ~ 50m一个断面，每断面至少7个测点，每隧道至少2个断面。中线每5 ~ 20m一个测点	开挖面距测量断面前后<2B时，1 ~ 2次/天 开挖面距测量断面前后<5B时，1次/2天 开挖面距测量断面前后>5B时，1次/周			
6	围岩体内位移（洞内设点）	洞内钻孔中安设单点、多点杆式或钢丝式位移计	每5 ~ 100m一个断面，每断面2 ~ 11个测点	1 ~ 2次/天	1次/2天	1 ~ 2次/周	1 ~ 3次/月
7	围岩体内位移（地表设点）	地面钻孔中安设各类位移计	每代表性地段一个断面，每断面3 ~ 5个钻孔	同地表下沉要求			
8	围岩压力及两层支护间压	各种类型压力盒	每代表性地段一个断面，每断面宜为15 ~ 20个测点	1 ~ 2次/天	1次/2天	1 ~ 2次/周	1 ~ 3次/月

续表

序号	项目分类	方法及工具	布置	量测间隔时间			
				1 ~ 15天	16天 ~ 1个月	1 ~ 3个月	大于3个月
9	钢支撑内力及外力	支柱压力计或其他测力计	每10榀钢拱支撑设一对测力计	1 ~ 2次/天	1次/2天	1 ~ 2次/周	1 ~ 3次/月
10	支护、衬砌内应力、表面应力及裂缝量测	各类混凝土内应变计、应力计、测缝计及表面应力解除法	每代表性地段一个断面，每断面宜为11个测点	1 ~ 2次/天	1次/2天	1 ~ 2次/周	1 ~ 3次/月
11	围岩弹性波测试	各种声波仪及配套探头	在有代表性地段设置	—	—	—	—

二、量测部位和测点的布设

1. 量测断面的确定

进行测试的断面有两种：一是单一的测试断面，二是综合的测试断面。把单项量测内容布设在一个测试断面，了解围岩和支护在这个断面上各部位的变化情况，这种测试断面即为单一的测试断面。把几项量测内容有机地组合布设在一个测试断面里，使各项量测内容、量测结果、量测手段互相校验，对该断面的动态变化进行综合分析和判断，这种测试断面称为综合测试断面。

隧道工程现场量测的测试断面一般均沿隧道纵向间距布设。我国喷锚支护规范中规定，应测项目的量测间距一般为20 ~ 50m，但对于洞口段、浅埋地段，以及特别软地层段应小于20m，因此将间距定为10 ~ 50m一个量测断面。

地表下沉量测的测点应与净空水平收敛和拱部下沉量测的测点布置在同一断面上，地表下沉量测断面的纵向间距见表11–3。

表11–3　地表下沉量测的测点纵向间距

埋深h与隧道开挖宽度B	测点间距
2B<h	20 ~ 50m
B<h<2B	10 ~ 20m
h<B	5 ~ 10m

净空位移、拱顶下沉的测点间距见表11–4。

表11–4　净空位移、拱顶下沉的测点间距　（单位：m）

条件围岩	洞口附近	埋深小于2B	施工进展200m前	施工进展200m后
硬岩地层（断层破碎带除外）	10	10	20	30
软岩地层（不产生很大塑性地压）	10	10	20	30
软岩（产生很大塑性地压）	10	10	20	30
土砂	10	10	10 ~ 20	20

此外，测试断面应尽可能接近开挖面，一般要求不超过2m，实际上有的已安设在距开挖面仅0.5m的断面上，其观察效果更好（但应注意加强对测点和器具的保护）。

2. 测点的布设

在测试断面上测点的布置，主要是依据断面形状、围岩级别、开挖方式和支护类型等因素进行布置。在量测中，可根据具体情况决定布设数量，并进行适当的调整。

（1）净空位移量测（收敛量测）的测线数，可参考表11–5。

表11–5　净空位移量测的测线数

地段 / 开挖方法	一般地段	特殊地段			
		洞口附近	埋深小于2B	有膨胀压力和偏压地段	选测项目量测位置
全断面开挖	1条水平测线		3条或6条		3条或6条
短台阶法	2条水平测线	4条或6条	4条或6条	4条或6条	4条或6条
多台阶法	每台阶1条水平测线	每一台阶3条	每一台阶3条	每一台阶3条	每一台阶3条

（2）围岩内部位移测孔的布置。围岩内部位移测孔布置，除应考虑地质、隧道断面形状、开挖等因素外，一般应与净空位移测线相应布设，以便使两项测试结果能够相互印证，协同分析与应用。一般每100 ~ 500m设一个量测断面。

当采用全断面开挖时，可将测得的净空垂直位移来代替拱顶下沉量测，斜测线的设置有助于了解垂直方向的变化情况。同时也可通过三角计算多点位移计测得的结果进行对比。拱顶下沉量测的测点原则上设置在拱顶中心线上。当洞跨较大时，也可在拱顶设置三个测点。

（3）轴力量测锚杆的布置。轴力量测锚杆在断面上的布置位置，要依据具体工程中支护锚杆的安设位置、方式而定，一般可参照围岩内位移孔布置。如局部加强锚杆，要在加强区域内选择有代表性的位置设置量测锚杆。若为全断面系统锚杆（不包括仰拱），则量测锚杆在断面上的布置。

（4）喷层（衬砌）应力量测布置。喷层应力量测，除应与锚杆受力量测孔相对应布设外，还要在有代表性的部位设测点，如拱顶、拱腰、拱脚、墙腰、墙脚等部位，并应考虑与锚杆应力量测对应布置。另外，在有偏压、底鼓等特殊情况下，则应视具体情形，调整测点位置和数量，以便了解喷层（衬砌）在整个断面上的受力状态和支护作用。

（5）地表、地中沉降测点布置。地表、地中沉降测点原则上应布置在隧道中心线上，需在与隧道轴线正交平面的一定范围内布设必要数量的测点，并在有可能下沉的范围外设置不会下沉的固定测点作为参照。

（6）声波测孔布置。声波测孔宜布置在有代表性的部位。另外，还要考虑围岩层理、节理的方向与测孔方向的关系。可采用单孔、双孔两种测试方法，或在同一部位，呈直角相交布置3个测孔，以便充分掌握围岩结构对声波测试结果的影响。

三、隧道主要量测项目的测量

开挖工作面的工程地质与水文地质观察和描述，对于判断围岩稳定性和预测开挖面前方的地质条件是十分重要的，开挖面附近初期支护状态的观察和裂缝描述，对直接判断围岩的稳定性和支护参数的检验也是不可缺少的。因此，将该两项的观察与描述定为各级围岩都应采用的第一项必测项目。

在地下工程测试中，位移量测（包括收敛量测）和锚杆抗拔力试验是最有意义和最常用的项目。它具有稳定可靠、简便经济等特点，测试成果可直接指导施工、验证设计、评价围岩和初期支护的稳定性。由于周边位移量测、拱顶下沉量测和锚杆抗拔力试验较其他量测项目实用，并便于推广应用，因此将该三项测试项目列为必测项目。

通常Ⅳ～Ⅵ级围岩为软弱破碎岩层，其稳定性差，如果覆盖层厚度又很薄，那么隧道开挖时地表会产生下沉。为了判定开挖对地面的影响程度和范围，因此有必要进行地表下沉量测。

在这仅介绍几项主要量测项目的量测方法。

1. 洞内观测与地质素描

隧道开挖工作面的观察，在每个开挖面进行，特别是在软弱破碎围岩条件下，开挖后应立即进行地质调查，并绘出地质素描图，若遇特殊不稳定情况时，应派人进行不间断地观察。主要包括对开挖后没有支护的围岩观察，对开挖后已支护地段围岩动态的观察，观察围岩破坏形态并分析。

与隧道施工进展同步进行的洞内围岩地质（和支护状况）的观察及描述，通常称为地质素描。它是隧道设计和施工过程中不可缺少的一项重要地质详勘工作，是对围岩工程地质特性和支护措施合理性最直观、最简单、最经济的描述和评价。

配合量测工作对代表性断面的地质描述，应详细准确，如实反映情况。一般应包括对以下内容的描述：

代表性测试断面的位置、形状、尺寸及编号；岩石名称、结构、颜色；层理、片理、节理裂隙、断层等各种软弱面的产状、宽度、延伸情况、连续性、间距等各结构面的成因类型、力学属性、粗糙程度、充填的物质成分和泥化、软化情况；岩脉穿插情况及其与围岩的接触关系、软硬程度及破碎程度；岩体风化程度、特点、抗风化能力；地下水的类型、出露位置、水量大小及对喷锚支护施工的影响等；施工开挖方式方法、锚喷支护参数及循环时间；围岩内鼓、弯折、变形、岩爆、掉块，坍塌的位置、规模、数量和分布情况，围岩的自稳时间等；溶洞等特殊地质条件描述；喷层开裂起鼓、剥落情况描述；地质断面展示图（1∶20 ~ 1∶100）或纵横剖面图（1∶50 ~ 1∶100），必要时应附彩色照片。

2. 拱顶下沉和地表沉降

由已知高程的临时或永久水准点（通常借用隧道高程控制点），使用较高精度的水准仪，就可观测出隧道拱顶或隧道上方地表各点的下沉量及其随时间的变化情况。隧道底鼓也可用此法观测。通常这个值是绝对位移值。另外，也可以用收敛计量测拱顶相对于隧道底的相对位移。

隧道的拱顶是坑道周边上一个特殊点，其挠度最大，具有较强的代表性。浅埋隧道洞顶地表下沉量测，应在隧道尚未开挖前就开始进行，借以获得开挖过程中的全部位移曲线。

拱顶下沉量测点，一般布置在拱跨中间处和两侧拱腰，每个断面3个测点。当有通风管或其他障碍时，可适当移动位置。

3. 坑道周边的相对位移

（1）量测原理。隧道开挖后，围岩向坑道方向的位移是围岩动态的最显著表现，最能反映出围岩（或围岩加支护）的稳定性。它不仅反映了围岩内部的松弛程度，而且更能反映围岩松弛范围的大小，这也是判断围岩稳定性的一个重要指标。因此对坑道周边位移的量测是最直接、最直观、最有意义、最经济和最常用的量测项目。为量测方便起见，除对拱顶、地表下沉及底鼓可以量测绝对位移值外，坑道周边其他各点，一般均用收敛计量测其中两点之间的相对位移值，来反映围岩位移动态。

（2）收敛计。

1）收敛计一般由带孔钢尺、测微百分表、张力调节器、测点连接器组成。

2）测点连接器有单向连接销式及球形铰接式两种，其中销式连接的测头预埋安装有方向的要求；测点是将带销孔或圆球测头的长度为20 ~ 30cm的钢筋锚固于岩壁内作为测点，锚固方式同早强水泥砂浆锚杆，测头的位移即可代表岩壁表面该测点的位移。

3）张力调节器有重锤式（如SWJ—8型、美国SINCO—518115型），弹簧式（如SLJ—80型、QJ—81型），应力环式（如GSL型、WRM—4型）。其中应力环式张力调节器必须经标准实验室标定，其测试精度较高。

（3）测试方法及注意事项。

开挖后应尽快埋设测点，并测取初读数，要求12h内完成；测点（测试断面）应尽可能靠近开挖面，要求在2m以内；读数应在重锤稳定或张力调节器指针稳定指示规定的张力值时读取；当相对位移值较大时，要注意消除换孔误差；测试频率应视围岩条件、工程结构条件及施工情况而定；整个量测过程中，应做好详细记录，并随时检查有无错误。记录内容应包括断面位置、测点（测线）编号、初始读数、各次测试读数、当时温度以及开挖面距量测断面的距离等。两测点的连线称为测线。

4. 围岩内部位移

（1）量测原理。围岩内部各点的位移同坑道周边位移一样，也是围岩动态的表现。它不仅反映了围岩内部的松弛程度，而且更能反映围岩松弛范围的大小，这也是判断围岩稳定性的一个重要参考指标。在实际量测工作中，先是向围岩钻孔，然后用位移计量测钻孔内（围岩内部）各点相对于孔口（岩壁）一点的相对位移。

（2）位移计。

1）位移计有两种类型，一类是机械式，另一类是电测式。其构造由定位装置、位移传递装置、孔口固定装置、百分表或读数仪等部分组成。

2）定位装置是将位移传递装置固定于钻孔中的某一点，其位移代表围岩内部该点位移。定位装置多采用机械式锚头，其形式有楔缝式、支撑式、压缩木式等。

3）位移传递装置是将锚固点的位移以某种方式传递至孔口外，以便测取读数。传递的方式有机械式和电测式两类。其中机械式位移传递构件有直杆式、钢带式、钢丝式；电测式位移传感器有电磁感应式、差动电阻式、电阻式。

直杆式位移计结构简单、安装方便、稳定可靠、价格低廉，但观测精度较低，观测不太方便，一般单孔只能观测1 ~ 2个测点的位移。钢带式和钢丝式位移计则可单孔观测多个测点，比如DWJ—1型深孔钢丝式位移计可同时观测单孔中不同深度的6个点位。

电测式位移计的传感器必须要有读数仪来配合输送、接收电信号，并读取读数。电测式位移计多用于进行深孔多点位移测试，其观测精度较高，测读方便，且能进行遥测，但受外界影响较大，稳定性较差，费用较高。

4）孔口固定装置。一般测试的是孔内各点相对于孔口一点的相对位移，故必须在孔口设固定点或基准面。

（3）测试方法及注意事项。围岩内部位移测试方法及注意事项基本上与坑道周边相对位移测试方法相同。

5. 锚杆应力及锚杆拉拔力

（1）量测原理。系统锚杆的主要作用是限制围岩的松弛变形。这个限制作用的强弱，一方面受围岩地质条件的影响，另一方面取决于锚杆的工作状态。锚杆工作状态的好坏主要以其受力后的应力—应变来反映。因此，如果能采用某种手段测试锚杆在工作时的应力—应变值，就可以知道其工作状态的好坏，也可以由此判断其对围岩松弛变形限制作用的强弱。

实际量测工作中，是采用与设计锚杆强度相等，且刚度基本相等的各式钢筋计来观测锚杆的应力—应变的。

（2）钢筋计。

1）钢筋计多采用电测式，其传感器有电磁感应式、差动电阻式、电阻片式三种。

2）根据测式要求，可将几只传感器连接或粘贴于锚杆不同的区段，可以观测出不同区段的应力—应变。

3）读数仪可自动率定接收到的电信号，并显示应力—应变值。

电磁感应式钢筋计又称钢弦式钢筋计，它必须使用电脉冲发生器（周期仪）测试。这种钢筋计的构造不太复杂，性能也较稳定，耐久性较强，其直径能较接近设计锚杆直径，经济性较好，是一种比较有发展前途的钢筋计。

差动式钢筋计性能较稳定，耐久性也较强，但其直径较大，且构造复杂，价格也较高。电阻片式钢筋计实际上是将传感用的电阻片粘贴于实际的锚杆上，并做好防潮处理。其构造简单，安装、测试方便，价格低，故工程测试中经常应用。

（3）测试方法及注意事项。

电感式和差动式钢筋计，需用接长钢筋（设计锚杆用钢筋）将其对接于测试部位（区段），制成测试锚杆，并测取空载读数。对接可采用电弧对接，操作中应注意不要烧坏和损伤引出导线，并注意减少焊接温度对钢筋计的影响；电阻式钢筋计是在设计锚杆的测试部位两面对称车切、磨平后，粘贴电阻片，做好防潮处理，制成测试锚杆，并测取空载读数；测试锚杆安装及钻孔均按设计锚杆的同等要求进行，但应注意安装过程中不得损坏电阻片、防潮层及引出导线等；做好各项记录，并及时整理。

（4）拉拔器可检测锚杆的抗拔力。抽样测试比例应按表11–2执行，但应注意仪器调校，测试过程中应做好各项记录，并及时整理数据。

6. 压力

（1）量测原理。支护（喷射混凝土或模筑混凝土衬砌）与围岩之间的接触应力大小，既反映了支护的工作状态，又反映了围岩施加于支护的形变压力情况，因此，对支护的内应力及其与围岩接触应力的量测就成为必要。

这种量测可采用盒式压力传感器（称压力盒）进行测试。将压力盒埋设于混凝土内的测试部位及支护—围岩接触面的测试部位，则压力盒所受压力即为该部位（测点）压力。

（2）压力盒。

1）压力盒有变磁阻调频式和液压式两种形式。

2）变磁阻调频式压力盒的工作原理是当压力作用于承压板上时，通过油层传到传感单元的二次膜上，使之产生变形，改变了磁路的气隙，即改变了磁阻，当输入振荡电信号时，即发生电磁感应，其输出信号的频率发生改变，这种频率改变因压力的大小而变化，据此可测出压力的大小。

3）液压式压力盒又称格鲁茨尔（Glozel）压力盒，其传感器为一扁平油腔，通过油压力加压，由油泵表可直接测读出内应力或接触应力。

4）变磁阻调频式压力盒的抗干扰能力强、灵敏度高，适于遥测，但在硬质介质中应用，存在着与介质刚度匹配的问题，效果不太理想。

液压式压力盒减少了应力集中的影响，其性能比较稳定可靠，是较理想的压力盒，国内已有单位研制出机械式油腔压力盒。

（3）测试方法及注意事项。

将压力传感器按测试应力的方向埋设于测试部位。在喷射混凝土或模筑混凝土振捣过程中，应注意不要损伤导线或导管；液压式压力盒系统还应在适当部位安设管路连接头及阀门。

（4）数据整理。测试过程中应随时做好各项记录，并及时整理出有关图表，如接触应力分布图等。

7. 围岩的弹性波速度

（1）量测原理。声波测试是地球物理探测方法的一种。它是在岩体的一端激发弹性波，而在另一端接收通过岩体传递过来的波，弹性波通过岩体传递后，其波速、波幅、波频均发生改变。对于同一种激发弹性波穿过不同的岩层后，发生的改变各不相同，这主要是由于岩体的物理力学性质各不相同所致。因此，弹性波在岩体中的传播特征就反映了岩体的物理力学性质，如动弹性模量、岩体强度、完整性或破碎程度、密实度等。据此可以判别围岩的工程性质，如稳定性，并对围岩进行工程分级。

目前，在工程测试中，普遍应用声波在岩体中传播的纵波速度（V_p）来作为评价岩体物理力学性质的指标。一般有以下规律：

岩体风化、破碎、结构面发育，则波速低、衰减快、频谱复杂；岩体充水或应力增加，则波速高、衰减小、频谱简化；岩体不均匀和各向异性，则其波速与频谱也相应地表现出不均匀和各向异性。

（2）测试方法及注意事项。声波测试方法较多，可从以下3个方面划分：

1）按换能器布置方式分为表面观测（包括共面观测、不共面观测、相对平面观测与正交平面观测）和内部观测（包括埋设和钻孔、单孔测试和双孔测试）2种。

2）按波的传播方式分直透法（直达波法）和平透法（包括直射波法和反射波法）2种。

3）按换能器组合分为一发一收、一发多收和多发多收3种。

声波测试应注意以下内容：

探测区域的选择要有典型性和代表性；测点、测线、测孔的布置要有明确的目的性，要根据实际工程地质情况、岩体力学特性及建筑形式等进行布设；声波测试一般以测纵波速度（V_p）为主，但应根据实际要求，也可测其横波速度（V_s），记录波幅，进行频谱分析。

（3）数据整理。隧道工程中多采用单孔平透折射波法测试围岩在拱顶、拱脚、墙腰几个部位的径向纵波速度。根据测试记录应及时整理出每个测孔的V_p—L曲线。

第三节　隧道监控量测数据的处理与应用

一、量测数据的处理

现场量测数据处理，即及时对现场量测数据绘制时态曲线（或散点图）和空间关系曲线。所谓时态曲线即地下工程的测试数据通常是随时间变化的，被测量项目随时间的变化规律。

整理测试数据通常是根据现场量测数据记录绘制位移（u）—时间（t）时态曲线，以及被量测项目与距离之间的关系曲线。下面仅对位移量测、应力应变量测与声波量测的数据整理作以下介绍。

（1）净空位移量测。

1）根据记录绘制位移（u）与时间（t）的关系曲线。当位移—时间曲线趋于平缓时，应进行数据处理或回归分析，以推算最终位移和掌握位移变化规律；当位移—时间曲线出现反弯点时，则表明围岩和支护呈不稳定状态，此时应密切监视围岩动态，并加强支护，必要时暂停开挖。

2）绘制位移u与开挖面距离L的关系曲线。

3）绘制位移速度V与时间t的关系曲线。

这4条曲线，不一定每条测线都要绘制，一般情况下有一条即可。

位移与时间曲线是评价围岩稳定和确定二次衬砌（即模筑混凝土衬砌）时间的主要依据。

（2）围岩体内位移测定。

1）绘制孔内各测点（L_1，L_2，…）位移u与时间的关系曲线。

2）绘制不同时间（t_1，t_2，…）位移u与深度（测点位置1）的关系曲线。

（3）围岩径向应变测试。

1）绘制不同时间（t_1，t_2，…）应变与深度1的关系曲线。

2）绘制围岩体内不同测点（1，2，…）的应变与时间t的关系曲线。

（4）锚杆轴向力测试。

1）绘制不同时间（t_1，t_2，…）锚杆轴力（σ）与深度1的关系曲线。

2）绘制各测点（1，2，…）轴力（σ）与时间t的关系曲线。

（5）喷层应力应变测试绘制应力σ与时间f的关系曲线。喷层应力与围岩压力密切相关，喷层应力反映喷层的安全度，可据此调整喷锚支护参数，特别是喷层的厚度。

（6）声波测试绘制各测孔波速V_p与孔深的关系曲线。其中应注意的问题如下：

1）由于量测的偶然误差所造成的离散性，绘制的散点图总是上下波动和不规则的，因此必须进行数据处理才能获得合理的典型曲线，并以相应数学公式进行描述。回归分析是处理测读数据、最终绘制典型曲线的一种较好方法。

2）位移与时间的正常曲线和反常曲线如图11-1所示。其中，反常曲线是指非工序变化所引起的位移急骤增长现象。此时应加密监视，必要时应立即停止开挖并进行施工处理。

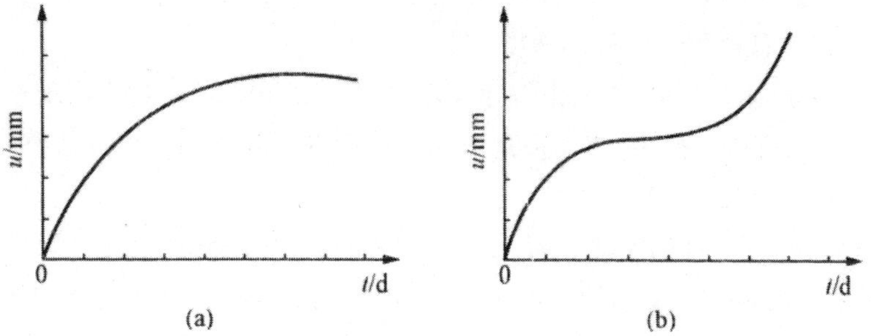

图11-1　正常曲线和反常曲线

（a）正常曲线；（b）反常曲线

3）根据量测获得的位移与时间曲线，即能看出各时刻的总位移量、位移速度以及位移加速度趋势等。但要衡量围岩的稳定性，除了量测值以外，还必须有判断围岩稳定性的准则，这些准则可以由总位移量、位移速率或位移加速度等表示，其值一般由经验或统计数据给定。

二、量测数据的应用

1. 地质预报

地质预报就是根据地质素描来预测预报开挖面前方围岩的地质状况，以便考虑选择适当的施工方案调整各项施工措施。包括：

在洞内直观评价当前已暴露围岩的稳定状态，检验和修正初步的围岩分级；根据修正的围岩分级，检验初步设计的支护参数是否合理，如不恰当，则应修正；直观检验初期支护的实际工作状态；根据当前围岩的地质特征，推断前方一定范围内围岩的地质特征，进行地质预报，防范不良地质突然出现；根据地质预报，并结合对已作初期支护实际工作状态的评价，可预先确定下一循环的支护参数和施工措施；配合量测工作进行测试位置选取和量测成果的分析。

2. 周边位移分析与反馈

如前所述，周边位移是围岩动态的最显著表现，所以隧道工程现场量测主要以围岩周边位移作为围岩稳定性评价及围岩稳定状态判断的指标。

一般而言，坑道开挖后，若围岩位移量小，持续时间短，其稳定性就好；若位移量大，持续时间长，其稳定性就差。以围岩位移作为指标来判断其稳定状态，则有赖于对实际工程经验的总结和对位移量测数据的分析。

（1）判断标准。用围岩的位移来判断其稳定状态，关键是要确定一个“判断标准”（或称为“收敛标准”），即判断围岩稳定与否的界限。它包括3个方面：位移量（绝对或相对）、位移速率、位移加速度。

（2）根据以上判断标准，如果围岩位移速度不超过允许值，且不出现蠕变趋势，则可以认为围岩是稳定的，初期支护是成功的。若围岩表现出稳定性较好，则可以考虑适当加大循环进尺。

如果位移值超过允许值不多，且初期支护中的喷射混凝土未出现明显开裂，一般可不予补强。如果位移与上述情况相反，则应采取处理措施，如在支护参数方面，可以增强锚杆、加钢筋网喷混凝土、加钢支撑、增设临时仰拱等；施工措施方面，可以缩短从开挖到支护的时间，提前打锚杆，提前设仰拱，缩短开挖台阶长度和台阶数，增设超前支护等。

（3）二次衬砌（内层衬砌）的施作时间。按新奥法施工原则，当围岩或围岩加初期支护基本达成稳定后，就可以施作二次衬砌。

应当特别指出的是，在流变性和膨胀性强烈的地层中，单靠初期支护不能使围岩位移收敛时，就宜于在位移收敛以前，施作模筑混凝土二次衬砌，做到有效地约束围岩位移。

3. 围岩内位移及松动区分析与反馈

与净空位移同理，如果实测围岩的松动区超过了允许的最大松动区（该允许松动区半径与允许位移量相对应），则表明围岩已出现松动破坏，此时必须加强支护或调整施工措施以控制松动范围，如加强锚杆（加长、加密或加粗）等，一般要求锚杆长度大于松动区范围。如果与以上情形相反，甚至锚杆后段的拉应力很小或出现压应力时，则可适当缩短锚杆长度或缩小锚杆直径或减小锚杆数量等。

4. 锚杆轴力分析与反馈

据量测锚杆测得的应变，即能算出锚杆的轴力，计算公式如下：

$$N = \frac{\pi\phi^2 E\left(\varepsilon_1 + \varepsilon_2\right)}{8}$$

式中　N——锚杆轴力；

　　　ϕ——锚杆直径；

　　　E——锚杆的弹性模量；

ε_1，ε_2——测试部位对称的一组应变片量得的两个应变值。

锚杆轴力是检验锚杆效果与锚杆强度的依据，根据锚杆极限强度与锚杆应力的比值K（安全系数）就能作出判断。锚杆轴应力越大，则K值越小。一般认为锚杆局部段的K值稍小于1是允许的，因为钢材有一定的延性。根据实际调查发现锚杆轴应力在洞室断面各部位是不同的，表现为：

（1）同一断面内，锚杆轴应力最大者多数在拱部45°附近到起拱线之间。

（2）拱顶锚杆，不管净空位移值大小如何，出现压应力的情况是不少的。

（3）锚杆轴应力超过屈服强度时，净空变位值一般超过50mm。

锚杆的局部段K值稍小于1的允许程度应该是不超过锚杆的屈服强度。若锚杆轴应力超过屈服强度时，则应优先考虑改变锚杆材料，采用高强钢材。当然，增加锚杆数量或锚杆直径也可获得降低锚杆轴应力的效果。

5. 围岩压力分析与反馈

由围岩压力分布曲线可知围岩压力的大小及分布状况。围岩压力的大小与围岩位移量及支护刚度密切相关。围岩压力大，即作用于初期支护的压力大。这可能有三种情况：一是围岩压力大但变形量小，这表明支护时机，尤其是支护的封底时间可能过早或支护刚度太大，可作适当调整，让围岩释放较多的应力；二是围岩压力大且变形量也很大，此时应加强支护，限制围岩变形，控制围岩压力的增长；三是当测得的围岩压力很小但变形量很大时，则应考虑可能会出现围岩失稳。

6. 喷层应力分析与反馈

喷层应力是指切向应力，因为喷层的径向应力总是不大的。喷层应力与围岩压力及位移有密切关系。喷层应力大的原因有两个方面：一是围岩压力和位移大；二是支护不足。在实际工程中，一般允许喷层有少量局部裂纹，但不能有明显的裂损，或剥落、起鼓等。如果喷层应力过大，或出现明显裂损，则应适当增加初始喷层厚度。如果喷层厚度已较厚时，则不应再增加喷层厚度，而应增强锚杆或调整施工措施、改变封底时间等。

7. 地表下沉分析与反馈

对于浅埋隧道，可能由于隧道的开挖而引起上覆岩体的下沉，致使地面建筑的破坏和地面环境的改变。因此，地表下沉的量测监控对于地面有建筑物的浅埋隧道和城市地下通道尤为重要。

如果量测结果表明地表下沉量不大，能满足限制性要求，则说明支护参数和施工措施是适当的；如果地表下沉量大或出现增加的趋势，则应加强支护和调整施工措施，如适当加喷混凝土、增设锚杆、加钢筋网、加钢支撑、超前支护等，或缩短开挖循环进尺、提前封闭仰拱，甚至预注浆加固围岩等。另外，还应注意对浅埋隧道的横向地表位移观测，横向地表位移带发生在浅埋偏压隧道工程中，其处理较为复杂，应加强治理偏压的对策研究。

8. 声波速度分析与反馈

围岩声波速度量测得V_p—L关系曲线，既可以反映围岩动态变化和物理力学特征，还可以确定围岩松动区的范围。量测数据分析时应将声波速度量测数据分析结果与围岩内位移量测数据分析结果相互对照、相互验证、综合分析和判断围岩的松弛情况，并反馈与修正支护设计参数和指导调整施工措施。

第十二章　盾构法与沉管法施工

第一节　盾构法施工

一、盾构法概述

1. 盾构法基本概念

盾构法是在地面下暗挖隧道的一种施工方法。当代城市建筑、公用设施和各种交通日益繁杂，市区明挖隧道施工，对城市生活的干扰问题日趋严重，特别在市区中心遇到隧道埋深较大、地质复杂的情况，若用明挖法建造隧道则很难实现。在这种条件下采用盾构法对城市地下铁道、上下水道、电力通信、市政公用设施等各种隧道建设具有明显的优点。此外，在建造穿越水域、沼泽地和山地的公路和铁路隧道或水工隧道中，盾构法也往往因它在特定条件下的经济合理性而得到应用。

构成盾构法的主要内容是：先在隧道某段的一端建造一竖井（始发井），以供盾构安装就位。盾构从始发井的墙壁开孔处出发，在地层中沿着设计轴线，向另一竖井（到达井）的设计孔洞推进。盾构推进中所受到的地层阻力，通过盾构千斤顶传至盾构尾部已拼装预制隧道衬砌结构，再传到竖井的后靠壁上。盾构是这种施工方法中最主要的独特的施工机具。它是一个既能支承地层压力，又能在地层中推进的圆形或矩形或马蹄形等特殊形状的钢筒结构，在钢筒的前面设置各种类型的支撑和开挖土体的装置，在钢筒中段内部安装顶进所需的千斤顶，钢筒尾部是具有一定空间的壳体，在盾尾内可以拼装一环至二环预制的隧道衬砌环。盾构每推进一环距离，就在盾尾支护下拼装一环衬砌，并及时向紧靠盾尾后面的开挖坑道周边与衬砌环外周之间的空隙中压注足够的浆液，以防止隧道及地面下沉。在盾构推进过程中不断从开挖面排出适量的土方。

使用盾构法，往往需要根据穿越土层的工程水文地质特点辅以其他施工技术措施。主要有：

疏干掘进土层中地下水的措施；稳定地层、防止隧道及地面沉陷的地层加固措施；隧道衬砌的防水堵漏技术；配合施工的监测技术；开挖土方的运输及处理方法等。

2. 盾构法的主要优点

（1）除竖井施工外，施工作业均在地下进行，既不影响地面交通，又可减少对附近居民的噪声和振动影响。

（2）盾构推进、出土、拼装衬砌等主要工序循环进行，施工易于管理，施工人员也较少。

（3）土方量较少；穿越河道时不影响航运；施工不受风、雨等气候条件影响；在土质差、水位高的地方建设埋深较大的隧道，盾构法有较高的技术经济优越性。

3. 盾构法存在的主要问题

当隧道曲线半径过小时，施工较为困难；在陆地建造隧道时，如果隧道覆土太浅，则盾构法施工困难很大；而在水下时，如果覆土太浅，则盾构法施工不够安全；盾构隧道上方一定范围内的地表沉陷尚难完全防止，特别是在饱和含水松软的土层中，要采取严密的技术措施才能把沉陷限制在很小的限度内；在饱和含水地层中，盾构法施工所用的拼装衬砌，对达到整体结构防水性的技术要求较高。

二、盾构机的分类与构造

1. 盾构机的分类

盾构机的分类方法较多，可按盾构切削断面的形状，盾构自身构造的特征、尺寸的大小、功能，挖掘土体的方式，掘削面的挡土形式，稳定掘削面的加压方式，施工方法，适用土质的状况等多种方式分类。

（1）按挖掘方式分类

按挖掘方式分类，见表12–1。

表12–1　按挖掘方式分类

类别	主要内容
手掘式	即掘削和出土均靠人工操作进行的方式
机械式	即掘削和出土等作业均由机械装备完成
半机械式	即大部分掘削和出土作业由机械装置完成，但另一部分仍靠人工完成

（2）按挡土方式分类

1）开放式，即掘削面敞开，并可直接看到掘削面的掘削方式。

2）部分开放式，即掘削面不完全敞开，而是部分敞开的掘削方式。

3）封闭式，即掘削面封闭，不能直接看到掘削面，而是靠各种装置间接地掌握掘削面的方式。

全开放式盾构不设隔板，其特点是掘削面敞开。掘削土体的形式可为手掘式、半机械式、机械式三种。这种盾构适于掘削面可以自立的地层中使用。掘削面缺乏自立性时，可用压气等辅助工法防止掘削面坍落稳定掘削面。

部分开放式盾构，即隔板上开有取出掘削土砂出口的盾构，即网格式盾构，也称挤压式盾构。

封闭式盾构是一种设置封闭隔板的机械式盾构。掘削土砂是从位于掘削面和隔板之间的土舱内取出的，利用外加泥水压或者泥土压与掘削面上的土压平衡来维持掘削面的稳定，所以封闭式有泥水平衡式和土压平衡式两种。进而土压平衡式又可分为真正的土压平衡式和加泥平衡式。加泥平衡式又分为加泥和加泥浆两种平衡方式。

（3）按稳定掘削面的加压方式分类

按稳定掘削面的加压方式分类，见表12–2。

表12–2　按稳定掘削面的加压方式分类

类别	主要内容
泥水加压式	即用外加泥水向掘削面加压稳定掘削面
加水式	即向掘削面注入高压水，通过该水压稳定掘削面
压气式	即向掘削面施加压缩空气，用该气压稳定掘削面
加泥式	即向掘削面注入润滑性泥土，使之与掘削下来的砂卵石混合，由该混合泥土对掘削面加压以稳定掘削面
泥浆式	即向掘削面注入高浓度泥浆，靠泥浆压力稳定掘削面
削土加压式 （也称土压平衡式）	即用掘削下来的土体的土压稳定掘削面

（4）按断面形状分类

1）圆形。具体包括以下几种：

半圆形；单圆形；双圆搭接形；三圆搭接形。

2）非圆形。具体包括以下几种：

矩形；马蹄形；椭圆形。

（5）按尺寸大小分类

按尺寸大小分类，见表12-3。

表12-3　按尺寸大小分类

类别	主要内容
小型盾构	小型盾构是指1m<D ≤ 3.5m的盾构
超小型盾构	超小型盾构是指D（直径）≤ lm的盾构
大型盾构	大型盾构是指6m<D ≤ 14m的盾构
特大型盾构	特大型盾构是指14m<D ≤ 17m的盾构
超特大型盾构	超特大型盾构是指D>17m的盾构
中型盾构	中型盾构是指3.5m<D ≤ 6m的盾构

2. 盾构机的构造

如上所述，盾构机的种类多种多样。概括起来说，盾构机由通用机构（外壳、推进机构、挡土机构、掘削机构、添加材注入装置、搅拌机构、排土机构、管片组装机构、附属机构等部件）和专用机构组成。专用机构因机种的不同而异。例如，对泥水盾构而言，专用机构是指送排泥机构、搅拌机构。这里以封闭式盾构（土压式、泥水式）为重点，介绍盾构的基本（共性）构造。

（1）外壳

设置盾构外壳的目的是保护掘削、排土、推进、衬砌等所有作业设备、装置的安全，故整个外壳用钢板制作，并用环形梁加固支承。一台盾构机的外壳沿纵向从前到后可分为前、中、后三段，通常又把这三段分别称为切口环、支承环、盾尾三部分。

1）切口环。该部位装有掘削机械和挡土设备，故又称掘削挡土部。

2）支承环。支承部即盾构的中央部位，是盾构的主体构造部。因为要支承盾构的全部荷载，所以该部位的前方和后方均设有环状梁和支柱，由梁和柱支承其全部荷载。

对敞开式、半敞开式盾构而言，该部位装有推动盾构机前进的盾构千斤顶，其推力经过外壳传到切口。中口径以上的盾构机的支承部还设有支柱和平台，利用这些支柱可以组装出多种形式（H形、井形等）的作业平台。

对封闭式盾构而言，支承部空间内装有刀盘驱动装置、排土装置、盾构千斤顶、举重臂支承机构等诸多设备。

3）盾尾。盾尾部即盾构的后部。盾尾部为管片拼装空间，该空间内装有拼装管片的举重臂。为了防止周围地层的土砂、地下水及背后注入的填充浆液窜入该部位，特设置尾封装置。盾尾的内径与管片外径的差称为盾尾间隙，记作x。其值的大小取决于管片的拼装富余度，曲线施工、摆动修正必需的富余度，主机外壳制作误差及管片的制作误差，通常取20 ~ 30mm。

盾尾间隙（x）加上盾尾外壳钢板的厚度（t），也就是盾构推进后管片和地层间产生的空隙ΔD。该空隙称为构筑空隙，即$\Delta D=x+t$。由于构筑空隙直接造成地层沉降，故需在盾构推进后立刻对该空隙进行填充注浆。当然希望ΔD越小越好，所以盾尾外壳多选用厚度较薄的高强度钢板。

4）中折装置。在小曲率半径曲线段施工时，可以把盾构机做成可以折成2节、3节的中折形式。中折装置的设置不仅可以减少曲线部位的超挖量，而且由于弯曲容易，使盾构千斤顶的负担得以减轻，推进时作用在管片上的偏压减小，故使施工性得以提高。另外，中折装置不仅可以做成水平中折，还可以做成纵向中折（竖向中折），因此使得掘进方向的修正变得容易。当仅靠中折装置不能满足小曲率半径施工要求的场合下，还应增加偏心掘削器，也有采用中折装置加弯曲掘削器的情形。

（2）推进机构

盾构机的推进是靠设置在支承环内侧盾构千斤顶的推力作用在管片上，进而通过管片产生的反推动力使盾构前进的。

选择盾构千斤顶的原则：选用压力大、直径小的液压千斤顶；选用重量轻、耐久性好，保养、维修及更换方便的千斤顶。

盾构千斤顶的条数及每只千斤顶的推力大小与盾构的外径、要求的总推力、管片的结构、隧道轴线的形状有关。施工经验表明，选用的每只千斤顶的推力范围是，对中小口径的盾构来说，每只千斤顶的推力以600 ~ 1500kN为好；对大口径盾构来说，每只千斤顶的推力以2000 ~ 4000kN为好。

一般情况下，盾构千斤顶应等间隔地设置在支承环的内侧，紧靠盾构外壳的地方。但在一些特殊情况下，如土质不均匀、存在变向荷载等客观条件时，也可考虑非等间隔设置。千斤顶的伸缩方向应与盾构隧道轴线平行。

通常在千斤顶伸缩杆的顶端与管片的交界处，设置一个可使千斤顶推力均匀地作用在管环上的自由旋转的接头构件，即撑挡。另外，在钢筋混凝土管片（RC管片）、组合管片的场合下，撑挡的前面应装上合成橡胶、尿烷橡胶或者压顶材，其目的在于保护管片。盾构千斤顶伸缩杆的中心与撑挡中心的偏离允许值一般为30 ~ 50mm。考虑在盾尾内部拼装管片、曲线施工等作业，盾构千斤顶的最大伸缩量可按管片宽度加150mm的关系确定。千斤顶的推进速度一般为50 ~ 100mm/min。

（3）挡土机构

挡土机构是为了防止掘削时，掘削面地层坍塌和变形，确保掘削面稳定而设置的机构。该机构因盾构种类的不同而不同。

就全敞开式盾构而言，挡土机构是挡土千斤顶。对地下水压小、涌水量不大的砂层中掘进的全敞开式盾构而言，可采用级棚式挡土装置。对半敞开式网格盾构而言，挡土机构是网格式封闭挡土板。对机械盾构而言，挡土机构是刀盘面板。对泥水盾构而言，挡土机构是泥水舱内的加压泥水和刀盘面板。对土压盾构而言，挡土机构是土舱内的掘削加压土和刀盘面板。

挡土千斤顶类挡土机构由活动前帽檐刃口（活动前帽檐千斤顶）、活动平台（平台千斤顶），以及弓形千斤顶（上部）、正千斤顶（中、下部）等构成。

（4）掘削机构

对人工掘削式盾构而言，掘削机构即鹤嘴锄、风镐、铁锹等。对半机械式盾构而言，掘削机构即铲斗、掘削头。对机械式盾构、封闭式（土压式、泥水式）盾构而言，掘削机构即掘削刀盘。

1）刀盘的构成及功能。掘削刀盘即作转动或摇动的盘状掘削器，由掘削地层的刀具、稳定掘削面的面板、出土槽口、转动或摇动的驱动机构、轴承机构等构成。刀盘设置在盾构机的最前方，其功能是既能掘削地层的土体，又能对掘削面起一定支承作用从而保证掘削面的稳定。

2）刀盘与切口环的位置关系。刀盘与切口环的位置关系有3种形式，如图12-1所示。其中，图（a）是刀盘位于切口环内的情形，适用于软弱地层；图（b）是刀盘外沿凸出切口环的情形，该形式适用的土质范围较宽，故用得最多；图（c）是刀盘与切口环对齐，位于同一条直线上的情形，适用范围居中。

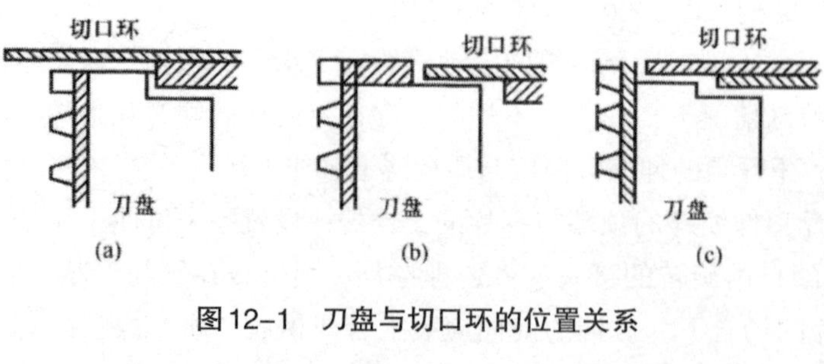

图12-1　刀盘与切口环的位置关系

3）刀盘形状。

纵断面形状。刀盘纵断面形状大致有以下几种，如图12-2所示。图（a）为垂直平面形，这种刀盘以平面状态掘削、稳定掘削面；图（b）为突芯形，该刀盘的特点是刀盘的中心装有突出的刀具，故掘削的方向性好，且利于添加剂与掘削土体的拌和；图（c）为穹顶形，该刀盘设计中引用了岩石掘进机的设计原理，这种刀盘重点用于巨砾层和岩层的掘削；图（d）为倾斜形，其特点是倾角接近土层的内摩擦角，利于掘削的稳定，主要用于砂砾层的掘削；图（e）为收缩形，主要用于挤压式盾构。

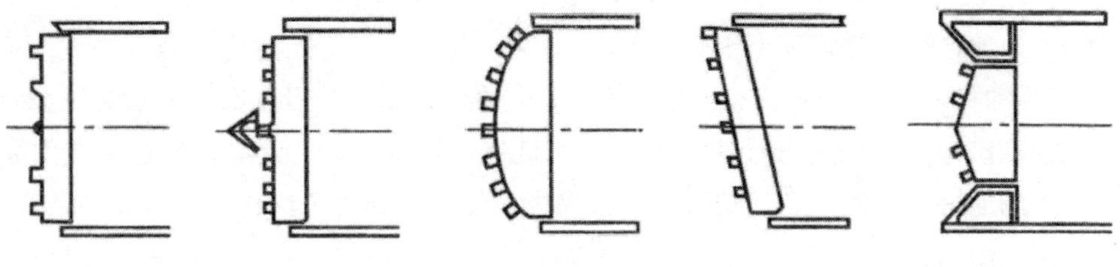

图12-2　刀盘纵断面的形状

（a）垂直平面形；（b）突芯形；（c）穹顶形；（d）倾斜形；（e）收缩形

正面形状。掘削刀盘的正面形状有轮辐形和面板形两种。

面板式刀盘由辐条、刀具、槽口及面板组成，属封闭式。

槽口的形式有两种：一种是从刀盘中心到外沿的宽度始终相同；另一种是宽度从中心向外沿逐渐扩大。槽宽取决于土质的参数，如粘性、砾石的最大粒径等因素，一般槽宽多取200 ~ 500mm，开口率 η/多为10% ~ 40%。面板式刀盘的优点是面板直接支承掘削面，即挡土功能，故利于掘削面的稳定。另外，多数情况下面板上都装有槽口开度控制装置，当停止掘削时可使槽口关闭，严防掘削面坍塌。控制槽口的开度可以调节土砂排出量，使掘进速度得以控制。缺点是掘削黏土层时，易发生黏土黏附面板表面，妨碍刀盘旋转，进而影响掘削质量。其防止措施是外加添加材料等。面板式刀盘对泥水式和土压式盾构均可采用。

4）掘削刀具。表征刀具形状的参数即其前角、后角及高度，完全取决于土质条件。就掘削形式而言，有固定式和旋转式两种。

5）刀盘的支承方式。掘削刀盘的支承方式可分为中心支承式、中间支承式、周边支承式3种。支承方式与盾构直径、土质对象、螺旋输送机、土体黏附状况等多种因素有关。确定支承方式时，必须综合考虑各种因素的影响。通常多选择中心支承式和中间支承式。

6）驱动机构。驱动机构是指向刀盘提供必要旋转扭矩的机构。该机构是由带减速机的油压马达或者电动机经过副齿轮，驱动装在掘削刀盘后面的齿轮或销锁机构。有时为了得到大的旋转力，也有利用油缸驱动刀盘旋转的方式。油压式对启动和掘削砾石层等情形较为有利。电动机式的优点是噪声小、维护管理容易、后方台车的规模也可相应得以缩减。两者各有优缺点，应据实际要求选用。

7）土砂密封。土砂密封是为了防止土砂、地下水、添加材流入驱动轴部位而设置的保护措施。目前的主要开发方向是开发适应大深度、长距离、可承受高地下水压（2MPa）及耐磨性好的土砂封口技术。

（5）添加材注入装置（土压盾构）

1）添加材。对细粒成分（黏土、淤泥）少的地层而言，刀盘掘削下来的泥土的塑流性很难满足排土机构直接排放的要求，且抗渗性也差。为此必须向这种掘削泥土中注入添加材，以便改变其塑流性、抗渗性，使其达到排土机构可以排放的条件。通常使用的添加材有膨润土、黏土、陶土等天然矿物类材料、高吸水性树脂类材料、水溶性高分子类材料、表面活性类特殊气泡剂材料。

2）注入装置。添加材的注入装置有添加材配制设备、添加材注入泵、输送添加材的管线及设置在刀盘中心钻头前端的添加材注入口等。

考虑掘削泥土和添加材的搅拌混合效率，希望把注入口设在刀盘中心突出头的前面、辐条上或土舱隔板上。因为注入口直接与泥土接触，这样可以设置防止泥土和地下水涌入的防护头和逆流防止阀。

（6）搅拌机构

搅拌机构是土压盾构和泥水盾构的专用机构。就土压盾构而言，搅拌机构的功能是搅拌注入添加材后的舱内掘削土砂，提高其塑流性，严防堆积黏固，有利于提高排土的效果。该搅拌机构包括以下几个部分：

掘削刀盘；掘削刀盘背面的搅拌叶片；螺旋输送机轴上的搅拌叶片；设在隔板上的固定、可动搅拌叶片；设置在舱内的单独驱动的搅拌叶片。

就泥水盾构而言，搅拌机构的功能是使掘削下来的土砂均匀地混于泥水中，进而利于排泥泵将混有掘削土砂的浓泥浆排出。为防止排泥吸入口堵塞，特把旋转搅拌机设置在泥水舱内底部。当然刀盘也具有搅拌功能。

（7）排土机构

就机械式盾构而言，排土系统由铲斗、滑动导槽、漏土斗、皮带传送机（或者螺旋输送机）、排泥管构成。铲斗设置在掘削刀盘背面，可把掘削下来的土砂铲起倒入滑动导槽，经漏斗送给皮带输送机、螺旋输送机、排泥管。对黏性高的土质而言，铲斗易黏附土砂造成装运效率下降，进而致使掘进被迫停止。这与铲斗的形状、铲斗和槽口的相对位置、铲斗的渡膜材料有关，所以必须对铲斗的形状、位置、材料进行深入研究。

1）土压盾构的排土机构。就土压盾构而言，排土机构由螺旋输送机、排土控制器及盾构机以外的泥土运出设备构成。这里仅叙述螺旋输送机和排土控制器。

2）泥水盾构的送排泥水机构。泥水送入系统由设置在始发基地的泥水制作设备、泥水压送泵、泥水输送管、测量装置（流量、密度）及泥水舱壁上的注入口构成。泥水排放系统由排泥泵、测量装置（流量、密度）、中继排泥泵、泥水输送管及地表泥水贮存池构成。为防止排泥泵的吸入口堵塞，特在土舱内吸入口的前方设置泥水旋转搅拌机。泥水盾构的掘削刀盘多为面板形，可根据对象地层和砾石粒径决定槽口的形状、大小及开口率。停止掘削时把槽口全部关闭，使泥水吸入量为零，以此防止掘削面的坍塌。

为使掘削面稳定，送排泥机构中还必须装备泥水量管理和掘削土量的测量仪器。通常靠调节泥水压送泵的转数调节泥水压力，由流量计和密度计测量结果推算掘削排土量。

（8）管片拼装机构

管片拼装机构设置在盾构的尾部，由举重臂和真圆保持器构成。

1）举重臂。举重臂是在盾尾内把管片按所定形状安全、迅速拼装成管环的装置。它包括搬运管片的钳夹系统和上举、旋转、拼装系统。对举重臂的功能要求是能把管片上举、旋转及挟持管片向外侧移动。为适应作为K型管片使用的楔形管片拼装作业的需要，故还要求举重臂具有沿盾构轴向滑动的功能。举重臂为油压驱动方式，有环式、空心轴式和齿条齿轮式三种。因环式是空心圆形旋转，即使在驱动中也可以确保作业空间，同时土砂运出作业不受影响照常进行，故使用较多。

2）真圆保持器。当盾构向前推进时，管片拼装环（管环）就从盾尾脱出，由于管片接头缝隙、自重力和作用土压的原因，管环会产生横向形变，使横断面成为椭圆形。形变时，前面装好的管环和现拼的管环在连接时会出现高低不平，给安装纵向螺栓带来困难。为了避免管环的高低不平，需使用所谓的真圆保持器，修正、保持拼装后管环的正确（真圆）位置。

真圆保持器支柱上装有可上下伸缩的千斤顶，另上下两端装有圆弧形的支架，该支架可在动力车架的伸出梁上滑动。当一环管环拼装结束后，就把真圆保持器移到该管环内，当支柱上的千斤顶使支架紧贴管环后，盾构就可推进。盾构推进后由于真圆保持器的作用，故管环不产生形变，且一直保持真圆状态。

三、盾构施工的准备工作、开挖和推进

1. 盾构竖井的修建

盾构工法属地下水平掘进工法，所以在盾构机始发前必须先用开挖法挖出一个地下空间，以备盾构机组装、始发作业对场地的需求，该地下空间称为始发基地。盾构机从始发基地出发一直掘进到用同样开挖法构筑的用于检修盾构或盾构解体运出的作业基地称为到达基地。通常，这些地下空间（作业基地）是由地表竖直伸延到地中的筒形构造物构成的。该竖直筒形构造物通常称为竖井。

竖井在盾构工法中有两个功能。第一个功能是作为施工作业基地使用，即盾构机的搬入或搬出、组装或解体、始发或到达，管片等隧道构筑原材料、施工设备等物资的运入运出，掘削下来的土砂的运出等作业，均在竖井空间内完成。第二个功能是隧道构筑施工结束后，可把竖井空间作为通风井、排水井使用。

竖井是盾构隧道工法中必不可少的关键的施工环节，其构筑通常采用开挖法。但这里应当指出，隧道竖井的开挖与一般方法的差异较大。竖井的开挖深度相当于隧道的深度，一般情况下属深层开挖，开挖时间较长，作业较为集中。竖井的设计原则应在满足各项技术指标的前提下，尽量考虑对盾构隧道施工方便、有利的原则。

近年来，伴随城市地下铁道、上下水道、电力电缆、通信电缆、气体管道、地下雨水蓄水池、地下油罐等多种地下设施发展的需求，使竖井在技术上向着大深度、大规模、多样化、高精度、高可靠性的方向发展。此外，由于绝大多数的隧道的路线是沿着道路下方布设的，所以就竖井的施工而言，通常是在地表交通拥挤、地下埋设物密集的不利条件下进行的。这对竖井施工来说是一个苛刻的条件。因此，竖井的施工不仅要保证竖井的大深度、大规模、多样化、高精度、高可靠性等技术要求，同时还要满足客观要求。例如，施工中不能过多地封道中断交通，即场地受限；施工中排放的污水或地下水不能污染公用水源，不能危害周围的动植物；施工中开挖土层或抽取地下水时，不能给周围地层带来大的沉降，影响周围构造物的安全，不能对周围井水的水位有影响，更不允许使井水干涸；施工产生的噪声、振动不能超过规范标准。

就竖井的施工技术而言，近年来涌现了多种新的施工方法，如SMW工法、钢制地下连续墙工法、地锚反力压入工法、自动化开口沉井工法、自动回收挖土机械的无人压气沉箱工法、球体盾构竖井构筑工法等。

近年来，推出了盾构刀具直接切削井壁的进井、出井的新技术。这一新技术的

关键是竖井井壁上的盾构进、出部位，必须在保证正常井壁功能及不损伤刀具寿命的前提下，可以直接切削。实现上述目的的方法有两种：一是进、出井部位的井壁用可以直接掘削的新材料制作；二是利用电蚀效应溶解井壁中的钢筋芯材，使其芯材劣化达到可用盾构机刀具直接掘削的程度，即电蚀直接进、出洞工法。

（1）竖井分类

竖井按其使用目的可分为始发竖井（也称进洞竖井）、到达竖井（出洞竖井）、中间竖井（包括变向竖井、换刀检修竖井等）。

1）始发竖井。始发竖井即始发盾构机的竖井，从地表把盾构机的分解件及附属设备搬入始发竖井，然后在井内组装盾构，设置反力装置和盾构始发导口。始发竖井的另一个功能是运输存放盾构在始发掘削中需要的各种器械及材料的基地。也可以说，始发竖井及其周围的场地是一个停放出土设备、起吊设备、管片编组、各种机电设备、背后注浆设备、原材料等的场地。

在用地无限制的情况下，从功能上讲，始发竖井越大越好。而竖井越大，其成本也越高，故通常以满足所需最小功能为条件确定其内空尺寸。但是，也不能机械地按上述功能条件的计算结果确定尺寸，还必须考虑作业人员的作业空间的余度和作业安全、盾构隧道覆盖土层的厚度、始发方法等多种因素。

2）到达竖井。两条盾构隧道的连接方式，有到达竖井连接方式和两台盾构机彼此地下对接两种。其中，地下对接方式仅在对接部位处于水中（水中筑造竖井难度大）或地表无法安排竖井用地的特殊情形下选用，通常是采用到达竖井的连接方式。

通常竖井的布设间隔多定在1000m左右，该距离不仅适用于盾构的掘削能力（刀具寿命），同时，隧道和地表的沟通（如人孔、通风孔、阀箱、站等的设置距离）也多选用该距离。因此，盾构的到达竖井不仅起盾构洞道的连接作用，同时还可在该竖井中设置上述设施，这种一井多用的情况很多。由上述讨论不难发现，对于决定到达竖井大小的因素来说，不仅要考虑接收盾构机的场地的大小，还应考虑安装上述各种设施的空间，必须选取两者中较大的数据。另外，还必须满足到达竖井的内空宽度（即与盾构轴线垂直的方向）比盾构机的外径大的条件。

3）中间竖井。对路线中途改变掘进方向的竖井称为中间竖井或旋转竖井，其功能是用来改变隧道的方向。随着近年来小曲率半径急弯施工技术的进步，需求中间竖井的情形正在减少。由于盾构机要在旋转竖井内实现到达、始发，所以到达方向的内空尺寸及始发方向的内空尺寸均应满足要求。当不能用吊车旋转大口径盾构机的方向时，因为需在竖井内用千斤顶旋转盾构机的方向，所以必须充分考虑确保机械旋转的空间。

（2）竖井构筑方法

1）竖井的构筑工法，其大致上可分为挡土墙开挖工法、沉井沉箱工法和球体盾构工法三大类。

先筑挡土墙后开挖工法，又可细分为钢板桩法、钢管桩法和SMW挡土墙法；井筒分节浇注边挖边下沉工法，又可分为沉井法和沉箱法两类；球体盾构工法。

2）挡土墙开挖工法竖井的构筑。

挡土墙开挖工法竖井的构筑，见表12 4。

表12–4　挡土墙开挖工法竖井的构筑

名称	主要内容
支承	为了确保作业空间，挡土墙支承的水平、竖直间隔都较大。支承构造的配置必须同时满足施工性和安全性的要求
开挖	竖井的开挖与一般的开挖工程不同，它是在狭窄筒形空间内的独立的深开挖。因此，周围的地下水向井内集中是必然的，所以开挖前必须制定好防止涌水的措施
挡土墙	作为竖井的挡土墙而言，因竖井属深开挖大型构造物，故多数情况下使用地下连续墙和钢管桩等刚性高的墙体。近年来SMW墙因成本较低，其应用实例也在逐步增加。因地层状况、地下水的有无等因素的不同，通常按地下30m处确定其止水性的要求选用挡土墙。另外，竖井属深开挖工程，所以必须确保预定竖直精度问题。与此同时，市区施工时往往作业用地受到限制。为此，施工前必须充分研讨使用的机械、施工顺序，选定满足施工条件的挡土墙
井筒构筑	在把竖井作为盾构水平推进的作业基地利用时，作为永久构造物而必需的隔板和承柱，必须在盾构始发后构筑。构筑时也必须把作业空间控制到最小，其余构件应在盾构掘进的同时进行构筑

2. 盾构机的始发与到达

（1）盾构机的始发

1）始发工法的分类。根据拆除临时挡土墙方法和防止掘削面地层坍塌方法的不同，始发工法有以下几种类型，如图12–3所示。

- 始发工法
  - 掘削面自稳法
    - 注浆加固地层法
    - 高压喷射加固法
    - 冻结法
  - 直接掘削法
    - NOMST 工法
    - EW 工法

图12–3　始发工法分类

掘削面自稳法，是采取加固措施使掘削地层自稳，随后将盾构机贯入加固过的自稳地层中掘进。加固方法采用较多的有注浆加固法、高压喷射法、冻结法。

NOMST工法和EW工法，是可以用盾构刀具直接掘削始发的工法。NOMST工法的特点是始发井墙体材料特殊，可用刀具直接掘削，但不损破刀具。NOMST工法始发作业简单，无需辅助工法，安全性、可靠性好。EW工法的原理是盾构始发前，通过电蚀手段，把挡土墙中的芯材工字钢腐蚀掉，给盾构直接始发掘削带来方便，优点与NOMST工法相同。

2）始发设备。盾构机始发的设备，包括始发基座、反力座、临时组装管环、人口及密封圈垫。下面对其功能和构成作简单的介绍。

始发基座、反力座、临时组装管环。始发基座的任务是可在其上组装盾构机和支承组装好的盾构机，并且可使盾构机处于理想的预定始发位置（高度、方向）上，且可确保盾构机的始发掘进稳定。所以要求基座的结构合理（可以确保组装作业的施工性构件刚度好、强度高、不易损坏）承托几百吨重的盾构机与竖井底板固定要牢靠、晃动变位小（确保盾构机位置稳定、确保推进轴线始终与设计轴线重合）。

盾构基座有以下3种形式：

①钢筋混凝土盾构基座。通常是多块钢筋混凝土构造物的组合体，有现浇式和预制件拼接式两种，其优点是结构稳定、抗压性能好。

②钢结构基座。钢结构始发基座有现场拼接式和平底整体安装式两种，其优点是加工周期短、适应性强。

③钢筋混凝土与钢结构组合基座。这种基座聚集了①和②两种基座的优点，使用较多。

通常，始发基座用工字钢和钢轨等材料装配制作。反力设备由反力座和临时组装管环构成，由管片运进和排土空间等条件确定其形状，由正式管片衬砌的起始位置确定临时组装管环、反力座的位置。反力设备针对必须的推力应具有足够的强度及推进时基本无变形的刚度，通常用工字钢安装反力座。临时组装管环使用容易处理的钢或高强度的铸钢管片拼接。临时管片的组装精度影响正式管片的真圆度，故应特别注意。在小断面盾构工程中，也有临时组装管环只组装下半环，上部为开口，不设反力座的例子。

始发入口及入口密封垫圈。始发入口是指为了确保盾构机出井贯入地层的轴线精度，通常在井内始发口处构筑一个一定宽度、一定厚度、内径略大于盾构机外径的，与盾构机纵断面形状相同的筒状物。该筒状物与井壁连接在一起即为始发导口。始发导口的作用是限制盾构机的掘削摆动，确保盾构机的位置精度。

导口密封垫圈是填充在导口与盾构机或导口与管环间隙中的垫圈，其作用是止水，以便确保施工的可靠性和安全性。盾构机开始推进后，可对掘削面加压，盾构机尾部通过之后，即可进行背后注浆，尽早稳定导口。特别是泥水盾构始发后，必须保持泥水压力。为了不使导口密封垫圈发生破损和反转，必须要周密地考虑盾构机始发口的净空和垫圈的质材、形状及尺寸。

3）始发作业。

始发准备作业。采用泥水式盾构机时，需配备泥水处理设备、泥水输送设备、背后注浆设备、器材搬运设备等。若为土压式盾构机，需配备出土设备、背后注浆设备、器材搬运设备等。在进行这些作业的同时，还要进行始发准备作业。始发准备作业，包括始发基座的设置、盾构机的组装、导口密封垫圈的安装、反力座的设置、后续设备的设置、盾构机试运转等。若采用拆除临时挡土墙随后盾构掘进的始发方式，则需对地层加固。通常把出口、背后注浆等设备设置，始发准备作业及地层加固集中在同一时期内进行。作业内容将视具体情况而定，并应注意作业规划和进度管理。

拆除临时挡土墙。因为始发口的开口作业易造成地层坍塌、地下水涌入，故拆除临时挡土墙前要确认地层自稳、止水等状况，应本着对土体扰动小的原则，把挡土墙分成多个小块，从上往下逐个依次拆除。拆除时应注意在盾构机前面进行及时支护，拆除作业要迅速、连续。

掘进。挡土墙始发口拆除后，应立即推进盾构机。若采用泥水盾构机，由于临时墙残渣会堵塞泥水循环，故必须在确认障碍物已清除干净后才能推进。盾构机贯入地层后，对掘削面加压，在监视导口密封垫圈状况的同时缓慢提高压力，直到预定压力值。盾构机尾部通过导口密封垫圈时，因密封垫圈易成反转状态，所以应密切监视。同时盾构应低速推进，盾构机通过导口后，进行壁后注浆，稳定洞口。

（2）盾构机的到达

1）需事前考虑的有关事项。

是否需要事前加固到达部位近旁地层及设置出口密封圈；为了确保盾构机按规定计划路线顺利到达预定位置，需要认真讨论测定盾构位置的方法和隧道内外的联络方法；讨论低速推进的起始位置、慢速推进的范围；讨论泥水盾构泥水减压的起始位置；讨论盾构推进到位时，由于推力的影响是否需要在竖井内侧井壁到达口处采取支护等措施；讨论掘削到达面的方法及其起始时间；认真考虑防止从盾构机外壳板和到达面间的间隙涌水、涌砂的措施；盾构机停止推进的位置的讨论；讨论到达部位周围的背后注浆工法；应周密地考虑拉出盾构机到井内时的盾构承台等临时设备的配备及设置状况。

2）到达工法。盾构机的到达工法有两种，一种是盾构机到达后拆除到达竖井的挡土墙再推进；另一种是事先拆除挡土墙，再推进到指定位置。

盾构机到达后拆除挡土墙再推进的工法。该方法是将盾构机推进到到达竖井的挡土墙外，利用地层加固使地层自稳，同时拆除挡土墙，再将盾构机推进到指定位置。

该方法拆除挡土墙时，盾构机刀盘与到达竖井间的间隙小，故自稳性强，但由于工序少，施工性好，而被广泛采用。因盾构机再推进时地层易发生坍塌，所以多用于地层稳定性好的中小断面盾构工程。

盾构机到达前拆除挡土墙再到达的工法。该工法事先要拆除挡土墙，所以要在拆除前进行高强度的地层加固，在井内构筑易拆除的钢制隔墙。然后从下至上拆除挡土墙，用水泥土或配比砂浆顺次充填地层及加固体与隔墙间的空隙，完全换成水泥土或配比砂浆后，将盾构机推进到隔墙前，拆除隔墙，完成到达。

因该工法不让盾构机再次推进，有防止地层坍塌的效果，洞口防渗性也很强，但地层加固的规模增大，而且必须设置隔墙，故扩大了到达准备作业的规模。这种方法多在大断面盾构工程中使用。

3）到达作业。

到达竖井前的掘进。到达之前，要充分地进行基线测量，以确保盾构机的准确到位。由于必须在到达口的允许范围内贯入，所以应精确测量各管环，保证线形无误。

盾构机至到达口跟前时，挡土墙易发生形变，对于特别容易变形的板桩之类的挡土墙，应事先进行加固防止对盾构机推力的影响。加固方法一般采用从竖井内用工字钢支承，或构筑埋入临时支承梁。假如盾构机的掘削面靠近到达竖井，对竖井挡土墙的状态要经常进行观测，控制盾构机的推进，特别是掘削面压力急剧下降时易导致坍塌，故需综合考虑盾构机的位置、地层加固的范围、挡土墙的位移、地表面沉陷等因素，来确定掘削面的压力。

盾构机的到达。由于刀具不能旋转或推力上升等机械操作方面的变化，虽然能察觉已到达临时墙，但仍应从到达竖井的临时墙钻孔和测量来确定盾构机的位置，再确定是否停止推进。停止推进后，为防止临时墙拆除后漏水，应仔细进行壁后注浆施工。

临时墙的拆除。拆除临时墙前，在临时墙上开几个检查口，以确认地层状况和盾构机到达位置。临时墙的拆除与始发相同，地层的自稳性可随着时间而变化，故作业必须迅速进行，力求稳定地层。特别是在拆去了临时墙将盾构机向竖井内推进时，应仔细监视地层状况，谨慎施工。

4）声波盾构机到达定位系统。盾构工法施工中，有时必须要确定盾构的现场位置。这里介绍一种新的定位方法，即声波定位法。

声波定位法，即利用声波（AE）传感器检测接近到达地点时盾构机刀盘的掘削声音，解析该掘削声音的变化状况，正确地掌握盾构机的现场位置。具体方法是在盾构机预定到达位置的地中设置上、下、左、右4条内藏AE传感器的探测管，当盾构机到达时，若位置不发生偏离，则4个声音传感器检测到的输出波形（振幅）相同；若位置发生偏离，则4个声音传感器的检测波形（振幅）不同，靠近盾构机的传感器的波形振幅大，进而可由振幅的差异推断盾构机的现场位置。

3. 开挖与推进

（1）盾构开挖

盾构法开挖分为挤压式开挖、敞胸式开挖和封闭切削式开挖三种方式。这里重点介绍封闭切削式开挖。

这类盾构有泥水加压盾构和土压平衡式盾构。近年来用泥水加压盾构代替气压盾构施工，克服了气压施工的弊病，例如地下水流动引起的地面沉降、作业人员的减压病，覆土深、气压太高无法施工；覆土浅则要漏气、地表隆起等，特别是开挖、运出泥土可以全部实现机械化，用管道水力输送方式送往地面处理，改善了施工条件，加快了施工速度，故获得世界各国的广泛应用。

泥水加压盾构是将具有一定压力的泥水，压入密封舱内，使其压力始终高于地下水压力，这样就保持了开挖面稳定的基本条件。另外开挖面的大刀盘，当其不能转动切土时，成为一个大型的正面支撑板，和泥浆膜一起增加了开挖面的稳定性。

泥水加压盾构泥水处理系统可以采用泥水循环系统和自然沉淀或自然沉淀与药品沉淀相结合的方式对泥水进行处理。泥水从泥水池用泥浆泵通过进浆管送至密封舱内。刀盘切削下来的泥土经刀盘本身及搅拌器与工作泥水混合，使泥水比重从 γ_1 增大至 γ_2。变稠了的泥水用泥浆泵排出，随着隧道长度增加，中间设立中继泵接力送至地面进行泥水处理。其处理过程为：首先经过分粒器，分离出尽可能多的土砂，然后进入一次沉淀池自然沉淀；对漫过一次沉淀池的泥水添加药品进入二次沉淀池进行药品沉淀。分粒器分出的泥土直接用输送带运走，一次沉淀池用挖泥机排出，二次沉淀池的絮凝物用特制网眼的戽斗运输机运走。剩水可再循环使用，可节约大量的用水费用等。

封闭切削开挖方式，主要靠安装在盾构前端的刀盘的转动在隧道全断面连续切削土体，形成开挖面。封闭切削开挖是在对开挖面进行全封闭状态下进行的，其刀盘在不转动切土时正面支护开挖面而防止坍塌。封闭切削开挖适合自稳性较差的土层，但在弯道施工或纠偏时不如敞口式盾构便于超挖，清除障碍物也较困难。但密封切削开挖施工速度较快，机械化程度较高。

（2）盾构推进

盾构脱离始发井的导轨进入地层后，随着工作面的不断开挖，盾构也不断向前推进。盾构推进过程中应保证其中轴线与隧道设计中心线的偏差控制在规定范围内。而导致盾构偏离隧道中线的因素有很多，比如土质不均匀，地层中有孤石等障碍物造成开挖面四周阻力不一致，盾构伸出的千斤顶的顶力不一致，盾构重心偏于一侧；还有因衬砌环缝的防水材料压密度不一致，累积起来会导致后座面不平整等。这些因素会使盾构推进轨迹变成蛇行一样左右偏差或时起时伏等。因此，在盾构推进过程中要随时精确测量，了解偏差量并及时纠偏。由于盾构是一个很笨重的机具，所以纠偏盾构的位置是一个较复杂的问题。目前，盾构操纵与纠偏主要通过采取以下几个方面的措施来综合控制。

1）正确调整盾构千斤顶工作组合。每个盾构的四周均匀布置有几十个千斤顶承担盾构推进，一般应对这些千斤顶给予分组编号，进行工作组合。在施工中，每次推进后应测量盾构轴线在地下空间的位置（方位），再根据每次纠偏量的要求，决定下次推进时启动哪些编号的千斤顶和要停开哪些编号千斤顶，一般停开偏离方向相反的千斤顶。如果盾构已右偏，则应向左纠偏，故停开左边千斤顶、开启右边的千斤顶。停开的千斤顶应尽量少，以利于提高推进速度，减少液压设备的超负荷而损坏。由于纠偏常常是平面位置与高程均需要纠偏，因此重点要确定停开偏离方位处的几只千斤顶。例如，盾构叩头就应将盾构先予以抬高，抬高的数量应是很有限的，一般是抬高2 ~ 3cm，以免引起衬砌拼装的困难和对地层过大的扰动。

2）盾构推进纵坡和曲线控制。盾构推进时的纵坡和曲线段施工，是靠调整千斤顶的工作组合来控制的。纵坡控制的目的是纠正其高程与隧道设计高程的偏差。一般要求每次推进结束时，盾构纵坡也尽量接近隧道设计纵坡及设计高程和方位。其中在稳坡推进时，能保证每环推进中盾构纵坡最好始终不变；变坡推进，盾构每推进一环时，先压后抬和先抬后压分别适用于高程偏高和偏低的情况，但应尽量少采用为宜。

3）调整开挖面的阻力。调整开挖面的阻力也能获得较好的纠偏效果。调整方法应根据开挖方式的不同而不同：比如敞胸式开挖，可用超挖或欠挖来调整；挤压盾构，可用调整进土孔位置及开孔率来实现；封闭切削式开挖，可通过切削刀盘上的超挖刀与伸出盾构外壳的翼状阻力板来改变阻力，达到纠偏目的。

4）控制盾构自转。盾构在施工过程中，由于受各种因素的影响，将会产生绕盾构本身轴线的自转（旋转）现象。严重时会对液压系统的运转、对盾构的操纵与推进及拼装衬砌、对隧道施工测量及各种设备的正常运转带来严重的影响。盾构产生旋转的主要原因有盾构重心不通过轴线，施工时对某一方位的超挖坏数过多，大型旋转设备（如举重臂、切削刀盘和转盘旋转等）旋转而引起的。控制盾构自转的方法是在盾构旋转方向的反方向一侧增加压重，可从十几吨到几十吨，乃至上百吨重压。此外，在盾构两侧安装水平阻力板和稳定器，控制盾构自转，还可常改变大设备的转向及调换拼装衬砌左右程序，也有一定效果。

盾构达到隧道终点进入竖井（到达井）时，应注意的问题与加固地层的方法与始发井（拼装井）相同，并应在盾构尚距离终点一定距离处，检查盾构的方向、平面位置、纵向位置及高程等，并慎重加以修正后，再小心推进直至拆卸竖井挡土墙为止。否则，会产生盾构中心线与隧道中心线偏差过多等，引起严重的错位现象。

另外，用挤压式盾构开挖时，会产生盾构后退现象而导致地表沉降，因此施工时务必采取有效措施防止盾构后退。根据实践经验，在每环推进结束后采取维持顶力方法，使盾构不前进的屏压保持5 ~ 10min，一般可以有效地防止盾构发生后退。在盾构尾部拼装衬砌管片时，要使一定数量千斤顶轴对称地轮流维持顶力，也可以获得防止盾构后退的效果。

四、盾构衬砌施工

1. 衬砌施工

盾构法修建隧道常用的衬砌有预制装配式衬砌、挤压混凝土衬砌、预制装配式衬砌和模筑钢筋混凝土整体式衬砌相结合的复合式衬砌，其中以预制装配式衬砌采用得最多。隧道预制装配式衬砌是采用预制管片，随着盾构推进，在盾构尾部盾壳保护下的空间内进行管片衬砌拼装，即在盾尾依次拼装衬砌环，由衬砌环纵向依次连接而成的隧道衬砌结构。预制管片的种类和型式很多，按预制材料分有铸铁管片、钢管片、钢筋混凝土管片、钢与钢筋混凝土组合管片；按结构型式分有平板型管片、箱型管片。

通常根据衬砌结构受力及使用要求确定盾构衬砌型式及拼装方法，可区分为举重臂拼装或拱托架拼装。拱托架比隧道衬砌内径略小，呈半圆或稍大于半圆的弧形钢制构架，上有一些滑轮，千斤顶、钢丝绳和卷扬机将管片牵引运到架子上面，再用千斤顶顶到设计位置。上述两种拼装又分别有通缝拼装（管片的纵缝环环对整齐）

或错缝拼装（利用衬砌本身来传递圆环内力，一般环间错开1/2 ~ 1/3管片宽度）。管片接头一般可用螺栓连接。但有的平板型管片不用螺栓连接，而采用榫槽式接头或球铰式接头。这种不采用螺栓连接的管片也称砌块。管片衬砌环一般分标准管片、封顶管片和邻接管片三种，转弯处加楔形管片。

管片通缝拼装施工方便，但受力较差；错缝拼装较麻烦，但受力较好。管片拼装主要应解决管片或砌块的运送、就位、成环及做好衬砌防水等。为此，首先应做好准备工作和检查工作，如举重臂的安全检查、管片质量检查（检查外观、形状、裂纹、破损、止水槽有无异物、尺寸误差是否符合要求等）、拼装车架的配合、盾构底部的清洗、防止盾构拼装时的后退、有关材料（如螺栓、螺帽、垫圈及扳手）的准备等，并按预定位置放好，以提高拼装衬砌施工速度。

管片拼装方法按其程序可分为“先纵后环”和“先环后纵”两种。先纵后环程序是，管片按先底部、后两侧、再封顶的次序拼装，逐次安装成环，每装一块管片，对应千斤顶就伸缩一次。先环后纵程序是，管片依次安装成环后，盾构千斤顶一齐伸出，将衬砌环推向已完成的隧道衬砌，进行纵向连接。先环后纵法较少采用，尤其在推进阻力较大盾构后退的情况下更不宜采用。管片拼装结束后，应拧紧每个连接螺栓和检查安装好的衬砌环是否保圆，必要时用真圆保持器进行调整，以保证下一拼装工序顺利进行。盾构推进时的推力反复作用在临近几个衬砌环上，容易引起已拧紧的螺栓松动，因此必须对受推力影响消失的衬砌环进行第二次螺栓拧紧工作，以保证管片的紧密连接及防水要求。

2. 衬砌防水

虽然国内外已建成大量地下工程和地铁隧道，也形成了较成熟的结构设计计算理论与工程实践体系，但是在隧道及地下工程的防水方面认识则相对落后。隧道经过含水量较高的地层（如上海地铁所处地层大多为饱和含水软黏土层），必将受到地下水的有害作用。如果没有可靠的防水、堵漏措施，地下水就会侵入隧道，影响其内部结构与附属管线，甚至危害到地铁的运营和降低隧道使用寿命。

（1）漏水的原因

引起隧道渗漏水的原因主要是由防水材质不良或违反操作规程造成的，例如在制作管片选定的混凝土的配合比、水泥用量、入模温度、浇捣顺序、养护时间和条件等环节上出现失误，表面出现收缩开裂；在吊装、运输、拼装过程中操作不当，造成管片丢角、损边，甚至出现贯穿性裂缝；拼装成隧道后，管片自动防水达不到设计要求的抗渗等级等。

实践证明，密封垫材料性能极大地影响接缝防水的效果，因此对它要有严格的控制要求。尤其是对防水功能的耐久性更应严格控制，要使密封垫能长时间保持接触面应力不松弛。密封垫材料的主要物理力学性能指标有耐水性、耐动力疲劳性、耐干湿疲劳性、耐化学腐蚀性等，对水膨胀橡胶还要求能长期保持其膨胀压力。这些性能指标要与隧道施工和运营的情况、沉降变形、接缝开张度等相适应。有些厂家的产品性能不稳定，在施工过程中过早地受到水的浸泡，致使遇水膨胀性能受影响，从而影响止水效果。止水带制作安装误差和粘贴密合程度也影响材料的防水性能。

在施工中操作不当引起管片间缝隙产生渗漏的原因有多种，其结果都导致了止水带之间以及止水带与管片之间的黏结性和压应力不够，从而引起漏水。归纳为以下几点：

1）在推进过程中，盾构与管片形态不好会造成管片拼装困难，影响管片的拼装质量，致使管片间错位、有台阶差，相邻管片不在同一圆弧面上，因此减少了止水橡胶的有效止水面积。

2）盾构与管片相对位置不好常常会使管片发生碎裂，发生止水带掉落现象，由于盾构推进的特殊性，不能很好地进行及时处理，使相邻止水带不能正常吻合压紧，从而引起漏水。

3）盾尾与管片之间间隙过大，盾尾密封失效引起漏浆，在处理过程中未能将管片上的泥浆清理干净，致使管片、止水带间夹有泥沙。

4）管片间的对拉螺栓在拼装后，出于进度考虑，不等拧紧就向前推进，在一定程度上引起环缝的扩张（尤其在纠偏时），使管片间呈松弛状态。

5）在竖曲线推进或纠偏时加贴石棉楔子，相应地增加了环缝间隙；管片的制作精度误差，导致拼装环、纵缝间隙超过设计标准；压浆量不足引起隧道后期产生较大的沉降变形而漏水；手孔、螺栓孔、注浆孔等薄弱部位未加防水垫片，封孔施工质量差。

（2）防水处理原则

在饱和含水软土地层中隧道的防水原则为：以防为主、多道防线、综合治理。所谓的综合治理是指不但要从防水的设计、施工着手，还要从衬砌的结构设计、管片拼装质量和控制隧道后期不均匀沉降等多方面进行综合治理。其中包括：

衬砌接缝防水；管片自防水、管片外防水、螺栓密封、嵌缝止水的处理；管片制作的强度、精度、盾构施工拼装质量及其他现场管理等方面的综合治理。

（3）一次衬砌的止水措施

盾构法隧道渗漏水容易出现在管片自身小裂缝、管片的接缝、注浆孔和手孔等处，其中以管片自身小裂缝和管片的接缝处渗漏水较多。因此，盾构法隧道防水主要是解决管片本身的防水和管片接缝的防水问题。

1）管片结构的自防水。盾构法区间隧道在含水地层内，要防止地下水的渗入。首先要做到结构自防水，其主要方法是管片材料采用防水混凝土。防水混凝土是一种通过调整配合比，或者是掺入少量防水剂、减水剂、加气剂、密实剂、早强剂、膨胀剂等外加剂的途径来改善混凝土本身的密实性，补偿混凝土的收缩，增加抗裂性和抗渗性的混凝土。实际上混凝土强度等级越高，抗渗度越高，单位水泥用量越多，其结果是水化热增高，收缩量加大，从而导致裂缝的产生。因此必须合理地选择混凝土的强度等级、抗渗度和外加剂。

2）提高管片的制作精度。对于装配式钢筋混凝土管片防水，根据国内外隧道施工实践，采用高精度钢模来提高管片精度是很重要的环节。如果衬砌管片制作精度差，加上衬砌拼装的累计误差，将会导致衬砌接缝不密贴而出现较大的初始缝隙，此时如果接缝防水材料的弹性变形量不能适应缝隙要求就会出现漏水。另外，衬砌制作精度不够时，衬砌容易在盾构推进时被顶碎和崩落，从而导致漏水。要生产出高精度的钢筋混凝土管片，就必须有一个高精度的钢模。

3）管片外防水涂层。影响钢筋混凝土结构寿命的主要因素是钢筋的锈蚀。钢筋在混凝土的碱性环境中一般是不会生锈的，除非混凝土表面的碳化程度已达到保护层的厚度。埋设于地下的钢筋混凝土结构物，由于地下水中富含硫酸根或氯离子，会使混凝土本身受到损坏，所以管片的外防水涂层在很大程度上是必要的。

4）管片接缝防水堵漏。管片接缝防水包括管片间的弹性密封垫防水、隧道内侧相邻管片间的嵌缝防水以及必要时向接缝内注浆等。其中弹性密封垫防水是最重要也是最可靠的，是接缝防水的重点。此时要考虑管片制作精度对接缝防水的影响，一般要求缝宽度不大于1.5cm。

弹性密封垫防水：

①弹性密封垫的功能要求。要求弹性密封垫能承受实际最大水压的3倍。衬砌环缝的密封垫还应在衬砌产生纵向变形时，保持在规定水压力作用下不渗漏水，即密封垫在设计水压力下的允许张开值应大于衬砌在产生纵向挠曲时环缝的张开值。

同时，还要求密封垫传给密封槽接触面的应力大于设计水压力。接触面应力是由扭紧连接螺栓、盾构千斤顶推力、密封垫膨胀等因素产生的。另外，当密封垫一侧受压力作用时也会产生一定的接触面应力，即所谓的“自封作用”。

②密封垫材料要求。实践证明，密封垫的材料性能极大地影响接缝防水的短期或长期效果，尤其是对防水功能的耐久性，即要求密封垫能长时间保持接触面应力

不松弛。其他耐久性要求则包括耐水性、耐疲劳性、耐干湿疲劳性、耐化学腐蚀性等。对水膨胀橡胶还要求能长期保持其膨胀压力。密封垫材料之间以及密封材料与管片之间应有足够的粘结性，而且不能影响管片的拼装精度，施工还要方便。

嵌缝防水堵漏。嵌缝防水即在管片内侧嵌缝槽内设置嵌缝材料，构成接缝防水的第二道防线。

嵌缝槽的形状要考虑拱顶嵌缝时，不致使填料坠落、流淌，因而通常设计为口窄肚宽。嵌缝材料应具有良好的水密性、耐侵蚀性、伸缩复原性、硬化时间短、收缩小、便于施工等特性。满足上述要求的材料有环氧类、聚硫橡胶类、尿素树脂类为主的材料。变形缝的嵌缝槽形状和填料必须满足在变形情况下，也能止水的要求。

嵌缝作业应在衬砌变形稳定后，在无千斤顶推力影响的范围内进行。嵌缝前要将嵌缝槽内的油、锈、水清除干净，必要时用喷灯烘干，不得在渗水情况下施工，应在涂刷底层涂料后再进行填塞填料和捣实。嵌缝要特别注意拱顶90° 范围内的嵌填质量，因为此处在运营后无法补救。

接缝处注浆堵漏。接缝处的防水堵漏应遵循先易后难、先上下后两边的原则，尽量用嵌缝法堵漏。对于渗漏严重的地方，仅用嵌缝不够时，就要进行注浆。即在渗漏严重的接缝处先用电钻打一直径为5mm的小孔，插入塑料细导管引排渗漏水，同时插入另一根注浆管，通过注浆管向外注浆，当确认不渗漏水时剪除注浆管。注浆深度一般为15cm，渗漏严重时可达35cm，也就是把管片打穿。注浆材料可采用聚氨酯浆材、丙烯酰胺（或丙烯酸盐）超细水泥浆材或者两者的复合材料以及水泥、水玻璃为其化学注浆材料。

螺栓孔和压浆孔堵漏。螺栓与螺栓孔或压浆孔之间的装配间隙也是渗漏多发处，一种方法是用塑性（合成树脂类、石棉沥青或铅）和弹性（橡胶或聚氨酯水膨胀橡胶等）密封圈垫，在拧紧螺栓时，密封圈受挤压变形充填在螺栓和孔壁之间，达到止水效果。另一种方法是采用一种塑料螺栓孔套管，浇筑混凝土预埋在管片内，与密封垫圈结合起来使用，防水效果更佳。密封圈应具有良好的伸缩性、水密性、耐螺栓拧紧力、耐老化等。为提高止水效果，螺栓孔口可做成喇叭状。由于螺栓垫圈会产生蠕变而松弛，为提高止水效果，可对螺栓进行二次拧紧。施工时若有必要也可对螺栓孔进行注浆。

管片表面裂纹的堵漏。当管片表面有裂纹渗漏时，常常先用环氧树脂粘牢裂纹，再外涂防水砂浆。

（4）二次衬砌的止水措施

在管片的上述接缝防水措施不能完全满足止水要求时，可在外层装配式衬砌已趋于基本稳定时，在其内侧再浇筑一层素混凝土或钢筋混凝土二次衬砌，构成双层（或称复合式）衬砌。

双层衬砌的防水等级应较第一层衬砌的防水等级提高1 ~ 2级。二衬混凝土应是满足抗渗大于0.8MPa的防水混凝土。

二次衬砌做法各异，主要有直接在环片内侧浇筑混凝土内衬砌；为使盾构完全不漏水，可以在管片内表面先喷一层15 ~ 20mm厚的找平层后，粘贴油毡、橡胶沥青、合成橡胶或塑料类防水卷材，再在防水卷材内侧浇筑混凝土内衬。混凝土内衬的厚度根据防水及施工的需要确定，一般为150 ~ 300mm。

对要求排水畅通、水中杂质可滤除、使用寿命长的疏水型盾构隧道，宜采用PVC、PE等齿形、瓦楞形薄板与土工织物配合制成复合排水板，敷贴在二衬砂浆内表面。

双层衬砌的混凝土二衬，沿隧道结构纵向，应每隔10m左右设置收缩缝，此二衬伸缩必须设置防水带。防水带可以用三种形式：嵌缝式、贴附式和埋入式。嵌缝式于二衬收缩缝内侧设嵌缝槽，选用弹性密封胶嵌填。贴附式将橡胶止水带固定于衬砌结构上再浇二衬混凝土（收缩缝中设防水垫片）。埋入式将特制橡胶或塑料止水带设在二衬混凝土中间，以适应二衬收缩缝收缩时的防水。

目前，大多数国家都致力于研究解决单层衬砌防水技术，逐步以单层衬砌防水取代二次衬砌防水，从而提高盾构法隧道建造的经济效益。

3. 衬砌背后注浆

盾构推进盾尾脱离管片后，管片背面出现超挖的空隙。若不及时回填该空隙，势必造成地层变形，进而对邻近的地中构造物产生破坏性影响。例如，建筑物的基础倾斜开裂，地中的各种管道发生裂口或断裂，地表路面坍陷、交通中断等。通常把及时向盾尾脱离后管片背面的空隙中填充固结性浆液的工序称为背后注浆，它是盾构工法中必不可少的一道施工工序。背后注浆（实际上属辅助工法）不仅对抑制地层沉降有效，而且对防止管片接头和尾隙的渗水更有效。背后注浆可使管片和土体形成稳定的整体，故可防止压气工法从管片的漏气现象。小曲率半径施工时，背后注浆可以防止管片向圆周外侧的移动、变形。这些均说明背后注浆在盾构工法中的必要性和重要性。

（1）背后注浆浆液的选择。背后注浆浆液的选择受土质条件、盾构工法的种类、施工条件、价格等条件的影响。关键是应在掌握浆液特性的基础上，按实际条件选用最适合条件的浆液。

通常，如果土体稳定，则无须要求背后注浆一定与掘进同时进行，这种情形使用的浆液多数为单液型。但是，在地层是难于稳定的淤泥层和易坍方的砂层的场合下，采用掘进的同时即向尾隙中注入背后浆液的方法是成功的关键。为此，应选用可以同步注入的浆液。另外，在泥水盾构中还应加上浆液对切削泥水无影响的条件，故使用双液瞬凝型背后注入浆液的场合较多。再则，对于砂砾层地下水含量大的围岩来说，选定不易被水稀释的背后注入浆液也至关重要。

（2）注入时机。背后注浆的最佳注入时机，应在盾构推进的同时进行注入或者推进后立即注入。注入的宗旨是必须完全填充尾隙。地层的土质条件是确定注入工法的先决条件，对易坍塌的均粒系数小的砂质土，含黏性土少的砂、砂砾及软黏土的情形而言，必须在尾隙产生的同时对其进行背后注浆。在地层土质坚固、尾隙的维持时间较长的情形下，并不一定非得在产生尾隙的同时进行背后注浆。

注入时机有以下几种（见表12–5）。

表12–5　注入时机的方法

方法	主要内容
后方注入式	从数环后方的管片上注入浆液
半同步注入式	注浆孔从尾封层处伸出，在推进的同时进行跟踪注入
同步注入式	在盾构推进过程中进行跟踪注入（从盾尾直接向尾隙注入）
即时注入式	掘进一环后立即注入一环

（3）注入量和注入压力。盾构工法中的回填注浆，即向尾隙中充填足够的浆液。因此必须以一定的压力压送浆液，才能使浆液很好地遍及于管片的外侧。其压力的大小选择为等于地层阻力强度（压力）加上0.1 ~ 0.2MPa的和。另外，与先期注入压力相比，后期注入压力要比先期注入压力大0.05 ~ 0.1MPa，并以此作为压力管理基准。

上述阻力强度是地层的固有值，它是浆液可以注入地层的压力的最小值。地层阻力强度，因土层条件（土质的种类、土压、承压、水压等）及掘削条件（泥水或泥浆压力）的不同而不同。注入量可以通过空隙率和注入率进行估算。

（4）泄漏防止。背后注入时必须采取防止背后注入浆液从尾部、工作面、管片接头等部位泄漏到其他部位（无需注浆的部位）的措施。近年来开发了尾封，特别是泥水盾构中还设置了三层钢丝刷，所以尾部泄漏、泥水的劣化极少。尾封材料可以使用橡胶、钢、不锈钢、聚氨酯橡胶或者这4种材料的任何一种组合。

一方面，作为盾尾密封辅助手段的盾尾填料法，即把聚氨酯橡胶、海绵橡胶、稻草、木刨花、碎纱等塞入尾板与管片的外缝中。另一方面，管片上贴附的密封材料可以使用丙烯类、桂酮树脂类、聚氨酯类等各种材料，应根据现场条件选择。

（5）二次注入。以下三种场合需要进行二次注入：一次注入中未填充到的部位的补充注入；一次注入浆液的体积缩减部分的补充注入；为了提高抗渗透效果等进行的注入。

（6）背后注入设备。背后注浆设备基本上由材料贮藏设备、计量设备、拌浆机、贮浆槽（料仓、搅拌器）、注浆泵、注入管、注入控制装置、记录装置等构成。不过注入方式不同，其构成也不同。

（7）施工管理（作业中的注意点）。

1）制浆时的注意事项。

材料投入顺序要正确，不能投入凝固的水泥、膨润土；拌和时间要连续，不能间断；使用材料要合适，杜绝使用风化固结水泥及混有杂物的砂；搅拌的时间、速度。

2）运输、注入时的注意事项。

使用搅拌装置，保证浆液在运输过程中不出现分离；需要运输时应使用固结延迟剂；检测从注入孔到泵的输浆管接头的好坏；注意注入孔位置的阀门和泵的工作状况；注意观察注入压力、注入量；应注意注入结束时从注入孔阀门的关闭到移动输浆管的工作顺序；取下注入孔的阀门时，应装上柱塞；管片出现破损、上浮等现象时不能注浆；当浆液从管片外漏时，应停止注浆，待采取措施后再行注入；作业结束后，作业员必须对制浆设备、泵等进行彻底的清洗。

3）注浆过程中的注意事项。

必须严格遵循材料的混合顺序；材料的准确计量。

第二节　沉管法施工

一、沉管法的概述

沉管隧道是将隧道管段分段预制，分段两端设临时止水头部，然后浮运至隧道轴线处，沉放在预先挖好的基槽内，完成管段间的水下连接，移去临时止水头部，回填基槽保护沉管，铺设隧道内部设施，从而形成一个完整的水下通道。

水底隧道的施工方法主要有围堤明挖法、矿山法、气压沉箱法、盾构法以及沉管法。其中沉管法是20世纪50年代起应用最为普遍的施工方法，目前世界各国的水底道路隧道建设中，几乎都采用经济合理的沉管方法。

世界上第一条沉管铁路隧道建于1910年，穿越美国密歇根州和加拿大安大略省之间的底特律河。如今一共有100多座沉管隧道（含在建）。由于20世纪50年代解决了两项关键技术——水力压接法和基础处理，沉管法已经成为水底隧道最主要的施工方法。尤其在荷兰，除了一座公路隧道和一座铁路隧道外，已建的隧道均采用了沉管法。

沉管法先在隧址以外的预制场（干坞）制作隧道管段（多数在100m左右，最长可达300m），两端用临时封墙密封。制成以后用拖轮拖运到隧址指定位置上。预先在设计位置处，挖好水底沟槽。待管段定位就绪后，往管段中注水加载，使之下沉。然后，将沉设完毕的管段在水下连接起来，覆土回填，完成隧道。

沉管隧道的施工质量容易保证。另外，接缝工艺的改进，已使接缝能够做到“滴水不漏”。建筑单价和工程总价均较低。

沉管隧道有圆形和矩形两大类，其设计、施工及所用材料有所不同。

（1）圆形沉管隧道。这类沉管内边均为圆形，外边则为圆形、八角形或花篮形，可用钢壳作为防水层。圆形断面衬砌弯矩较小，所以水深较大时节省材料，水底基础也容易处理。但圆形断面的空间是从盾构隧道演化而来的，只能安置两个车道，故净空利用率较低。而且钢壳制作时需占用造船厂的船台，节段连接的防水质量、长期的耐久性处理均不能令人满意，所以现在使用较少。

（2）矩形沉管隧道。荷兰的玛斯隧道（1942年）首次使用矩形沉管。断面内可以同时容纳2 ~ 8个车道，矩形断面的空间利用率较高，且不需钢壳，节省钢材，因而目前大多采用矩形断面沉管。

二、干坞修筑和管段预制

1. 干坞修筑

（1）干坞的构造

干坞一般由坞墙、坞底、坞首及坞门、排水系统、车道组成。

1）坞墙。干坞的周边大多采用简单的自然土坡为坞墙，边坡的坡度可采用1∶2，必要时可在土堤中加设喷射混凝土防渗墙或用钢板桩，以防地下水渗漏。在多雨地区，边坡坡面可采用铺设一层塑料薄膜加砂袋固定的保护措施，以防雨水冲刷边坡引起滑坍。

2）坞底。坞底要有足够的承载力，一般应大于100kPa。坞底的处理应根据干坞的使用次数和坞底的地质条件进行。为了减少管段不均匀沉降，可以用以下几种方法处理坞底：

先铺一层干砂，在砂层上铺一层25 ~ 30cm厚的混凝土或钢筋混凝土。为了防止管段上浮时被“吸住”，在混凝土面上再铺一层砂砾或碎石。

先铺一层1 ~ 2.5cm厚的黄砂，为防止黄砂流失，在黄砂层上再铺20 ~ 30cm厚的砂烁或碎石。

遇到特别松软的黏土或淤泥层，坞底则需进行加固处理。如果用土石换填，一般换填lm厚碎石则可满足预制管段对地基承载力的要求，也可结合换填用桩基础加固坞底。

经验证明，为保证管段制作质量，必须对干坞坞底慎重处理、精心施工，采取各种措施提高坞底地基的承载力。坞底标高应根据管段高度、干舷值、水位和浮运要求等因素决定。干坞的深度应保证管段制成后能顺利地进行安装工作并浮运出坞，因而干坞深度应能确保管段在低水位时露出水面，高水位时有足够的水深以安设浮箱，而在中水位时又能使管段自由浮升。为确保浮运安全，管段浮起时，底部的富余深度以1.0m为宜。

3）坞首及坞门。在干坞的出口处要设坞首及坞门。在一次预制管段干坞中，可用土围堰或钢板桩围堰作坞首，不用设置坞门。管段出坞时，局部拆除坞首围堰便可将管段逐一拖运出坞。在分批预制管段干坞中，因干坞要重复使用，既要设坞首，也要设坞门。常用双排钢板桩围堰作坞首，用单排钢板桩围堰作坞门，坞门两侧土坞应采取加固措施，以防止破堤开坞时土体严重坍塌。每次管段出坞时，先将坞门临时拆除，管段出坞后再恢复坞门。也有采用浮动的钢筋混凝土沉箱作闸门的。

4）干坞的排水系统。通常采用井点法降水，或坞底设明沟、盲沟和集水井，用泵将水排至坞外。为了增强地基承载力，保证基底的稳定，应保持坞底lm范围内干燥无水。坞堤外设截、排水沟。

5）干坞的车道。从坞外到坞底要修筑车道，以便运输施工机具、设备和材料。

（2）干坞的施工

干坞施工一般采用“干法”进行干坞内的土方开挖，具体步骤是：先沿干坞的四周作混凝土防渗墙，隔断地下水。然后用推土机、铲运机从里面向坞门开挖，挖出的一部分土用来回填作坞提，大部分土运至弃土场。坞底和坞外设排水沟、截水沟和集水井。坡面用塑料薄膜满铺并压砂袋，以防雨水冲刷。坞底铺砂、碎石，再用压路机压实并整平，坞内修筑车道。

2. 管段预制

管段作为隧道的主体工程，造价比率最大。对管段施工的主要要求：本身不漏水，承受最大水压时不渗漏。管段本身是匀质的，重量对称，否则浮运时将有倾倒的危险。

（1）管段的构造

管段的主要组成部分有钢筋混凝土管段、施工缝与变形缝止水带、两端钢壳、顶部防锚层、底部防水钢板及端头橡胶止水带等。附属临时设施有端封墙、鼻式托座、拉合千斤顶、通道竖井、测量塔、标志杆、系缆柱、曳航锚固件、起吊环和压载水箱等。

1）钢筋混凝土管段。管段主体采用的混凝土应先在工地进行配比试验以满足设计对其强度和抗渗性要求。一般采用防水混凝土。管段宜采用内、外滑动钢模台车施工。一般情况下，每节管段长100m左右。管段越长，接头越少，可以缩短工期和降低造价，但又往往受其他因素的限制。

2）端钢壳。由于沉管处在不同纵向坡度的线形上，各个管段因所在的位置和坡度不同，两端端面均呈一定的倾斜度。为了使管段在水下连接顺利，确保精度要求，管段端部采用钢结构外壳，内部灌筑混凝土，以形成一个高精度的端面。

3）橡胶止水带。采用天然橡胶制作，由不同硬度的橡胶按沉管的要求特制成型。在管段对接中起闭合、密封、压缩直至完成最后变形量的重要缓冲作用，并作为接头的永久性部件起主要的外侧止水作用。因此它是管段接头的关键部件。

4）端封墙。端封墙是在距离端面50 ~ 100cm处，为使管段能在水中浮运而设置的密封墙。封墙多用钢筋混凝土或钢材制成。钢封墙是由端面钢板、主梁和横肋组成的正交异性板。主梁采用工字型钢，上下两端与端部钢壳连接，主梁的翼缘与封墙钢板相接，横肋采用角钢焊于封墙的外侧。

5）压载水箱。压载水箱是使管段下沉的压载水的容器。在管段内应对称设置，且分成若干个水箱，箱内之水互不连通。压载水用泵送入箱内，并使管段保持平衡，平稳下沉。水箱的容量取决于管段的干舷值及下沉力的大小。压载水箱可采用全焊接钢结构，不易渗漏，但也不易拆除。拼装式水箱则便于安装拆卸，并可重复使用。

（2）管段的施工

1）管段的施工程序。管段的施工程序一般为：底板→边墙→顶板→端钢壳安装→钢封墙安装→清理场地→灌水试验及渗漏检查→干舷调整及防锚层→设备、构件的安装→开坞浮运管段。若是分批预制管段，则为管段出坞后→封坞门→抽水→修整干坞→安放制作设备→开始下一批管段制作。

管段在干坞内制作，依次分段灌筑底板、边墙、顶板混凝土，这被称为“三步灌筑”。“二步灌筑”是底板灌筑后再同时灌筑边墙与顶板，此法可减少一道施工缝，渗漏几率减小，又可加快施工进度。

由于管段的浮力取决于水的容重、混凝土的比重和管段的结构尺寸，因此在施工过程中要经常检查混凝土的密度和管段尺寸，必须采取措施严格控制模板的变形与走动，严格控制混凝土的匀质性。为了使管段尺寸准确、外表平整，可选用刚度大、精度高、可微动调位的大型滑动内、外模板台车施工。

2）防止管段裂纹的措施。为防止由于温差和干缩引起的管段开裂，一般从工艺、材料、结构几方面采取措施。

采用水化热较低的水泥和坍落度较低的混凝土。例如，采用矿渣水泥，限制水灰比至0.5，减少水泥用量至245 ~ 295kg/m^3；一次浇筑长度限制在15 ~ 20m；当边墙厚度大于70cm时，在与底板接合施工缝以上约3m范围内，在混凝土中两层钢筋网之间设一组冷却管道，以降低水化热并使施工缝附近的温度梯度得到缓和；冷却水泥浆，冷却骨料，加热底板（利用冷却边墙循环水）；用纵向加强钢筋限制裂缝的宽度。施工时的其他措施还有用隔热性能良好的木模板、推迟拆模时间、混凝土连续浇筑等，这些方法可减少温度梯度，使温度、变形协调。

实践证明，同时采取多种措施可对防止混凝土裂缝的产生起到良好的效果。而混凝土收缩控制技术成败的关键在于施工中能否始终如一地保持工艺的局标准。

（3）管段的防水

水底隧道必须防水，应避免任何渗水现象。管段的防水措施有3种：结构物自身防水、结构物外侧防水和结构物内侧堵水。

1）结构物自身防水。管段的防水以混凝土的自身防水为主。采用防水混凝土应根据最大水深与管段的边墙厚度所决定的水力梯度来选择混凝土的抗渗标号。施工中，主要靠调整混凝土的材料级配、适当增加水泥量、提高砂率、减小水灰比和控制大骨料粒径等措施来增加混凝土的粘滞性，提高混凝土的密实度，从而达到抗渗防水的目的。

2）结构物外侧防水。外侧防水层必须满足以下要求：不透水性、耐久、耐压、耐腐蚀性、不必修补，能适应管段的温度变化而延伸、收缩，便于施工，比较经济等。外侧防水措施包括：钢壳、钢板防水，卷材、保护层防水和涂料防水等。

钢壳、钢板防水。圆形管段采用钢壳（厚12mm）作模板兼作防水层。但耗钢量大，焊缝防水可靠性不高，钢材防锈问题未切实解决。矩形钢筋混凝土管段采用6mm厚的钢板防水，即在管底与侧边墙下部采用钢板作外侧防水层。底部钢板还可以在浮运、沉放时起到保护管段的作用。

卷材、保护层防水。管段边墙及顶板可采用柔性防水层和保护层防水。柔性防水层常选用沥青类卷材与合成橡胶卷材。沥青类以选用织编卷材为宜，其强度大、韧性好，尤其是玻璃布油毡更适于水下工程，其性能全面，但价格稍高。沥青类卷材一般用浇油摊铺法粘贴，顶板要从中间向两边摊铺，边墙则自下而上摊铺，搭接相叠宽度10 ~ 15cm，搭口要求不翘。合成橡胶卷材采用异丁橡胶制成，层厚2mm，所采用层数视水头大小而定。当水深20m左右可用3 ~ 5层。卷材防水的主要缺点是施工工艺较复杂，易“起壳”，无法修补。

卷材防水一般需要在外面再设一道保护层，构成视其部位而异。管段边墙外，可用木板或混凝土作保护层，有的工例边墙不设保护层，而是将顶板的保护层延伸到边墙上，以形成护舷。管段顶板上一般设10 ~ 15cm厚的钢筋混凝土保护层，同时起到防锚作用。为防止“钩锚”，管段的两上角做成圆形或钝角。

涂料防水。涂料防水是直接将涂料涂于管段的边墙和顶部进行防水。其工艺简单，但延伸性较小，目前管段防水未广泛采用。

3）结构上的防水措施。

接缝的防水。管段施工有变形缝，边墙与底板之间有施工缝。这些都是漏水处，必须进行处理。通常用橡胶止水带和钢边橡胶止水带环绕施工缝铺设，外接缝由聚氨酯胶泥覆盖。用于沉管工程的橡胶止水带由本体和锚着两部分组成。本体部位于带的中段，锚着部位于两边。钢边橡胶止水带，是在橡胶止水带两侧，锚着部加镶一段0.7mm厚的薄钢板。

安放注意事项：止水带均设在受力钢筋的外侧，以防钢筋锈蚀；浇筑每段混凝土之前，应将止水带固定在外层钢筋上，切不可粘贴在外模板上，以防拆模时拉脱。

管段间的防水。管段之间的接头防水除用橡胶带作为第一道防线止水外，在接头内侧还要加上其他防水与保护措施。

（4）管段附属设备及检验

1）附属设备。在管段钢壳端面上要焊接鼻式托座、曳航锚、人孔门、拉合设备等。通道竖井、测量塔、标志杆、起吊环、系缆柱等的底座均应在浇筑顶板时加以预埋，待管段下水后再行安装上部附属设备。

鼻式托座焊在钢封墙的主梁上，每端对称设置两只，两端分别设两只上鼻式托座与下鼻式托座。设置托座的目的是定位，为使管段的端部处在正确的位置，以确保橡胶带与事先已沉放的管段（或竖井）的端边缘闭合。拉合设备的轴座固定在钢封墙上，拉合杆与封墙必须垂直，以确保拉合杆在水平状态下工作。

2）管段的检验。管段在坞内的检验工作是校核设计数据的准确性和施工质量的必要步骤。主要内容如下：

检查端封墙、通道竖井口、拉合千斤顶、灌浆孔、排水孔等预埋件的密封情况以及管段的防水效果；量测管段四边干舷的实际高度，如不符合规定要求，则以压载或助浮调整干舷值；调查管内水下作业的工作条件，以修改和完善相应的安全设施；校验沉放过程中有关的技术数据，观察管段下沉的稳定性、平衡性及沉浮规律，同时检验供水系统及压载水箱的工作情况。

三、基槽开挖和航道疏浚

1. 基槽开挖

对基槽的主要要求是要有一个稳定边坡和一个没有垂直偏差且干净的槽底。

（1）基槽的开挖要求

水中沉埋管段范围要求在水下开挖基槽。槽底纵坡同管段设计纵坡，基槽的断面尺寸根据管段断面尺寸及地质条件确定。开挖基槽的宽度一般比管段宽度每边大1m，开挖的深度一般为管段高度的1.2倍左右，基槽开挖边坡一般为1∶1.5 ~ 1∶5。施工前应做挖槽试验，找出水下稳定边坡值，施工时予以调整。

（2）基槽的开挖方法

1）泥质基槽的开挖。挖泥工作分为两个阶段进行，即初挖和精挖。初挖阶段挖到离管底标高约1m处；精挖作业仅应超前两三节管段长度，挖到基底处理要求的深度，同时把浮土和淤渣清理掉。

水中基槽开挖采用水上机械。一般河床开挖工作可用吸泥船疏浚，自航泥驳运泥。当土层坚硬、水深超过20 ~ 25m时，可用抓斗挖泥船配以小型吸泥船清槽及爆破等方法。粗挖也可用链斗式挖泥船，其挖泥深度达19m，对于硬质土层则采用单斗挖泥机。

2）岩石基槽的开挖。岩石基槽的开挖，一般先清除岩面上的覆盖层，然后用水下爆破方法进行清除，最后清礁。

水下炸礁采用钻孔爆破法。用炸礁船按排布设炮孔；排炮分段进行，排与排错开。根据岩性及产状决定炮孔直径、排距与孔距。炮孔深度一般要超过开挖面0.5m，起爆网络可用电爆网络连接。

炸礁的作业程序：办理炸礁手续→设立控制点导标→炸礁船定位→钻炮孔→装炸药→连接电爆网络→派出安全警戒→炸礁船撤至安全区→起爆→抓斗式挖泥船清礁。再重复进行下次炸礁作业。

水下爆破中冲击波对水上船只、水中游泳人员及潜水作业人员的安全距离和爆破地震波对建筑物要求的安全距离要满足要求。

2. 航道疏浚

航道疏浚包括辅助航道和浮运航道的疏浚。

（1）辅助航道的疏浚

为了确保施工期间河道的正常安全运输，必须在主体工程（沉管段）的基槽开挖前完成临时航道的疏浚工作。

（2）浮运航道的疏浚

干坞与隧址不在一处，当浮运管段要求的水深超过原有江河的天然水深时，则应对拖运管段沿途水道进行疏浚工作，开辟一条临时航道以满足管段浮运的要求。

管段拖运之前，浮运临时航道先要疏浚好。浮运路线的中线应沿着河道的深槽以减少疏浚航道的挖泥工作量。矩形管段一般仅有很少的干舷，吃水深度为8m左右，根据河床的地质情况，还应考虑一定的富余水深（0.5m左右）。故航道必须保证有足够的深度，使管段在低水位也能安全拖运。

四、管段浮运、沉放及水下连接

1. 管段浮运

（1）浮运条件

1）具有适当的干舷。管段浮运要求有一定的干舷。所谓干舷就是管段浮在水中，管顶露山水面的高度。圆形管段干舷值一般为40 ~ 50cm；矩形管段干舷值为5 ~ 20cm。在平静的水域浮运，干舷值用5 ~ 10cm；在波浪较大的水中浮运，则干舷值以保持在15 ~ 20cm为宜。为了确保管段具有一定的干舷，在灌筑管段前必须对混凝土进行配合比试验以控制其容重，同时严格控制管段的几何尺寸。

2）良好的气象条件。可以进行浮运的气象条件是风力小于5级、晴天、能见度大于1000m；良好的临时航道。

（2）浮运

干坞四周预先要为浮运布设好锚位。管段预制好后，在干坞灌水过程中，用地锚绳索固定上浮的管段，随后通过绞车将管段逐节牵引出干坞。

1）浮运方式。管段出坞后，一般用拖轮拖运。拖轮的大小与数量应根据管段的几何尺寸、拖航速度及航运条件（航道形状、水流速度等），通过计算分析后选定。

拖轮布置形式很多，一般有以下两种。

①四船拖运。前面一艘主拖轮领拖，管段两边各用一艘帮拖，后面用一艘拖轮反拖，并制动转向。另一种形式是两艘拖轮并排在管段前面领拖，两腰拖轮并排在

后反拖，并制动转向。

②三船拖运。一艘主拖轮在前面进行拖带，两艘动力稍小的拖轮系靠在管节后面两侧，控制转向。另一种形式是两艘在前拖带，一艘在后反拖，制动转向。

2）拖运速度。选择牵引速度的原则是宜小不宜大。内河拖运管段的速度以小于2km/h为宜。

（3）安全措施

管段出坞前，应对管端橡胶止水带采取临时保护措施，避免浮运过程中发生碰撞，产生变形。在沉放前将临时保护设施拆除；管段出坞前，应对临时航道再进行一次量测，并清除其中的障碍物，保证有足够的水深，防止搁浅；多批预制管段时，要特别注意水深的检查；在浮运过程中，应设专人在管段上观察，保护各种设备免遭损坏；在浮运过程中应设专人与沉放现场进行无线电联系。一旦现场出现意外事故需暂停沉放作业时，浮运人员则可以早知并作准备。为此，当干坞与隧址距离较远时，应在临时航道边选一个具备条件的水域作为临时抛锚停航港池，这对分批预制管段尤为重要。有了临时港池，可以使先批管段在未沉放时就可以出坞，而不至影响下批管段按期预制。浮运前应在临时航道设置导航系统，加强对水上交通的管理。

2. 管段沉放

（1）沉放方法

管段的沉放方法有吊沉法和拉沉法。

1）吊沉法。吊沉法又可分为分吊法、扛吊法和SEP吊沉法三种。采用吊沉法施工的管段，一般均在管顶上预埋3 ~ 4具吊点。

分吊法。沉放作业时，用2 ~ 4艘起重船或浮箱提着各个吊点，逐渐给管段内压载而将其沉放到规定的位置上。

起重船的数量根据其起重能力的大小和管段的重量而定。此法占水面范围较宽，对航道干扰大。

浮箱分吊法是用1 ~ 1.5×10^3kN浮重的方形浮箱四只，分前后两组，每组用钢桁架联系在一起，起吊卷扬机和浮箱定位卷扬机均安放在浮箱顶部。管段设六根锚索定位，其卷扬机设在指挥塔或测量塔上，也可将所有定位锚索的卷扬机设在岸上，即“全岸控”作业，则可减少对航道的影响。

浮箱分吊法的主要特点是设备简单，适用于宽度在25m以上的大、中型管段。沉放时用四只方形浮箱直接将管段吊着，吊索起吊力要作用在各个浮箱的中心。

扛吊法，也称方驳扛沉法。用两副扛梁分吊管段，每副扛梁的两端分别由方驳支承。左右方驳之间的扛梁，一般为型钢梁或钢板梁。驳船组与管段各用六根锚索定位（四边及前后锚），所有的定位卷扬机均可安放在驳船上。吊索的吊力通过扛梁传到方驳上，起吊卷扬机安放在方驳或扛梁上。

四驳扛吊法。采用1.2×10^3kN的小型方驳四艘和钢梁两根组成。前后两组方驳之间，可用钢桁梁联系起来，构成一个整体的船组。前后两组方驳之间亦可毫无联系。各组方驳均设六根定位锚索，管段的六根定位索则由安设在指挥塔或测量塔上的定位卷扬机控制。四驳扛吊法吊沉管段，设备费用少，因此应用较广。

双驳扛吊法。采用两艘吨位较大，驳体长60 ~ 85m、宽6 ~ 8m、型深2.5 ~ 3.5m的方驳扛吊管段，称为双驳扛吊法。其船组整体稳定性较好，操作较为方便，施工时可充分发挥船组稳定性良好的有利条件，将管段的定位索省去，而改用斜对角方向张拉的吊索系于双驳船组上。此法因大型驳船较贵，一般很少采用。

SEP吊沉法。SEP为水上作业台（也称自升式海上作业平台）。它的工作平台实际上是个钢浮箱（常是方环形）。就位时，向浮箱里灌水加载，使四条钢腿插入海底或河底。移位时，排出箱内储水，使之上浮，将四条钢腿拔出。在外海沉设管段时，只有用此法施工，其他的沉设方法均不能胜任。在内河或港湾内沉设管段时，如流速过大，亦采用此法施工。它还有不需抛设锚索的特点，作业时对航道干扰较小。此法的主要缺点是设备费用大，因此实际应用不多。

2）拉沉法。在槽基上预先打入桩墩作为地垄，依靠架设在管段上面的钢桁架顶上的卷扬机和扣在地垄上的钢索，将管段缓缓地“拉下水”，沉放在桩墩上。此法必须设置水下桩墩，费用较高，故很少采用。

（2）沉放

1）沉放前的准备。首先和有关部门商定航道管理事项，并尽早公布。航道临时改造和局部封锁时，应抓紧时间布置好浮标等标志。短暂封锁的范围，上下游方向各100 ~ 200m。沿隧道中轴线方向的距离视定位锚索的布置方式而定。在沉放前的1 ~ 2d，把管段基槽范围内和附近的回淤泥砂清除掉。同时还需事先埋设好管段与作业船组定位用的地锚，并设置浮标。

2）管段就位。将管段浮运到距规定沉放位置约5m处，并挂好地锚，校正好方向，使管段中线与隧道轴线基本重合，误差±10cm，并把管段纵坡调整为设计坡度，定好位即可开始灌水压载至消除管段的全部浮力。

3）管段下沉。开始下沉时的水流速度，宜小于0.5m/s。若流速超过0.5m/s，就要采取措施，即加设水下锚碇，使管段安全就位。

下沉作业一般分3个步骤进行，即初步下沉、靠拢下沉和着地下沉（见表12-6）。

表12-6　下沉作业的步骤及内容

步骤	主要内容
初步下沉	先灌水压载至下沉力达到规定值的一半（用绳索测力计测定）即进行位置校正，然后再继续灌水压载至下沉力达到规定值，并开始使管段按不大于30cm/min的速度下沉，直到管段底离设计高程4 ~ 5m为止。在下沉时，要随时校正管段位置
靠拢下沉	先将管段平移至距已沉放管段（或竖井、或暗埋段）1m左右处，然后再将管段下沉到管底离设计高度0.5m左右，并再次校正好管段位置
着地下沉	先将管段降至距设计高程20 ~ 10cm处（用超声波测距仪控制），再将管段继续前移至距竖井（或暗埋段、或已沉放管段）20cm左右处，校正位置后即开始着地下沉。在最后20 ~ 10cm的下沉速度要很慢，并应随时校正位置。着地时，先将前端的上鼻式托座搁在竖井（或暗埋段、或已沉放管段）的下鼻式托座上，然后将后端轻轻地搁置在临时支座上（其位置可从管段里操纵千斤顶进行调整）。搁好后，各节点同时慢慢卸载，并校正位置

管段沉放完毕后，应撤除管顶上的临时设备和附件，以便倒用。

3. 管段水下连接

沉埋式隧道管段间的连接有两种施工方法：水下混凝土法和水力压接法。永久性的管段接头根据施工先后顺序、连接方法的不同，构造也各不相同，分为初始接头与最终接头。

（1）水下混凝土法

早期的沉埋式水底隧道，都采用灌筑水下混凝土的施工方法进行管段间的连接。

1）施工要点。先在接头两侧管段的端部安设平堰板（与管段同时制作），待管段沉放就位完毕后，于前后两块平堰板的左右两侧，在水中安放圆弧形堰板，围成一个圆形的钢围堰，同时在隧道衬砌的外边，用钢堰板把隧道内外隔开，最后往围堰里灌筑水下混凝土，形成管段的连接。

2）应用范围。水下混凝土法的主要缺点是水下作业，潜水工作量大，工艺复杂，隧道一旦发生变形，连接处则易开裂而漏水，故一般采用不多。但水下混凝土连接又不可避免，为此，对施工环境条件进行了改进，当水深较大时，则对接头处进行临时性封闭，排干管段间的水，进行干燥式施工。此法的优点是灌筑混凝土的施工环境得到改善，混凝土质量得到保证，但水下工作量仍较大。当水深不大时，则对接头处进行围堰（一般靠近岸边时），排水处理，以便在无水条件下浇筑混凝土，进行管段间的连接。目前，此法仅在最终接头时采用。

（2）水力压接法

1）水力压接法的基本原理。水力压接法是利用作用在管段上的巨大水压力，使安装在管段前端面周边上的一圈胶垫发生压缩变形，形成一个水密性相当可靠的管段接头。具体施工方法是：在管段沉放就位完毕后，先将新设管段拉向既设管段并紧靠上，这时接头胶垫产生了第一次压缩变形，并且有初步止水作用；随即将既设管段后端的封端墙与新设管段前端的封墙之间的水排走。排水之前，作用在新设管段前、后两端封端墙上的水压力是相互平衡的；排水之后，作用在前封端墙上的水压力变成了1个大气压的空气压力，于是作用在后封端墙上的巨大水压力就将管段推向前方，使接头胶垫产生第二次压缩变形。经二次压缩变形后的胶垫，使管段接头具有非常可靠的水密性。

水力压接法工艺较简单、施工方便、水密性好，基本上不用潜水作业，施工速度较快，工料费较节省等，因此水力压接法在世界各国得到迅速的推广和应用。

2）水力压接法的步骤。采用水力压接法进行管段水下连接的主要工序是：对位、拉合、压接、拆除封端墙（见表12–7）。

表12–7　水力压接法的步骤及内容

步骤	内容
对位	管段沉放作业按前述的工序初步下沉、靠拢下沉和着地下沉三步进行。着地下沉时须结合管段连接工作进行对位。对位精度应符合以下规定：管段前端的水平方向为 ±2cm，垂直方向为 ±0.5cm；管段后端水平方向 ±5cm，垂直方向为 ±1cm
拉合	拉合工序是：利用安装在既设管段竖壁上带有锤形拉钩的千斤顶，将刚对好位的管段拉向前节既设管段，使胶垫的尖肋产生初压变形和初步止水作用。拉合工作先推出拉杆，将锤形拉钩插入刚沉放的管段中的连接部分，再旋转90° 即可快速固定，即完成拉合作业。拉合作业也可用定位卷扬机完成。拉合作业完成后，应再次测量与调整
压接	拉合作业完成后，即可打开既设管段后封端墙下部的排水阀，排出前后两节沉管封端墙之间被胶垫所封闭的水。排水阀用管道与既设管段的水箱相连接。排水开始后，不久应打开安设在既设管段后封端墙顶部的进气阀，以防封端墙受到反向真空压力（一般设计封端墙时只考虑单向水压力）。当封端墙间水位降低到接近水箱水位时，应开动排水泵助排，否则水位不能继续下降。排水完毕后，作用在整个胶垫上的压力，便等于作用在新设管段后封端墙和管段端面上的全部水压力，此压力可达数十兆牛到数百兆牛，视水深和管段断面尺寸而定。在全部水压力作用到胶垫上去后，胶垫必然进一步压缩，从而达到完全密封。这个阶段胶垫的压缩量约为胶垫高度的1/3左右，胶垫的尺寸和硬度，即按此压力和压缩变形量进行设计与施工
拆除封端墙	压接工序完成后，即可拆除封端墙。因没有如盾构施工时那样的出土和管片运输的频繁行车，内装工作（包括浇筑压载混凝土、铺设路面、安装壁面、平顶、永久性照明灯具等）便可开始作业。这也是沉管隧道工期较短的一个重要因素

（3）管段接头

管段在水下连接完毕后，无论连接时采用水下混凝土连接法还是水力压接法，均需在水下混凝土或胶垫的止水掩护下，于其内侧构筑永久性的管段接头，以使前后两节管段连成一体。管段接头的构造，主要有刚性接头和柔性接头两种。

1）刚性接头。刚性接头是在水下连接完毕后，于相邻两节管段端面之间，沿隧道内壁（两侧与顶、底板）以一圈钢筋混凝土连接起来，形成一个永久性接头。刚性接头的构造应具有抵抗轴力、剪切力和弯矩的必要强度，一般应不低于管段本体结构的强度。刚性接头的最大缺点为水密性不可靠，往往在隧道通车后不久，即因沉降不匀而开裂渗漏。

自水力压接法出现后，许多隧道仍用刚性接头，但其构造迥异于以前的刚性接头。水力压接时所用的胶垫，留在外圈作为接头的永久止水防线。刚性接头处于胶垫防护之下，不再有渗漏之虞。这种刚性接头可称作“先柔后刚”式接头。其刚性部分一般在沉降基本结束之后，再以钢筋混凝土浇筑。

2）柔性接头。水力压接法出现后，又有柔性接头问世。这种接头主要是利用水力压接时所用的胶垫，吸收变温伸缩与地基不均匀沉降所致角变，以消除或减小管段所受变温或沉降应力。在地震区中的沉管隧道，也宜采用柔性接头。

五、基础处理

在铺设基础之前，要挖基槽。挖槽的方法、机械和设备的类型完全取决于土壤和水工条件。对于基槽的主要要求是边坡稳定、槽底干净。基础的施工方法有刮铺法、喷砂法、压砂法等方法。刮铺法是在管段沉放之前进行的，而其他方法则是在管段沉放后进行的。

1. 刮铺法

在基底两侧打数排短桩安设导轨，以控制高程和坡度。在刮板船上安设导轨和刮板梁，刮板梁支承在导轨上，钢刮板梁扫过水底的砂子碎石而形成基础。刮板船用大块平衡重沉到海底，使船浮于水中稳定的水位上。

用抓斗或通过刮铺机喂料管向海底投放砂、石料。投放的范围为一节管段的长度，宽度为管段底宽+1.5 ~ 2.0m。投放材料的最佳粒径为1.3 ~ 1.9cm的圆形砂砾石。纯砂粒径太细，在水流作用下，基础易遭破坏。

为保证基础密实，管段就位后，加过量的压重水，使基础沉降。刮铺法表面平整度变化范围为刮砂约 ±5cm，刮石约 ±20cm。

2. 喷砂法

喷砂前管段放置在临时支座上，通过喷砂台架（如图12–4所示）向管段和沟槽底部之间的空隙喷射。喷砂管喷射的是水砂混合物，管子要伸入基底，由三根管组成，中间为喷砂管（100mm），两侧为吸水管（80mm）。根据回水中的含砂量测定砂垫层的密实度。喷射时，喷管作扇形旋转移动。

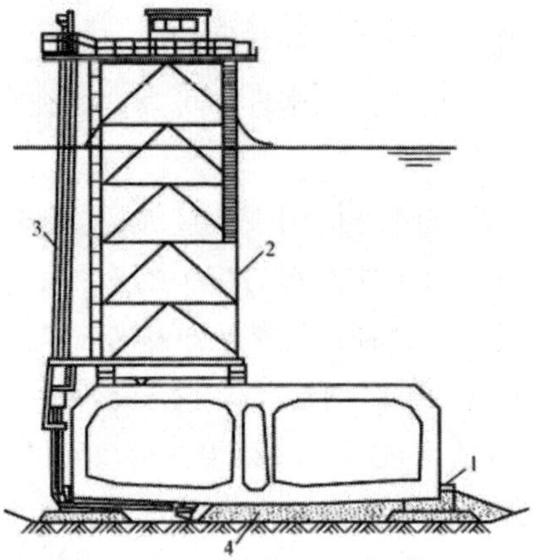

图12–4　喷砂法示意图

1–预制支撑板；2–喷砂台架；3–喷砂管；4–喷入砂垫层

砂子颗粒平均粒径为0.5mm，砂水混合物中含砂量为10%，有时含砂量可增加到20%。砂垫层的厚度lm左右，垫层的空隙比为40% ~ 42%。喷砂完成后，管段从临时支座上释放下来，引起垫层5 ~ 10mm的下沉。隧道的最终沉降取决于槽底的地层软硬，垫层并不是唯一的控制因素。

3. 压注法

在管段沉放后向管段底面压注水泥砂浆或砂，作为管段的基础。根据压注材料的不同分为压砂法和压浆法两种。因压注法不需要专用设备、操作较简单、施工费用较低，还不受水深、流速、浪潮及气象条件的影响，不干扰航运，不需要潜水作业，便于日夜连续施工的显著优点而得到更加普遍的推广应用。

（1）压浆法

采用压浆法时，沉管沟槽需先超挖1m左右，然后摊铺一层碎石（厚约40 ~ 50cm），但不必刮平，再堆设临时支座所需碎石堆，完成后即可沉设管段。管段沉设结束后，沿着管段两侧边及后端底边抛堆砂、石混合料，以封闭管段周边。

最后从隧道内部用通常的压浆设备，经预埋在管段底板上带单向阀的压浆孔，向管底空隙压注混合砂浆。

（2）压砂法

压砂法能省去喷砂台架，且不影响航运，还可省去浮吊，价格便宜，对砂粒粒径要求比喷砂法低。基于这些优点，荷兰自从在弗拉克隧道首次应用之后，压砂法已取代了喷砂法。

压砂法是通过管底部预留孔向基底注砂，砂子在管段下空隙中向四周水平扩散，形成环形砂积盘，中间凹陷。砂子在周围沉积，砂层逐渐增高，并与管段底面接触。继续注砂时，砂流会突破四壁扩散，砂盘增大。与此同时“砂流”的摩阻力增高，直至凹陷部分被填满。

在施工中为保持砂流的流动，压力要适时变化，凹陷部分的水压必须高于砂积盘周围的水压。由于砂盘凹陷部分压力增高，会引起管段上浮，因此水压引起的向上竖向力要加以限制。通常把该力限制在1000 ~ 3000kN。

为了检查注砂过程应作以下监测：注料孔的水压；临时千斤顶的压力；混合物的含砂量和供砂量。

4. 桩基法

当沉管下的地基极软弱时，其容许承载力很小，仅做“垫平”处理是不够的。采用桩基础支撑沉管，承载力和沉降都能满足要求，抗震能力也较强，桩较短，费用较小。

沉管隧道采用水底桩基础后，由于在施工中桩顶标高不可能达到齐平，为使基桩受力较均匀，必须在桩顶采取一些措施，这些措施大体有以下3种（见表12–8）。

表12–8　采取的措施

方法	主要内容
水下混凝土传力法	基桩打好后，在桩群顶灌筑水下混凝土，并在其上铺一层砂石垫层，使沉管荷载经砂石垫层及水下混凝土层均匀地传递到桩基础上
砂浆囊袋传力法	在管段底部与桩顶之间，用大型化纤囊袋灌筑水泥砂浆加以垫实，使所有基桩均同时受力
活动桩顶法	该法在所有基桩顶端设一小段预制混凝土活动桩顶。在管段沉放完成后，向活动桩顶与桩身之间的空腔中灌筑水泥砂浆，将活动桩顶升到与管段密贴接触为止。可采用钢制活动桩顶，在基桩顶部与活动桩顶之间，用软垫层垫实，垫层厚度按预计沉降来确定。管段沉放完后，在管段底部与活动桩顶之间，灌筑水泥砂浆填实

5. 覆土回填

回填工作是沉管隧道施工的最终工序，回填工作包括沉管侧面回填和管顶压石回填。沉管外侧下半段，一般采用砂砾、碎石、矿渣等材料回填，上半段可用普通砂土回填。覆土回填作业应注意以下要求：

全面回填必须在相邻管段沉放完毕后才进行，用喷砂法作基础处理或用临时支座时，要待管段基础处理完，落到基床上再回填；用压注法作基础处理时，先回填管段两侧；管段上、下游左右两侧应对称回填，管段顶面和基槽施工范围内应均匀回填。回填过多处会造成航道障碍，回填不足处则会形成漏洞。

参考文献

［1］温家龙．高速公路高架桥桥面铺装施工方案研究［J］．广东科技，2013，22（6）：72–73．

［2］王欣，高科福．城市高架桥梁道路施工及技术控制［J］．黑龙江交通科技，2015（9）：109–109．

［3］刘炜勃，杨磐石，赵勇．城市高架桥梁混凝土外观质量控制技术［J］．公路交通科技（应用技术版），2012（3）：121–124．

［4］游子兰．公路高架桥箱梁加固与中承式拱桥检测实例［M］．人民交通出版社，2009．

［5］李世华．城市高架桥施工手册［M］．中国建筑工业出版社，2006．

［6］盛可鉴．公路与桥梁施工技术［M］．人民交通出版社，2007．

［7］中交公路规划设计院有限公司．公路钢结构桥梁设计规范［M］．人民交通出版社，2015．

［8］张宏祥，李丹．公路桥梁无损检测技术［M］．东北林业大学出版社，2016．

［9］李应辉．浅谈高速公路高架桥现浇箱梁施工技术［J］．科技信息，2011（16）．

［10］刘骏，夏刿冰，唐红强．浅谈高架桥施工质量控制中的几个问题［J］．科技资讯，2006（24）：179–179．

［11］李祖伟，袁勇．特长公路隧道建设工程技术［M］．人民交通出版社，2007．

［12］汪雪英，蔡仲银，熊建清．长大深埋隧洞工程施工技术研究［M］．黄河水利出版社，2009．

［13］薛云峰，张继锋，郭玉松．深埋长隧洞探测技术研究［M］．黄河水利出版社，2010．

［14］魏新江，魏纲，丁智．城市隧道工程施工技术［M］．化学工业出版社，2011．

[15] 邓勇. 我国长大隧道施工发展趋势探讨 [J]. 铁道建筑技术，2009 (11)：72–75.

[16] 赵应华. 长大隧道施工通风消烟除尘新技术 [J]. 山西建筑，2008，34 (11).

[17] 曹江敏. 高速公路长大隧道施工动态监测与数值模拟研究 [J]. 铁道建筑，2007 (12)：56–59.

[18] 张智，胡元芳. 深埋长大隧道施工掌子面温度预测 [J]. 现代隧道技术，1998 (6)：33–36.

[19] 白洪海. TBM在长隧道施工中存在的问题及发展趋势 [J]. 科技资讯，2006 (2)：32–33.

[20] 史振宇. 长大隧道施工管理探讨 [J]. 公路隧道，2008 (2)：55–58.